D0923637

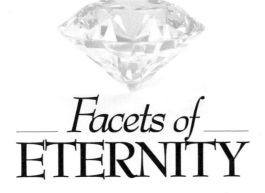

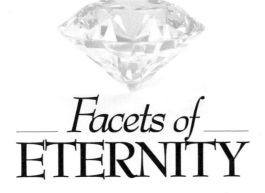

Facets of ETERNITY

YORAM BOGACZ

Facets of ETERNITY

An Exploration of Seven Intriguing Topics in Jewish Thought

DISTRIBUTED BY FELDHEIM

ISBN 978-1-59826-996-3

Copyright © 2014 by Yoram Bogacz

All rights reserved.
No part of this publication may be translated,
reproduced, stored in a retrieval system or transmitted,
in any form or by any means, electronic, mechanical,
photocopying, recording or otherwise, even for personal use,
without written permission from the publisher.

Page layout by Eden Chachamtzedek

DISTRIBUTION BY:
Feldheim Publishers
208 Airport Executive Park
Nanuet, NY 10954

www.feldheim.com

10 9 8 7 6 5 4 3 2 1

Printed in Israel

Rabbi Dr. Dovid Gottlieb
Yeshivas Ohr Somayach

28 Cheshvan 5773

Facets of Eternity provides an excellent resource for understanding Torah topics of central concern. The text combines two virtues: clear, focused and well-organized expression; and an enormous wealth of original sources in the footnotes. Thus it is of great benefit to both the beginner and the advanced scholar. It will also provide an excellent teaching tool for those who are preparing themselves for positions in Jewish education — whether Rabbinical, schools, *kiruv* or other. I recommend *Facets of Eternity* without reservation.

בס"ד

Rabbi Zev Leff

הרב זאב לף

Rabbi of Moshav Matityahu
Rosh HaYeshiva—Yeshiva Gedola Matityahu

מרא דאתרא מושב מתתיהו
ראש הישיבה—ישיבה גדולה מתתיהו

N. Modiin 71917 Tel: 08-976-1138 טל' Fax: 08-976-5326 פקס' ד.נ. מודיעין 71917

Dear Friends,

I have read the manuscript of Rabbi Yoram Bogacz's latest work *Facets of Eternity*. The author presents various Torah topics and provides an indepth and panoramic discussion of many aspects and many varied opinions regarding the topic. Aside from the plethora of Torah information provided, this work will also acquaint the reader with the vastness of Torah knowledge which is literally deeper than the sea and wider than the earth — and how every seemingly simple topic contains infinite Divine wisdom. This will hopefully give the reader the desire to investigate further Torah topics in a similar vein and thus enhance Torah study.

I commend Rabbi Bogacz for a job well done. I found this work informative, interesting and enriching and recommend it to all who desire to delve into Torah topics in a meaningful and not merely a superficial manner.

May Hashem Yisborach grant Rabbi Bogacz and his family long life and health to enable him to continue to enlighten the community with further works.

Sincerely,
With Torah blessings

Rabbi Zev Leff

Acknowledgments

I AM DEEPLY INDEBTED to numerous individuals who have made the writing of this book possible, either directly or indirectly. It is my pleasure to acknowledge their help. The following friends made generous financial contributions:

Paul and Yocheved Bacher
לרפואה שלימה לתהילה שרה בת יוכבד

Laurence and Hayley Cohen
and family
in memory of Rosalie Cohen
שושנה בת שריה הלוי ז״ל

Dr. Ilan Lager and family
לעילוי נשמת אסתר בת נחמן ז״ל

Rabbi Shmuel Moffson
and family
in memory of
Sara Pera bas Chaim

Jeff and Helene Bloom
in memory of Helene's mother
Peggy Grodsinsky
פעסא בת ראובן ז״ל

Leron and Trudy Rutstein
in memory of אסתר בת משה ז״ל

Dr. Alan and Chesna Sacks
and family
לכבוד מרת
שרה דבורה סקס-סגל לאיט

לרפואה שלימה
לר׳ ברוך בן לאה סגל לאיט

לעילוי נשמת ר׳ משה
ב״ר שמשון סקס ז״ל

לעילוי נשמת ר׳ צבי
ב״ר מיכאל גורדון ז״ל

לעילוי נשמת מרת פרידה איטל
בת ר׳ נחמן מרדכי ז״ל

Anonymous
לעילוי נשמת ר׳ משה בן שמע
וחיה בת גולדה

Ilan and Elana Koral and Family

Hymie, Tzippa, Jack, Caryn and
Denise Bloom and family
in memory of our beloved son
brother and husband Ivor Bloom ז״ל

Morris Taylor and
Alon and Gabby Taylor
in memory of
Rabbi Moshe Dov Taylor
לעילוי נשמת הרב משה דוב
בן זלמן דוד ז״ל
and Mr. Sam Taylor
לעילוי נשמת ר׳ שמעון
בן הרב משה דוב ז״ל

Rael Jankelow and family
לרפואה שלימה למשה בן ליאורה

Gary Rachbuch and family
לעילוי נשמת מלכה בת חנה
ויונה בן מאיר

Yisroel and Naomi Kramer
ונהיה אנחנו וצאצאינו וצאצאי עמך
בית ישראל כלנו יודעי שמך
ולומדי תורתך לשמה

Anthony and Michelle Freeman
in memory of Clive Bootcov
and Betty Green
לעילוי נשמת כלב לייב בן ר׳ אלכסנדר
ורבקה בת ר׳ בנימין ז״ל

Nathan and Marilyn Segal
and family

I am also grateful to Roy Block, David Carno, Stan Dorfan, Ezra Goldstein, Roy Grayman, Alon Greenberg, Denis Kampel, Mark Kruger, Mordi Kushnir, Mark Levin, Alan Liknaitzky, Sam Michel, Greg Narunsky, Robert Pozniak, Ilan Rabinowitz, Searle Silverman and their families.

Foreword

WHAT PORTION OF THE Torah did our forefathers observe before the Torah was given at Mount Sinai? When is reward for observance of Torah and *mitzvos* given here, in this world? What should our attitude be toward the suffering of wicked people? Do *Chazal* have the authority to forbid things that the Torah explicitly permits?

Forming an overall picture of what Judaism has to say about a particular topic is difficult. Numerous sources exist, but they are usually fragmented, scattered among the standard repositories of Torah knowledge such as the Talmud, Midrashim, and the writings of Rabbinic authorities throughout the ages. The chapters in this book attempt to give a comprehensive picture of seven intriguing but seldom-studied subjects, based on the analysis of numerous classical sources.

The danger in such an exercise is that one will end up with a recondite treatise, a tome dense with quotations, citations and the jargon of Torah scholars. I wanted to make *Facets of Eternity* accessible to ordinary Jews with an interest in the material and an intellect to match but who may not have access to the original sources or the skills to mine them.

Hence, the format of this book: the text is written in flowing English, using only the minimum of Hebrew terms. Anyone with a modicum of Jewish knowledge will find it accessible. But the endnotes constitute an enormous reservoir of knowledge and will satisfy even accomplished Torah scholars who wish to explore the topics in greater detail. As such, I hope that this book will prove to be valuable for both beginners and advanced Torah scholars.

An important feature of the endnotes is the almost complete absence of acronyms. Torah authorities throughout the ages have bemoaned the use of acronyms in Torah literature and the countless problems which ensue as a result. From mere misunderstandings to a complete transformation of the author's intent, acronyms have been the bane of Torah literature for generations. I have striven to remove almost all acronyms in order to encourage English-speaking *b'nei Torah* to peruse the original sources. I retained those acronyms which are, in my opinion, universally understood. Examples are הקב"ה and רש"י. These acronyms are so entrenched that to write them out in full would constitute precisely the impediment to smooth reading which I set out to avoid in the first place. At the end of this book is a glossary containing those terms and names which may not be familiar to English speakers.

I was fortunate in that an abbreviated version of Chapter 1, *The Forefathers and the Torah,* was published in *Kolmus* (a supplement to *Mishpacha Magazine*) in its Shavuos 2012 edition. An abbreviated version of Chapter 6, *The Mishaps of Tzaddikim,* was published in *Kolmus* in its Sukkos 2012 edition. An abbreviated version of Chapter 3, *Benefitting from Miracles,* was published in *Kolmus* in its Chanukah 2012 edition. An abbreviated version of Chapter 7, *The Write Stuff,* was published in *Kolmus* in its Shavuos 2013 edition. I am grateful to the editor of *Kolmus,* Rabbi Eytan Kobre, for this privilege.

The original essays which eventually became this book were read by a small group of devoted readers. I am grateful to them for their evaluations of the essays and their perceptive comments. Among them are Anthony Freeman, Mark Levin, and

Neville Miller of the Ohr Somayach Glenhazel community in Johannesburg, South Africa, as well as Mr. Gary Rachbuch and Dr. Ilan Lager. I am most grateful to my superb editor, Mr. Philip Silverman, of Atlanta, Georgia. Mr. Silverman was most gracious in devoting his precious time to this task. This book is richer for his contributions. Of course, I take full responsibility for any remaining errors.

The essays in this book do not constitute the final word on the topics they treat. The collection of sources presented is not exhaustive. They are merely explorations of the vast landscape of Torah literature. Nonetheless, I hope that the discussion is sufficiently comprehensive that the reader will emerge with a good understanding of the issues. It goes without saying that this work should not be mistaken for a work of halachah. Consequently, no halachic conclusions should be drawn from it.

Most of the research for this book was done while I was a member of the Toras Chaim Community Kollel in Johannesburg, South Africa. The Kollel, of which I am a founding member, allowed me many years of undisturbed study, part of which was used to write this book. For this opportunity, I am exceedingly grateful.

It is worthwhile noting that in writing this book, I made no use of computerized databases, search engines and the like. The extent of technology's contribution to the book, besides the fact that I wrote it using a word processor, is that I downloaded rare books from the website HebrewBooks.org. This book is the product of עמל התורה — years of painstaking research and collection of sources.

I am grateful to Rabbi Y. Auerbach and Rabbi D. Gottlieb for the association I have had with them for many years. I am most grateful to my wife, מרת רחל, for her perceptive comments and encouragement.

I thank הקב"ה for allowing me to complete this book. I hope

that I will succeed in this attempt להגדיל תורה ולהאדירה.

I dedicate *Facets of Eternity* to my mother, Mrs. Sara Bogacz שתחי', in gratitude for everything.

Yoram Bogacz
Johannesburg, South Africa
January 2014
bogacz@telkomsa.net

Contents

Foreword ... *xi*

CHAPTER 1

The Forefathers and the Torah ... *1*

Chazal inform us that the forefathers of the Jewish people observed the Torah. What portion of the Torah did they observe? How do classical commentaries deal with the problem of anachronism regarding the observance of commandments before the Torah was given?

CHAPTER 2

Evil and Evildoers ... *57*

What should our attitude be toward the suffering and demise of evildoers? Is there a difference between Jewish evildoers and gentile malfeasants?

CHAPTER 3

Benefitting from Miracles ... *79*

Are miracles events that we can expect to occur? Can we pray for them to happen? To what extent are we permitted to benefit from miracles?

CHAPTER 4

Reward in This World ... *131*

A well-known Talmudic maxim states that no reward for performance of commandments is given in this world. Our world is one in which we strive and overcome challenges, while reward is dispensed in the World to Come. But numerous statements of *Chazal* and later authorities indicate that reward for observance of *mitzvos* can be had in this world. We explore these sources.

CHAPTER 1

The Forefathers and the Torah

WE OFTEN FIND IN Torah sources the notion that the nation's forefathers — Avraham, Yitzchak and Yaakov — observed the entire Torah, even though they lived before the Torah was given.[1] This conviction gives rise to a vast literature in which what appear to be counterexamples are discussed. A few such cases are well known: Yaakov married two sisters[2] and Amram (Moshe's father) married his aunt.[3] Both of these practices would later be forbidden by the Torah.[4] But there are numerous less familiar cases of this sort of apparent violation of our principle. In this chapter, we will clarify the concept of Torah observance in pre-Torah days.

Let us begin by noting that there are hints in the Written Torah that at least some commandments were observed in pre-Torah generations. Consider levirate marriage (*yibum*).[5] The Torah relates that when Yehudah's son Er died, Yehudah instructed Er's brother Onan to marry the widow.[6] In describing this event, the Torah uses the same terminology — *yibum* — that would be used several generations later when the Torah made this practice a commandment. *Ramban* writes that the Sages of those times were aware of the enormous spiritual benefit of levirate marriage. He describes this practice as a custom.[7] Others say that levirate marriage is one of the commandments that was given to Noahides before the Torah was given.[8]

The Talmud explicitly mentions the concept of Torah observance in pre-Torah times with respect to Avraham. *Chazal* state[9] that he observed the Torah, a fact that is hinted to in the verse[10] which states that Avraham observed "My safeguards, My commandments, My decrees and My Torahs." With respect to Yaakov, too, we find *Chazal* stating that he observed the entire Torah, a fact hinted to in the phrase "I dwelled with Lavan" (*Bereishis* 32:5). The Hebrew word for *dwelled* (גרתי) is an anagram of six hundred thirteen (תרי"ג), hinting to the fact that Yaakov observed all 613 commandments.[11] Similarly, at the climactic reunion of Yaakov and his son Yosef (*Bereishis* 46:29), *Rashi,* citing *Chazal,* comments that Yaakov recited the *Shema.*[12]

It is (almost) universally accepted that Yitzchak also observed the commandments. Thus, we find the commentators questioning certain aspects of his life which appear to be in violation of the notion of Torah observance. For example, Yitzchak would regularly eat game that was trapped and slaughtered by his son Esav. But Esav is considered, in Rabbinic literature, to have been an apostate, and meat slaughtered by an apostate may not be consumed.[13] This question presupposes that Yitzchak was bound by halachah.

We further find that the principle of Torah observance is extended to the matriarchs of the Jewish people. Let us look at two examples. The Torah relates that after the birth of Yitzchak, Sarah rejoiced and exulted in the fact that she nursed children.[14] *Chazal,* prompted by the Torah's use of the plural form *children* as opposed to *child,* elaborate. There were sceptics who scoffed at the claim that Sarah had really given birth to Yitzchak at her advanced age. In order to prove them wrong, Sarah nursed other women's babies who were present at the celebratory feast when Yitzchak was weaned. Several commentators note that this is an apparent violation of halachah — it is forbidden for a Jewish woman to nurse gentile children, whether for payment or otherwise.[15] This presupposes that Sarah observed the commandments of the Torah.

Rivkah's conduct is also scrutinized. As part of the ruse she engineered to ensure that Yaakov be blessed by his father, she dressed him in his older brother's garments.[16] This involves the possible prohibition of becoming ritually-defiled,[17] since Esav had the status of an *am ha'aretz* whose personal effects are deemed impure.[18]

In the generation following the last of the forefathers, Yaakov, we find that his sons (the progenitors of the tribes of Israel) observed the Torah. For example, the Torah states that in preparation for Yosef dining with his brothers (before they came to know of his identity), he instructed that an animal be slaughtered.[19] *Chazal* comment that Yosef made sure that his brothers be shown that the meat was prepared according to halachah. In commenting on the relevant Talmudic passage, *Rashi* writes that Yaakov's sons observed the commandments.[20]

Between the generation of Yosef and the giving of the Torah, we find that the conduct of Moshe's father, Amram, is questioned. The Torah relates that he married his aunt, Yocheved,[21] even though the Torah would forbid this practice, as mentioned above. Classical authorities assume that Amram observed the Torah, prompting them to seek explanations as to why he apparently transgressed an explicit prohibition.

We also find the classical commentaries discussing the question of Torah observance with respect to a number of people who were outside the line linking Avraham to Moshe. For example, they question whether Adam[22] and Malchizedek[23] (*Bereishis* 14:18) were bound by halachah. Interestingly, among numerous comments in the classical literature that clarify who, besides Avraham, observed the Torah, we also find statements clarifying who did *not* observe the Torah. Thus, at least one commentator claims that Lot, Avraham's nephew, did not observe the commandments.[24]

In summary, there is a consensus that from the time of Avraham until the Torah was given, there was at least a core of people within the Jewish nation who observed the commandments. This core seems to have been small. *Mishneh LaMelech* writes that it consisted of the forefathers, Yaakov's sons and perhaps Eliezer, Avraham's servant.[25] *Netziv* writes that this core consisted of the leaders of the nation, and that the masses did not observe the commandments.[26] At any rate, it seems that the principle of Torah observance applies, at least, to Avraham and Sarah; Yitzchak and Rivkah; Yaakov, Leah and Rachel; Yaakov's sons; and Amram. Still, it must be stressed that *consensus* is not the same as *unanimity*. Some commentators argue that only the forefathers — Avraham, Yitzchak and Yaakov — observed the Torah.[27] Others go as far as to say that only Avraham observed the entirety of the Torah.[28]

Difficulties

THE NOTION THAT pre-Torah personalities observed the Torah, if taken at face value, is difficult. Even if we circumvent the question of *how* Avraham and others knew the relevant information — and we could do this by appealing to prophecy, for example[29]— vast sections of the Torah would appear to be irrelevant or inaccessible to them. The following problems arise:

LIMITATION

Many commandments apply to specific categories of people. For example, several commandments apply only to the King of Israel;[30]

others apply only to *Kohanim*; others still apply only to courts of law,[31] or only to men,[32] or only to women,[33] or only to people afflicted with *tzara'as*.[34]

It is simply impossible for any one individual to be bound by *all* of the commandments. Indeed, *Rambam* writes that of the 248 positive commandments, there are only sixty that apply uniformly to all adult male Jews. The rest only apply to certain groups or individuals.[35]

ANACHRONISM

Numerous commandments seemingly became relevant only long after Avraham's lifetime. For example, the Torah commands us to obliterate all traces of Amalek and his descendants.[36] But Amalek was born several generations after Avraham died, making it seemingly impossible for Avraham to fulfill this commandment.[37] Similarly, several commandments apply to the construction and functioning of the *Mishkan*. For example, the Torah specifies that the robe worn by the *Kohen Gadol* may not be torn.[38] The *Mishkan*, of course, was built several centuries after Avraham died. In addition, numerous commandments commemorate the Exodus which occurred several generations after Avraham's lifetime.

SPECIFICITY

Many commandments only apply in specific and rather narrow circumstances. For example, the Torah requires us to come to the aid of a person who is pursued, even to the point of killing the pursuer.[39] Obviously, this only applies if one happens to witness such a scene. The "axed heifer" is another commandment only encountered rarely.[40] In the case of an unidentified corpse discovered outside the city limits, the Torah prescribes an elaborate procedure to atone for the death. A number of commandments apply to a woman suspected of adultery.[41] It is most unlikely that any one individual will experience all of the unusual circumstances encompassed by all of the commandments in a lifetime.

TECHNICALITIES

The Torah forbids an uncircumcised male to eat the meat of the Pesach offering. Avraham, who was circumcised at the age of one hundred years, would have been precluded from this commandment until the latter part of his life.[42]

Resolutions

THERE ARE TWO basic approaches to the problems we have examined. We shall refer to them as the *broad* approach and the *pinpoint* approach. Broad resolutions do not address specific problems one by one. These are generalized answers that attempt, at a stroke, to explain all or most anomalies and apparent violations of the principle of Torah observance by the forefathers. In contrast, pinpoint approaches deal with specific cases in which the principle of Torah observance by early generations appears to be violated. Typically, this is done by showing, through analysis of halachah, that the principle is, in fact, not violated.

BROAD APPROACHES

The Holy Land

Ramban broaches this subject in his commentary to the verse that serves as the source for the notion of Avraham's Torah observance — "Because Avraham observed My safeguards, My commandments, My decrees and My Torahs" (*Bereishis* 26:5). *Ramban* notes that *Chazal* also say that Yaakov observed Shabbos, and that Yosef observed Shabbos and taught his sons Torah.[43] *Ramban* then lists a few apparent counterexamples: Yaakov erected a pillar even though the Torah forbids this practice; Yaakov married two sisters; Amram married his aunt; Moshe erected twelve pillars.[44]

Ramban resolves the difficulty by suggesting that the forefathers observed the Torah only in the Holy Land, it being the optimum location for serving God.[45] He notes that Yaakov's marriage to sisters and Amram's marriage to his aunt took place outside the Land. Given this approach, Yosef's observance of Shabbos in Egypt requires a qualification which *Ramban* provides by pointing out that Shabbos is not a mere commandment, but a fundamental aspect of Judaism in that its observance is tantamount to testimony that the world was created.[46] [*Chida* offers a different explanation of Yosef's conduct by arguing that the forefathers did not observe the commandments outside the Holy Land when they intended to return to it at some future point. But Yosef and his brothers, who knew that they would never again live in the Holy Land, *did* keep the Torah even outside the Land.[47]] A further qualification is needed in order to explain the practice of erecting pillars since this took place, at least in Yaakov's case, in the Holy Land. *Ramban* explains that certain practices that were beloved by God in the times of the forefathers were later tainted by association with idolatry and became abominable. In a sense, then, the Torah's prohibition of erecting these structures did not exist in Yaakov's time.[48]

Why should the forefathers have restricted their observance of commandments to the Holy Land? *Ramban* writes that the nature of the Holy Land lends itself to fulfillment of commandments. There is a qualitative difference between performing *mitzvos* in the Holy Land and performing them elsewhere. The patriarchs saw no value in keeping the commandments outside the Land. *Ben Ish Chai* adds another aspect to the forefathers' observance of commandments in the Holy Land. He explains that this was a technique of self-motivation. The forefathers' intense attachment to God would compel them to return to the Land as soon as possible, it being excruciatingly difficult for them to live abroad, this being a life without commandments.[49]

Ramban's approach is not without difficulties. *Mishneh LaMelech* cites a Talmudic passage which appears to indicate that Yaakov's marriage to sisters was, to some extent, reprehensible. The Talmud describes a feast that will be held for the righteous after the final redemption. At the conclusion of the feast, various dignitaries will be given a goblet of wine over which to recite *Birkas HaMazon*. The Talmud relates that they will refuse the honor for various reasons. In particular, the Talmud states that Yaakov will decline the honor, saying, "I married two sisters, an act which the Torah would later forbid." Since Yaakov married Leah and Rachel outside of the Holy Land, this was perfectly permissible according to *Ramban* and should not have prevented him from accepting the honor. *Mishneh LaMelech* resolves this by saying that even though there was no transgression *per se* in marrying two sisters outside the Holy Land, it would have been pious to avoid even the appearance of wrongdoing by avoiding such conduct, prompting Yaakov to decline any honor.[50] *Ohr HaChaim,* however, objects to the entire approach taken by *Ramban,* arguing that no distinction should be made between the Holy Land and other places in this context.[51]

A few points in *Ramban*'s thesis remain that require further thought. For example, he does not explain why Avraham did not fulfill the commandment of circumcision until commanded to do so by God. Furthermore, in explaining the dialogue between Avraham and the Hittites concerning Sarah's burial, *Ramban* writes that if the negotiations had faltered, Avraham would have buried Sarah in a manner that seems to contravene halachah.[52]

Rashba addressed the forefathers' observance of the Torah and the apparent violations of this rule in his responsa.[53] His view is similar to that of *Ramban,* although his words are more cryptic.[54] He first cites an obvious counterexample to the principle — the fact that Yaakov married two sisters. He then writes that Torah observance is founded on three pillars: time, place and objects. Not all times are hallowed, as are Shabbos and *Yom Tov*; not all places are sanctified, as are the Holy Land and the Temple; and not all objects are valid for commandments, as are cattle and sheep in the case of offerings. He concludes by saying that this is all he can say on the matter, but that those who persevere in investigating it will understand.[55] Perhaps *Rashba* declined to say more out of concern that his words would be misconstrued as license, in our period of history (i.e., after the Torah has been given), to be lax in observance of commandments outside of the Holy Land.

Precepts and Prohibitions

Ramban's premise is that Yitzchak and Yaakov would undoubtedly have fulfilled everything which Avraham had accepted upon himself. This premise is rejected by *Maharal*. His point of departure is that individuals are "attuned" to specific commandments. Thus Yitzchak, by virtue of his personality, was attuned to being slaughtered as an offering [at the *Akeidah*]; Yaakov, by virtue of who he was, was attuned to the concept of Shabbos [this is an allusion to the statement of *Chazal* that associates Yaakov with Shabbos observance].[56] It therefore appears to *Maharal* that, notwithstanding the fact that Avraham fulfilled the entire Torah, it should not be assumed that his son and grandson would have done so.[57]

Still, even if one's character is attuned to specific parts of the Torah, why shouldn't Yitzchak and Yaakov have observed all the commandments? Surely there could only be benefit from such observance? *Maharal* poses this as an objection to his approach and sharpens the question by pointing out that those who are exempt from commandments and nonetheless fulfill them receive a reward for such acts. A prime example of this concept is women's observance of those commandments from which they are exempt.[58] In addressing this difficulty, *Maharal* gets to the heart of his approach. He points out a crucial difference between precepts and prohibitions. Doing something which God has indicated to be His will, even if one is not required to do so, is valuable; one can also anticipate reward for such actions. But prohibitions are only relevant to those for whom they are intended. For example, male *Kohanim* are forbidden to have contact with the dead. But the daughters and wives of *Kohanim* are exempt from this prohibition. *Maharal* argues that if a *Kohen*'s daughter fulfilled this *mitzvah* — by deliberately avoiding cemeteries, for example — she would not receive any reward whatsoever. The prohibition is simply not relevant to her. The difference between precepts and prohibitions is obvious, according to *Maharal*. Performance of a precept effects a positive change in the person's soul; even if not commanded in a specific case, a person who does the commandment gains. But a prohibition is different; one need only ensure that one is not transgressing God's will. And if one has not been told to avoid certain actions, there is nothing to be gained by avoiding them. In fact, *Maharal* goes further by arguing that adherence to prohibitions by those not commanded is deleterious, since one should not avoid that which the Torah does not forbid.

Thus, concludes *Maharal*, Yitzchak and Yaakov only pursued precepts; they did not fulfill prohibitions. According to *Maharal*, then, when *Chazal* said that the forefathers observed the Torah, they meant that they observed the positive commandments.[59] The prohibitions were simply irrelevant to them and are therefore excluded from the term "Torah." *Maharal* then dismisses *Ramban*'s contention that the patriarchs fulfilled the commandments only in the Holy Land as illogical. *Maharal* is not the only authority who maintains that the forefathers only observed the precepts but not the prohibitions. Rabbi Yaakov Emden propounded the same position.[60] *Maharsha* and others, however, disagreed.[61]

Maharal next deals with a glaring problem with his approach: the statement of *Chazal* that indicates that Yaakov observed all 613 commandments. This forces *Maharal* to retreat from his position that Yaakov was attuned to only some of the commandments (as opposed to Avraham). He acknowledges that this statement indicates that Yaakov, like Avraham, was attuned to the entire Torah, and that his marriage to two sisters occurred as a result of Divine inspiration.[62]

Encompassing Commandments

We mentioned above that it is not possible for any one individual to fulfill all 613 commandments. How then, we asked, can *Chazal* say that the forefathers observed the entire Torah? Some commentators point out that *Chazal* equate certain specific commandments with the entire Torah. For example, they say that the commandment of *tzitzis* is equivalent to the entire Torah. However we understand the notion that certain commandments are equivalent to the entire Torah, this is possibly the meaning of statements that attribute the observance of the entire Torah to the patriarchs. They are not meant literally. They refer to the fact that the patriarchs observed some fundamental commandments — *tzitzis, tzedakah,* circumcision — which are equivalent, in some sense, to the entire Torah. This approach, of course, eliminates the need to explain apparent anomalies, such as Yaakov marrying two sisters. Since the forefathers are now understood to have actually observed only a small number of commandments, we no longer begin with the assumption that they literally observed all of the commandments.[63]

Divine Imperative

Commenting on Avraham's marriage to Keturah (*Bereishis* 25), the Midrash states that Avraham was instructed by God to marry her.

To some commentators, this suggests a further insight into our subject. Keturah, according to the view that this is another name for Hagar, was an Egyptian, whom Jews are forbidden to marry. The Divine imperative in this case overrode the prohibition. This can be generalized and applied to all cases of anomalies. We would then say that, *in general,* the forefathers observed the Torah. In practice, however, they were sometimes told by God to follow certain courses of action which are against normative halachah.[64]

The Maximum

The Talmud discusses a person who wishes to perform a *mitzvah* but is prevented from doing so through circumstances beyond his control. The Talmud rules that it is considered *as if* the person did the *mitzvah.*[65] This ruling prompts some commentators to take the approach that the forefathers actually observed whatever fraction of the commandments that was relevant to them. The statement of *Chazal* that they observed the *entire* Torah should be understood in this vein: It is *as if* they kept the Torah, since they wanted to fulfill all of the commandments and were unable to do so through no fault of their own.[66] [In a similar vein, *Chasam Sofer* explains that the exalted people of early generations did not fulfill the commandment to return a stolen item to its owner by stealing something in order to return it. Their restraint was motivated by the prohibition of stealing. This is tantamount to fulfilling the precept to return a stolen item, since that injunction cannot be observed without first transgressing God's will.[67]] *Maharsha* is one of the eminent authorities who take this path. He seems to take it for granted that the statement that the forefathers fulfilled the entire Torah cannot possibly be taken literally; they are *considered* to have fulfilled the entire Torah since they fulfilled whatever they could.[68] Furthermore, he maintains that Avraham could only have observed the Torah once he had been circumcised (at the age of one hundred), since it would have been forbidden for him to do otherwise prior to this significant transformation. So any statement regarding Avraham's observance of commandments must be understood to refer to the latter part of his life.[69]

Avraham Only

Rabbi Moshe Isserles (*Rema*) takes a most unusual approach to our conundrum. He maintains that even though Avraham observed the commandments, this in no way compels us to assume that his descendants and followers did the same. According to *Rema,* the verse that indicates that Avraham inculcated the commandments into his followers only indicates that he taught them the seven Noahide laws.[70] In this approach, the difficulty with which we begin becomes the resolution. Rather than treat Yaakov's marriage to two sisters as a question in need of resolution, *Rema* uses this fact as indication that only Avraham, and not his descendants, observed these commandments. Curiously, *Rema* does not deal with any of the numerous other indications in the classical literature that the other patriarchs observed the Torah. For example, he does not mention the famous comment regarding Yaakov indicating that Yaakov observed all 613 commandments.

A somewhat similar approach is taken by Rabbi Tzvi Hirsch Chajes. Like the majority of authorities, he accepts that the Torah was observed not only by Avraham, but also by his descendants and followers. However, he sees the Torah's laws of marriage as exceptions to the rule; i.e., instead of taking the marriages of Yaakov to two sisters and of Amram to his aunt as undermining the principle of Torah observance by the forefathers, he treats them as mere anomalies. According to him, the forefathers fulfilled the Torah, with the exception of the laws of marriage.[71] How can we possibly understand this? Why should the forefathers have kept all of the commandments but not these, which are so serious? This is precisely the objection posed by *Sdei Chemed*: "I find it bizarre to say about Yaakov that he did not observe the laws of relationships... why should they be singled out for leniency, seeing that they constitute the fundamentals of Torah?"[72] Nonetheless, *Sdei Chemed* cites other authorities who seem to justify the approach of Rabbi Chajes: Since the forefathers were not required to keep the Torah, they could choose what they wanted to observe. Still, why choose to marry a woman who, once the Torah would be given, would be forbidden? These authorities explain that Yaakov wanted his children to be born to righteous women, and he could find no more righteous women than Rachel and Leah. Furthermore, he perceived that neither of these two sisters could, by herself, give birth to twelve sons [and he knew, prophetically, that the House of Israel had to be built by twelve tribes].[73]

A Lifetime Project

Some authorities maintain that when *Chazal* said that Avraham observed the Torah, they meant that *over his entire lifetime,* Avraham managed to fulfill all of the commandments. This does not mean, however, that one can isolate any particular point in Avraham's life and point to violations of halachah.[74]

Study

Some commentators[75] opine that Avraham did not literally fulfill all of the commandments of the Torah. Rather, by studying it, it is reckoned *as if* he had fulfilled it. This would be an application of the Talmudic teaching that indicates that nowadays, people can be considered to have brought offerings, even in the absence of the Temple, by studying the relevant laws.[76] According to this approach, *Chazal* never meant to imply that the forefathers literally observed all the commandments. By contemplating the Torah and its *mitzvos,* they are considered to have fulfilled it.

PINPOINT APPROACHES

As mentioned above, in many cases classical commentaries did not attempt to explain apparent anomalies via sweeping approaches to the question of Torah observance by the forefathers. Rather, they attempted to demonstrate that upon closer examination, halachah justified the dubious conduct. Here are some examples:

- According to some, Avraham's circumcision occurred on Yom Kippur. How could Avraham have violated the prohibition of forbidden work on Yom Kippur? Some commentators explain that in this instance, since God instructed Avraham to circumcise himself, his circumcision is deemed to be equivalent to one that takes place on the eighth day of a baby's life, and it therefore supersedes Yom Kippur. Thus, just as we perform a circumcision when the eighth day of a boy's life happens to be Yom Kippur, Avraham was entitled, according to halachah, to circumcise himself on that day.[77]
- Several points are raised by commentators regarding the binding of Yitzchak, the common denominator being that this episode is viewed as a ritual offering, with all the attendant details that would apply when offerings would be brought in the Temple. For example, *Ohr HaChaim* points out that Avraham set out for the *Akeidah* in the morning, since offerings may only be brought during the day.[78] Others point out that all offerings must be salted, and yet we do not find that Avraham took salt with him. They suggest that Avraham followed the Talmudic opinion that considers firewood to be part of the offering, and that Avraham salted the wood before departing.[79] Yet others question the fact that Avraham performed this service without wearing the priestly garments.[80] According to the view that the

Akeidah took place on Yom Kippur, *Malbim* discusses how it is that Yitzchak carried the firewood, according to the opinion that carrying in the public domain on Yom Kippur is forbidden.[81]

- After defeating the coalition of four kings who had captured his nephew Lot (*Bereishis* 14), Avraham declined the offer of the King of Sodom to keep the booty. He returned the spoils to the king, an act that appears to be in violation of the prohibition of giving gifts to idolaters (*Devarim* 7:2). Some authorities explain this based on the ruling of *Tosafos* and *Ran*. They rule that it is permitted to bestow gifts on pagans if it is done for reasons of self-interest or in order to promote peaceful relations with them. This could have been Avraham's intention, thus justifying his conduct in halachah.[82] Others draw attention to the ruling that only if a Jew is able to benefit from an item does the prohibition of giving it as a gift to gentiles apply; but if one cannot benefit from it anyway as, for example, in the case of *chametz* on Pesach, there is no prohibition of giving such things to gentiles.[83] Some commentators thus write that Avraham did not wish to benefit from the booty since it came from Sodom, which he considered to be cursed. Consequently, the prohibition of bestowing gifts on gentiles would not have applied.[84]
- The Torah relates that Avraham gave his lesser sons — those born to Keturah — gifts and sent them away (*Bereishis* 25). His estate, so to speak, was bequeathed to Yitzchak. Rabbi Eliyahu Mizrahi questions this conduct on the basis of the halachah that one may not deprive any son of his fair share of the inheritance, even if one considers that son to be unworthy. Mizrahi replies that since Avraham was told by God "for through Yitzchak will offspring be considered yours"

(*Bereishis* 21:12), this constituted a clarification that his other children were not to be considered his progeny for purposes of halachah.[85] This approach, then, can be taken as embodying the concept of *hora'as sha'ah*, a temporary suspension of halachah due to a direct statement of a prophet or, as in this case, a statement of God Himself.

- In the face of an apparent violation of the principle that the forefathers observed the Torah, one approach is to point out a conflict in halachah. If *fulfillment* of one law entails a *violation* of another, we may discover an explanation for the original conundrum. One example applies to Avraham's circumcision, undertaken when he was one hundred years old. Those commentators who understand that Avraham fulfilled the entire Torah from an early age are perplexed as to why he delayed performance of such a seminal commandment. One explanation is that even though Avraham knew full well that circumcision is a commandment, he was also aware that it conflicts with the prohibition to injure oneself.[86] This would override his desire to fulfill the commandment of *bris milah* until such time when he would be explicitly commanded by God.[87] Along similar lines, some commentators suggest that the forefathers only observed those commandments that did not entail physical danger.[88] This would explain why Avraham waited to perform his *bris milah* until commanded, and also implies that he would have refrained from other commandments with attendant danger, such as not allowing witches and sorcerers to live[89] and annihilation of the seven Canaanite nations.[90]
- We mentioned earlier that Sarah's nursing of gentile children is questioned. Three pinpoint answers are given to resolve this difficulty. Firstly, *Rema* rules that if a Jewish woman has so much milk that she is engorged to the point of discomfort

or pain, she may relieve the pain, even by nursing gentile children. This would apply here, since *Chazal* point out that Sarah indeed had much milk. *Taz* writes that the prohibition of nursing gentile children applies only if this is done on a regular basis. Occasional nursing is not prohibited. [Support for this contention comes from the fact that the mother of Rabbi Yehudah haNassi nursed the Roman child who would become the Emperor Antoninus.[91]] A later commentator explains that the prohibition is motivated by a desire to avoid nourishing a child who will, most likely, grow up to be a pagan. Here, however, Sarah reasoned that when people see her nursing their children and thereby are convinced that she indeed gave birth at an advanced age, the magnitude of the miracle will impress them and cause them to abandon their ways and join Avraham. Indeed, the Midrash comments that all the children nursed by Sarah that day later converted to Judaism.[92]

- Yaakov hired out his services as a shepherd to his father-in-law, Lavan, for a period of seven years (*Bereishis* 29:18). The halachah, however, is that a laborer may not hire himself for a period of more than three years. Some commentators explain that in the case of a laborer who needs money in order to be able to get married, the prohibition is waived. Thus, since Yaakov hired himself out in order to marry Rachel he was entitled, according to halachah, to do so for seven years.[93]
- *Radbaz* argues that Yaakov's marriage to sisters is readily resolved. According to Torah law, a convert loses all familial connections upon becoming a Jew. When Leah and Rachel converted, they lost their kinship, being viewed in halachah as completely unrelated to one another, thus permitting Yaakov to marry both.[94] Rabbi Moshe Feinstein took a

similar approach. He argued that a man may not marry two sisters *through Kiddushin*. But this is a Torah concept which was not applicable in Yaakov's time. The type of liaison that Yaakov had with Rachel and Leah, i.e., dwelling as man and wife through mutual consent, would be permitted even after the Torah was given; they were not his wives in the legal sense that the Torah forbids.[95]

- The Torah relates how Tamar, disguised as a prostitute, conceived a child with her father-in-law, Yehudah (*Bereishis* 38). Various commentators point out that this appears to be a violation of the principle of Torah observance by the forefathers: As far as Yehudah was concerned, the woman he met at the roadside was a prostitute, and that such relations with a prostitute are forbidden by the Torah (*Devarim* 23:18). As far as Tamar is concerned, she knew that she was the daughter-in-law of Yehudah, and that relations between a man and his daughter-in-law are forbidden (*Vayikra* 18:15). The Midrash explains that the angel of lust was dispatched to force Yehudah into this liaison. *Chazal* clearly indicate that, in this instance, Yehudah was coerced. It is also clear from the Midrash that this was an exception, used only in this instance in order to ensure that the ancestor of *Mashiach* would be born through this union. [Note that this approach works for explaining Yehudah's conduct but not that of Tamar.[96]]
- When Yosef was rushed from prison to Pharaoh's palace he was given new clothing and a haircut (*Bereishis* 41:14). The Talmud notes that this happened on Rosh Hashanah, when it is forbidden to have a haircut. Rabbi Ovadiah Bartenura points out that Yosef was passive (he was *given* a haircut; he did not cut his own hair) and that, even though this too is usually Rabbinically forbidden, it was permitted under the

circumstances because of the principle that kings and rulers should be shown the utmost respect.[97]

Having sketched a number of approaches — both broad and specific — to the principle of Torah observance in pre-Torah days, we now proceed to examine specific issues and questions and the answers offered by classical commentators.

The Forefathers and Rabbinic Injunctions

OUR DISCUSSION BEGAN with the verse that indicates that Avraham observed "My safeguards, My commandments, My decrees and My Torahs." In commenting on this verse, the Talmud states that Avraham observed even *eiruv tavshilin*.[98] This seems to be a clear indication that *Chazal* understood that Avraham observed Rabbinic injunctions in addition to Torah laws because *eiruv tavshilin* — a procedure performed when *Yom Tov* precedes Shabbos in order to enable one to cook on *Yom Tov* for the sake of Shabbos — is undoubtedly of Rabbinic origin.[99] But the matter is not that simple. One point of confusion seems to be the correct text of the crucial Talmudic passage. In modern printed sets of the Talmud, the text states that Avraham observed even *eiruv tavshilin*. But in *Rashba*'s responsum which we examined earlier, he quotes the Talmudic passage as saying that Avraham observed even *eiruv techumin*, a procedure quite unrelated to cooking and which, according to some opinions, is a Torah concept. Some authorities explain that in early manuscripts of the Talmud, the crucial term was written, like so many terms in the Talmud, as an acronym: ע"ת. Later, when the Talmud was first printed, the printers understood this to be an acronym for עירוב **ת**בשילין. But it is quite possible that *Rashba* and others understood this acronym to stand for עירוב **ת**חומין.[100]

Even if we accept the text of the Talmud as we have it — that

Avraham observed [the Rabbinic injunction of] *eiruv tavshilin* — it does not necessarily follow that the forefathers observed *all* Rabbinic ordinances. *Chida* argues that *eiruv tavshilin* is mentioned because it is a concept which is associated with Shabbos.[101] Rather than indicating that Avraham observed all Rabbinic injunctions, the Talmud is teaching that he fully observed all aspects of Shabbos (even the Rabbinic aspects), but not necessarily other Rabbinic laws. Others explain that the term *eiruv tavshilin* should not be understood in the usual sense. Rather, it should be understood literally: *eiruv tavshilin* means *mixing of dishes.* These commentators maintain that Avraham observed the Torah law that forbids the mingling of dairy dishes and meat dishes, as indicated in the incident of the three angelic visitors, when he served cream and milk and only then the beef.[102] [Parenthetically, it is worthwhile mentioning *Malbim*'s commentary on this incident. He writes that the beef which Avraham served his guests came from cattle that he had created using the esoteric knowledge contained in *Sefer Yetzirah* (which is traditionally ascribed to Avraham). Such meat is not considered meat for the purposes of the dietary laws. Consequently, Avraham could serve (and eat!) it with dairy dishes. *Malbim* points out that the Hebrew word used in this passage to describe Avraham's preparation of the meat — עשה — literally means *made,* rather than *prepared.*[103] This is a hint that Avraham did more than merely prepare a dish.]

This position — that the forefathers did not observe Rabbinic injunctions — is used by many classical authorities to resolve various apparent difficulties. Here are some examples:

- *Chazal* teach that Yosef reported to his father that his brothers had eaten flesh that had been torn from a living animal.[104] How could they have transgressed a prohibition that applies even to Noahides? Some suggest that the brothers did not eat the questionable meat by itself. Rather, they ate it as part of a mixture of pieces of meat, the majority of which were kosher. As far as Torah law is concerned, once a simple majority is formed (i.e., greater than 50%), the entire mixture may be consumed. Of course, such a mixture is still Rabbinically forbidden, but, so say these commentators, Yaakov's sons did not observe Rabbinic laws.

- Some commentators similarly explain that most vexing of cases: Yaakov's marriage to two sisters. They take it for granted that Leah and Rachel were considered converts (through whatever constituted a valid conversion then). Upon conversion, they would no longer be considered related to one another by the principle that a convert is considered to be reborn. This approach is only valid on the Torah level since, Rabbinically, such a procedure still does not permit a man to marry two women who had been sisters prior to their conversion.[105]
- *Chazal* teach that Avraham did not gaze at Sarah before marrying her. This seems to be a violation of the halachah that requires a man to see his bride at least once before their wedding. Some authorities appeal to the idea that the forefathers did not fulfill Rabbinic injunctions; the prohibition of marrying a woman without having first seen her is of Rabbinic origin.[106]
- When Yaakov instructed his sons to bury him with his forefathers, he referred to them by name. This is forbidden according to halachah. Some resolve this by pointing out that the prohibition to use the names of one's forebears is a Rabbinic prohibition, and the forefathers did not observe these.[107]

Some authorities draw a distinction between Avraham and those who followed him. For example, Rabbi Yehonasan Eybeschutz argues that Yitzchak and Yaakov followed the example of Avraham in a similar way to that in which we observe Rabbinic, as opposed to Biblical, commandments.[108] This approach allows Rabbi Eybeschutz to suggest that in cases of doubt in halachah, Yitzchak and Yaakov could follow the lenient approach, just as we do in cases in which there is a doubt in Rabbinic matters (a principle known as ספיקא דרבנן לקולא). As we saw earlier, *Rema* maintains that even according to the opinions that Avraham observed all commandments, including Rabbinic injunctions, those who followed him (including Yitzchak and Yaakov) did not systematically observe Rabbinic commandments.

But others disagree and take it for granted that the forefathers fulfilled even Rabbinic injunctions.[109] Some support for this contention comes from the laws of mourning. Torah law requires a mourner to observe the laws of mourning for one day. *Chazal* extended this to seven days (whence the expression *to sit shivah*). But after Yaakov's demise, the Torah reports that Yosef observed an entire week of mourning.[110]

Marital Relations during Famines

THE CLASSICAL COMMENTATORS devote much effort to explaining why several Biblical personalities engaged in marital relations during periods of drought and famine, a practice which the Talmud forbids. The prohibition is derived from — or at least hinted to — by the fact that the Torah indicates that Yosef avoided marital relations during the famine in Egypt.[111] (The Talmud adds that marital relations are permitted during famines if one is childless.) It is perplexing, then, to find indications that the forefathers and others appeared to violate this rule. For example, the Torah relates that Avimelech, King of the Philistines, discovered the true nature of the relationship between Yitzchak and Rivkah by noticing intimate behavior between them.[112] Since this occurred, apparently, during a famine, Yitzchak's conduct seems odd. Similarly, *Chazal* explain that Yocheved, Moshe's mother, was born to her father Levi just as Yaakov and his sons arrived in Egypt. This indicates that she was conceived during the famine that forced the descent of Yaakov's family to Egypt.

To explain these anomalies, *Tosafos* suggest that the prohibition mentioned in the Talmud is not really a prohibition — it is recommended conduct for those who are pious. Yosef conducted himself in this fashion, avoiding marital relations during the famine; but most people, including Levi, did not observe this. Thus, Yocheved was conceived.[113] According to this approach, no conclusions can be drawn regarding the general issue of Torah observance. Avoidance of marital relations during famines is not a prohibition; rather, it is a suggestion that pertains to exceptional people. Elsewhere, *Tosafos* offer another resolution. The Talmud records a disagreement as to whether the commandment to procreate requires a father to sire two sons or whether one must beget one son and one daughter. *Tosafos* suggest that Yosef and Levi had this same difference of opinion (long before it made it onto the pages of the Talmud). Yosef maintained that having two sons constitutes fulfillment of the requirement to procreate. Since his sons, Ephraim and Menashe, had already been born, Yosef refrained from further marital relations. Levi, however, maintained that the commandment of procreation requires that one sire a daughter as well. Since he only had sons at that point, he felt justified in continuing marital relations, with the result that Yocheved was conceived.[114] According to this approach, we deduce that *Tosafos* held that marital relations during famines — for those who have already fulfilled the requirement of procreation — are forbidden, and that Yaakov's sons observed this halachah.

Beis Yosef objects to the last approach. It is true that the Sages debate whether it is sufficient to have two sons to fulfill the requirement of procreation or whether one must also have a daughter. But the halachah follows the latter view. *Beis Yosef* assumes that both Yosef and Levi would have agreed on this point, and this leads to a problem: Yosef, like Levi, did not have a daughter; consequently, he would not have refrained from marital relations. *Beis Yosef* also objects to the approach of *Ran*. The latter explains that the rationale behind the prohibition of marital relations during famines is that the individual must empathize with fellow Jews. Indulgence in marital relations is inconsistent with the knowledge that other Jews are suffering from hunger. But, explains *Ran*, Yaakov's family was not yet lacking for food, and they were aware that Yosef, too, was not suffering. In contrast, Yosef thought that they lacked basic supplies and he therefore refrained from marital relations during this time. How, asks *Beis Yosef*, would Yaakov's sons know anything about Yosef?! As far as they were concerned, he could just as well have been dead! *Beis Yosef* therefore argues that the prohibition of marital relations during a famine is Rabbinic in nature, and that pre-Torah generations only observed Torah laws.[115] *Maharsha* rejects this answer precisely because he maintains that the forefathers and their progeny would have fulfilled even Rabbinic injunctions. He cites a statement of *Chazal* that even during famines marital relations are permitted on the night of immersion in a *mikveh*. He suggests that Yocheved was conceived under precisely those circumstances.[116] Other commentators embellish this discussion.[117]

Similar arguments are marshalled to justify Yitzchak having marital relations with Rivkah. Several commentators write that the forefathers did not observe Rabbinic injunctions. *Ohr HaChaim* writes that the prohibition applies only if Jews, not gentiles, are subject to the famine; Yitzchak had sufficient grain, as the verse states: וַיִּמְצָא... מֵאָה שְׁעָרִים.[118]

Forbidden Marriages

BESIDES YAAKOV'S MARRIAGE to two sisters, the classical commentaries address other dubious marriages of pre-Torah personalities. Avraham's marriage to Hagar[119] seems to violate the principle that Avraham observed the commandments, because Hagar was an Egyptian, and it is forbidden for Jews to marry Egyptians.[120] *Maharsha* suggests that Avraham observed the commandments of the Torah only after he circumcised himself. He had married Hagar before his circumcision, when it would have been perfectly permissible for him to do so. After his circumcision there was no need for him to divorce Hagar because he was already married to her. The Torah forbids *marrying* an Egyptian; it does not require *divorcing* one after the fact. But others object to this approach. When Sarah demanded that Avraham banish Hagar, he complied.[121] *Targum Yonasan* points out that he not only drove Hagar from his home but divorced her with a *get*. Later on, after Sarah's death, the Torah relates that Avraham married a woman called Keturah, which, according to some, is just a different name for Hagar. Since he had previously divorced her, this implies that Avraham now married Hagar, rather than merely resumed his relationship with her. But this all took place after Avraham's circumcision. So *Maharsha*'s approach seems to be invalid here: Avraham married an Egyptian woman after his circumcision. To resolve this, some suggest that Avraham had the status of a convert to Judaism, and converts are permitted to marry Egyptians.[122]

Another objection to *Maharsha*'s approach arises from Yosef's marriage to Osnat.[123] Even if we grant *Maharsha*'s argument that Avraham did not observe the commandments until after he was circumcised, by which time he was already married to Hagar, this will not suffice in Yosef's case. Yosef would certainly have been circumcised on the eighth day of his life. How then could he have married an Egyptian woman? One commentator suggests that Yosef married her without *Kiddushin*; i.e., their arrangement constituted marriage in the colloquial sense but was not, strictly speaking, a violation of halachah. A difficulty here is that *Rashi* writes that when Yosef introduced his sons to his father Yaakov, he showed his father the *Kiddushin* document.[124]

Similar issues arise from a Talmudic passage that suggests that Avraham had the status of a *Kohen*.[125] A *Kohen* whose wife had relations with another man, even against her will, is required to terminate his marriage (this applies only to *Kohanim*; a non-*Kohen* whose wife was raped need not divorce her). A *Kohen* whose wife is abducted by gentiles is presumed by halachah to have been forced into relations. Therefore, her husband must divorce her unless he or witnesses can vouch for the fact that she was not violated until she was rescued. Given that Avraham had the status of a *Kohen*, how could Sarah continue to be his wife after her abduction by Pharaoh? One resolution builds on the Midrash (cited by *Rashi*) that relates that when Sarah was taken to Pharaoh's palace, an angel accompanied her and smote Pharaoh and his entourage with physical plagues. This angelic intervention is tantamount to testimony that Sarah was not violated.[126] Another approach addresses the same question as it applies to Sarah's abduction by the King of the Philistines, Avimelech (*Bereishis* 20). The Torah relates that God instructed Avimelech to release Sarah and that He added "because he [Avraham] is a prophet." *Rashi* explains that, being a prophet, Avraham would know that Avimelech had not violated Sarah. If, however, we accept that Avraham had the status of a *Kohen* and that he was bound by halachah, his supernatural knowledge would be of no use. The principle that we may not rely on supernatural phenomena to elucidate questions of halachah (לא בשמיים היא) would preclude Avraham from relying on prophetic insight in order to remain married to Sarah. One commentator suggests that since Avraham observed the Torah *before* it was given, he was permitted to rely on supernatural insight: at that time, the Torah was indeed still in Heaven![127]

A broader approach to these problems is that the statement about Avraham being a *Kohen* is not meant literally. In fact, a verse in *Divrei HaYamim* describes the sons of King David as *Kohanim*. Seeing that King David — and therefore, his sons — belonged to the tribe of Yehudah and not to the priestly tribe of Levi, the term *Kohanim* must be understood differently. Indeed, *Rashi* explains that "*Kohen*" can denote a distinguished person or a leader, and King David's sons were called *Kohanim* in this sense. Understanding Avraham as being a *Kohen* in this sense would resolve the difficulty of his marriage to Sarah after her abduction.

The marriages contracted by Moshe's father, Amram, are also problematic. As is well known, Amram's wife, Yocheved, was his aunt, a liaison forbidden by the Torah. But *Targum Yonasan* points to an additional difficulty in this respect. He reports that after Amram separated from his wife, she married a man called Eltzafan[128] and bore him two sons, Eldad and Meidad. Later, she remarried Amram and bore him Moshe. Amram's second marriage to Yocheved, then, took place following her marriage to another man. This appears to be a direct violation of a Torah prohibition.[129]

Conclusion

THE ABOVE DISCUSSION is not exhaustive. Here are a few examples of the numerous issues still to be explored:

- The Torah states that Yaakov hated Leah (*Bereishis* 29), apparently violating the prohibition to hate a fellow Jew.
- Prior to having his famous dream of the ladder, Yaakov arranged some stones around himself as a shield from wild

animals. *Chazal* relate that those same stones were previously used by Avraham to construct the altar on which he offered Yitzchak as an offering. As such, the stones were holy, and personal use of them constituted misuse of holy objects.[130]

- Reuven was Yaakov's firstborn son, but Yaakov transferred the rights of the firstborn to Yosef, seemingly violating the prohibition of dispossessing the firstborn.
- The Midrash relates that Tamar was judged for her apparent infidelity by Yitzchak, Yaakov and Yehudah, who, being related to one another, could not constitute a valid court.[131]
- Avraham sent his servant, Eliezer, to betroth a wife for his son Yitzchak, but the halachah is that a servant cannot serve as a proxy in these cases.[132]
- Avraham entered into a covenant with Avimelech, King of Gerar, in apparent violation of the injunction not to enter into covenants with the inhabitants of the Holy Land.[133]
- Avraham offered his three angelic guests bread, even though *Chazal* teach that their visit took place on *erev Pesach,* when one is forbidden to own bread.[134]

The questions go on and on. We have looked at some of the responses proposed by the greatest authorities over the ages. As for the dozens of remaining instances that appear to violate the maxim that the forefathers observed the Torah, go and learn – זיל גמור!

NOTES TO CHAPTER 1

1 Here is a typical statement about the observance of one type of commandment by the forefathers:

פסיקתא דרב כהנא (פרשה עשר תעשר): אמר רב הונא אבות הראשונים הפרישו תרומות ומעשרות. אברהם הפריש תרומה גדולה הֲרִמֹתִי יָדִי אֶל ה׳ (בראשית יד, כב) ואין הרמה אלא תרומה כמה דאת אמר וַהֲרֵמֹתֶם מִמֶּנּוּ תְּרוּמַת ה׳ (במדבר יח, כו). יצחק הפריש מעשר שני וַיִּזְרַע יִצְחָק בָּאָרֶץ הַהִוא וַיִּמְצָא בַּשָּׁנָה הַהִוא מֵאָה שְׁעָרִים (בראשית כו, יב)... יעקב הפריש מעשר ראשון הה״ד וְכֹל אֲשֶׁר תִּתֶּן לִי עַשֵּׂר אֲעַשְּׂרֶנּוּ לָךְ (בראשית כח, כב).

2 בראשית כט.

3 שמות ו, כ.

4 ויקרא יח, יח; ויקרא יח, יד.

5 See דברים כה, ה-י. Briefly, when a man dies childless, the Torah requires that his brother marry the deceased's widow.

6 בראשית פרק לח.

7 **פירוש רמב״ן על התורה בראשית לח, ח (ד״ה אבל):** והיו החכמים הקדמונים קודם התורה יודעים כי יש תועלת גדולה ביבום האח... והיו נוהגים לישא אשת המת... ולא ידענו אם היה המנהג קדמון לפני יהודה. ובבראשית רבה (פה, ה) אמרו כי יהודה התחיל במצות יבום תחלה...

פירוש ריטב״א מסכת יבמות דף ה עמוד ב (ד״ה מה להנך): אף על גב דחזינן ליהודה ואבות שנהגו ביבום רק לא מתורת חיוב רק כמו שקיים אברהם ערובי תבשילין...

8 **אנציקלופדיה תלמודית ערך יבום (כרך כא, תשנ״ט עמוד רפג):** קודם מתן תורה לא היתה מצות יבום נוהגת, וזה שנאמר בספר בראשית: ויאמר יהודה לאונן בא אל אשת אחיך ויבם אותה והקם זרע לאחיך, לא בתורת מצוה היה, אלא בתורת מנהג, שהיו האבות מקיימים מצות יבום, כדרך שקיימו את כל התורה כולה עד שלא ניתנה... יש מהגאונים שמנו יבום בכלל מצוות שניתנו לבני נח קודם מתן תורה (פירוש רב סעדיה גאון על התורה בראשית עמוד קע)...

9 **מסכת יומא דף כח עמוד ב:** אמר רב קיים אברהם אבינו כל התורה כולה שנאמר עקב אשר שמע אברהם בקולי וגו׳... אמר רבא ואיתימא רב אשי קיים אברהם אבינו אפילו עירובי תבשילין שנאמר תורותי אחת תורה שבכתב ואחת תורה שבעל פה.

10 **בראשית כו, ה:** עֵקֶב אֲשֶׁר שָׁמַע אַבְרָהָם בְּקֹלִי וַיִּשְׁמֹר מִשְׁמַרְתִּי מִצְוֹתַי חֻקּוֹתַי וְתוֹרֹתָי.

11 **בראשית לב, ה עם לבן גרתי. מדרש לקח טוב שם (ומובא ברש"י):** גרתי בגימטריא תרי"ג כלומר עם לבן הרשע גרתי ותרי"ג מצות שמרתי...

12 **בראשית מו, כט רש"י (ד"ה וירא אליו):** אבל יעקב לא נפל על צוארי יוסף ולא נשקו ואמרו רבותינו שהיה קורא את שמע.

13 **ספר בית האוצר, כלל א אות יט:** יש לדקדק בכתוב ויאהב יצחק את עשו כי ציד בפיו ובתרגום ארי מצידיה הוה אכיל וקשה דאיך אכל יצחק מצידו של עשו הא היה ישראל מומר לעכו"ם... ומומר לעכו"ם פסול לזביחה... ואף על גב דיצחק החזיקו לטוב עם כל זאת תיקשי דהא אפילו בהמתן של צדיקים כו' ועיין בראשית רבה פרשה סה [יג] ועתה שא נא כליך שחוז מאני זיינך שלא תאכילני נבלות וטרפות וקשה גם כן דמה מועלת ההשחזה הא איהו גופיה פסול לזביחה... ואולם אין זה ברור אי שייך בזה השתא בהמתן כו' כיון דהאבות קיימו את התורה עד שלא ניתנה רק ממדת חסידות ואם כן יש לומר דבמדת חסידות לא שייך השתא בהמתן כו' דאפילו שוגג דאיסור דרבנן דנו האחרונים ז"ל דלא חשיב עבירה ואין צריך כפרה וסליחה וכל שכן שוגג דמדת חסידות.

14 **בראשית כא, ז:** ... הֵינִיקָה בָנִים שָׂרָה ...

15 **יורה דעה סימן קנ"ד סעיף ב:** ישראלית לא תניק לבן עובד כוכבים אפילו בשכר...

16 **בראשית כז, טו:** וַתִּקַּח רִבְקָה אֶת בִּגְדֵי עֵשָׂו בְּנָהּ הַגָּדֹל הַחֲמֻדֹת אֲשֶׁר אִתָּהּ בַּבָּיִת וַתַּלְבֵּשׁ אֶת יַעֲקֹב בְּנָהּ הַקָּטָן.

17 **פירוש רמב"ן לפרשת קדושים (ויקרא יט, ב):** וכן יפרוש עצמו מן הטומאה אף על פי שלא הוזהרנו ממנה בתורה כענין שהזכירו בגדי עם הארץ מדרס לפרושים...

18 **פרדס יוסף, פרשת תולדות עמוד תצ"א:** החמודות. עיין בידי משה בבראשית רבה (ס"ה, ט"ז) הביא גמרא (עיין זוהר תולדות קמ"ב:) בגדי נמרוד היה כתנות עור של אדם הראשון... ואיתא בעשרה מאמרות דכתנות עור היה מעורו של לויתן שהרג הקב"ה. ובזה יובן כדי שלא תקשה איך הלבישה רבקה ליעקב בגדי עשו הא קיימא לן (חגיגה י"ח:) בגדי עם הארץ טמאים, על זה אמר החמודות שחמד אותם מנמרוד והם מעורו של לויתן וקיימא לן (כלים פרק כ"ד משנה י"א) דעור הדג אינו מטמא, וכן כתב בנחל קדומים (תולדות אות ז).

19 **בראשית מג, טז:** וַיַּרְא יוֹסֵף אִתָּם אֶת בִּנְיָמִין וַיֹּאמֶר לַאֲשֶׁר עַל בֵּיתוֹ הָבֵא אֶת הָאֲנָשִׁים הַבָּיְתָה וּטְבֹחַ טֶבַח וְהָכֵן כִּי אִתִּי יֹאכְלוּ הָאֲנָשִׁים בַּצָּהֳרָיִם.

20 **מסכת חולין דף צ"א עמוד א:** ואמר רבי יוסי ברבי חנינא מאי דכתיב וטבוח טבח והכן פרע להן בית השחיטה. רש"י (שם ד"ה ופרע להן בית השחיטה): שלא יאמרו בשר הנחירה אני אוכל לפי שבני יעקב שומרי מצות היו דאף על פי שלא נתנה תורה מקובלין היו מאבותיהן.

ובכרתי ופלתי (סימן ב פלתי סעיף קטן א) הקשה דכי ידעו השבטים שיוסף ישראל ואיך אכלו משחיטתו ועיין מהרש"א (חולין צא חידושי אגדה ד"ה פרע) דפירש פרע רצה לומר שהם ישחטו.

Even at this early juncture, however, we should note that this point is not universally accepted. The Midrash points out that Yosef observed Shabbos:

מדרש רבה סדר מקץ פרשה צב [מג, טו]: ויקחו האנשים וגו' וירא יוסף אתם וגו' והכן. ואין הכן אלא שבת היך מה דאת אמר [שמות טז, ה] והיה ביום הששי והכינו וגו'. הדא אמרה ששמר יוסף את השבת קודם שלא תנתן.

But the classical commentator *Eitz Yosef* argues that Yosef's brothers did not observe Shabbos, prompting him to send them on their way on Shabbos:

פירוש עץ יוסף שם: ואף על פי שיוסף שמר את השבת קודם מתן תורה מכל מקום שלח את אחיו בשבת שחרית כדכתיב הבוקר אור וגו' כיון דאינהו בלאו הכי מעולם לא נזהרו במצות שבת באשר עדיין לא נצטוו עליו.

This source is also important:

במדבר רבה [יד, ב]: מִי הִקְדִּימַנִי וַאֲשַׁלֵּם [איוב מא, ג] מדבר ביוסף שהוא הקדים ושימר את השבת עד שלא נתנה – וּטְבֹחַ טֶבַח וְהָכֵן (בראשית מג, טז). אמר רבי יוחנן ערב שבת הייתה ואין הכן אלא לשבת שנאמר (שמות טז, ה) וְהָיָה בַּיּוֹם הַשִּׁשִּׁי וְהֵכִינוּ וגו'. אמר הקב"ה, יוסף אתה שמרת את השבת עד שלא ניתנה התורה, חייך שאני משלם לבן בנך שיהא מקריב קרבנו לשבת, מה שאין יחיד מקריב ועלי לקבל קרבנו ברצון...

21 שמות ו, כ.

22 **פרקי דרבי אליעזר (פרק כ):** רבי יהודה אומר הקב"ה שמר שבת ראשון ואדם שמר אותו תחלה בתחתונים...

בראשית רבה (ט"ז, ה): וַיַּנִּחֵהוּ (בראשית ב, ט"ו), נתן לו מצות שבת.

ליקוטי הערות על פירוש אור החיים, פרשת ויחי בראשית מט, ג [מקראות גדולות המאור, מכון המאור, ירושלים, התש"נ, עמוד תתקי"ז]: עיין זוהר פרשת מקץ (קצט.) וכיון דברא קב"ה לאדם יהב קמיה אורייתא ואוליף ליה בה למנדע ארחהא. מנלן, דכתיב (איוב כח כז) אָז רָאָהּ וַיְסַפְּרָהּ הֱכִינָהּ וְגַם חֲקָרָהּ, ולבתר (שם, שם כח) וַיֹּאמֶר לָאָדָם הֵן יִרְאַת ה' הִיא חָכְמָה וְסוּר מֵרָע בִּינָה. ועיין זוהר בראשית (כז.) לְעָבְדָהּ [בראשית ב, טו] בפקודין דעשה, וּלְשָׁמְרָהּ [שם] בפקודין דלא תעשה.

פירוש ידי משה לבראשית רבה יט, יב (ד"ה אכלתי ואוכל): ... שהאכיל אדם הראשון מן העץ לבהמות חיות ועופות ושיעור אכילה בכזית והתנצל אדם הראשון שלא אכל כולה רק פחות משיעור... ואם כן זה שאמר אכלתי ואוכל פירוש שהאכיל

לבהמות ולא הגיע עליו שיעור כזית וחצי שיעור מותר וזה שאמר לא אכלתי שיעור אכילה להתחייב עליה...

[**הערה:** צריך עיון דהא קיימא לן (מסכת יומא דף ע"ד עמוד א) חצי שיעור אסור מן התורה].

דברי דוד על התורה, פרשת בראשית (ד"ה מלמד שבא על כל בהמה וחיה): ... והקשו המפורשים האיך בא על בהמה, שהרי נצטוו על העריות ובהמה בכלל עריות... ובאמת הקשה קושיא זאת ... דאיתא שעה שביעית נזדווגה לו חוה כו' תשיעית נצטווה כו' דהציווי על מצוות שלו היה אחר זיווג חוה ודבר זה שבא על בהמה וחיה היה לפני חוה...

פרדס יוסף, בראשית עמוד פ"ז אות סה: רש"י – לא נתקררה דעתו עד שבא על חוה (ב, כג). עיין בספר דברי דוד מהטורי זהב... מבואר מדבריו דאדם הראשון לא קיים מצוות בני נח טרם נצטוה עליהם. ועיין בספר בית האוצר (מערכת א אות טז) שהאריך בענין אדם הראשון אי קיים התורה עד שלא ניתנה...

The discussion concerning whether Adam observed *mitzvos* is also extended to his immediate family. Consider, for example, the fact that Hevel brought an animal as an offering to God. At that time, before the Flood, it was forbidden for human beings to consume meat. And yet, one of the requirements of offerings — after the Torah was given — is that they be brought from things that are permitted for eating. This question presupposes that Hevel was bound by halachah:

הגדה זכרון נפלאות דף ו עמוד ב (ד"ה שמעתי): שמעתי בשם הרב הצדיק יסוד עולם נר ישראל וקדושו מו"ה שמחה בונים מפשיסחא זצ"ל דבר נחמד. דהיפה תואר הקשה על קרבנו של הבל שהיה מבעלי חיים דהא קודם המבול היה נאסר בעלי חיים לאכילה ולא היה הקרבן מן המותר בפיך...

Similarly, some commentators discuss whether Kayin, having killed his brother Hevel, was obligated to fulfil the *mitzvah* of *yibum*. This again presupposes that under normal circumstances, *yibum* would have applied; the question only arises because of the unusual circumstances under which the very killer of the victim is the person meant to fulfill *yibum*:

באר מיים חיים, פרשת בראשית (ד"ה וידע קין את אשתו): פירוש למעט אתא דוקא אשתו ולא אשת הבל המת שלו היה משפט הגאולה לגאול את אחיו ליבם אשתו ולהקים לאחיו שם בישראל. אמנם עבור שהוא הרגו לא ניתנה לו רשות בזה תחת שהוא העבירו מן העולם לא יזכה הוא להביאו לעולם... וגם רמז שאף התאומה יתירה שנולדה עם הבל לא הותר לו רק דוקא אשתו שהיה לו מכבר.

23 **פרדס יוסף, פרשת לך לך עמוד רמ"ו:** אמנם בבאר היטב (אורח חיים סימן קכ"ח סעיף קטן ס"ד) כתב בשם הלכות קטנות (חלק ב סימן קכ"ה) דאף בתוך המזון אסור

[לכהן לשתות יין]. לפי זה צריך לומר דהך דמלכי צדק כמו שכתבתי לעיל דבתוך המזון מותר, לפי מה שכתב הכרתי ופלתי (סימן ס"ג סעיף קטן ב) בשם הפרשת דרכים (דרוש א) דכל מה שנזהרו קודם מתן תורה הוי רק כמו דרבנן, ושוב שייך שפיר ההיתר בתוך המזון.

24 **פרדס יוסף, פרשת וירא עמוד שכ"ו אות מט:** עיין בהגדה ריח דודאים... דצריך ביאור אטו לוט קיים המצוות קודם שניתנו...

Others, however, disagreed:

שעורי דעת, עמוד 127 בהערת השוליים: במקום אחר פירש אדמו"ר זצוק"ל כי באמת לא היה בו [בלוט] שינוי ניכר, כי הרי עדיין היה שלם עם ה' והלך בדרך אשר הורהו אברהם דודו, מסר עצמו לסכנה כדי לקיים מצות הכנסת אורחים **וגם קיים כל התורה**, כמו שדרשו חז"ל על הפסוק [בראשית יט, ג] וּמַצּוֹת אָפָה, שפסח היה וקיים מצות מצה...

פרדס יוסף, פרשת שמות עמוד צ: ובשאלות ותשובות אמרי יושר [חלק ב סימן פג דף נט ד"ה ומה] הקשה לרמב"ן וכי כל המוהלים נולדו מהולים. ויש לומר כמו שמצינו בלוט שאפה מצות בפסח [עיין רש"י יט, ג] **הרי דלאו דוקא האבות קיימו מצוות ורק גם בני ביתו**, ואברהם היה מגייר אנשים הרבה והכניסם תחת כנפי השכינה, ובודאי על ידי מילה וטבילה.

25 **משנה למלך, הלכות מלכים פרק י הלכה ז ד"ה שוב ראיתי:** ... דפשיטא שהשבטים היו מקיימים כל התורה כולה עד שלא ניתנה... ואולי נאמר דידע אברהם באליעזר דגם הוא היה מקיים התורה עד שלא ניתנה... דליכא למימר שהיה סבור יעקב שעשו מקיים התורה עד שלא ניתנה דדיינו שיקיים עשו שבע מצות בני נח.

Others took it for granted that Eliezer indeed observed the Torah's commandments:

קדושת לוי, פרשת חיי שרה (ד"ה לא אכל עד אם דברתי דברי): כי אליעזר קידש את רבקה בשליחות יצחק, והחתן ביום קידושין אסור לו לאכול עד אחר קידושין. וזהו לֹא אֹכַל עַד אִם דִּבַּרְתִּי דְּבָרָי, וזהו הקידושין.

26 **העמק שאלה, פרשת מטות שאילתא קל"ז אות ב:** שעד שלא ניתנה תורה כבר היו נזהרים בה מידיעת בית האבות, ולמדו גדולי הדור זה מזה ונזהרו בהם, אלא שלא נזהרו כל ישראל בחיוב...

27 **שדי חמד, מערכת האל"ף אות קפו (כרך א עמוד 54):** ... ומה שציין לתשובת הרדב"ז [חלק ב סימן תרצ"ו] עיינתי שם וראיתי שפירש... ולא קשיא איך נשא עמרם דודתו משום דאמרינן קיימו האבות את התורה כולה אבל בשאר בני אדם אמרינן נתנה תורה ונתחדשה הלכה...

28 See the section entitled *Avraham Only*.

29 **מר קשישא, ערך מריה דאברהם:** ... והוא לשון שבועה. ואפשר משום דמצינו שאברהם אבינו ע"ה קיים כל התורה עד שלא נתנה והוא בנבואה ורוח ה' אשר הודיעתו כהלכה למשה מסיני... והוא על ידי כליותיו שהיו נובעים...

30 For example, the King of Israel is forbidden to own more than a certain number of horses. See ספר החינוך מצוה תצט.

31 כגון ספר החינוך מצוה נ – מצות בית דין להרוג בסיף המחויב.

32 For example, a husband is required to support his wife (שאר, כסות ועונה). See ספר החינוך מצוה מו.

33 For example, women are forbidden to commit bestiality (ספר החינוך מצוה רי"א – שלא תשכבנה הנשים עם הבהמות). *Rambam* and the author of ספר החינוך count refraining from bestiality as two separate commandments, one applying to men and the other to women.

34 ספר החינוך מצוה תקפד – לא לתלוש סימני צרעת.

35 **רמב"ם ספר המצוות סוף מצוות עשה (עמוד כא בדפוסים הרגילים):** ומהם מצות מתחייבות בהכרח בכל זמן בכל מקום ובאיזה ענין שיהיה כגון ציצית ותפילין ושמירת שבת. ונקראו המצות שהן מזה המין מצות הכרחיות מפני שהם מתחייבות לכל איש שהגיע לפרקו מישראל בהכרח בכל זמן ובכל מקום ובכל ענין. וכשתסתכל באלו הרמ"ח מצות עשה תמצא המצות ההכרחיות ששים מהם...

36 ספר החינוך מצוה תרד – מצוה להכרית זרעו של עמלק.

37 Avraham lived 175 years. At the age of one hundred, he fathered Yitzchak. Yitzchak fathered Esav when he was sixty years old (and Avraham was 160 years old). The Sages tell us that Avraham died on the day that Esav's wickedness became public knowledge, indicating that Esav was then fifteen years old. Later, when Esav was forty years old, he married and fathered Eliphaz. The latter fathered Amalek.

38 ספר החינוך מצוה קא – שלא לקרוע המעיל.

39 ספר החינוך מצוה תר – מצוה להציל הנרדף.

40 ספר החינוך מצוה תקל – לערוף עגלה בנחל איתן כשנמצא הרוג ולא נודע מי הכהו.

41 במדבר פרק ו וספר החינוך מצוה שסה – לעשות לסוטה כמשפט הכתוב.

42 **שאלות ותשובות גנזי יוסף, סימן מ"ה:** ... ואשר העיר בהא דאמרינן שקיים אברהם אבינו ע"ה כל התורה כולה האיך הקריב קרבן פסח קודם שנימול הלא נאמר

וכל ערל לא יאכל בו? הנה יש להשיב בפשיטות דלכאורה יש להבין האיך קיים מצות יבום וחליצה יובל וכו' וכדומה הרבה מצות אשר אינם נוהגים אצל כל איש ואיש...

43 **פירוש רמב"ן לפרשת תולדות (בראשית כו, ה):** וישמור משמרתי – לשון רש"י... ואם כן יהיה כל זה בנוי על דעת שהיה אברהם מקיים ומשמר את התורה עד שלא נתנה, וכך אמרו (בראשית רבה צה, ג) בפסוק ויתן להם יוסף עגלות (בראשית מה, כא) שפירש ממנו בפרשת עגלה ערופה שהיה עוסק בתורה כשם שהיו אבותיו, ועד עכשו לא נתנה תורה, והרי כתוב וישמור משמרתי מצותי חקותי ותורותי. ושם אמרו שהיה משמר אפילו דקדוקי תורה והיה מלמד לבניו וכו'

44 **שם:** ויש לשאול, אם כן איך הקים יעקב מצבה (בראשית כח, יח) ונשא שתי אחיות וכדעת רבותינו (בראשית רבה עד, יא) ארבע, ועמרם נשא דודתו (שמות ו, כ) ומשה רבינו הקים שתים עשרה מצבה (שמות כד, ד) והאיך אפשר שיהיו נוהגים היתר בתורה במה שאסר אברהם אביהם על עצמו וקבע לו השם שכר על הדבר, והוא יצוה את בניו ואת ביתו אחריו ללכת בדרכיו. וביעקב דרשו (בראשית רבה עט, ו) ששמר את השבת וקבע תחומין...

45 **שם:** והנראה אלי מדעת רבותינו שלמד אברהם אבינו התורה כולה ברוח הקודש ועסק בה ובטעמי מצותיה וסודותיה ושמר אותה כולה כמי שאינו מצווה ועושה. ושמירתו אותה היה בארץ בלבד, ויעקב בחוצה לארץ נשא האחיות וכן עמרם, כי המצות משפט אלהי הארץ הן, אף על פי שהוזהרנו בחובת הגוף בכל מקום (קידושין לו:). וכבר רמזו רבותינו הסוד הזה (ספרי דברים פסקא מג) ואני אעירך בו בעזרת השם (ויקרא יח, כה דברים יא, יח).

46 **שם:** וביוסף דרשו (בראשית רבה צב, ד) שהיה משמר את השבת אפילו במצרים, מפני שהיא שקולה כנגד כל המצות, לפי שהיא עדות על חדוש העולם, והיה עושה כן ללמד את בניו אמונת בריאת העולם להוציא מלבם כונת עבודה זרה ודעות המצרים...

47 **שדי חמד, כרך א עמוד 458:** אבות העולם דקיימו כל התורה וכתב הרמב"ן דהיינו דוקא בארץ ישראל אבל בחוצה לארץ לא היו מקיימים. כתבתי בשדי חמד אות ע"ר בשם מרן חיד"א בקונטרס מדבר קדימות מערכת היו"ד אות ה"ן דמה שלא היו מקיימים כשהיו בחוצה לארץ היינו דוקא כשהיה דעתם לחזור לארץ ולכן יוסף הצדיק שידע שלא ישוב לארץ ישראל הוא ואחיו היו מקיימים גם בחוצה לארץ...

48 **פירוש רמב"ן לפרשת תולדות (בראשית כו, ה):** והמצבה מצוה שנתחדשה בזמן ידוע היא, כמו שדרשו (ספרי) באשר שנא ה' אלהיך (דברים טז, כב) ששנאה אחרי היותה אהובה בימי האבות.

49 **שדי חמד, כרך א עמוד 458:** וכתב שם [הגאון רבי יוסף חיים מבבל (רב ברכות דף

כח עמוד א)] טעם נכון למה לא היו מקיימים גם בחוצה לארץ והוא למען לא ליתו לאימשוכי לשבת בחוץ לארץ (כשהיו צריכים לצאת מארץ ישראל לאיזה צורך). דכיון דלפי גודל קדושתם לא יוכלו לעמוד בלתי קיום מצותיו יתברך, דבר זה יכריח אותם למהר לשוב אל הארץ אלו תורף דברי קודשו יצ"ו.

50 **כמוצא שלל רב, פרשת מקץ:** אולם על שיטת רמב"ן הקשה במשנה למלך בספרו פרשת דרכים, מדברי הגמרא (פסחים קיט:): עתיד הקב"ה לעשות סעודה לצדיקים ביום שיגמול חסדו לזרעו של יצחק. לאחר שאוכלין ושותין, נותנין לו לאברהם אבינו כוס של ברכה לברך ואומר להן איני מברך שיצא ממני ישמעאל. אומר לו ליצחק טול וברך אומר להן איני מברך שיצא ממני עשיו. אומר לו ליעקב טול וברך אומר להן איני מברך, שנשאתי שתי אחיות שעתידה תורה לאוסרן עלי – והלא לא חטא כלום כיון שנשא אותן בחוץ לארץ. ומיישב בעל פרשת דרכים: "מכל מקום חסידות הוא להתרחק מן הדבר הדומה לאיסור מן התורה, ולפיכך לא רצה לברך."

51 **פירוש אור החיים, פרשת ויחי בראשית מט, ג (ד"ה וקודם):** ... וראיתי לרמב"ן (בראשית כו, ה) שנתן טעם ליעקב שנשא ב' אחיות כי לא היה בארץ עד כאן, ואין דבריו חזקים בסמוכות כי מי גילה לו סוד זה [על פי מסכת שבת דף פח עמוד א], שלא היה שומר תורה אלא בארץ, אחר שאין הפרש בין הארץ לחוץ לארץ באותן פרטי המצות שלא שמרום האבות.

52 **פרדס יוסף, פרשת חיי שרה עמוד שע"ח אות ט:** אֶת מֵתִי מִלְּפָנַי (בראשית כג, ח) עיין רמב"ן (ד"ה אם) אם לא תעשו כן אקברנה בארון. וקשה דרמב"ן בעצמו בספר תורת האדם כתב מגמרא סנהדרין (מו:) דמצות קבורה אינו מקיים רק בקרקע, אבל בארון הוי בכלל מלין את מתו.

53 **שאלות ותשובות רשב"א סימן צ"ד:** ולענין מה שאמרו (מדרש לקח טוב בראשית לב, ה, מובא ברש"י) כי קיים יעקב תרי"ג מצוות ונרמז במלת עם לבן גרתי (בראשית שם) והוקשה לך היאך קיימם ועדיין לא נצטוו ועוד שהרי יעקב נשא שתי אחיות. דע כי אמרו ז"ל קיים אברהם אפילו עירובי תחומין... ואל תתמה כי כבר נתעוררת אתה לדעת כי אין בכל פרטי המצוות מצוה שאינה רומזת אל עניני החכמה ושחייבה החכמה... ונמצאת החכמה מחייבת את המעשה ואת המניעה, והמעשה והמניעה מודיעות מה שנרמז בהם מן החכמה, והאבות הגיעו ברוב חכמתם אל העיקרים ההם וכמו שאמרו ז"ל באברהם (בראשית רבה פרשה סא, א) שתי כליותיו מביעות לו חכמה כשני מלמדים, וכן כל האבות עד שיהודה המקובל מאבותיו קיים מצות יבום אף על פי שעדיין לא נצטוו עליה וצוה בה לבנו (בראשית לח, ח) באותו הלשון בעצמו שצותה התורה (דברים כה, ה) וזה מן הצד שאמרתי.

54 After writing these words I discovered that *Sdei Chemed* makes exactly the same point:

שדי חמד כרך א עמוד 54: כתב הרמב"ן... דדוקא בארץ ישראל ולא בחוץ

לארץ... ולדעתי יתכן דלזה נתכון הרשב"א... אבל פשט דבריו מראה שרמז לאיזה סוד ה' ליראיו...

55 **שאלות ותשובות רשב"א סימן צ"ד:** ועל אשר נשא יעקב שתי אחיות, דע שהתורה נכונה על שלשה עמודים האחד זמן והשני מקום והשלישי כלים. הזמן – לא כל הימים אסורים במלאכה כשבת וכיום טוב... והמקום – שלא בכל מקום חייבין בתרומות ובמעשרות ואסורין בטבל כארץ ישראל... והכלי – לא בכל דבר יוצאין תמורת הלולב והאתרוג... ואיני יכול לפרש יותר ומשכיל על דבר ימצא.

56 **בראשית רבה סדר וישלח פרשה ע"ט אות ו [לג, יח]:** דבר אחר ויחן את פני העיר נכנס בערב שבת עם דמדומי חמה מבעוד יום וקבע תחומין מבעוד יום הדא אמרת ששמר יעקב את השבת קודם שנתן.

57 **גור אריה על בראשית מו, י:** אבל אני תמה על דברי הרמב"ן שהקשה הרמב"ן דאיך יהיו נוהגין היתר במה שקבל אברהם על עצמו. קושיא זאת אינו מכריח אותנו לומר שהיו כל ישראל שומרים את התורה אף מצות לא תעשה, ומה בכך שהיה אברהם שומר כל התורה, בשביל זה אין הכרח לומר כלל שהיו כולם חייבים כי אין מצוות התורה שוות בדבר זה. כי תמצא כי אברהם ניתן לו ברית מילה (בראשית יז, י) וליעקב גיד הנשה (בראשית לב, לב) כי המצוות המקבלים מיוחדים בהם. ולפיכך אני אומר גם כן כמו שתמצא במצוות שנצטוו שלא היו הכל שווים, כך במצוות שלא נצטוו מפי השם אינם שווים הכל. כי אברהם בפרט היה מסוגל לכל המצוות ויצחק למצות שחיטה ויעקב למצות שבת... לכך יש לומר כי לא קיימו מי שאינו מסוגל לכל המצוות את כל המצוות.

58 **שם:** ואפילו אם אתה אומר מאחר שכל המצוות הם מצוות צדיקים וישרים וטובים למה אין ראוי ומחוייב שיעשו הכל, שהרי מי שאינו מחוייב בדבר כמו הסומא אליבא דרבי יהודה (בבא קמא פז.) והנשים במצוות שהם פטורות מצוה הוא דעבדי ומקבלים שכר.

59 פרדס יוסף פרשת לך לך עמוד ריא בשם ספר הזהר מציין ש"אברהם" בגימטריא הוא רמ"ח, כמספר מצוות עשה שבתורה.

60 **מסכת שבת דף נ"ה עמוד ב הגהות יעב"ץ:** וכן הדבר בנישואין של צדיקים קודם מתן תורה, כי של יעקב ועמרם טובים היו בודאי בזמנם, כי לא הוזהרו עדיין (אף על פי שקיימו האבות כל התורה, היינו במצוות עשה)...

מסכת בבא בתרא דף קמ"א עמוד א הגהות יעב"ץ: אף על פי שקיים אברהם אבינו כל התורה כולה כמו שאמרו שילהי קידושין וכן האבות, היינו במצוות עשה וכמי שאינו מצווה ועושה, שאם לא כן היאך נשא יעקב שתי אחיות בחייהן ועמרם נשא דודתו...

פרדס יוסף, פרשת וירא עמוד שמ"ו: ובספר מים עמוקים (חולין דף צא עמוד א)

כתב גם כן דאבות קיימו רק מצוות עשה, אבל לא היו נזהרין ממצוות לא תעשה, וניחא דאברהם נשא את הגר ושאר קושיות המפרשים...

61 **מהרש"א מסכת יומא דף כ"ח עמוד ב חידושי אגדות (ד"ה קיים אברהם אבינו כל התורה כולה):** יש לדקדק בכל נוסחות שלפנינו סוף פרק ב דקדושין איכא הכי משנה שלימה עשה אברהם כל התורה עד שלא ניתנה שנאמר עקב וגו' ומאי אתא רב לאשמועינן... ויש לומר דניחא ועדיפא ליה למפרך אדרב משום דהתם לא משמע אלא שעשה כל המצות והיינו העשיים אבל לישנא דרב קיים כל התורה משמע נמי אלאוין של התורה.

62 **גור אריה על בראשית מו, י:** זהו דוקא במצוות עשה שיש על זה שכר אבל מצוות לא תעשה שאין קבול שכר על מצוות לא תעשה ומאחר שלא נצטוו למה יקיימו. וראיה לזה הנשים שהם פטורות מבל תטמאו (ויקרא כא, א) ולא תשחית (ויקרא יט, כז) אם מקיימים המצוה אין להם שכר כלל על זה, והכי נמי למה להם להפריש עצמם מן דבר שאין אסור להם בזה. אבל מצוות עשה יש לעשות ולקיים כי זה הוא רצונו של מקום ויש קבול שכר על זה. ולכן תמצא תמיד במצוות עשה שהיו מקיימין כגון שחיטה ושבת אבל במצוות לא תעשה אין הדבר כך דלא מסתבר לאסור אחר שלא נצטוו אלא אם אותו המקיים ראוי שיהיה נזהר בהם. ואומר אני כי אברהם היה מיוחד לשמור כל התורה ולפיכך אמרו עליו (קידושין פב.) כי שמר כל התורה כולה בעבור שהוא מסוגל למצוות התורה. ולכך עמרם שנשא דודתו ויעקב ב' אחיות כי אלו הם מצוות לא תעשה ואם לא היו מצווים על מצוות לא תעשה למה יקיימו אותם וזהו באמת דעתי והוא נכון.

והשתא אין צריך ליתן טעם כלל למה נשא יעקב ב' אחיות כי מצוות לא תעשה אין לחיוב מעצמו רק מצוות עשה. ואברהם בלבד הוא ששמר כל התורה כולה בין עשה ולא תעשה. והחילוק שיש בין עשה ובין לא תעשה ידוע לכל משכיל כי מצוות עשה הוא קנין מעשה מפני שהיא קנין אף על גב שלא מתחייב בה אם לא יעשה יהיה חסר המצוה שהיא קנין מעשה. אבל מצוות לא תעשה שאין המצוה קנין המעשה רק שישב ולא יעשה ואינו קונה שום דבר ועיקר המצוה שלא יעבור רצון הבורא שאסר עליו וכל זמן שלא אסר הקב"ה אינו עובר רצון בוראו. ולפי דעתי אם מקיים לא תעשה שלא נצטווה עליו הוא גריעותא שאין לאסור עצמו בדבר שלא אסר אותו התורה... אבל מה שנמצא במדרש שאמר יעקב תרי"ג מצוות קיימתי מוכח שגם יעקב מסוגל אל כל המצוות רק שנשא ב' אחיות על פי רוח הקודש... ומה שפירש הרמב"ן כי האבות היו מקיימין את התורה דווקא בארץ אין הדעת סובל ומקבל את דבריו ודברים אלו שאמרנו הם דעת רז"ל ואין בהם ספיקא.

63 **פרדס יוסף, פרשת וישלח עמוד תקצ"א:** ובמדרש (מדרש אגדה ריש וישלח) ורש"י וישלח וקשה תרי"ג שמרתי איך משכחת עיין ברמב"ם בספר המצוות (פרטי המצוות בהשלמת מצוות עשה דף כא) שאינם רק ששים מצוות הכרחיות שנוכל לקיים, ואיכא

מצוות עשה דכהנים וקרבנות ומקדש ופרה אדומה ומינוי מלך וכו׳. ורק התירוץ כמו דאיתא בפרק התכלת (מנחות מג:) שקולה מצות ציצית כנגד כל המצוות, וכן נאמר בבבא בתרא (ט.) שקולה צדקה ככל המצוות, וכן בנדרים (לב.) במילה.

64 **מדרש רבה סדר חיי שרה פרק ס״א אות ד (כה, א):** ושמה קטורה. רבי יהודה אמר זו הגר. אמר ליה רבי נחמיה והכתיב ויסף. אמר לו על פי הדיבור נשאה היך מה דאת אמר (ישעיה ח, ה) וַיֹּסֶף ה׳ דַּבֵּר אֵלַי עוֹד. **פירוש עץ יוסף שם (ד״ה על פי הדיבור נשאה):** ורצונו לומר שהוסיף אברהם ברוח הקודש ועל ידי זה לקחה...

65 **מסכת שבת דף ס״ג עמוד א:** אמר רבי אמי אפילו חישב לעשות מצוה ונאנס ולא עשאה מעלה עליו הכתוב כאילו עשאה.

66 **שאלות ותשובות גנזי יוסף, סימן מ״ה:** ... וצריך לומר דרק מצוות אשר היה יכול לקיים שמר, אבל המצוות שלא היה יכול לקיים מאיזה טעם שיהיה באמת לא שמר אף על פי כן הוי כמו שקיים כל התורה דלא גרע מחישב לעשות מצוה ונאנס בידו דמעלה עליו הכתוב כאילו עשאה והכא נמי כן...

67 **חתם סופר יורה דעה סימן רי״ט:** דודאי חסידים הראשונים שהיו מתאוים לקיים כל מצות עשה שבתורה לא היו דואגים על קיום מצות עשה של והנותר ממנו עד בקר באש תשרופו ומצות עשה של והשיב את הגזלה מפני שזה בידם לעשות לאכול מן הקדשים ולהותיר במזיד ולקיים מצות עשה של שריפת נותר וכן לגזול ולהשיב אחר כך ולא נמנעו מזה אלא מאהבת ה׳ שלא רצו להותיר וכו׳ נמצא שהמצות עשה בידם לקיים כל שעה אלא שהם אנוסים מלקיימה שלא יעברו ח״ו על רצון ה׳ ואם כן הרי הוא כאילו עשאום וקיימו העשה ההיא.

68 **מהרש״א חידושי אגדה מסכת סוטה דף י״ד עמוד א ד״ה יכול כאחרונים:** ... וכעין זה ביצחק ויעקב שגם הם אף על פי שהיו עצומים בתורה ובמצוות שקיימו כל התורה מכל מקום הרבה מצוות התלויות בארץ ובקרבנות ודאי לא קיימו...

פרדס יוסף, פרשת תולדות עמוד תפ״ח: מהרש״א בסוטה (יד. ד״ה יכול) אף דאבות קיימו כל המצוות אפילו מצוות התלויות בארץ, אבל מצוות שלא נתחייבו עד כיבוש ארץ ישראל לא קיימו.

69 **מהרש״א חידושי אגדה מסכת נדרים דף ל״ב עמוד א ד״ה גדולה מילה:** ...שכל מצות התורה תלויין במילה וכיון שעדיין לא נימול אינו בכלל מצות התורה ואדרבה אסור ללמוד תורה ולשמור שבת...

70 **שדי חמד, כרך א מערכת האל״ף כללים סימן א (עמוד עח):** שכתב [רמ״א בתשובותיו] בריש סימן יו״ד וז״ל ואף-על-גב דדרשינן עקב וכו׳ דשמע מינא שהיה נוהג כפי התורה והמצוה ואפילו מצוה מדרבנן מכל מקום נוכל לומר אם הוא שמר אנשי ביתו לא שמרו רק החק הנימוסי הנמסר להם דהיינו שבע מצות בני נח דמי לנו גדול מאדונינו אבינו יעקב עליו השלום אשר נשא שתי אחיות אלא על כרחנו

צריכים אנו להודות ולומר כי הכתוב כי ידעתיו למען אשר יצוה לא קאי רק אאותן שבע מצות של בני נח וכו׳.

71 **מהר״ץ חיות (הגהות למסכת תענית דף ד עמוד א)**: ובעיקר הדבר דאף על גב דהאבות קיימו כל התורה, מכל מקום בענייני נישואין אפילו בעריות גמורים לא היו נזהרים כמו שראינו יעקב נשא שתי אחיות ועמרם נשא דודתו.

72 **שדי חמד, מערכת האלף אות קפו (כרך א עמוד 54)**: וכמו זר נחשב בעיני לומר כן על בחיר שבאבות שלא נזהר בענייני עריות, ואחרי שסתם אמרו חז״ל שקיימו כל התורה עד שלא ניתנה מי הוציא מכלל כל התורה את העריות ומאי גריעותא דידהו והלא הן הן גופי תורה...

73 **שדי חמד, פאת השדה מערכת האלף כללים סימן א (כרך א עמוד 155)**: אחר זמן רב ראיתי בספר טהרת המים (לרב גדול משאלוניקי)... שכתב בשם התוספות... דמה שהיו רוצים היו מקיימים. ונזדמן לידי ספר וימהר אברהם וראיתי... שהביא בשם הרב יפה מראה... שאבות העולם והשבטים קודם מתן תורה האיסורים המפורשים בתורה לא נתחייבו בהם אלא הרוצה לא לשומרם לא היה שומרם כגון יעקב שתי אחיות והשבטים אחיותיהם ולשמש בשנת רעבון...

Ohr HaChaim followed a similar approach: the forefathers were at liberty to observe whatever portion of the Torah they chose:

פירוש אור החיים פרשת ויחי בראשית מט, ג (ד״ה וקודם): וקודם לבא לביאור הכתובים יש לנו לחקור חקירה אחת, והיא איך עשה יעקב היפך מה שכתוב בתורה (דברים כא, טז) לֹא יוּכַל לְבַכֵּר אֶת בֶּן הָאֲהוּבָה עַל פְּנֵי בֶן הַשְּׂנוּאָה הַבְּכֹר, והוא בכר יוסף בן רחל האהובה אצלו על פני ראובן בן לאה השנואה. וקודם צריך לתת לב אם האבות היה עליהם חיוב קיום כל התורה, כי הלא מצינו שיעקב נשא ב׳ אחיות, ואברהם לא מל עד שהיה זקן, וכן כמה פרטים.

ומעתה מה מקום לקושיא זו שבכר בן האהובה, תהיה זו כערלה של אברהם קודם שנצטווה, וכנשיאת ב׳ אחיות ליעקב. וראיתי לרמב״ן (בראשית כו, ה) שנתן טעם ליעקב שנשא ב׳ אחיות כי לא היה בארץ עד כאן, ואין דבריו חזקים בסמוכות כי מי גילה לו סוד זה [על פי מסכת שבת דף פח עמוד א], שלא היה שומר תורה אלא בארץ, אחר שאין הפרש בין הארץ לחוץ לארץ באותן פרטי המצות שלא שמרום האבות.

והנכון בעיני הוא כי האבות קבלו התורה משם, שקבל מחנוך, שקבל מאדם הראשון, אשר למדה מפי הגבורה דכתיב (איוב כח, כז-כח) אָז רָאָהּ וגו׳ וַיֹּאמֶר לָאָדָם ושבאמצעותה צוהו לעבוד גן עדן וכמו שפירשתי (בראשית ב, טו) בפסוק לְעָבְדָהּ וּלְשָׁמְרָהּ. אך לא נצטווה אלא על ז׳ מצות, שאם יעבור עליהם יהרג, אבל שאר התורה קרוב לשכר אם יעשה, ורחוק מן ההפסד אם לא יקיים, וכדרך שיש לנו גם אחר נתינת התורה שיש מצוות שאם יעשה אותם האדם יטול שכר, ואם לאו אין לו עונש עליהם, כמו כן היה מיום ברא אלהים אדם [על פי בראשית ה, א] בכל התורה חוץ מז׳ מצות.

והאבות לצד חביבותם בה׳ וחשקם באושר עליון קיימו הכל כאומרו (בראשית כו,

ה) עֵקֶב אֲשֶׁר שָׁמַע וגו׳ ואמרו ז״ל (מסכת יומא דף כח עמוד ב) קיים אברהם אבינו אפילו עירוב תבשילין, ואת בניו הקים תחתיו להרויח תועלת המצוות ועסק התורה. אבל במקום שהיו רואים תועלת דבר ההצלחה להם, כמו שתאמר יעקב כשהרגיש בהצלחתו בנשואי ב׳ האחיות העלים עין מריוח הנמשך מקיום המצוה ההיא, כיון שאין לו עונש אם לא יקיימנה, כל עוד שלא נתנה תורה, ומה גם אם נאמר שהיו עושים על פי הדיבור, כי האבות נביאים היו (מסכת מגילה דף יד עמוד א) וה׳ אמר להם לעשות כן.

ודבר זה דומה למה שכתב רמב״ם בהלכות יסודי התורה [פרק ט הלכה ג] כי נביא שאמר לעבור על איסור מאיסורי התורה לפי שעה שומעין לו כאליהו בהר הכרמל וכו׳, גם יאמן יעקב שעשה מעשה על פי נבואתו שיכול לישא ב׳ אחיות לפי שעה, לא שיעקר איסור ב׳ אחיות. ומה גם בזמן שלא היה להם עונש על הדבר אלא הקרבת התועלת אם יקיימו כנזכר. גם יהודה על ידי מלאך הורשה לקחת תמר כאומרם ז״ל (בראשית רבה פה, ח) למה שנמשך ממנה מהאצלת נשמות הקדושות.

ולפי זה נאמר כי יעקב נראה בעיניו להעניש ראובן על אשר חלל יצועו ונטל ממנו הבכורה, או שכן נאמר לו בנבואה, וכמו שכן אמר הכתוב בדברי הימים (א ה, א) רְאוּבֵן בְּכוֹר יִשְׂרָאֵל כִּי הוּא הַבְּכוֹר וּבְחַלְּלוֹ יְצוּעֵי אָבִיו נִתְּנָה בְּכֹרָתוֹ לִבְנֵי יוֹסֵף.

74 **שאלות ותשובות גנזי יוסף, סימן מ״ה:** ... ועוד יש לומר דבאמת לא קיים מצות פסח בעוד שלא מל את עצמו רק אחר שנימול קיים דהלא חי עוד ע״ה שנים והא דאמרינן קיים אברהם אבינו כל התורה היינו במשך כל ימי חייו קיים הכל אבל לאו דוקא קודם שנימול... ומבואר כן ברבי עובדיה מברטנורה וריב״א על התורה... בפירוש שאחר שנימול אברהם קיים כל המצות אבל לא קודם לכן...

The author of the classic **עלי שור**, however, writes that Avraham observed the Torah from his youth:

> **עלי שור חלק ב עמוד תקמ״ז:** חז״ל שואלים ״מהיכן למד אברהם את התורה?״ הרי רב לא היה לו והוא גדל בין עובדי כוכבים ובכל זאת **קיים מילדות** כל התורה כולה עד עירוב תבשילין (יומא כח:).

75 **שאלות ותשובות גנזי יוסף, סימן מ״ה:** ... שקיים בלימוד התורה כמאמר חכז״ל כל העוסק בתורת עולה... ומיושב גם הקושיא האיך קיים חליצה ויבום וכו׳ רק שקיים בלימוד...

76 **מסכת מנחות דף ק״י עמוד א:** אמר ריש לקיש מאי דכתיב [ויקרא ז, לז] זֹאת הַתּוֹרָה לָעֹלָה לַמִּנְחָה וְלַחַטָּאת וְלָאָשָׁם? כל העוסק בתורה כאילו הקריב עולה מנחה חטאת ואשם... אמר רבי יצחק מאי דכתיב [ויקרא ו, יח] זֹאת תּוֹרַת הַחַטָּאת וְזֹאת תּוֹרַת הָאָשָׁם [ויקרא ז, א] כל העוסק בתורת חטאת כאילו הקריב חטאת וכל העוסק בתורת אשם כאילו הקריב אשם.

77 **פרקי דרבי אליעזר (פרק כט):** ... שביום כיפורים נימול אברהם.

כלי חמדה על התורה, הקדמה לספר במדבר: נראה לפרש הלשון שבקרא וכל

ילידי ביתו נמולו אתו דהכונה דהנה מבואר בפרקי דרבי אליעזר דהיה ביום הכיפורים ולכאורה קשה כיון דאברהם אבינו קיים כל התורה איך מל עצמו ביום כיפור? אמנם נראה דהוי כמילה בזמנה שדוחה יום הכיפורים...

78 **פירוש אור החיים פרשת וירא (בראשית כ"ב, ג):** טעמו של אברהם משום שאמר הכתוב (ויקרא ז, לח) בְּיוֹם צַוֹּתוֹ וגו' לְהַקְרִיב וגו', ואמרו ז"ל שאין מקריבין בלילה (מסכת זבחים דף צח עמוד א) ולזה הלך בזמן שהוא כשר להקריב שאם יזדמן לו המקום לא יהיה חסר זמן.

79 **פרדס יוסף, פרשת פנחס עמוד א'קמה:** וראה בשפתי צדיק (פרשת וירא אות ס"ו) שהקשה שלא מצינו בפרשת העקידה שאברהם אבינו לקח מלח (וכן הקשה השפת אמת ראה בקונטרס זכרון פנחס בסוף ספר אמרי פנחס דף ח) וכתב בשפתי צדיק: ואולי סבר כרבי דעצים נקרא קרבן וצריכים מלח ולכך קיים בביתו מצות המלח על העצים...

80 **פרדס יוסף, פרשת וירא עמוד שנ"ז:** ... ואם כן דלא מצינו דאברהם אבינו היה לבוש בגדי כהונה... ועוד יש לומר דאיתא ביומא (דף מ"ה עמוד א) דזר אסור ליקרב למזבח... ואם כן הוא הדין מחוסר בגדים דהוי ליה כזר, אם כן בעקידה דהיה על גבי מזבח איך היה רשאי בלי בגדי כהונה. ויש לומר על פי דברי תוספות קידושין דנשים שאינן מוזהרות על בגדי כהונה לא הוי מחוסר בגדים, עיין שם. אם כן גם קודם מתן תורה נהי דאבות קיימו כל התורה, מכל מקום בגדי כהונה לא נצטוו, הוי להו כנשים דלא חשיבי מחוסרי בגדים כלל.

81 **פרדס יוסף, פרשת וירא עמוד שנ"ד:** ועיין בארץ חמדה להמלבי"ם ז"ל, אי העקידה היה ביום הכפורים, אי יש עירוב והוצאה ביום הכיפורים, איך נשא יצחק האש והעצים. ויש לומר דבזמן שאין ישראל שרויין במדבר הוי רק כרמלית (שבת דף ו עמוד ב).

82 **פרדס יוסף, פרשת לך לך עמוד רמ"ז:** ולא תחנם גם כן לא שייך [באברהם שהחזיר הביזה למלך סדום] דמפני דרכי שלום או שהוא לטובת עצמו מותר, כמו שכתבו תוספות ור"ן (גיטין כ: ע"ב ד"ה כל)... ועיין מגן אברהם (אורח חיים סימן צ סעיף קטן ל)...

The same idea is used to justify Yaakov giving food to Esav:

פרדס יוסף, פרשת תולדות עמוד ת"ס: ... וגם לא תְחָנֵּם (ואתחנן ז, ב) לא שייך הא דנתן [יעקב] לו לחם, דזה רק אם אין מגיע להנותן טובה במה שנתן לעכו"ם, אבל אם מגיע לו טובה לא שייך לא תחנם כמו שכתב בחק יעקב (סימן תמ"ח סעיף-קטן י"ב)...

83 **חק יעקב, אורח חיים סימן תמ"ח סעיף קטן יב:** ... או יש לומר דמותר ליתנו לזר [את החמץ] כיון שאינו שוה לו כלום ואסור בהנאה...

84 **פרדס יוסף, פרשת לך לך עמוד רמ"ז:** והפנים יפות כתב דאברהם לא רצה ליהנות

מרכוש סדום, יען שרכוש סדום נחשב לרכוש עיר הנדחת וקללה רובצת עליה, ואם כן היה אסור לאברהם כנכסי עיר הנדחת ולא שייך לא תחנם כמו שכתב החק יעקב...

85 **בראשית כה, ו** נָתַן אַבְרָהָם מַתָּנֹת. **רבי אליהו מזרחי (חיי שרה כד, י):** אבל יש לתמוה איך עשה זה אברהם והלא קיים כל התורה כולה ואפילו עירובי תבשילין... ואם כן איך העביר הנחלה מישמעאל ובני קטורה ונתנה ליצחק והא אמרינן [כתובות נג.] שיננא לא תהוי בי עבורי אחסנתא אפילו מברא בישא לברא טבא. ושמא יש לומר שאני הכא דכתיב (וירא כא, יב) כִּי בְיִצְחָק יִקָּרֵא לְךָ זָרַע.

86 **מסכת בבא קמא דף צ"א עמוד ב:** אין אדם רשאי לחבל בעצמו.

87 **פרדס יוסף, פרשת לך לך עמוד רע"ג אות עח:** עיין ברא"ם הא דלא קיים אברהם אבינו מצות מילה מקודם שיהיה מצווה ועושה... עוד כתבו המפרשים שקיים כל מצוות שאין בהם סכנה, ובמילה ירא שמא ימות ויש להרהר עליה לא היה לך להכניס בסכנה מאחר שלא נצטוית. עוד כתבו דאין אדם רשאי לחבל בעצמו כמו שאמרו בבבא קמא (דף צ"א:) והוא אף בבן נח.

The principle that some *mitzvos* supersede others is used to resolve similar conundrums. Thus, Yaakov freed Bilhah and Zilpah — who had been maidservants — in violation of halachah, because the injunction to procreate takes precedence over the prohibition of freeing a servant:

פרדס יוסף, פרשת ויצא עמוד תקס"ה אות נט: ...דקשה איך שחרר יעקב לבלהה וזלפה הא עובר בעשה. וצריך לומר כמו שכתבו תוספות גיטין (דף מ"א עמוד ב ד"ה לא תוהו בראה) שמצות פריה ורביה דוחה להעשה לְעֹלָם בָּהֶם תַּעֲבֹדוּ, וקיימא לן מצות פריה ורביה בן ובת (יבמות דף ס"א עמוד ב). לכן כיון שעדיין לא היה לו בת היה רשאי לשחררן לקיים פריה ורביה, וזהו שכתוב ואחר ילדה בת, אבל אם הייתה לאה יולדת דינה מקודם היה אסור לשחררן ולנשאן.

88 This answer prompts the following question: Why did Avraham pursue the coalition of four kings who had abducted his nephew Lot, seemingly endangering himself? See בראשית פרק יד. Some suggest that one may rely on miracles when there is no alternative:

פרדס יוסף, פרשת תולדות עמוד תס"ד אות לה: פֶּן יַהַרְגֻנִי (כ"ו, ז). עיין ספר כנסת ישראל מאבי התפארת ישראל ז"ל על משניות (דף ל"ד עמוד ב) וזה לשונו, ובמדרש וברדיפת חמש מלכים סמך על נס מדאין ברירה, מה-שאין-כן הכא דלפנויה לא תקיף יצרם...

89 ספר החינוך מצוה סב מכשפה לא תחיה.

90 ספר החינוך מצוה תקכח שלא להניח חי שום אחד משבע אומות.

91 **מסכת עבודה זרה דף י עמוד ב תוספות (ד"ה אמר ליה):** אמרינן במדרש חלב

מטמא חלב מטהר כשנולד רבי גזרו שלא למול ואביו ואמו מלוהו שלח קיסר והביאו לרבי ואמו לפניו והחליפתו אמו באנטונינוס והניקתו עד שהביאתו לפני קיסר ומצאוהו ערל...

92 **פרדס יוסף, פרשת וירא עמוד שמ״א אות פג:** לכאורה קשה דקיימא לן (יורה דעה סימן קנ״ד סעיף ב) דישראלית לא תניק לבן כותי אפילו בשכר, ואמאי הניקה שרה לבניהם של כותים. אך לפי מה שכתב הרמ״א (שם) דאם יש לה חלב הרבה ומצטערת מותר, וגם הכא היה לה חלב הרבה כדאיתא במדרש (בראשית רבה נ״ג, ט) דנפתחו לה דדים כשתי מעיינות. והטורי זהב בספרו דברי דוד [פרשת וירא כ״א, ז ד״ה היניקה] דש בזה... ותירץ דאיסור רק על איזה זמן אבל פעם אחת אין קפידא... ובני... אמר דכל הטעם מפני שמגדלת בן לעבודה זרה, עיין בעבודה זרה (דף כו.) ורמב״ם (פרק ט מהלכות עבודה זרה הלכה ט״ז) דעל ידי שתניק יחיה ויקום דור אחר דור עכו״ם אבל היכי שעל ידי זה יהיה להיפך, שהיא תינק בדרך נס ויראו כל עמי הארץ שה׳ עשה נס ועל ידי זה יתרבו גרים בודאי מותר להניק... ועיין בילקוט (משלי רמז תתקמ״ז) פרי צדיק עץ חיים (משלי י״א, ל) שכל הילדים שהניקה שרה נתגיירו אחר כך... ושפיר הניקה.

93 **פרדס יוסף, פרשת ויצא עמוד תקמ״ט:** והנה קשה איך השכיר עצמו יעקב לז׳ שנים, הא אסור לפועל להשכיר עצמו בקבע יותר מג׳ שנים כמו שכתב במרדכי פרק האומנין (בבא מציעא סימן שמ״ו) והובא להלכה ברמ״א (חושן משפט סימן של״ג סעיף ג)... ורק התירוץ בזה דלישא אשה מותר, דהא כתב הש״ך (שם בסעיף קטן ט״ז) דהיכי דמותר למכור עצמו מותר גם כן להשכיר עצמו כגון שאין לו פרנסה...

94 **שאלות ותשובות רדב״ז, חלק ב סימן תרצ״ו:** ... הנה אתה אוחז בערפי להוציא מה שאין לי חפץ לאומרו... ואף על פי כן, כדי שלא להוציאך חלק, ארמוז לך רמיזות עד שתבין את דברי הרב והוא ז״ל סתם אותם בסוף לשונו שאמר ׳ולא ראוי להקריב ככהן׳. לא הכל ראויים לישא שתי אחיות כיעקב, לפי שצורתו חקוקה בכסא הכבוד. כי טעם העריות כדי שלא ישתמש בשרביטו של מלך, ונחלת יעקב נחלה בלא מצרים ומשתמש בשתי אחיות לאה ורחל... אבל לפי הפשט נראה לי שאינה שאלה כלל, שהרי העכו״ם אין להם אחוה כלל, ואפילו שכפרו בעכו״ם וגיירו, מותרות היו לו, דקיימא לן דמן התורה מותר האדם לישא שתי אחיות גיורות, אפילו שהן אחיות מן האם, ורבנן גזרו שלא ישא שתי אחיות מן האם. ואפילו אם תרצה לומר שהיה נזהר יעקב אפילו מן הדברים שעתידין הדורות האחרונים לגזור עליהם – יודע היה יעקב שלא היו אחיות מן האם, אלא מן האב. וזה שאמרו ניתנה תורה ונתחדשה הלכה שיהיה אחוה למקבלי התורה, אבל קודם לכן לא היה להם אחוה ועדיין אין להם אחוה לאותם שלא קיבלו תורה ואפילו נתגיירו כדפרישית.

95 **אגרות משה, אבן העזר חלק ד סימן ט:** תנן בסוף קידושין דף פ״ב עמוד א קיים אברהם כל התורה. שמעתי מקשין דאם כן גם יעקב מסתמא קיים כל התורה ואיך

לקח ב׳ אחיות. אבל לעניות דעתי לא קשה כלום דהא ב׳ אחיות רק על ידי קידושין נאסרו וקודם מתן תורה לא היה כלל ענין תפיסת קידושין. דאיסור אשת איש לבני נח אינו מדין תפיסת קידושין וקנין בהאשה דלא שייך קנין זה לבני נח אלא הוא יחוד בעלמא בלא שום קנין ולכן יכולין להפרד ולילך זה מזה כל זמן שירצו כדאיתא בסנהדרין נח עמוד ב וברמב״ם פרק ט ממלכים הלכה ח ורק אישות כזה היה קודם מתן תורה. ובכי האי גוונא גם אחר מתן תורה לא נאסרו קרובות האשה ונמצא שלא הווה ליה שום איסור דב׳ אחיות כלל...

96 **בראשית רבה (פה, ט):** אמר רבי יוחנן בקש [יהודה] לעבור וזימן לו הקב״ה מלאך שהוא ממונה על התאוה אמר לו יהודה היכן אתה הולך מהיכן מלכים עומדים מהיכן גדולים עומדים ויט אליה מן הדרך בעל כורחו שלא בטובתו...

Some commentators go as far as to suggest that before this episode, Yehudah betrothed Tamar, thus obviating the need to explain Yehudah's conduct. But others point out several difficulties with this thesis:

מסכת סוטה דף י עמוד א מהרש״א חידושי אגדה ד״ה גיורת אני: וכתב הרא״ם ואם תאמר איך הותר לבא על הזונה... אבל מכל מקום קדשה בכסף או בשטר ואחר כך בא עליה... ואין נראה דכתיב פן נהיה לבוז ומה גנאי היה אם נתקדשה לו... ועוד נראה דמעשה זה לא היה אלא בינו לבינה ואין אשה מתקדשת בלא עדים אפילו בקידושי ביאה...

97 **בראשית מא, יד:** וַיְגַלַּח וַיְחַלֵּף שִׂמְלֹתָיו. רש״י – לכבוד המלכות.

דעת זקנים מבעלי התוספות פרשת מקץ מא, יד (ד״ה ויחלף שמלותיו): מכאן רמז למה שאמרו רז״ל (ראש השנה יא.) בראש השנה יצא יוסף מבית האסורים...

עמר נקא, פרשת מקץ (מא, יג): ויגלח – מפני כבוד המלכות. מאי קא משמע לן [רש״י] פשיטא דמפני כבוד המלכות עשה זה. ועוד קשה למה לא תפש רש״י כל הפסוק ויגלח ויחלף שמלותיו שהרי גם את הכל עשה מפני כבוד המלכות. יש לומר משום דקשה לו ויגלח דאין גלוח אלא בתער ומשמע מכאן שגלח גם את זקנו בתער ואיך עשה הדבר האסור הזה להשחית פאת זקן לכך פירש רש״י ויגלח – מפני כבוד המלכות שמפני כבוד המלכות מותר וכדאמרינן אבטולם בר ראובן התירו לו לספר בתער מפני כבוד המלכות וזה כי כשאין הניקף מסייע למקיף ואינו עושה מעשה בידיים אין שם אלא איסורא דרבנן ומפני כבוד מלכות התירו לו...

פרדס יוסף, פרשת בהעלותך עמוד ש״ז: ... ויש לומר בזה על פי דכתיב (בראשית מא, יד) ביוסף וַיְגַלַּח וַיְחַלֵּף שִׂמְלֹתָיו וגו׳. ובחתם סופר (בתורת משה) שם הקשה דכיון דבראש השנה יצא יוסף מבית האסורים אם כן איך גילח. ותירץ דלכן כתב רש״י ויגלח – מפני כבוד המלכות. דכי האי גוונא שרי ביום טוב לצורך מצוה כמו שכתב הש״ך בנקודות הכסף ביורה דעה סימן קצ״א. וברע״ב (שם) כתב גם כן יסוד זה דהיה מותר לו לגלח מפני כבוד המלכות ותירץ בזה איך היה יכול להתגלח הרי אין גילוח אלא בתער... אלא דמפני כבוד המלכות שרי עיין שם.

98 *Sha'agas Aryeh* raises the problem that Avraham had food prepared for his three guests — ostensibly pagans — on the day that would, in later generations, be celebrated as Pesach. This raises questions regarding the mechanisms associated with עירובי תבשילין:

גבורות ארי, מסכת יומא דף כ"ח עמוד ב: ... מיהו הני אורחים דאמרינן הואיל בשבילן היינו אורחים ישראלים דוקא אבל לא אורחים נכרים... והשתא הוה אמינא דבימי אברהם שלא היו עדיין שומרי תורה אלא הוא ובני ביתו לחוד... ואם כן למה ליה לגבי דידיה האי היתרא דהואיל ומקלעי ליה אורחים דהא משום אורחים נכרים אינו דוחה יום טוב ומשום הכי הוה אמינא שלא שייך התירא דעירובי תבשילין לאפות מיום טוב לשבת קמ"ל ר"א דאפילו הכי קיים אפילו עירובי תבשילין... דאף על גב דלא שייך למימר לגבי דידיה הואיל...

99 **פירוש רש"י לבראשית כו, ה (ד"ה וישמר משמרתי):** גזרות להרחקה על אזהרות שבתורה, כגון שניות לעריות ושבות לשבת.

100 There is considerable discussion in classical sources as to the identity of this paradigm of what Avraham observed — was it עירובי תבשילין, עירובי תחומין or something else? The Midrash indicates that Avraham observed even עירובי חצרות:

בראשית רבה מט, ב: רבי אחא בשם רבי שמואל בר נחמן בשם רבי נתן אמר: אפילו הלכות ערובי חצרות היה אברהם יודע.

הקדמת שאלות ותשובות בית אפרים יורה דעה דף ג עמוד ב (ד"ה וכגון): ... ואמרינן ביומא שקיים [אברהם אבינו] אפילו עירובי תבשילין... ובמדרש איתא אפילו עירובי חצרות היה יודע...

Rashi and other authorities seem to have accepted עירובי תבשילין:

גליוני הש"ס, מסכת יומא דף כ"ח עמוד ב (ד"ה אמר רב קיים אברהם): ... ועיין ספר הפרדס לרש"י סימן ד' וזו לשונו ולפי שהאבות שמרו משמרת השבת שכן הוא אומר באברהם וישמור משמרתי וגו' שאפילו עירובי תבשילין היה אברהם יודע...

מגיד מישרים, פרשת צו: וקאמר דאברהם לא מבעיא דנטר אורייתא דאיהו לקבל אלהותא עילאה, אלא אפילו מאי דאיהו לקבל נטירותא דמתניתא דרמז בעירובי תבשילין גמר ואפילו הכי לא איתפקיד אפריעה...

But other authorities concurred with *Rashba* and concluded that Avraham observed עירובי תחומין:

תולדות אדם, קונטרס אחרון (ד"ה הנה): הנה על המקרא (בראשית כו, ה) עקב אשר שמע אברהם בקולי וגו' דרשו חז"ל קיים אברהם אפילו עירובי תבשילין עד כאן. ובהשקפה ראשונה יפלא מאד היכן מרומז במקרא עירובי תבשילין. והצדיק יגע ומצא שהגירסא הנכונה היתה קיים אברהם אפילו עירובי תחומין. והדרש הזה נרמז יפה במלת עקב אך שבעל הדפוס השני כתב שתי המילות ערובי תחומין בראשי התיבות

כזה ע"ת והמדפיס השלישי דמה וטעה שהראשי תיבות מרמזים על עירובי תבשילין וכתב הטעות באר הטיב.

101 **פתח עינים, מסכת חולין דף ה:** ונראה דמדאורייתא לא אסיר אלא מומר לכל התורה דוקא... אמנם מדרבנן מומר ליין נסך ומחלל שבת שוייהו מומר לכל התורה... ואם כן אף דיצחק אבינו עליו השלום קיים כל התורה כאברהם אבינו עליו השלום אפשר דגזרות דרבנן דעתידין לגזור לפי שנות דור ודור לא קיים. ושאני עירובי תבשילין דהוא מצוה לכבוד שבת או לכבוד יום טוב.

102 **שאלות ותשובות חתם סופר יורה דעה תשובה ע"ג:** ולשלימות הענין לא אמנע בר דכירנא כד הוינא טליא אמינא מילתא בפני מורי ורבי מו"ה נתן אדלער כ"ץ זצ"ל וישרו הדברים בעיניו והוא מה שמצאתי בתוספות על החומש שכתבו אהא דאמרו חז"ל קיים אברהם אבינו כל התורה כולה אפילו עירובי תבשילין שפירושו שהיה נזהר מלערב תבשילי חלב עם תבשילי בשר דהרי כתיב חמאה וחלב והדר בן הבקר ולא בהיפוך...

103 **פירוש מלבי"ם לפרשת וירא (בראשית יח, ז-ח):** ויש לחז"ל שבן הבקר רץ מלפני אברהם ואברהם ברא אחר על ידי ספר יצירה, שעל זה אמר וימהר לעשות אותו שעשה אותו על ידי ספר יצירה. נראה שרצו לתרץ בזה איך האכיל להמלאכים בשר בחלב, ואמרו שהיה בשר שנברא על ידי ספר יצירה שאין לו דין בשר, וזה שאמר שלקח חמאה וחלב ובן הבקר אשר עשה, רצונם לומר יען שעשאו על ידי ספר יצירה היו יכולים לאכלו עם חלב.

104 **בראשית רבה [פד, ז]:** ... מה אמר... רבי מאיר אומר חשודים הן בניך על אבר מן החי. ומובא בפירוש רש"י בראשית לז, ב.

105 **פירוש רבי אליהו מזרחי (בראשית לז, ב):** ... ועוד איך אפשר לומר שהשבטים עשו כן...

פרדס יוסף, פרשת וישב עמוד תרס"ה: איך אכלו השבטים אבר מן החי דהוא מז' מצות יש לומר שאכלו על ידי תערובות חד בתרי דמדאורייתא בטיל כמו שכתב הרא"ש (פרק ז דחולין סימן לה) ורק מדרבנן לא בטיל, ואף דאבות קיימו כל התורה אפילו עירובי תבשילין... זה דוקא גופי תורה, ועירוב שאני שבא לכבוד שבת ויום טוב, אך לשאר מצות דרבנן לא חששו, וכן כתב הגאון חיד"א בפתח עינים (חולין דף ה ד"ה ועוד אפשר) והובא בשדי חמד (כללים מערכת א סימן קפ"ו)... דלא קיימו תקנות חז"ל... וכן כתב ברדב"ז (חלק ב סימן תרצ"ו) הא דנשא יעקב ב' אחיות דנתגיירו ומן התורה מותר ב' אחיות מאב ורק מדרבנן ולא חששו... ובני... אמר לפי מה שכתב החתם סופר (שו"ת יורה דעה סימן ע"ג) דמפרש עירובי תבשילין שלא עירב בשר בחלב. והרשב"א בתשובה (חלק א' סימן צ"ד) כתב שנפל טעות סופר בגמרא שלפנינו וצריך לומר עירובי תחומין, וכן גרס בספר האשכול (הלכות תפילה וקריאת שמע סימן י' אות א')... ולפי זה לא קשה מידי דהא תחומין גם כן דאורייתא הוא...

106 **פרדס יוסף, פרשת וישב עמוד תרס"ה:** ועיין במהרש"א (בבא בתרא דף ט"ז עמוד א חידושי אגדה ד"ה עפרא) שהקשה הא הִנֵּה נָא יָדַעְתִּי כִּי אִשָּׁה יְפַת מַרְאֶה אָתְּ (לך לך י"ב, י"א)... דעד עתה לא הכיר בה, הא אסור לאדם לקדש אשה עד שיראנה (קידושין דף מ"א עמוד א). ולפי מה שכתבתי אתי שפיר, דלדרבנן לא חשש והאיסור רק מדרבנן.

107 **פרדס יוסף, פרשת ויחי עמוד תתנ"ו אות נ:** שָׁמָּה קָבְרוּ אֶת אַבְרָהָם (מ"ט, ל"א). עיין בספר דברי יוסף (ויחי ד"ה שמה קברו) שהקשה דהלכה ביורה דעה (סימן ר"מ סעיף ב) דלא יקרא אביו בשמו לא בחייו ולא במותו אלא יאמר אבא מורי, ואיך קרא אבותיו בשמם... ובאמת כתבו המפרשים דאבות לא קיימו רק גופי תורה ולא חששו דרבנן...

108 **כרתי ופלתי, סימן ס"ג סעיף קטן ב (ד"ה והנה):** ולפי הנ"ל ניחא דכבר כתב היפה תואר ועיין פרשת דרכים להרב בעל משנה למלך שהאריך בזה דאבות קיימו את התורה טרם שנצטוו עליה היה אצלם רק כמצות דרבנן דקיימו כל מה שאמר אברהם לקיימו...

109 **רש"י תולדות כו, ה (ד"ה וישמור משמרתי):** גזרות להרחקה על אזהרות שבתורה כגון שניות לעריות ושבות לשבת...

מסכת סוטה דף י עמוד א מהרש"א חידושי אגדה (ד"ה גיורת אני): לאיסור נדה היה חושש דעתידה התורה לאסור [ב]כרת ולאיסור בעובדת כוכבים אף על גב דאינה אלא גזירת בית-דין של חשמונאי כדאיתא פרק אין מעמידין היה חושש לאותה גזירה כמו שקיים אברהם אפילו עירוב תבשילין...

110 **פרדס יוסף, פרשת וישב עמוד תרצ"ד:** וַיֵּבְךְּ אֹתוֹ אָבִיו (לז, לה) רש"י יצחק. עיין בספר שמע שלמה [תולדות דף טז ד"ה ויבך]... וצריך עיון הא דכתב ולמה התאבל יצחק שידע שחי, ותיפוק ליה שפטור להתאבל כמו שכתב הרמב"ם [הלכות אבל פרק ב הלכה א] דדוקא על הקרובים שכהן מטמא אדם מתאבל. ויש לומר כיון שקודם מתן תורה היו מחמירים האבות והיו מקיימים אפילו דברי דרבנן, תדע דמן התורה ליכא רק יום אחד וז' רק מדרבנן וכתיב [ויחי נ, י] וַיַּעַשׂ לְאָבִיו אֵבֶל שִׁבְעַת יָמִים, הכי נמי היה ליצחק לקיים מה שאמרו חכמים [מועד קטן כ:] כל המתאבל על קרובו מתאבל על מת שמת לקרובו...

111 **מסכת תענית דף י"א עמוד א:** אמר ריש לקיש אסור לאדם לשמש מטתו בשני רעבון שנאמר (בראשית מא, נ) וּלְיוֹסֵף יֻלַּד שְׁנֵי בָנִים בְּטֶרֶם תָּבוֹא שְׁנַת הָרָעָב. תנא חסוכי בנים משמשין מטותיהן בשני רעבון. ומובא להלכה בטור שולחן ערוך אורח חיים סימן תקעד סעיף ד.

112 **בראשית כו, ח:** ... וַיַּשְׁקֵף אֲבִימֶלֶךְ... בְּעַד הַחַלּוֹן וַיַּרְא וְהִנֵּה יִצְחָק מְצַחֵק אֵת רִבְקָה אִשְׁתּוֹ.

113 **מסכת תענית דף י"א עמוד א תוספות (ד"ה אסור)**: ואם תאמר הרי יוכבד נולדה בין החומות [כדאיתא סוטה יב.] ואותו העת עת רעב היה ועל כרחנו שימשו מטותיהן בשני רעבון. ויש לומר דלכולי עלמא לא הוי אסור אלא למי שרוצה לנהוג עצמו בחסידות ויוסף לא שימש אבל שאר בני אדם שימשו.

114 **דעת זקנים מבעלי התוספות [מקץ מ"א, נ]**: אמרינן במסכת תענית [יא.] מכאן שאסור לשמש מיטתו בשני רעבון. ותימה היאך לוי שימש מיטתו שהרי נולדה יוכבד בין החומות ואז היו שני רעבון כדכתיב [בראשית מה, ו] כִּי זֶה שְׁנָתַיִם הָרָעָב, ואמר רבי יהודה חסיד דמה שאסור לשמש מטתו, כגון נביא ששמע מפי הקב"ה שעתיד להיות רעב, כגון יוסף שידע הדבר בבירור על ידי חלום פרעה, אבל לוי שלא היה יודע הדבר בבירור לא היה נאסר לו. ויש מתרצין דלוי ויוסף פליגי בפלוגתא דתנאי דפליגי במסכת יבמות [סא:] דאיכא מאן דאמר התם מצות פריה ורביה שני זכרים ואיכא מאן דאמר דלא קיים עד שיוליד זכר ונקבה. ולוי סבר כמאן דאמר עד שיולד נקבה גם כן, ולפיכך שימש כי עדיין לא נולדה לו נקבה. ואמרינן במסכת תענית [יא.] חשוכי בנים משמשין מיטותיהן בשני רעבון כדי לקיים מצות פריה ורביה. ויוסף סבירא ליה כמאן דאמר שני זכרים ולפיכך לא רצה לשמש כי כבר קיים.

115 **בית יוסף, טור אורח חיים סימן תקע"ד**: והא דאמרינן שאסור לאדם לשמש מטתו בשני רעבון מייתי לה בגמרא מדכתיב (בראשית מא, נ) וּלְיוֹסֵף יֻלַּד שְׁנֵי בָנִים בְּטֶרֶם תָּבוֹא שְׁנַת הָרָעָב. וכתבו התוספות (תענית יא ד"ה אסור) ואם תאמר הרי יוכבד נולדה בין החומות (עיין סוטה יב.) ואותו העת עת רעב היה ועל כרחך שימשו מטותיהן בשני רעבון ויש לומר דלכולי עלמא לא הוי אסור אלא למי שרוצה לנהוג עצמו בחסידות ויוסף לא שימש אבל שאר בני אדם שימשו. ומורינו הרב רבי אליה מזרחי זכרונו לברכה כתב בפרשת ויהי מקץ דשמא יש לומר דכיון דאי אפשר לבטל מפריה ורביה אלא אם כן יש לו נקבה בכלל בניו (עיין יבמות סא:) כל זמן שלא נולדה ללוי בת חשוך בנים מיקרי והותר לשמש. וקשה לי דאם כן גם יוסף היה מותר לשמש שלא היתה לו בת דאם כן היה מונה אותה הכתוב בשבעים נפש. והר"ן (ב: ד"ה ההולך) תירץ דאיסור תשמיש המטה בשני רעבון אינו אלא משום שישראל שרויין בצער ויורדי מצרים יודעים היו בעצמם שהם שבעים ויוסף נמי יודעים היו בו שהוא שרוי בריוח אבל יוסף היה סבור שהן שרויים בצער ולפיכך לא שימש עד כאן לשונו. והא דקאמר הר"ן שהיו יודעים ביוסף שהוא שרוי בריוח איני יודע מהיכן ידע שהיו יודעים כן תשעה חודשים או שבעה קודם ירידתם למצרים שמפשטי הכתובים נראה שלא ידעו ממנו אם חי אם מת עד שנתודע להם ותיכף ירדו למצרים ואז נולדה יוכבד ונמצא ששימש לוי תשעה חודשים או שבעה קודם לכן. ולי נראה שקודם מתן תורה לא הוה מיתסר לשמש בשני רעבון והא דמייתי מליוסף יולד שני בנים וגו' אסמכתא בעלמא הוא ומיתורא דבטרם תבוא שנת הרעב דייק ליה דאחר שבא שנת הרעב אסור לשמש אחר שניתנה תורה. ותדע שכן הוא דהא חשוכי בנים משמשים מטותיהם בשני בצורת ויוסף קודם שנולדו לו שני בנים חשוך בנים היה ומותר היה

לו לשמש אפילו אם היו שני רעבון ואם כן היכי מייתי מיניה הילכך ודאי משמע דאסמכתא בעלמא הוא.

116 **מסכת תענית דף י"א עמוד א מהרש"א חדושי אגדות (ד"ה בשני רעבון):** וכתבו התוספות ואם תאמר והרי יוכבד שנולדה בין החומות כו׳. ועיין תירוצים בזה בר"ן ובךא"ם. ובבית יוסף טור אורח חיים סימן תקע"ד דחה דבריהם עיין שם והוא תירץ ונראה שקודם מתן תורה לא היה מתסר לשמש בשני רעבון והא דמייתי מיוסף אסמכתא בעלמא הוא כו׳ עיין שם באורך. וקשה לתירוצו כיון שהוא אסור לאחר מתן תורה ואפילו מדרבנן ודאי דהיה לוי מקיים איסורו כמו שאמרו שהאבות קיימו אפילו עירובי תבשילין. אבל הנכון כשיטת התוספות וכדברי הרא"ם שמן הדין היה יוסף מותר לשמש כיון שחשוך בנים היה שלא היה לו בת אלא שממדת חסידות עשה יוסף כמו שאמרו התוספות. אבל לוי לא נהג מדת חסידות זה כיון שהיה חשוך בנים שלא היה לו בת. ואנן גמרינן איסורא מיוסף למי שאינו חשוך בנים וקיים כבר פרו ורבו דלולי שהיה איסורא למי שקיים פרו ורבו לא היה יוסף עושה מדת חסידות כיון שלא קיים פרו ורבו. ומדברי הירושלמי שכתב הבית יוסף שם דבליל טבילה מותר לשמש אפילו בשני רעבון יש לתרץ גם כן לפי שיטת התוספות דאשת לוי נתעברה בליל טבילה ויוסף ממדת חסידות היה פורש גם בליל טבילה. ואנן גמרינן איסורא מיוסף דאי לאו איסור גמור בלא ליל טבילה לא היה מחמיר על עצמו בליל טבילה לבטל מצות עונה. ובפענח רזי תירץ בשם הרא"ם דבשביל יוסף שהיה יחיד לא אסרו עצמם מלשמש וכי האי גוונא כתב החזקוני. וכתב הרא"ם עוד בזה וליכא לאקשויי מיצחק דכתיב ויהי יצחק מצחק גו׳ משום דבאותו מקום שהיה עומד שם לא היה רעב כו׳ ומשום הכי התיר אלימלך לבניו לישא נשים במקום שהלך לשם כו׳ והנראה דאין מקום לקושייתו מיצחק שהיה זה אחר שנפסק הרעב כדמוכחי קראי דכתיב ויהי כי ארכו לו שם הימים גו׳ וירא והנה יצחק מצחק. ומבני אלימלך לא קשה הא כבר ראינו בהם שלא חשו לאיסור זה שהרי הם פירשו עצמם מן הציבור...

117 **פרדס יוסף, פרשת מקץ עמוד תשנ"ב אות יט:** ובבעלי התוספות על התורה [מקץ מ"א, נ] תירצו דרק יוסף שידע בבירור שיהיה רעב, אבל לוי לא ידע בבירור מותר. עוד תירצו דביבמות (סא:) פליגי בית שמאי ובית הלל אי יוצא פריה ורביה בב׳ בנים או בעי בן ובת, ולוי סבר דבעי גם כן בת ולא היה לו בת אז ויוסף כמאן דאמר דיוצא בב׳ בנים עיין שם... והרא"ם הקשה מתולדות (כו, ח) וְהִנֵּה יִצְחָק מְצַחֵק... ומהרש"א תירץ שהיה זה אחר שנפסק הרעב... וצריך עיון דברי מהרש"א דאחר כך (פסוק יב) פירש רש"י על וַיִּזְרַע יִצְחָק שהיה שנת רעבון...

שאלות ותשובות שבות יעקב, חלק ג סימן ל: ובאמת עיקר הקושיא על הרא"ם שמקשה הבית יוסף מעיקרא לא קשה מידי דודאי היתה ליוסף בת כדאיתא במדרש פרשת ויגש פרק צא [ח] על פסוק אֲדֹנִי שָׁאַל אֶת עֲבָדָיו מתחלה בעלילה באת עלינו וכו׳ וכי בתך היינו מבקשים, והא דלא חשיב לה עם בני יוסף בירידתן למצרים יש לומר שמתה מקודם...

118 **פרדס יוסף, פרשת תולדות עמודים תסו-תסז אות לז:** רש"י שראוהו משמש. והקשו המפרשים הא אסור לשמש בשני רעבון. ובני... תירץ לפי מה שכתב הרדב"ז (חלק ב סימן תרצ"ו) דעל איסורי דרבנן לא חששו אבותינו. וגם החתם סופר כתב הא דקיים אברהם אפילו ע"ת היינו ערובי תחומין דמדאורייתא... ולפי מה שכתב הבית יוסף [אורח חיים סימן תקע"ד] הא דאסור לשמש בשני רעבון רק מדרבנן ושפיר לדרבנן לא חששו... עוד אמר לפי מה שכתב האור החיים [פרשת מקץ מא, נ] דרק לצרת ישראל חששו בשני רעבון ולא לצרת העכו"ם... ואתי שפיר כאן דליצחק היה תבואה כמו שנאמר [פסוק יב] וימצא מאה שערים ולמנוע עצמו מצד צרות האומות לא היה צריך...

119 בראשית פרק טז.

120 **דברים כג, ח-ט:** ... לֹא תְתַעֵב מִצְרִי בָּנִים אֲשֶׁר יִוָּלְדוּ לָהֶם דּוֹר שְׁלִישִׁי יָבֹא לָהֶם בִּקְהַל ה'.

121 בראשית כא, ט-יד.

122 **הגהות חשק שלמה למסכת קידושין דף פב עמוד א (בהשמטות):** במשנה מצינו באברהם אבינו שקיים כל התורה כולה עד שלא ניתנה. עיין במהרש"א ביבמות בסוף פרק נושאין בחידושי אגדה שהקשה דאם כן היאך נשא להגר דהיתה מצרית ראשונה דעתידה תורה לאסור ומה שתירץ שם דלא קיים רק אחר שנימול וכיון דלקחה בהיתר שוב לא גירשה גם אחר שנימול וכו' צריך עיון דהא כתיב בפרשת וירא שם על שכמה ואת הילד וישלחה ופירש בתרגום יונתן דפטרה בגט וזה היה אחר המילה ואם כן היאך חזר ולקחה שנית דהא כתיב ויוסף אברהם ויקח אשה ושמה קטורה ופירש רש"י דקטורה זו הגר... ואמנם כבר העירו בזה בתוספות על החומש בסוף פרשת חיי שרה ותירצו דגר הוא וגר מותר במצרית ובמדרש איתא על פי הדיבור עשה עד כאן לשונם...

123 בראשית מא, מה.

124 **כמוצא שלל רב, פרשת מקץ עמוד שי"ז:** וַיִּתֶּן לוֹ אֶת אָסְנַת בַּת פּוֹטִי פֶרַע כֹּהֵן אֹן לְאִשָּׁה (בראשית מא, מה). המהרש"א (חידושי אגדות יבמות ק:) הקשה על אברהם איך נשא את הגר, והלא היתה מצרית ראשונה? ותירץ שקודם שנימול היה לאברהם אבינו דין בן נח, ולכן עדיין לא נאסר עליו. אולם הסבר זה לא יעלה יפה לגבי יוסף שבלי ספק נימול ביום השמיני וקיים את התורה. בספר המקנה (סוף קידושין) יישב את קושיית המהרש"א על אברהם, דיש לומר שאברהם נשא את הגר בלא קידושין בתורת פילגש, ופסק רמב"ם (הלכות איסורי ביאה פרק ט"ו הלכה ב) שבלא קידושין לא היו לוקים ולא מיקרי ביאה בקהל. ואם כן, כתב ר' אריה ליבוש באלחובר אב-בית-דין זסלב, גם ביוסף יש לומר שנשאה בלא קידושין ובאופן כזה הותר אף במצרית. אך עדיין קשה, שהרי כתב רש"י בתחילת פרשת ויחי, על מה שאמר יוסף "בני הם

אשר נתן לי אלהים בזה" – הראה לו שטר אירוסין ונישואין לומר שאין בהם פסול, והרי לפי התירוץ דלעיל אדרבה, עיקר האיסור היה על ידי הקידושין?! וצריך לומר שמדרשים חלוקים הם.

125 **מסכת נדרים דף ל"ב עמוד ב:** אמר רבי זכריה משום רבי ישמעאל ביקש הקב"ה להוציא כהונה משם שנאמר (בראשית יד, יח) וְהוּא כֹהֵן לְאֵל עֶלְיוֹן. כיון שהקדים ברכת אברהם לברכת המקום הוציאה מאברהם שנאמר (שם פסוק יט) ויברכהו ויאמר ברוך אברם לאל עליון קונה שמים וארץ וברוך אל עליון. אמר לו אברהם וכי מקדימין ברכת עבד לברכת קונו? מיד נתנה לאברהם שנאמר (תהלים קי, א) נְאֻם ה' לַאדֹנִי שֵׁב לִימִינִי עַד אָשִׁית אֹיְבֶיךָ הֲדֹם לְרַגְלֶיךָ ובתריה כתיב [פסוק ד] נִשְׁבַּע ה' וְלֹא יִנָּחֵם אַתָּה כֹהֵן לְעוֹלָם עַל דִּבְרָתִי מַלְכִּי צֶדֶק. **רש"י שם:** ממך תצא הכהונה ומלכות להיות בניך יורשים את שם אבי אביך הכהונה והמלכות שניתנו לו.

126 **פרדס יוסף, פרשת לך לך עמוד רל"ג (הערת בעל אמרי אמת):** הִנֵּה אִשְׁתְּךָ קַח וָלֵךְ (בראשית יב, יט). קשה, דאברהם קיים כל התורה, איך היה מותר בשרה שהיתה אצל פרעה, הא בכתובות (כז:) המעון הזה לא זזה ידי מתוך ידה ואם לא כן אסור. ויש לומר שמלאך עומד ומקלו בידו והכה עיין מדרש (בראשית רבה מא, ב) ורש"י כאן ומלאך אפשר דהוי כעדים. עוד יש לומר שלא נעשה כהן עד שמל עצמו.

127 **פרדס יוסף, פרשת וירא עמוד של"ה אות עג:** כִּי נָבִיא הוּא (בראשית כ, ז). עיין רש"י ועיין בספר יד אליהו להגר"א מקאליש (חלק א סימן מ"ג) שנסתפק אי מותר לסמוך על רוח הקודש בתערובות טרפה בין הכשרות, אי מכיר ברוח הקודש איזה הטרפה. ולכאורה יש לפשוט מכאן דאמר הקב"ה לאבימלך השב אשת האיש כי נביא הוא ויודע שלא נגעת בה. וקשה, הא אברהם היה כהן ואסור בשבויה, ומה מהני הרוח הקודש. אך יש לדחות, דעיקר דאסור לסמוך על רוח הקודש דתורה לא בשמים היא (בבא מציעא נט:) וזה דוקא לאחר שניתנה תורה בארץ, אבל אברהם היה מקיים התורה בעודנה בשמים ודאי מותר להשתמש ברוח הקודש...

128 This is apparently the same person mentioned in the context of the division of the Land among the tribes:

במדבר לד, כה: וּלְמַטֵּה בְנֵי זְבוּלֻן נָשִׂיא אֱלִיצָפָן בֶּן פַּרְנָךְ.

129 **תרגום יונתן פרשת בהעלותך י"א, כ"ו:** ואשתיירו תרין גוברין במשריתא שמיה דחד אלדד ושמיה דתניין מידד בנוי דאלצפן בר פרנך דילידת ליה יוכבד ברת לוי בזמן דפטרה עמרם גברה ואתנסיבת ליה עד דלא ילידת ית משה...

דברים כד, א-ד: כִּי יִקַּח אִישׁ אִשָּׁה וּבְעָלָהּ וְהָיָה אִם לֹא תִמְצָא חֵן בְּעֵינָיו... וְכָתַב לָהּ סֵפֶר כְּרִיתֻת... וְיָצְאָה מִבֵּיתוֹ וְהָלְכָה וְהָיְתָה לְאִישׁ אַחֵר וּשְׂנֵאָהּ הָאִישׁ הָאַחֲרוֹן וְכָתַב לָהּ סֵפֶר כְּרִיתֻת וְנָתַן בְּיָדָהּ וְשִׁלְּחָהּ מִבֵּיתוֹ ... לֹא יוּכַל בַּעְלָהּ הָרִאשׁוֹן אֲשֶׁר שִׁלְּחָהּ לָשׁוּב לְקַחְתָּהּ לִהְיוֹת לוֹ לְאִשָּׁה...

קול יהודה עמוד רנ"ט: ... דאיתא בתרגום המיוחס ליונתן בן עוזיאל... דיוכבד לאחר

שגירשה עמרם... וכבר ילדה לו את אהרן ומרים, שהרי בליקוחין השניים הם מרקדים לפניה... נשאת לאליצפן בן פרנך וילדה לו את אלדד ומידד, ואחר כך גירשה אליצפן, ועל פי עצת מרים בתו ונבואתה שעתידה אמי שתלד בן שיושיע את ישראל עמד עמרם והחזירה. אם כן היה משה בן מחזיר גרושתו משנשאת וביבמות מ״ד כשרצו לומר דמחזיר גרושתו בנם פגום לכהונה... נמצינו למדים מדרשת ייתור תיבת ״היא״ דבן מחזיר גרושתו אינו פגום...

130 **ילקוט שמעוני פרשת ויצא רמז קי״ט:** וַיִּקַּח מֵאַבְנֵי הַמָּקוֹם... עשאן כמרזב ונתנן תחת ראשו שהיה מתירא מן החיות... לקח יעקב י״ב אבנים מאבני המזבח שנעקד עליו יצחק אביו ושם אותם מראשותיו...

זית רענן, פרשת ויצא: ... מאבני המזבח. קשה דהא אבני מזבח קדש הם ואסורין בהנאה... דהא הוא המזבח שהקריב בו נח. ויש לומר דכיון שנתנו סביב ראשו להגן מפני החיות מקרי שלא כדרך הנאתן ושרי... ועוד יש לומר דהיה פיקוח נפש... ודוחק אטו לא הוי אבנים אחרות.

131 **שמות רבה ל, יט:** ... היו יצחק ויעקב יושבים שם וכל אחיו והיו מחפין אותו. הכיר יהודה למקום ואמר אמיתת הדבר ואמר צדקה ממני... **פירוש מהרז״ו שם ד״ה והיו מחפין אותו:** ... ומה שאמר יצחק ויעקב וכו׳ כי הם היו בית דינו של שם ועבר... **ביאור מהרי״פ שם:** ... וישבו יצחק ויעקב וכל השבטים לשאת ולתת בדין תמר.

פרדס יוסף, פרשת וישב עמוד תשי״ב: ... בשם תנחומא (שמות רבה ל, י״ט) דיצחק ויעקב ויהודה יושבין בדין... והקשית על פי הירושלמי פרק זה בורר (סנהדרין פרק ג הלכה ט)... מנין שלא יהיו הדיינים קרובים זה לזה מקיש לעדים... ואיתא במדרש... שאבות קיימו התורה, ואם כן היאך היו יושבים ביחד הא הם קרובים זה לזה ופסולים... והנראה לי בזה על פי מה שכתב הרשב״א בתשובות (חלק א סימן צ״ד) וזה לשונו, אין בכל פרטי המצוות מצוה שאינה רומזת על עניני החכמה... ואבות הגיעו ברוב חכמתם אל העיקרים ההם... נמצא שקיימו כל המצוות מצד השכל, שהם ידעו והבינו במקור החכמה שממנה הורדו המצוות. וזה שייך בכל המצוות, אבל בדבר היקשי שאין שכל וחכמה בדבר, ורק כך הוא גזירת הכתוב להקיש ענין לענין, יוכל להיות שזה לא ידעו מקודם, ושפיר הדין דדיינים קרובים זה לזה דפסולים מצד היקש לעדים לא היו יודעים אז מזה, ואתי שפיר.

132 **פרדס יוסף, פרשת ואתחנן עמוד רצ״א:** ... בר״ן גיטין (דף לח עמוד א) כתב דהא דהמשחרר עבדו עובר בעשה דלְעֹלָם בָּהֶם תַּעֲבֹדוּ הוא משום מה שכתוב לא תחנם ורצונו לומר שאסור לתת מתנת חינם לעבד עד כאן. ולפי דברי הר״ן יצא דבמקום שהשחרור הוא עבור גמילת טובה מצד העבד או לטובת האדון אין האיסור כיון שאין זה מתנת חינם... ויש לומר לפי זה מה שהקשו המפרשים איך שלח אברהם אבינו את אליעזר לקדש אשה ליצחק, הרי קיימא לן דאין שליחות לעבד. אך יש לומר דאברהם אבינו שחרר את אליעזר, ואי דהמשחרר עבדו עובר בעשה יש לומר דכיון שהיה זה לצורך אברהם אבינו ולהנאתו אין זה נחשב כמתנת חינם והיה מותר לו לשחררו...

הערת יורם בוגץ': איך אפשר לומר שאברהם אבינו שחרר את אליעזר, והרי אליעזר הציג את עצמו במילים עֶבֶד אַבְרָהָם אָנֹכִי?

133 **פרדס יוסף, פרשת ואתחנן עמוד רפ"ח אות רמג**: לֹא תִכְרֹת לָהֶם בְּרִית (דברים ז, ב). בתוספות יבמות (דף כג עמוד א ד"ה ההוא וכו') הקשו איך כרת שלמה המלך ברית עם חירם מלך צור... והנה בפנים יפות כאן עמד על מה שכרת אברהם אבינו ברית עם אבימלך...

פנים יפות, פרשת ואתחנן (ד"ה לא תכרות להם ברית): הקשה התוספות בפרק כיצד האיך כרת שלמה ברית עם חירם והוא הדין דהוי מצי להקשות מלא תחנם לא תתן להם חניה כידוע וכתוב אָז יִתֵּן הַמֶּלֶךְ שְׁלֹמֹה לְחִירָם עֶשְׂרִים עִיר בְּאֶרֶץ הַגָּלִיל הרי שנתן לו חניה בארץ ישראל... וצריך לומר כתירוץ שני שכתבו שם התוספות דחירם מלך צור גר תושב הוי ובגר תושב ודאי מותר... ונראה שכן צריך לומר מה שכרתו ברית אברהם ויצחק עם אבימלך מלך גרר... והם אמרו אברהם קיים כל התורה כולה אלא על כרחנו צריך לומר שהיה אבימלך גר תושב...

דברי שאול, פרשת וירא (ד"ה ויקח אברהם צאן ובקר): ... דהנה בלי ספק כל שכרת אברהם אבינו ע"ה ברית עם אבימלך והרי אסור לכרות ברית עם עכו"ם עובד ע"ז ועל כרחנו שבלי ספק הודה לו שיאמין באחדות הבורא כאשר זה דרכו בקודש להורות האמונה האלוקית ועל כן הותר לו לכרות ברית...

דברי שאול, פרשת וירא (ד"ה ויכרתו שניהם ברית): ... לכאורה יקשה היאך כרת אברהם ברית עם אבימלך... ולפי זה לענין כריתת ברית גם כן הוא כן דדוקא אם היהודים אינם צריכים לכריתת ברית... אבל בשלמה היה צריך לכריתת ברית של חירם כדי שישלח לו עצים לצורך בית המקדש... ולפי זה גם כאן אברהם היה צריך גם כן לכריתת ברית שהרי היה גר בארץ פלשתים וסתמו לו הבארות אם כן לכך כרתו שניהם ברית...

134 **פרדס יוסף, פרשת וירא עמוד רצ"ט אות טז**: ... ובספר נחלת יהודה כתב דקשה על המדרש (בראשית רבה מח, יב) אותו יום שבאו המלאכים ערב פסח היה מדכתיב (וירא יט, ג) וּמַצּוֹת אָפָה, ואחר חצות באו אצלו דכתיב (יח, א) כְּחֹם הַיּוֹם היינו שעה ו', אם כן איך אמר פת לחם הא חמץ אחר שש אסור מן התורה. **הערה מהרב צא"י יעקב מייזליש אב"ד לאסק**: מה שכתב היאך האכיל אאע"ה לחם למלאכים הא היה פסח ולחם חמץ, לדבריו איך עבר בתשביתו. אבל גם מצה הוי לחם ונקראת לחם עוני, ולחם הפנים היה מצה. **הערת מחבר פרדס יוסף**: יש לעיין היכן מצינו דנקרא פת, ובאמת בערב פסח הלא גם מצה אסור לאכול וכמו שאמרו בפרק ערבי פסחים [ירושלמי פסחים פרק י הלכה א דף נט עמוד א] ועיקר הדיוק מה שלא נאמר ועשו מצות כמו שנאמר בלוט (וירא יט, ג) וּמַצּוֹת אָפָה.

CHAPTER 2

Evil and Evildoers

IN THE LATE 1960s, a civil war — sometimes known as the Biafra War — broke out in Nigeria. In a conflict that involved numerous tribes, clans, mercenaries and international armies supporting both sides, the majority of casualties were women and children who died mostly as a result of the famine caused by the upheaval. [The perception by some humanitarian workers involved in the Nigerian civil war that the Red Cross and other organizations were not entirely impartial led to the creation of Médecins Sans Frontières (Doctors Without Borders) in 1971.] Some estimate that as many as three million people perished. At the time, someone approached Rabbi Yitzchak Hutner with the question: "What should we, as Torah-observant Jews, make of all this? What should we feel?"

It is a good question. All too often, we gloss over world catastrophes as if they are of no consequence, perhaps because they have no immediate or direct impact on our lives. *Chazal* have a different perspective. They teach that we must learn from calamities and that they must motivate us to do *teshuvah*.[1] We shall examine Rav Hutner's answer at the end of this chapter.

Contradictions

THE VICTIMS OF the Nigerian civil war were overwhelmingly innocent civilians. This makes our question so much more difficult to answer. Let us begin at the other extreme, by looking at the wicked. Many verses leave us with a contradictory picture about what our attitude toward their destruction should be. Let us examine them and realize that without the guidance of *Chazal* and later commentators, it would be very difficult, perhaps impossible, to form a coherent view of God's intent regarding our attitude toward the wicked.[2]

A widely-quoted verse in *Mishlei* tells us not to rejoice at the downfall of our enemies.[3] But another verse in *Mishlei* teaches that when the wicked perish there is glad song.[4] The prophet Yechezkel assures us that God does not desire the death of the wicked.[5] But familiar verses in *Tehillim* call for God to destroy all the wicked.[6] One verse in *Tehillim* teaches us that God's mercy extends to all,[7] but another verse tells us that a *tzaddik* rejoices when he witnesses revenge [against the wicked].[8] The author of *Mishlei* tells us that "He who is glad at calamity shall not be unpunished,"[9] but the prophetess Devorah, having described the destruction of Sisra and his army, called out, "May all Your enemies thus perish, God!"[10]

Pesach

CERTAIN FEATURES OF Pesach stand out as anomalous when contrasted with other festivals. Regarding Shavuos, the Torah instructs us to rejoice with our families and the poor.[11] When it comes to Sukkos, the injunction is repeated and amplified when we are told that we are to be only glad.[12] No corresponding instruction to rejoice is given regarding Pesach. Even though we are halachically required to experience joy on Pesach as on the other festivals, it is significant that the Torah does not mention this.

We further note that on the intermediate and last days of Pesach we recite an abridged version of *Hallel*.[13] This seems odd. On the other festivals, we recite the full *Hallel*, as we do on

Chanukah.[14] One view in *Chazal* is that these differences should be attributed to the fact that Pesach is associated with the destruction of the Egyptians.[15] It would be inappropriate to rejoice when so many lives were lost, even though they were the lives of our tormentors.[16]

Meshech Chochmah reflects on a lesser-known but equally important aspect of Pesach. He notes that even before the Israelites left Egypt, they were told that the seventh day of Pesach will be a festival. This is true notwithstanding the fact that the prohibition of eating and owning *chametz* applied for only one day in that generation and not for seven days, as it does now. *Meshech Chochmah* explains that this is related to the fact that the gentile nations typically turn days of military victory into national festivals. We, however, do not. If God had waited until *after* the destruction of the Egyptians at the Sea to instruct us to observe the seventh day of Pesach as a festival, it would have been misconstrued as a victory celebration. That is why the commandment to observe the seventh day of Pesach as a festival was given *before* the events.[17]

This conclusion is corroborated by a Talmudic passage. When describing the night the Sea of Reeds split, the Torah tells us that "They did not approach one another throughout the night."[18] The pronoun "they" refers to the camps of the Egyptians and the Israelites. But on a deeper level, *Chazal* reveal that it was groups of angels who wanted to congregate but were refused permission to do so:

> Rabbi Yochanan said, "The angels wanted to [come together and] sing a song [of praise to God for destroying the Egyptians in the Sea]. God said to them, "My handiwork is drowning in the Sea and you wish to sing a song?!"[19]

God regrets the destruction of life — even the life of the wicked — and therefore forbids the angels to sing a song of victory.

On the other hand, we note that the Israelites *did* sing a song of victory (שירת הים), and continue to do so daily as part of *Shacharis*.[20] Furthermore, *Seforno* makes a point which appears to be at odds with our understanding of the events. Consider the case of Yisro. After the splitting of the Sea, the Torah relates that Moshe's father-in-law came to the Israelite camp. Having been told of all the miracles wrought on behalf of the Jews, Yisro rejoiced "at the salvation of the Jews."[21] This seems innocent enough, but *Seforno* perceives in this phrase an implicit criticism of Yisro. Yisro only saw the immediate benefit to the Jews but did not rejoice at the revenge wrought by God against the Egyptians.[22] A later commentator explains that the Torah expects from us not merely an instinctive and emotional response in favor of the underdog, but also identification with God's agenda. It should pain us when the wicked prosper since God's sovereignty is being undermined. We should thus be joyful when the wicked perish.[23]

This point is not only a matter of outlook; it also has practical ramifications. For example, a *mishnah* teaches that when criminals were executed by the court (during times when Jewish courts could administer the death penalty), their relatives would not observe the laws of mourning. The classical commentary *Tiferes Yisrael* explains the reason: when the wicked perish, there is glad song.[24] Interestingly, *Chazal* teach that when the *Amora* Rava was ill, he would instruct his attendant to announce his illness (on the following day). He would say, "Those who love me will pray for me; those who hate me will rejoice, and I will benefit from the promise of the verse that states that when one relishes the downfall of one's enemy, God's anger toward that person dissipates."[25]

Then again, it is fruitful to analyze the terms used in the *Amidah* to describe our wishes for the wicked. A careful reader will notice that the blessing entitled *Against Heretics* is oddly loquacious. We ask that God uproot, break, subdue and defeat our enemies. Where is the call to exterminate them? Why do we not seek their annihilation? Is it that the Hebrew language lacks the proper terminology? Certainly not. In the insertion for Purim in the *Amidah,* we are told that Haman plotted to *destroy, kill* and *exterminate* the Jews.[26] So if the architects of the *Amidah* had so wished, they could have called for our enemies to be extirpated. But *Chazal* chose to express a different notion in this petition, one that does not seek the physical destruction of God's enemies. It is also notable that *Chazal* ascribe the composition of this particular paragraph to Shmuel HaKatan,[27] whose motto was the verse in *Mishlei* that urges us not to rejoice at the downfall of our enemies.[28] Another passage in the *siddur* with similar overtones is the familiar *Aleinu.* The second paragraph of this oft-repeated prayer deals with the Messianic era. We speak of the time when idolatry will finally be vanquished in all its forms;[29] we speak of the time of *tikkun,* when the world will reach perfection. The next sentence mentions the wicked of the Earth. Is this where we might find mention of oceans of blood flowing? No. The prayer speaks of turning the wicked of the earth toward God, i.e., a mass *teshuvah* movement.[30] In this vein, the *Zohar* states that it is forbidden to pray for the wicked to perish[31] and that one should instead pray for the wicked to do *teshuvah.*[32]

Let's move toward a resolution. Why can we not express unbridled joy at the destruction of the wicked? It is because Jews must look at the world through God's spectacles, not our own. Our outlook must be one that has God's interests in mind. It is in God's interest that *every* human being maximize his potential to reflect Him. Every human being is capable of expressing something of God's holiness, wisdom and kindness. A human being who is destroyed represents lost potential. This is true for *all* human beings. When an evil person dies, someone who *could* have accomplished something significant in the world — but who chose to squander that opportunity — has been lost forever. The uniqueness of every individual means that this potential is not recoverable. How can a Jew rejoice when God suffers a loss?

What about the sources which require us to rejoice when vengeance is wrought upon the evil? There are two reasons for this joy. In the immediate sense, the fact that the agent of evil is dispatched obviously contributes to God's cause, and this is cause for celebration. Secondly, the downfall of the wicked is an occasion in which God's glory is enhanced.[33] The world once again realizes that there is a Judge and there are consequences to our actions.[34]

When it comes to developing a considered response to the downfall of the wicked, both angles are relevant: there is simultaneously sadness as well as joy. This notion of concurrently harboring two emotions is actually familiar to us all. Watch the father of the bride — he is beaming with joy. After all, the little girl he raised is now a woman ready to build her own home. And yet, there is a tinge of sadness in watching his daughter leaving home. And these two emotions register simultaneously.

A moving anecdote about Rabbi Eliyahu Meir Bloch (1895–1955) illustrates this point. Rabbi Bloch was a scion of the famous Rabbinic family associated with the Telz Yeshivah in Europe. After the Second World War, Rabbi Bloch was one of the few outstanding European personalities instrumental in rehabilitating the Torah world, particularly in the United States. On Purim 1944, he was at the Telz Yeshivah in Cleveland, dancing and celebrating. A woman approached him and asked — stated, really — that he could not be truly happy, having lost virtually his entire family and circle of associates in Europe. Indeed, at that time, Rabbi Bloch had only one daughter who survived the maelstrom.[35] He later spoke at the yeshivah about this matter. He cited a Midrash that speaks of Avraham and the binding of Yitzchak. The Midrash relates that as Avraham was about to slaughter his son, his tears welled up and fell into Yitzchak's eyes, but his heart was joyous.[36] "How is this possible?" asked Rabbi Bloch. His answer: human beings can harbor more than one emotion at a time.[37] We are indeed capable of synthesizing disparate viewpoints and therefore simultaneously experiencing multiple emotions about one event. Avraham could feel sorrow for the impending loss of Yitzchak and, simultaneously, joy at doing God's will. Rabbi Bloch then explained that this is a uniquely human characteristic — angels are one-dimensional and cannot contain two emotions at once. This is an extension of the idea that an angel can only fulfill one mission at a time.[38] The angel is consumed by the mission to the extent that nothing else exists. By extension, an angel is so focused on one perspective of an event that only one emotion can reign. Rabbi Bloch then explained the Talmudic passage about the angels wishing to sing a victory song at the splitting of the Sea. The angels only saw the positive aspect of the victory. God's name was sanctified; His majesty affirmed; His power witnessed. This motivated the angels to sing. They could not see the destruction of human potential caused by this event. God refused to let them sing. But the Israelites *could* harbor two feelings about the event, both then and now. That is why we are permitted to sing the Song of the Sea.

Rabbi Shimon Schwab provides a grammatical gloss to this idea. He explains that the word used by the Torah for *song* (שיר) is related to the word for *seeing* (שור). He explains that a song — in the Torah's sense of the word — can only be sung by those who see all the disparate elements of an event. As in the case of an ordinary musical composition, harmony is the seamless integration of numerous elements (instruments, voices). The ability to contain dichotomous perspectives allowed the Israelites to sing a song, since it was not just a wild celebration of the destruction of the Egyptians.[39] Similar ideas were propounded by Rabbi Yosef Bloch (1860–1929), the famous Rosh Yeshivah of Telz.[40]

Ksav Sofer proposed a different explanation as to why the Israelites could sing a victory song. He used the analogy of a king whose son rebelled against him and had to be punished for treason. The king is distressed at his son's misfortune but, if the king's other children take the incident to heart and thereby improve, there is also room for joy. Similarly, when the series of miracles that began with the ten plagues in Egypt and culminated with the splitting of the Sea led to a greater attachment of the Israelites to God, there was now not only sadness at the destruction of the Egyptians but also joy at the fact that this episode had a beneficial effect on others (namely, the Israelites). It was then appropriate to sing a song.[41]

Netziv expresses our conclusion with characteristic clarity in the introduction to his commentary on *Bereishis*. *Bereishis* is referred to by the prophets as *The Book of the Upright*. *Netziv* defines an individual as "upright" when that person conducts himself with love and concern toward gentiles, despite the fact that he abhors their evil ways. He explains that uprightness distinguished Avraham, Yitzchak and Yaakov from other *tzaddikim*. He cites Avraham's pleas on behalf of Sodom as an example of his concern for every human being's welfare, explaining that every person's existence is part of God's creation. He further explains that Avraham was called "father of a multitude of nations" (*Bereishis* 17:5) because, like a father, he would not abandon his children even if they strayed from the correct path.[42]

Given the above, how do we view the wicked? These are people who can *potentially* sanctify God's name but are *actually* desecrating it. When they perish, we mourn the lost potential and exult that justice is being done. Simultaneously.

The foregoing discussion should not be taken to imply that all is straightforward. There was room to view the destruction of the wicked as desirable and to ignore their potential for good. This notion is reflected in several Talmudic passages. In the first, we learn that in the neighborhood of the *Tanna* Rabbi Meir there lived thugs who made his life miserable. At some point, Rabbi Meir prayed for them to die. But his wife, Bruriah, criticized him and convinced him that the correct path would be to pray for the thugs to do *teshuvah*. Rabbi Meir then did so.[43] A similar event is told about Abba Chilkiyah (a grandson of Choni HaMe'agel). He, too, prayed for malevolent characters in his neighborhood to die, but his wife argued that this was the wrong approach. The Talmud relates that he, apparently, was not convinced by her arguments. He continued to pray for the thugs to die, but his wife prayed for them to change for the better, and that is what happened.[44] A similar conclusion is drawn by *Sdei Chemed* about an incident involving Rabbi Yehoshua ben Levi. In his neighborhood lived a heretic who tormented him. Eventually, he was driven to curse this man, but events always conspired to prevent him from doing so. Rabbi Yehoshua ben Levi concluded that God does not desire that even the worst offenders be cursed.[45]

So Rabbi Meir, Abba Chilkiyah and Rabbi Yehoshua ben Levi thought, at least initially, that there *are* circumstances that would justify seeking the physical annihilation of the wicked. It appears, however, that the Talmud's conclusion is that we should pray for evildoers to change rather than be destroyed.

Rav Hutner's Response

EVERYTHING WE HAVE said thus far applies to the wicked. Even there, Jews must be cosmopolitan in the sense that we do not revel in the destruction of our enemies. When people die, it is God's loss and we mourn it, even as we rejoice because justice is done.

Surely, then, when it comes to ordinary gentiles, there would be even more reason to regret their loss.

Rav Hutner gave a two-part answer to the question about our attitude to the Biafra disaster. It is crucial to consider both parts of his answer. He began by pointing out that the survival of the Jewish people is engineered by God through sowing disunity among the gentile nations. The seventy wolves would long ago have torn apart the lone sheep had they not been preoccupied with wars, droughts, floods and the myriad other challenges that prevent them from focusing their energies on us. Therefore, said Rav Hutner, "If you feel bad about the Biafra disaster, there is something wrong with you. But," he hastened to add, "the people who are dying in Biafra are innocent human beings, bearers of the Divine image. If you *don't* feel sorrow for them, there is something wrong with you." We must feel joy *and* sorrow at the loss of human life. Simultaneously.

Conclusion

LET US CONCLUDE by examining the case of Amalek. Is everything we have said applicable to that nation, or is Amalek an exception? After all, it is a *mitzvah* to destroy Amalek.[46] Is this not an indication that the benefit inherent in their destruction outweighs the human potential that they embody? According to *Rambam,* the answer seems to be *no*. He rules that if Amalekites abide by the seven laws of Noach and accept servitude to Israel, they are to be spared.[47] This view seems to be borne out by *Meshech Chochmah,* whose views we encountered earlier. He points out that we do not celebrate Purim on the day that Haman was hanged or on the day on which our enemies were defeated. Rather, we postpone the merriment to the next day, when the battles had ceased.

This, he comments, is done to demonstrate that we are celebrating our *salvation* from our enemies, and not the *revenge* we took upon them.[48] And Purim, of course, is the prototypical struggle against Amalek, represented by Haman. Nevertheless, according to *Meshech Chochmah,* the principles we detailed earlier apply equally to Amalek.

NOTES TO CHAPTER 2

1 **מסכת יבמות דף ס"ג עמוד א:** אמר רבי אלעזר בר אבינא אין פורענות באה לעולם אלא בשביל ישראל שנאמר (צפניה ג, ו) הִכְרַתִּי גוֹיִם נָשַׁמּוּ פִּנּוֹתָם הֶחֱרַבְתִּי חוּצוֹתָם וכתיב (שם פסוק ז) אָמַרְתִּי אַךְ תִּירְאִי אוֹתִי תִּקְחִי מוּסָר...

רש"י שם (ד"ה בשביל ישראל): ליראם כדי שיחזרו בתשובה.

2 In truth, there are Midrashim which also give the impression of conflicting viewpoints regarding the demise of the wicked. Consider the following:

וַיְכַפֵּר עַל בְּנֵי יִשְׂרָאֵל (במדבר כה, יג). **מדרש רבה פרשה כא, ג:** והיתה לו ולזרעו אחריו ויכפר, וכי קרבן הקריב שנאמר בו כפרה, אלא ללמדך שכל השופך דמן של רשעים כאילו הקריב קרבן.

ספר סמיכת חכמים, הקדמה [דף ע"ז מדפי הספר]: ... והנה איתא במדרש תהלים הַאַתָּה תִּבְנֶה לִּי בַיִת לְשִׁבְתִּי [שמואל ב פרק ז, ה]... היינו מטעם שאמר לו הקב"ה כי דמים רבים שפכת... ופירשו המפרשים לפי שכל הדמים ששפך היו רשעים גמורים. והנה לפי סברות דוד שהיה סבר שנפסל עבור ששפך דמים ולא יפה עשה מהראוי היה שלא להזכיר שירים שלו בבית המקדש מדה כנגד מדה על פי מאי דאיתא בגמרא [מסכת מגילה דף י עמוד ב] בְּצֵאת לִפְנֵי הֶחָלוּץ... כִּי לְעוֹלָם חַסְדּוֹ [דברי הימים ב כ, כא] מפני מה לא נאמר כי טוב לפי שאין הקב"ה משמח במפלתן של רשעים. וכן על הים בקשו מלאכי השרת לומר שירה אמר הקב"ה מעשה ידי טובעים בים ואתם אומרים שירה לפני כו'. הרי שהקב"ה מצטער על דמן של רשעים שנשפך וכדאיתא בסנהדרין בשעה שאדם מצטער שכינה מה לשון אומרת קלני מראשי כו' ואינו מניח לומר שירה לפניו... ואם כן דוד ששפך דמים רבים אף שהיה דמן של רשעים מכל מקום היה מצער להקב"ה בזה... אבל איתא במדרש גבי פנחס [במדבר כה, יג] וַיְכַפֵּר עַל בְּנֵי יִשְׂרָאֵל וכי איזה קרבן הקריב שאמר ויכפר אלא מלמד כל השופך דמן של רשעים כאילו הקריב קרבנות כו' עד כאן לשונו ואם כן לפי מדרש זה יפה עשה דוד ששפך דמן של רשעים... ואפשר שהן אגדות חלוקות או שיש לחלק בין רשעים לרשעים...

3 **משלי כד, יז-יח:** בִּנְפֹל אוֹיִבְךָ אַל תִּשְׂמָח וּבִכָּשְׁלוֹ אַל יָגֵל לִבֶּךָ פֶּן יִרְאֶה ה' וְרַע בְּעֵינָיו וְהֵשִׁיב מֵעָלָיו אַפּוֹ.

4 **משלי יא, י:** וּבַאֲבֹד רְשָׁעִים רִנָּה.

5 **יחזקאל יח, לב:** כִּי לֹא אֶחְפֹּץ בְּמוֹת הַמֵּת נְאֻם ה'.

6 **תהלים קמה, כ [אשרי]:** וְאֵת כָּל הָרְשָׁעִים יַשְׁמִיד.

7 **תהלים קמה, ט:** טוֹב ה' לַכֹּל וְרַחֲמָיו עַל כָּל מַעֲשָׂיו.

8 **תהלים נח, יא:** יִשְׂמַח צַדִּיק כִּי חָזָה נָקָם.

9 **משלי יז, ה:** שָׂמֵחַ לְאֵיד לֹא יִנָּקֶה.

10 **שופטים ה, לא:** כֵּן יֹאבְדוּ כָל אוֹיְבֶיךָ ה׳.

11 **דברים טז, י-יא:** וְעָשִׂיתָ **חַג שָׁבֻעוֹת** לַה׳ אֱלֹהֶיךָ... **וְשָׂמַחְתָּ לִפְנֵי ה׳ אֱלֹהֶיךָ** אַתָּה וּבִנְךָ וּבִתֶּךָ וְעַבְדְּךָ וַאֲמָתֶךָ וְהַלֵּוִי אֲשֶׁר בִּשְׁעָרֶיךָ וְהַגֵּר וְהַיָּתוֹם וְהָאַלְמָנָה אֲשֶׁר בְּקִרְבֶּךָ...

12 **שם פסוקים יג-טו:** חַג הַסֻּכֹּת תַּעֲשֶׂה לְךָ... **וְשָׂמַחְתָּ בְּחַגֶּךָ** אַתָּה וּבִנְךָ וּבִתֶּךָ וְעַבְדְּךָ וַאֲמָתֶךָ וְהַלֵּוִי וְהַגֵּר וְהַיָּתוֹם וְהָאַלְמָנָה אֲשֶׁר בִּשְׁעָרֶיךָ... **וְהָיִיתָ אַךְ שָׂמֵחַ.**

13 **שלחן ערוך אורח חיים סימן ת״צ סעיף ד:** כל הימים של חולו של מועד ושני ימים אחרונים של יום טוב קורין ההלל בדילוג כמו בראש חודש.

14 It is true that we do not recite Hallel on Purim, but that prompts a discussion in the Talmud as to the reason.

15 **ילקוט שמעוני רמז תרנ״ד [פרשת אמור]:** אתה מוצא שלש שמחות כתיב בחג: [דברים טז, יד] וְשָׂמַחְתָּ בְּחַגֶּךָ, [שם פסוק טו] וְהָיִיתָ אַךְ שָׂמֵחַ, [ויקרא כג, מ] וּשְׂמַחְתֶּם לִפְנֵי ה׳ אֱלֹהֵיכֶם שִׁבְעַת יָמִים. אבל בפסח אין אתה מוצא שכתוב בו אפילו שמחה אחת למה... דבר אחר בשביל שמתו בו המצריים. וכן אתה מוצא כל שבעת ימי החג אנו קורין בהן את ההלל אבל בפסח אין אנו קורין את ההלל אלא ביום טוב הראשון ולילו. למה משום בִּנְפֹל אוֹיִבְךָ אַל תִּשְׂמָח וּבִכָּשְׁלוֹ אַל יָגֵל לִבֶּךָ. וכן אתה מוצא שאין כתוב בעצרת אלא שמחה אחת דכתיב [דברים טז, י] וְעָשִׂיתָ חַג שָׁבֻעוֹת לַה׳ אֱלֹהֶיךָ ושמחת אתה וביתך ולמה כתב בה שמחה אחת [מפני] שהתבואה נכנסת בפנים.

פסיקתא דרב כהנא סימן כ״ט (עמוד קפט): וְשָׂמַחְתָּ בְּחַגֶּךָ (דברים טז, יד). את מוצא שלש שמחות כתיב בחג ואלו הן ושמחת בחגך, וְהָיִיתָ אַךְ שָׂמֵחַ (דברים טז, טו), וּשְׂמַחְתֶּם לִפְנֵי ה׳ אֱלֹהֵיכֶם שִׁבְעַת יָמִים (ויקרא כג, ה). אבל בפסח אין את מוצא שכתב בו אפילו שמחה אחת ולמה... דבר אחר למה אין כתיב שם שמחה בשביל שמתו בו המצריים וכן את מוצא כל שבעת ימי החג אנו קורין בהן את ההלל אבל בפסח אין אנו קורין בהן את ההלל אלא ביום טוב הראשון ולילו למה כדאמר שמואל בִּנְפֹל אוֹיִבְךָ אַל תִּשְׂמָח (משלי כד, יז).

בית יוסף על טור אורח חיים סימן ת״צ סעיף ד: כל הימים של חול המועד ושני ימים אחרונים של יום טוב קורין ההלל ואין גומרין אותו... ושבלי הלקט (סימן קעד סט:) כתב בשם מדרש הרנינו פרשת סוכה שהטעם שאין גומרין ההלל כל ימי הפסח הוא לפי שנטבעו המצריים וכתיב (משלי כד, יז) בִּנְפֹל אוֹיִבְךָ אַל תִּשְׂמָח.

פרישה שם אות (ב) ואין גומרין אותו: לפי שנטבעו המצריים וכתיב (משלי כד, יז) בִּנְפֹל אוֹיִבְךָ אַל תִּשְׂמָח.

דרכי משה שם אות א: כתב במנהגים שלנו (מהר״א טירנא סוף עמוד סג) דיש לומר אף ביום טוב אחרון של פסח זמן חירותינו וכן כתב מהרי״ל (סדר התפילות של פסח

עמוד קמד סימן ה) וכן המנהג, דלא כיש אומרים (מהר"א קלויזנר סימן קכח אות א) שכתבו דיש לומר זמן שמחתנו לפי שהיו שמחים שטבעו [המצריים] בים וכבר מוזכרת סברא זו בהגהת מהרי"ל.

ט"ז אורח חיים סימן ת"צ, ג: ההלל בדילוג. מפני שבז' של פסח נטבעו המצריים אמר הקב"ה מעשי ידי טובעים בים ואתם אומרים שירה. וכיון שבז' אין גומרין אותו על כן גם בחול המועד אין גומרין אותו שלא יהא עדיף מיום טוב האחרון.

משנה ברורה אורח חיים סימן ת"צ: מפני שביום שבעה של פסח נטבעו המצרים, אמר הקב"ה מעשי ידי טובעין בים ואתם אומרים שירה לפני, וכיון שבשביעי אין אומרים אותו על כן בחול המועד גם כן אין אומרים אותו, שלא יהיה עדיף מיום טוב אחרון.

מהרש"א חידושי אגדה מסכת סנהדרין דף ל"ט עמוד ב (ד"ה ומי חדי): ... ועוד יש לומר דודאי בראש השנה וביום הכיפורים דספרי חיים ומתים דכל ישראל פתוחים לפניו אין ישראל אומרים שירה אבל המלאכים אומרים אבל ביום ז' של פסח שנטבעו המצריים בים אין שירה לפניו מאת המלאכים משום מעשה ידיו טובעים כו'.

חוות יאיר, סימן רכ"ה: ... **ואפשר דמהני ששיתק הקב"ה את המלאכים ובחלה נפשו בשירתם בשעת מפלת המצריים למדנו שאין נאה להשלים השיר בכל ימי הפסח...** ואין להקשות על מדרש הרנינו שכתב דעל כן אין גומרין ההלל משום גמרא דמעשי ידי טובעים בים ממה שכתוב פרק קמא דברכות [דף ט עמוד ב] שלא אמר דוד הללויה עד שראה במפלתן של רשעים שנאמר יִתַּמּוּ חַטָּאִים וגו' דאין לומר דדוקא בשעת מפלה אין לומר שירה דאם כן כל שכן אנן דנגמר הלל כל ימי פסח. ואפשר הואיל שהיה מפלתן בימים ההם בזמן הזה הוי שפיר שעת מפלתן...

The following statement from *Abarbanel*'s commentary to the Haggadah is interesting:

> **הגדה של פסח עם פירוש אברבנאל:** ... ועם היות שבליל יציאת מצרים לא אמרו שירה מפני שנטבעו המצריים בים, אבל בלילי פסח הבאים הם אומרים שירה...

This statement is odd, apparently mixing the night of the Exodus with the drowning of the Egyptians in the Sea on the seventh night of Passover.

16 The custom of spilling wine from our goblets when recounting the ten plagues during the Passover Seder is sometimes explained as an act of commiseration with the Egyptians. The dominant view among classical authorities is that this custom actually expresses an aspect of revenge. We emulate "the finger of God" (*Shemos* 8:15) which brought the plagues upon the Egyptians, or symbolically transfer our misfortunes onto them:

טור אורח חיים סימן תע"ג דרכי משה אות יח: ... כשמגיע לדם ואש ותמרות עשן

יזרוק באצבעו לחוץ וכן כשאומר דצ"ך עד"ש באח"ב... ונראה שרומזים כאן שחרבו של הקב"ה נקרא יוה"ך והוא מלאך הממונה על הנקמה...

שלחן ערוך אורח חיים סימן תע"ג מגן אברהם סעיף קטן כח: באצבעו. נוהגין לזרוק באצבעו על שם אֶצְבַּע אֱלֹהִים הִוא... ובילקוט פרשת וארא מביא פרקי רבי אליעזר שבקמיצה הכה הקב"ה למצרים ועל זה נאמר אֶצְבַּע אֱלֹהִים הִוא ואם כן יש לזרוק בקמיצה.

ערוך השלחן, הלכות פסח סימן תע"ג אות כד: וכשמגיע לדם ואש ותמרות עשן נוהגין לזרוק מעט מן הכוס באצבע על שם [שמות ח, טו] אֶצְבַּע אֱלֹהִים הִוא וכן בעשרה מכות וכן בדצ"ך עד"ש באח"ב...

17 **משך חכמה פרשת בא (שמות יב, טז):** הנה בפסח מצרים לא היה חימוצו נוהג אלא יום אחד... ולדעתי הא דאמר להם עתה דבר שלדורות הוא [כלומר, שציוה להם על שביעי של פסח – וּבַיּוֹם הָרִאשׁוֹן מִקְרָא קֹדֶשׁ וּבַיּוֹם הַשְּׁבִיעִי מִקְרָא קֹדֶשׁ יִהְיֶה לָכֶם...] להורות שלימות מצוותיו יתברך כי כל העמים בדתותיהן הנימוסיות יעשו יום הנצחון יום מפלת אויביהם לחג הנצחון. לא כן בישראל. המה לא ישמחו על מפלת אויביהם ולא יחוגו בשמחה על זאת, וכמו שאמר [משלי כד, יז-יח:] בִּנְפֹל אוֹיִבְךָ אַל תִּשְׂמָח וּבִכָּשְׁלוֹ אַל יָגֵל לִבֶּךָ פֶּן יִרְאֶה ה' וְרַע בְּעֵינָיו וְהֵשִׁיב מֵעָלָיו אַפּוֹ. הרי דאדם המעלה אינו שמח בנפול אויבו, משום ש[זו] השמחה רע בעיני ה' [ו]הלא הרע בעיני ה' צריך לשנאותו. ולכך לא נזכר בפסח חג המצות כי בו עשה במצרים שפטים, רק כי הוציא ה' את בני ישראל ממצרים, **אבל על מפלת האויבים אין חג ויום טוב לישראל... וכן בנס פורים לא עשו יום טוב ביום שנתלה המן או ביום שהרגו בשונאיהם, כי זה אין שמחה לפני עמו ישראל. רק היום טוב הוא בימים אשר נחו מאויביהם**... והנה המצרים נטבעו בים סוף ביום ז' של פסח ואם היה אומר השי"ת שיעשו בשביעי מקרא קודש היה מדמה האדם שהשם צוה לעשות חג לשמוח במפלתן של רשעים ובאמת הלא מצינו שלא אמרו לפניו שירה שנאמר וְלֹא קָרַב זֶה אֶל זֶה שאין הקב"ה שמח במפלתן של רשעים לכן אמר בארץ מצרים שיעשו חג בשביעי, ולהורות שאין החג בסיבת מפלת מצרים בים, שציוה להן טרם שנטבעו בים. וכן מפורש בילקוט רמז תרנ"ד שלכן לא כתב שמחה בפסח ואין אומרין הלל כל שבעה, משום בִּנְפֹל אוֹיִבְךָ אַל תִּשְׂמָח.

This conclusion is consistent with a careful reading of Ibn Ezra's comment, who speaks of establishing a day of celebration after a military victory *like the days of Purim*:

פירוש אבן עזרא פרשת בהעלותך במדבר י, י (ד"ה וביום שמחתכם ובמועדיכם): ששבתם מארץ אויב, או נצחתם האויב הבא עליכם וקבעתם יום שמחה כימי פורים ושבעת ימי חזקיה (ס"א חנוכה).

18 **שמות יד, כ:** ... וְלֹא קָרַב זֶה אֶל זֶה כָּל הַלָּיְלָה.

19 **מסכת מגילה דף י עמוד ב:** ואמר רבי יוחנן מפני מה לא נאמר כי טוב בהודאה זו

לפי שאין הקב"ה שמח במפלתן של רשעים ואמר רבי יוחנן מאי דכתיב (שמות יד, כ) וְלֹא קָרַב זֶה אֶל זֶה כָּל הַלָּיְלָה בקשו מלאכי השרת לומר שירה אמר הקב"ה מעשה ידי טובעין בים ואתם אומרים שירה.

20 Not everyone agrees that the שירה mentioned here is שירת הים. *Maharsha* entertains the possibility that the reference is to הלל:

מהרש"א חידושי אגדה מסכת סנהדרין דף ל"ט עמוד ב (ד"ה ומי חדי): ... ואמר מאי דכתיב ולא קרב זה אל זה וגו' בקשו מלאכי השרת לומר שירה וכו'... וענין שירה זו לכאורה שהיא שירת אז ישיר אבל במ"ר אמרו שאמר הקב"ה למלאכים אז ישיר משה ובני ישראל תחילה ואחר כך המלאכים... **ועוד יש לומר דשירה דקאמר הכא היינו הלל** אבל לאז ישיר אין לחוש...

21 **שמות יח,ט:** וַיִּחַדְּ יִתְרוֹ עַל כָּל הַטּוֹבָה אֲשֶׁר עָשָׂה ה' לְיִשְׂרָאֵל אֲשֶׁר הִצִּילוֹ מִיַּד מִצְרָיִם.

22 **פירוש רבי עובדיה ספורנו שם:** לא שמח על אבדן מצרים כראוי למקנא לכבוד קונו כענין [תהלים נח, יא] יִשְׂמַח צַדִּיק כִּי חָזָה נָקָם אבל שמח על טובתם של ישראל כמרחם על דמעת העשוקים.

23 **שיעורי דעת, עמוד 145:** בפרשת יתרו כתיב: וַיִּחַדְּ יִתְרוֹ עַל כָּל הַטּוֹבָה אֲשֶׁר עָשָׂה ה' לְיִשְׂרָאֵל אֲשֶׁר הִצִּילוֹ מִיַּד מִצְרָיִם. וכתב ספורנו ז"ל: "לא שמח על אבדן מצרים כראוי למקנא לכבוד קונו כענין [תהלים נח, יא] יִשְׂמַח צַדִּיק כִּי חָזָה נָקָם אבל שמח על טובתם של ישראל כמרחם על דמעת העשוקים." והנה לפי דעת בני אדם, הרי לכאורה השמחה בישועת הצדיקים והצלת העשוקים מיד עושקיהם היא מדה טובה יתרה מאשר לשמוח במפלתן של רשעים, אבל לא כן דעת התורה! היא דורשת מעלה יותר גבוהה, רגש יותר נשגב קנאת כבוד קונו. לא רק שיהיה האדם רחום וטוב לב, אלא יקנא גם כן לעלבון האמת. יכאב לו כשהרשעה מתגברת וישמח כי חזה נקם. כי פגימת העולם – כאבו הוא, ותיקון העולם על ידי אבדן הרשעה נותנת שלמות בנפשו ומעוררת בו שמחה רבה בראותו אור האמת זורח והרשעים מורדי אור יאבדו. ואל יחשוב האדם שהוא טוב לב באשר אינו שמח במפלתן של רשעים, כי אין זה ממעלת טובו אלא משום שלא נצטער במדה הראויה כשראה את דרכם צלחה להרוס ולאבד את הטוב והישר ומשום כך לא ירגיש שמחה במפלתם. על כן דעו נא כי אי אפשר להתחשב בדברים אלו עם השקפת העולם, כי התורה הקדושה דורשת מהאדם מסירות גדולה והתעניינות מרובה לקדש שמו יתברך עד אשר בראותו רשעים מעליבים את האמת והטוב עליו להרגיש כי מכאיבים ומעיקים לו – ל"אני" האמיתי שלו המאוחד עם רצון ה' ודבוק עם הבורא כביכול ואז ישמח כי חזה נקם.

24 **פירוש תפארת ישראל על מסכת סנהדרין פרק ו משנה ו אות נה:** ולא היו מתאבלין אבל אוננין [על הרוגי בית דין]. דקודם שנתעכל הבשר אין מתאבלין, דבאבוד רשעים רינה ולא איבול, ואחר כך נמי לא, דמדאדחי אדחי.

25 **מסכת ברכות דף נ"ה עמוד ב:** כי הא דרבא כי הוה חליש יומא קמא לא מגלי מכאן ואילך אמר ליה לשמעיה פוק אכריז רבא חלש מאן דרחים לי לבעי עלי רחמי ומאן דסני לי לחדי לי וכתיב [משלי כד, יז-יח] בִּנְפֹל אוֹיִבְךָ אַל תִּשְׂמָח וּבִכָּשְׁלוֹ אַל יָגֵל לִבֶּךָ פֶּן יִרְאֶה ה' וְרַע בְּעֵינָיו וְהֵשִׁיב מֵעָלָיו אַפּוֹ.

26 להשמיד, להרוג ולאבד.

27 **מסכת ברכות דף כ"ח עמוד ב:** תנו רבנן שמעון הפקולי הסדיר שמונה עשרה ברכות לפני רבן גמליאל על הסדר ביבנה אמר להם רבן גמליאל לחכמים כלום יש אדם שיודע לתקן ברכת המינים עמד שמואל הקטן ותקנה לשנה אחרת שכחה.

28 **פרקי אבות פרק ד:** שמואל הקטן אומר (משלי כד, יז-יח), בִּנְפֹל אוֹיִבְךָ אַל תִּשְׂמָח וּבִכָּשְׁלוֹ אַל יָגֵל לִבֶּךָ. פֶּן יִרְאֶה ה' וְרַע בְּעֵינָיו וְהֵשִׁיב מֵעָלָיו אַפּוֹ.

29 על כן נקוה לך ה' אלהינו לראות מהרה בתפארת עזך, להעביר גלולים מן הארץ, והאלילים כרות יכרתון, לתקן עולם במלכות שדי...

30 להפנות אליך כל רשעי ארץ.

31 **לרעך כמוך, כרך א עמוד 253 הערה סו:** בזוהר פרשת וירא במדרש הנעלם איתא (דף קה.): "ואמר רבי אסור לו לאדם להתפלל על הרשעים שיסתלקו מן העולם, שאלמלא סלקו קב"ה לתרח מן העולם כשהיה עובד עבודה זרה לא בא אברהם אבינו לעולם, ושבטי ישראל לא היו, והמלך דוד ומלך המשיח, והתורה לא נתנה, וכל אותם הצדיקים והחסידים והנביאים לא היו בעולם."

32 **שם הערה סז:** ובגליון רבי עקיבא איגר שם [מסכת ברכות דף י עמוד א] ציין לזוהר וירא (קה.) וז"ל: אמר רבי מצוה לו לאדם להתפלל על הרשעים כדי שיחזרו למוטב ולא יכנסו לגיהנם דכתיב [תהלים לה, יג] וַאֲנִי בַּחֲלוֹתָם לְבוּשִׁי שָׂק וגו'. ובניצוצי זהר שם ציין לסוטה יד.

33 **רש"י פרשת בשלח שמות יד, ד (ד"ה ואכבדה בפרעה):** כשהקב"ה מתנקם ברשעים שמו מתגדל ומתכבד...

דרך חיים, על פרקי אבות פרק ד: ... והא דכתיב וּבַאֲבֹד רְשָׁעִים רִנָּה היינו כשנאבד הרשע יש לו לשמוח מפני כבוד המקום, אבל הש"י בעצמו אינו שש במפלתן של רשעים שהתקלה אינה יפה... והיינו טעמא שודאי כאשר הרשעות מסתלק מן העולם יש שמחה וזהו מפני כבוד הש"י ולפיכך יש לשמוח אבל הקב"ה אינו שש מפני דסוף סוף הוא קלקלה ואין שמחה לכל דבר שהוא קלקלה...

34 יש דין ויש דיין.

35 Later she became Rebbetzin Chasya Sorotzkin, wife of Rabbi Eliezer.

36 **בראשית רבה סדר וירא פרשה נו סימן ח:** ועיניו מורידות דמעות ונופלות לעיניו של יצחק מרחמנותו של אבא ואף על פי כן הלב שמח לעשות רצון יוצרו...

37 **יתד נאמן, מוסף שבת קדש פרשת בשלח תשס"ה גליון 19**: אספר לך מעשה שהיה פעם בפורים, בשנת תש"ד [1944]. רבי אליהו מאיר [בלוך] רקד ושמח בכל לבו ומאודו. אחר כך נגשה אליו אשה אחת ואמרה לו, "רבי! אתה ודאי לא באמת שמח, רק עושה עצמך כאילו שמח. איך אפשר לשמוח בלי האשה והילדים?" שאלה, ובעצם קבעה. אכן, רק בת אחת היתה לו אז, שנותרה בחיים מכל בני משפחתו (לימים הרבנית חסיה סורוצקין, אשת הגאון רבי אליעזר). בעקבות שאלה נוקבת זו, נדרש לענין בשיחה שנשא בישיבה. דבריו נסובו על ענין עוז וחדוה במקומו, והוא אמר: היא חושבת שאינני שמח באמת, אבל האמת היא שעוז וחדוה במקומו, שעה שאדם ממלא את תפקידו עלי אדמות, זה מביא אותו לידי שמחה. כאשר אברהם רבינו הלך לעקידה מסופר במדרש והובא ברש"י זלגו עיניו דמעות והלך השמחה רבה. ותמוה, היאך אפשר הדבר, דמעות של צער והולך בשמחה?! אלא שבאמת כל בן אדם נחון בשתי רגשות גם יחד, להבדיל ממלאך שיש לו רגש אחד בלבד. כתוב שהקב"ה לא נתן למלאכים לומר שירה אחרי קריעת ים סוף באמרו, מעשי ידי טובעים בים ואתם אומרים שירה?! שואלים כולם, הלא בני ישראל כן אמרו שירה, הא כיצד? אלא שמלאך כידוע יש לו שליחות אחת בלבד, וכמו כן יש לו כח לרגש אחד לא יותר. אם הוא שמח, אין לו מקום לעצב וצער כלל על מותם של הרשעים. אבל בן אדם יכול לשמוח בישועת ה' ובאותו זמן להצטער על מותם של רשעים. אברהם אבינו יכל להוזיל דמעות על הולכת בנו לקרבן, ובו בזמן לקיים את תפקידו בשמחה בעצם הולכתו לקרבן, והשמחה היא עצומה ואמיתית, ללא כל פקפוק. כך – חשף הגאון רבי אליהו מאיר את רחשי לבו – בד בבד ובה בשעה שאני דואב עד כאב את מות משפחתי, אותה אני זוכר יום וליל, אני עוסק כמו כן בשמחת התורה, ובלב שלם ושמחה אמיתית.

38 **רש"י פרשת וירא בראשית יח, ב (ד"ה והנה שלשה אנשים)**: אחד לבשר את שרה ואחד להפוך את סדום ואחד לרפאות את אברהם **שאין מלאך אחד עושה שתי שליחויות**.

39 **מעין בית השואבה, פרשת בשלח [פרק י"ד פסוק כ]**: ובמגילה (דף י עמוד ב) אמר רבי יוחנן מאי דכתיב (שמות יד, כ) וְלֹא קָרַב זֶה אֶל זֶה כָּל הַלָּיְלָה בקשו מלאכי השרת לומר שירה אמר הקב"ה מעשה ידי טובעין בים ואתם אומרים שירה. וקשה אם כן איך אמרו ישראל שירה על מעשה ידיו של הקב"ה שטבעו בים. ונראה שמילת שיר מלשון אֶרְאֶנּוּ וְלֹא עַתָּה אֲשׁוּרֶנּוּ וְלֹא קָרוֹב (בלק כ"ד, י"ז) כי אי אפשר לומר שירה אלא אם כן מסתכל היטב בהמאורע ויודע בטבעו מהותו וטעמו, ועל זה יכולים לומר שירה. והנה מסתבר שכשם שאין מלאך עושה שני שליחויות בבת אחת (בראשית רבה פרשה נ, ב), כך אינו יכול להסתכל בגבורות ה' בשני דברים הפכיים בבת אחת. ולכן בראות המלאכים נס קריעת ים סוף היה קשה להם להשיג מה שבַּאֲבֹד רְשָׁעִים רִנָּה (משלי י"א, י) בשעה שהיו מצטערין על אבדן מעשה ידיו של הקב"ה. וזהו שאמר להם הקב"ה "מעשי ידי טובעין בים ואתם אומרים שירה"

הרי חסר לכם ראייה בהירה בהענין. מה שאין כן בבני אדם שאפשר להם מצד אחד להצטער על אבדון הרשעים, שגם הם נבראו בצלם אלקים ואבדו זכותם ונדונו להמחות מעל האדמה, ומצד אחר גם כן אפשר להם לשמוח במה שהקב"ה מאבד הרשעים שעל ידי זה יתגדל ויתקדש כבוד מלכות שמים בעולם, ועל כן בכוחם לומר שירה.

It is notable that Rabbi Schwab and Rabbi Bloch, although mostly expressing the same idea, diverged on the perspective of the angels. Whereas Rabbi Bloch understood that the angels only saw the positive side of the event, Rabbi Schwab thought that the angels were overcome by their distress at the Egyptian loss of life. This latter view is very difficult to entertain: If their vision was focused on the tragedy of the event, why did the angels want to sing a song?

40 **שעורי דעת, עמוד 187:** [שמות יד, ל] וַיּוֹשַׁע ה' בַּיּוֹם הַהוּא אֶת יִשְׂרָאֵל מִיַּד מִצְרָיִם וַיַּרְא יִשְׂרָאֵל אֶת מִצְרַיִם מֵת עַל שְׂפַת הַיָּם – ועדיין לא אמרו שירה, לא שרו את שירתם על ישועתם ועל מפלת מצרים, כי אף שהרעו להם מאד, בכל זאת איך אפשר לשיר ולשמוח שמחה שלמה כשרואים מחנה גדול של בני אדם מוטלים על שפת הים, מתגלגלים ביסורים נוראים, מתים ולא מתים, אבל – [שמות שם, לא] וַיַּרְא יִשְׂרָאֵל אֶת הַיָּד הַגְּדֹלָה אֲשֶׁר עָשָׂה ה' בְּמִצְרַיִם וַיִּירְאוּ הָעָם אֶת ה' וַיַּאֲמִינוּ בַּה' וּבְמֹשֶׁה עַבְדּוֹ – אָז יָשִׁיר מֹשֶׁה וּבְנֵי יִשְׂרָאֵל, כי רק אז, בהכירם את יד ה', כשראו התגלות מלכותו ית' ובאו לידי יראה ואמונה בהירה – רק אז ישיר משה, כי על זה ראוי היה לשיר ולשמוח.

41 **כתב סופר, פרשת בשלח (ד"ה אז ישיר משה):** ... והנה בש"ס מגילה איתא בקשו מלאכי השרת לומר שירה אמר הקב"ה מעשי ידי טבעו בים ואתם אומרים שירה וצריך להבין איך אמרו ישראל שירה. ונראה לומר הנה בוודאי עצב לפני ה' באבוד הרשעים כי מכל מקום מעשי ידיו הם כמו אב שמיסר בנו שמרד בו מכל מקום צר לו שרע הוא וצריך להעבירו מעל פניו. אבל כשעל ידי זה שאר בנים מטיבים דרכם ולוקחים מוסר יש לאב שמחה בזה כי רעה זו הטבה הוא לאחרים. וכן באבוד רשעים אם אחרים ילמדו מזה ויכירו ה' ויראו מלפניו ולא יזידון לעשות כאלו אז יש שמחה לפני ה' באבוד הרשעים כי [תהלים ט, יז] נוֹדַע ה' מִשְׁפָּט עָשָׂה. ואומר אני דכל זמן שלא אמרו ישראל שירה ולא נתחזק אמונה אצלם היה עצבון לפני ה' על אבידת מעשי ידיו הגם שכן היה ראוי להם אבל ישראל יפה אמרו שירה מכיון שהאמינו בה' על ידי טביעת מצרים בים ונתנו לב לשיר על ידי כן ממילא יכולים לומר שירה כי יש שמחה לפני ה' שעל ידי אבידת מעשי ידיו נתחזק ונתגדל האמונה. ואתי שפיר דאמרו חז"ל בקשו מלאכי השרת לומר שירה אמר הקב"ה מעשי ידי טובעים בים וכו' עד שישראל אמרו שירה והם יפה אמרו.

42 **העמק דבר, הקדמה לספר בראשית:** זה הספר הנקרא ספר בראשית נקרא בפי

הנביאים ספר הישר... ומפרש רבי יוחנן זה ספר אברהם יצחק ויעקב שנקראו ישרים שנאמר [במדבר כג, י] תָּמֹת נַפְשִׁי מוֹת יְשָׁרִים. ויש להבין הטעם למה קרא בלעם את אבותינו בשם ישרים ביחוד ולא צדיקים או חסידים וכדומה. וגם למה מכונה זה הספר ביחוד בכינוי ישרים. ובלעם התפלל על עצמו שיהא אחריתו כמו בעלי זה הכינוי. והענין דנתבאר בשירת האזינו על הפסוק [דברים לב, ד] הַצּוּר תָּמִים פָּעֳלוֹ וגו' צַדִּיק וְיָשָׁר הוּא דשבח ישר הוא נאמר להצדיק דין הקב"ה בחרבן בית שני שהיה [דברים לב, ה] דּוֹר עִקֵּשׁ וּפְתַלְתֹּל. ופירשנו שהיו צדיקים וחסידים ועמלי תורה אך לא היו ישרים בהליכות עולמם... שהקב"ה ישר הוא ואינו סובל צדיקים כאלו אלא באופן שהולכים בדרך הישר גם בהליכות עולם... וזה היה שבח האבות שמלבד שהיו צדיקים וחסידים ואוהבי ה' באופן היותר אפשר עוד היו ישרים, היינו שהתנהגו עם אומות העולם אפילו עובדי אלילים מכוערים מכל מקום היו עמם באהבה וחשו לטובתם באשר היא קיום הבריאה כמו שאנו רואים כמה השתטח אברהם אבינו להתפלל על סדום אף על גב שהיה שנא אותם ואת מלכם תכלית שנאה עבור רשעתם כמבואר במאמרו למלך סדום מכל מקום חפץ בקיומם. ובר בה פרשת וירא (פרק מ"ט) איתא על זה שאמר הקב"ה לאברהם אבינו [תהלים מה, ח] אָהַבְתָּ צֶּדֶק וַתִּשְׂנָא רֶשַׁע אהבת להצדיק את בריותי ותשנא להרשיען ע"כ וכו'. והיינו ממש כאַב הֲמוֹן גּוֹיִם [בראשית יז, ה] שאף על גב שאין הבן הולך במישרים מכל מקום שוחר שלומו וטובו... וכן ראינו כמה נח היה יצחק אבינו להתפייס ממשנאיו ובמעט דברי פיוס מאבימלך ומרעיו נתפייס באופן היותר ממה שבקשו ממנו... ויעקב אבינו אחר שהיטב חרה לו על לבן שידע שביקש לעקרו לולי ה' מכל מקום דבר עמו דברים רכים... ונתפייס עמו מהר. וכן הרבה למדנו מהליכות האבות בדרך ארץ מה ששייך לקיום העולם המיוחד לזה הספר שהוא ספר הבריאה. ומשום הכי נקרא כמו כן ספר הישר על מעשה אבות בזה הפרט...

43 **מסכת ברכות דף י עמוד א:** הנהו בריוני דהוו בשבבותיה דרבי מאיר והוו קא מצערו ליה טובא הוה קא בעי רבי מאיר רחמי עלויהו כי היכי דלימותו אמרה ליה ברוריא דביתהו מאי דעתך משום דכתיב (תהלים קד, לה) יִתַּמּוּ חַטָּאִים מי כתיב חוטאים חטאים כתיב ועוד שפיל לסיפיה דקרא וּרְשָׁעִים עוֹד אֵינָם כיון דיתמו חטאים ורשעים עוד אינם אלא בעי רחמי עלויהו דלהדרו בתשובה ורשעים עוד אינם בעא רחמי עלויהו והדרו בתשובה.

באר הגולה, באר השביעי עמוד קמ"ט: ועם כל זה חכמינו ז"ל הרחיקו דבר זה כדאיתא בפרק קמא דברכות (דף י עמוד א) הנהו בריוני... הרי לך כי רבי מאיר השיב דלבעי רחמי שימותו הרשעים, ואמרה לו אשתו שאין ראוי להתפלל על זה, אף שהוא רשע אין להתפלל עליו שימות מאחר שאפשר שישוב מחטאו, אם כן למה יתפלל עליו שיהיה נאבד, מאחר שהאדם מעשה ידיו של הש"י לכך אין ראוי לזה... אם כן הם למדו ענין התפילה והזהירו שלא יהיו תפילותינו אף על הרשעים שימותו, רק שלא יהיו נמצאים החטאים כי ישובו אל הש"י... רק כי התפילה היא כך אל תהא תקוה שלא

יהיה תקוה להם שיהיו עוד במציאות רק יסורו מן העולם, ורצו לומר שלא יהיו עוד אנשים כאלו בעולם רק יחזרו מן מעשיהם...

44 **מסכת תענית דף כ"ג עמוד ב:** ומאי טעמא קדים סלוק ענני מהך זויתא דהוות קיימא דביתהו דמר לעננא דידיה משום דאיתתא שכיחא בביתא ויהבא ריפתא לעניי ומקרבא הנייתה [ואנא יהיבנא] זוזא ולא מקרבא הנייתיה אי נמי הנהו ביריוני דהוו בשיבבותן [אנא] בעי רחמי דלימותו והיא בעיא רחמי דליהדרו בתיובתא [ואהדרו].

45 **שדי חמד, מערכת הלמ"ד כלל קי"ז (כרך ד עמוד 95):** ... אבל אין להונותו [את הגוי] ותחת ברכה יקללנו ויתפלל עליו שימות שהרי מצינו בההוא מינא דהוה בשיבבותיה דרבי יהושע בן לוי דהוה מצער ליה טובא ולא איסתייעא ליה למילתיה ואמר שמעת מינה לא ניחא ליה לקודשא בריך הוא דאלטייה ורחמיו על כל מעשיו כדאיתא בפרק קמא דברכות דף ו עמוד ב. והנהי בריוני דהוו בשיבבותיה דרבי מאיר [מסכת ברכות דף י עמוד א] והוו מצערי ליה טובא ואמרה ליה דביתהו בעי רחמי עלייהו דליהדרו בתשובה דכתיב יִתַּמּוּ חַטָּאִים ולא חוטאים ואין חילוק בין פריצי ישראל לשל שאר אומות כדמוכח מעובדא דרבי יהושע בן לוי הנ"ל... ולכן אם הגוי הוא רע מעללים ומבקש שיברכהו חלילה לקללו ולהתפלל עליו שימות אלא יעשה כמו שאמר הרב [מוהרי"ץ עטייה בספר רב דגן בקונטרס אות לטובה סימן מ"ה]. והוכיח מדברי התוספות בעובדא דרבי יהושע בן לוי הנ"ל דבזמן הזה שאין הנכרים עובדים עבודת כוכבים ומזלות אינם בסוד ולא מעלין וגם שאם תהיה שעת רצון ותקובל תפלתו יהא קידוש שם שמים וכו׳ וגם אפשר שעל ידי זה ישוב והביא בשם הרב אליהו קצין דאייתי ראיה מאלישע הנביא דריפא את נעמן והיה גר צדק...

46 **ספר החינוך מצוה תר"ד:** שנצטוינו למחות זרעו של עמלק ולאבד זכרו מן העולם זכר ונקבה גדול וקטן...

47 **רמב"ם הלכות מלכים פרק ו:**

א אין עושין מלחמה עם אדם בעולם, עד שקוראין לו לשלום אחד מלחמת הרשות ואחד מלחמת מצוה שנאמר (דברים כ, י) כִּי תִקְרַב אֶל עִיר לְהִלָּחֵם עָלֶיהָ וְקָרָאתָ אֵלֶיהָ לְשָׁלוֹם. אם השלימו וקיבלו שבע מצוות שנצטוו בני נוח עליהן אין הורגין מהן נשמה והרי הן למס שנאמר (שם, שם יא) ... יִהְיוּ לְךָ לָמַס וַעֲבָדוּךָ.

ד ואסור לשקר בבריתם ולכזב להם אחר שהשלימו וקיבלו שבע מצוות.

ו במה דברים אמורים במלחמת הרשות שהיא עם שאר האומות. אבל שבעה עממין ועמלק שלא השלימו, אין מניחין מהם נשמה שנאמר (דברים כ, טו-טז) כֵּן תַּעֲשֶׂה לְכָל הֶעָרִים... רַק מֵעָרֵי הָעַמִּים לֹא תְחַיֶּה כָּל נְשָׁמָה. וכן הוא אומר בעמלק (דברים כה, יט) תִּמְחֶה אֶת זֵכֶר עֲמָלֵק.

ז ומניין שאינו מדבר אלא באלו שלא השלימו שנאמר (יהושע יא) לֹא הָיְתָה עִיר אֲשֶׁר הִשְׁלִימָה אֶל בְּנֵי יִשְׂרָאֵל בִּלְתִּי הַחִוִּי יֹשְׁבֵי גִבְעוֹן אֶת הַכֹּל לָקְחוּ בַמִּלְחָמָה. כִּי מֵאֵת

ה' הָיְתָה לְחַזֵּק אֶת לִבָּם לִקְרַאת הַמִּלְחָמָה אֶת יִשְׂרָאֵל לְמַעַן הַחֲרִימָם... מכלל ששלחו להם לשלום, ולא קיבלו.

48 **משך חכמה שם:** וכן בנס פורים לא עשו יום טוב ביום שנתלה המן או ביום שהרגו בשונאיהם, כי זהו אינה שמחה לפני עמו ישראל. רק היום טוב הוא בימים אשר נחו בהם מאויביהם. להראות אשר שמחים על ההצלה מן הרוצה להשמידם, ולא על הנקימה.

This idea was clearly expressed several centuries before *Meshech Chochmah*:

מנות הלוי על מגילת אסתר ט, כ (ד"ה ויכתוב מרדכי): ... אך קשה למה עשו זכר לזמן המנוחה ולא לזמן הנס אשר היה ביום אשר שברו אויבי היהודים לשלוט בהם ונהפוך הוא ויהיה יום אחד קבוע לכל הוא יום הנס. והנראה לומר כי להיות מדרכיו יתברך שאינו שמח במפלתן של רשעים וכדברי רבי יוחנן מאי דכתיב (שמות יד, כ) וְלֹא קָרַב זֶה אֶל זֶה כָּל הַלָּיְלָה וגו' אמר הקב"ה מעשה ידי טובעים בים ואתם אומרים שירה כמו שבא בתחלת הביאור לכן לא נעשה זכר ליום ההריגה מאחר שהוא יתברך אינו שמח במפלתן של רשעים גם אנחנו נלך בדרכיו ונשמח על המנוחה לא על ההריגה והמפלה, וזהו שהמשיך כַּיָּמִים אֲשֶׁר נָחוּ בָהֶם הַיְּהוּדִים מֵאֹיְבֵיהֶם וְהַחֹדֶשׁ אֲשֶׁר נֶהְפַּךְ לָהֶם מִיָּגוֹן לְשִׂמְחָה וגו' יורה כי על הצלתם ישישו וישמחו לא על זולת זה.

The following statement is also relevant, explicitly linking the regret God feels over the destruction of His handiwork to Amalek:

יפה ללב, חלק ג סימן תרפ"ה אות ג: ... הטעם למה שאין מברכים על מצות עשה דזכור עמלק כתבו המפרשים ז"ל לפי שעל השחתה לא מברכינן ואפילו אהשחתה דאומות העולם מדקחזינן דאמר הקב"ה מעשי ידי טובעים בים ואתם אומרים שירה...

This notion was cited by other authorities:

כף החיים, אורח חיים סימן תרפ"ה, כט: ... והטעם למה שאין מברכין על מצות עשה של זכר עמלק כתבו המפרשים לפי שעל השחתה אין מברכין ואפילו אהשחתה דאומות העולם מדקחזינן דאמר הקב"ה מעשה ידי טובעים בים ואתם אומרים שירה.

Still, the following Talmudic passage needs to be taken into consideration:

מסכת מגילה דף ט"ז עמוד א: אמר ליה [המן למרדכי] סק ורכב אמר ליה לא יכילנא דכחישא חילאי מימי תעניתא גחין וסליק כי סליק בעט ביה אמר ליה לא כתיב לכו [משלי כד, יז] בִּנְפֹל אוֹיִבְךָ אַל תִּשְׂמָח אמר ליה הני מילי בישראל אבל בדידכו כתיב [דברים לג, כט] וְאַתָּה עַל בָּמוֹתֵימוֹ תִדְרֹךְ.

CHAPTER 3

Benefitting from Miracles

THE CONCEPT OF MIRACLES occupies a prominent place in Torah thinking. To discuss all the facets of miracles in one chapter would itself require a miracle. In this chapter, therefore, we shall limit ourselves to only a few aspects of this topic. In particular, we shall discuss whether one may rely on miracles and whether one may pray for miraculous intervention from Heaven. We shall also discuss whether one may benefit from miraculous events.

Our discussion begins with the observation that God aims to conceal Himself in this world. The Hebrew word for *world* (עולם) connotes *concealment* (העלם). The world is an arena where God is concealed to a certain extent, so as to allow us free choice. God's concealment is mostly effected by His use of Nature. A natural order that is largely predictable camouflages God's management of the world. It follows that in God's scheme there will be a limited role for miracles. Since God is committed to a predictable environment, He would be reluctant to interfere with it through the use of miracles. In other words, God is committed to the natural order. Thus, *Ran* writes that "God wishes to preserve the natural order to the maximum extent possible. He only interferes with Nature when it is absolutely necessary."[1] A later commentator, in addressing the use of God's names to perform miracles, explains that this is forbidden for two reasons. Firstly, using God's names in this way is tantamount to using the King's personal effects, which is an affront to the King. Secondly, God created Nature to function according to His will; any deviation from the natural order is effectively a denial of Providence.[2]

Consequences

SEVERAL CONSEQUENCES FOLLOW from the foregoing discussion. Firstly, miracles — whether performed by God directly or through His faithful servants — are often camouflaged so as to appear (to some extent) as natural phenomena.[3] This diminishes, if only slightly, the appearance of a miracle happening. Secondly, it would be inappropriate to *expect* God to perform miracles. Thirdly, performance of commandments would only be considered legitimate if done naturally, without recourse to miracles.[4] Fourthly, one's personal merits may be diminished if one benefits from miracles. Finally, it may follow that one should eschew benefit from miraculous events. We shall now examine these ideas, noting at the outset that there is substantial overlap between them.

DIMINISHING THE MIRACLE

Ramban observes that no matter how large an ark Noach built, it would have still been much too small to contain all the myriad forms of life that were taken into it. Ultimately, the fact that the ark contained so many creatures was miraculous. If so, asks *Ramban,* why did Noach have to build such a large ark? If a miracle is going to be performed anyway, why not build a small boat? *Ramban* explains that "Noach and his sons built a large ark in order to minimize the appearance of a miracle. This is true for all the miracles described in the Torah — man must do whatever is possible naturally, and leave the rest to Heaven."[5]

Ran writes that when the prophet Elisha helped an indigent woman by performing a miracle (*Melachim II*, Chapter 4), he cloaked it in a veil of ordinariness so as to minimize the miracle. The prophet instructed the woman to seclude herself in a room with numerous containers and to take the small flask of oil that she possessed and pour it into the containers. We may have expected the miracle to consist of the instantaneous filling of all the containers in the room with oil. Instead, the prophet insisted that the woman laboriously fill each container by pouring out oil from her flask, even though the woman's flask contained so little oil that it may as well not have been there. The prophet thereby hid the miracle behind a facade of naturalism.[6] Other *Rishonim* make the same point as *Ramban* and *Ran*.[7]

NOT EXPECTING MIRACLES

Since God is committed to the natural order, one should not anticipate miracles. The *Zohar* thus states, "A person should not rely on the fact that miracles will occur; and if God does perform a miracle for an individual, he should not expect that it should happen again."[8] It is in this vein that *Chazal* teach that "We may not rely on miracles."[9]

NATURAL PERFORMANCE OF COMMANDMENTS

In keeping with God's "disdain" for miracles, we expect that an individual would be considered to have performed a *mitzvah* only if his actions are devoid of supernatural elements. In this spirit, for example, some commentators question whether one would be permitted to read from a Torah scroll which was written miraculously, through the process known as adjuring the quill — invoking holy

Names to write with superhuman speed.[10] It seems to be in this vein that the Talmud investigates whether wheat that descends from Heaven may be used to bake the *Shtei haLechem* — the two loaves offered in the Temple on Shavuos. The operative phrase in the Torah's requirement is [that the wheat must be brought] "from your dwelling places." One view in the Talmud is that this phrase is meant to forbid wheat which miraculously descends from Heaven.[11]

Nonetheless, some ambiguity remains. One of the central principles about *mitzvos* is that they are not considered to be events from which we benefit (מצוות לאו ליהנות ניתנו).[12] Thus, some authorities argue that the principle that we may not benefit from miracles — to be discussed later in this chapter — does not apply in the context of *mitzvos*. Perhaps these authorities would also argue that one may employ miraculous means to fulfill *mitzvos*.[13]

DIMINISHING MERITS

If miracles are performed for an individual, this may lead to a diminution of his merits, since he "forced" God to deviate from His normal mode of Providence.[14] In fact, one may be subjected to danger, as seen in the case of Rava.[15] He was asked by the mother of the gentile king to pray for rain, which he did. Rava's deceased father appeared to him in a dream and rebuked him for troubling Heaven to bring rain in the wrong season. Rava's father then advised him to sleep in a different bed that night, which Rava did. The next morning he discovered that his [first] bed was crisscrossed by knife marks. *Rashi* explains that they were made by demons that had been sent to punish him. So Rava was taken to task because asking for rain in the middle of summer in the Middle East is tantamount to requesting a miraculous intervention.[16] In a similar account, the Talmud characterizes this situation as "troubling" God to perform a miracle without sufficient reason.

Once, Rabbi Yosé of Yokrat was late in bringing food to his laborers. They said to his son, "We are hungry." At the time, they were sitting under a fig tree. He said, "Fig tree, produce fruit and let my father's laborers eat." The tree produced fruit and the workers ate. Later, Rabbi Yosé of Yokrat arrived. He was concerned that his late arrival caused his workers to be hungry. He apologized for his tardiness, explaining that he had been preoccupied with the performance of a *mitzvah*. The laborers said to him, "May God satiate you as your son satiated us." He asked, "How did my son satisfy your hunger?" They related the whole incident to him. Rabbi Yosé of Yokrat said to his son, "My son, you troubled your Creator to produce figs in the wrong season; you will be gathered [i.e., die] before your time."[17] *Maharsha* explains that Rabbi Yosé's son was punished not for benefitting from a miracle, but rather because he unnecessarily troubled his Creator to change the natural order.[18]

ESCHEWING BENEFIT FROM MIRACLES

The Talmud teaches that one may not benefit from miraculous events. We shall presently look at this in greater detail.

Benefitting from Miracles

NUMEROUS SOURCES INDICATE that one should not (and perhaps *may* not) benefit from miracles. This is in keeping with the notion that the natural order is important to God, so that its violation is, at least to some extent, undesirable and should not be exploited. Let us look at several examples.

The idea that one should not benefit from miracles can be traced to our nation's founder. When Avraham defeated the coalition of four kings (*Bereishis* 14), he was offered the spoils of war by the grateful King of Sodom. Avraham refused, even though he was entitled to the booty by the rules of war. Some explain that he did not wish to benefit from the miraculous victory, especially if, as the Midrash comments, he was aided in the battle only by his servant Eliezer.[19]

A public fast was once decreed by Rabban Shimon ben Gamliel, but Rabbi Yehudah did not attend the public gathering held to mark the fast. Rabban Shimon ben Gamliel was told that Rabbi Yehudah did not attend because, being indigent, he did not own an appropriate cloak to wear in public. Rabban Shimon ben Gamliel sent Rabbi Yehudah a suitable garment, but Rabbi Yehudah refused to accept it. He lifted the mat on which he was seated, and showed Rabban Shimon ben Gamliel's agent that there were numerous gold coins there [that had appeared miraculously].[20] He then added, "I do not want to benefit from this in this world."[21] In other words, Rabbi Yehudah could have become a wealthy person, had he so wished. But this would require him to benefit from a miracle. One commentator explains that not only is this undesirable, but it is actually forbidden to benefit from miracles in this world.[22]

The Talmud relates that Eliyahu haNavi frequented the yeshivah of Rabbi Yehudah haNassi. The same passage tells us that the *Amora* Shmuel was the personal physician of Rabbi Yehudah haNassi and treated his eye ailments.[23] Rabbi Yaakov Emden comments that no appeal was made to Eliyahu haNavi to heal Rabbi Yehudah haNassi because one may not benefit from miracles.[24]

Chazal relate that charity collectors always avoided Elazar Biratha, because whatever he had on him when he saw them, he gave to charity. Once, he went to market to buy a dowry for his daughter. Charity collectors saw him and tried to avoid him, but he ran and caught up to them. He adjured them to tell him what they were involved with. They told him that they were collecting funds to marry off two orphans to one another. He took everything that he had and gave it to them. He was left with one coin, with which he bought some wheat, which he then threw into the barn. His wife later asked his daughter, "What did your father bring from the market [for your dowry]?" The daughter replied, "Whatever is in the barn." His wife went to the barn and discovered that it was full to bursting with grain. His daughter went to the study hall and told her father, "Come see what your Beloved has done for you!" He said, "I swear that the wheat is pledged to the Temple treasury, and your share in it is no greater than that of any other pauper."[25] *Rashi* explains that it is forbidden to benefit from miracles, and that is why Elazar Biratha pledged the miraculous grain to the Temple treasury.[26]

"[An *Amora* said:] I was standing on the banks of the Papa River. I saw angels who appeared as sailors and were bringing sand and filling their boats, and the sand became fine flour. Everyone came to buy the flour. Rav Yehudah said to them, 'Do not buy this! It is the product of miracles.' The next day, wheat arrived by boat from Parzina."[27] *Rashi* explains Rav Yehudah's warning: the further one stays away from miraculous phenomena the better.[28] Interestingly, *Rashi* here does not say that it is *forbidden* to benefit from miracles; it is merely *better*. There is some discussion as to whether *Rashi* really meant that there is a *prohibition* to benefit from miracles, or whether he meant that it is merely *inappropriate* to do so.[29]

The *Amora* Rabbah bar Avuha told Eliyahu haNavi that he was impoverished, and that this limited his ability to learn Torah. The prophet took him to *Gan Eden,* where he collected treasures. When he was about to depart, he heard a voice proclaiming that he was consuming his own share of the World to Come. He scattered everything he had collected, but his cloak retained the magnificent aroma of *Gan Eden*. So he sold the cloak for a large sum and distributed the money among his sons-in-law.[30] Several commentators explain that Rabbah bar Avuha did not wish to benefit from the miraculous aroma, so he sold the garment. He also did not wish to benefit from the money he had made on the sale, so he distributed it among his sons-in-law. *Maharsha* and others explain that Rabbah bar Avuha's conduct should be understood in light of the fact that it is forbidden to benefit from miracles.[31]

Chida goes as far as to say that only in the case of danger to life is one permitted to benefit from miraculous events. Regarding the manna which the Israelites ate in the wilderness, he explains that benefitting from the manna was actually forbidden because it was miraculous. He notes that this is the reason for the Torah's emphasis of the fact that God caused the Israelites to suffer hunger before the manna fell. *Chida* understands this to mean that the hunger reached levels at which there was a danger to life; only then were the Israelites permitted to eat this heavenly food.[32] Other commentators disagree with *Chida*'s understanding of the manna episode. They argue that individuals are forbidden to benefit from miracles, but not the community.[33] For the masses, it is only inappropriate to benefit from miracles, and only when they can avoid benefitting from them. Since the manna fell for all the Israelites, and they had no other source of food, it was permitted for them to eat it.[34]

Moving to the post-Talmudic period, Rabbi Yehudah heChassid instructed that a tree that bears fruit twice a year should be immediately cut down. Later commentators suggest that since two annual harvests constitute a miracle, we avoid benefitting from this by cutting down the tree.[35]

The above examples comport with our general approach. Since God wants the world to function according to naturalistic principles, we avoid benefitting from miracles. On the other hand, the Talmud appears to support the notion that God does not perform miracles for naught;[36] this suggests that if a miracle occurs, one is entitled to benefit from it.[37] Indeed, we shall presently examine cases in which great people benefitted from miracles, seemingly without reservation. We will pay special attention to a select group of *tzaddikim* who experienced miracles as a matter of course. They are Rabbi Chanina ben Dosa, his wife,[38] Nachum Ish Gamzu[39] and Rabbi Shimon bar Yochai.[40]

On several occasions, Rabbi Chanina ben Dosa appears to have benefitted from miracles without compunction. Consider the famous incident in which he saw that his daughter was upset one Friday afternoon. He asked her why she was agitated. She said that she had switched a container of vinegar with a container of oil, and that she had filled the Shabbos lamp with vinegar instead of oil. He said to her, "Why do you mind!? The One who told oil to burn will tell vinegar to burn." The Talmud then relates that the vinegar-filled lamp burned throughout the day, and was used to light another lamp for *havdalah* at the conclusion of Shabbos.[41] How was this justified? There is no indication that having the vinegar-filled lamp burn constituted an imperative that would justify benefitting from a miracle. Rabbi Yaakov Emden suggests the following distinction. In cases in which a person possesses a small amount of some substance (e.g., oil, flour), its miraculous increase is not subject to the principle that we may not benefit from miracles. We look at this as a bestowal of blessing from which we may benefit. *Chazal* teach that it is forbidden to benefit from miracles in cases in which the miracle consists of something seemingly appearing from nowhere, like the case we discussed above in which angels changed sand into flour.[42] But Rabbi Emden's approach is not without difficulty. In his commentary to this Talmudic passage, *Rashi* writes that at the conclusion of Shabbos, "Rabbi Chanina ben Dosa lit another lamp from the original one, in order to use the light. He then extinguished the original lamp [in order to limit the miracle as much as possible], as Rav Yehudah did in the case of the flour."[43] If, as per Rabbi Emden, only when substances are created almost *ex nihilo* do we apply the adage that we may not benefit from miracles, why did Rabbi Chanina ben Dosa see fit to limit the miracle by extinguishing the vinegar lamp at the end of Shabbos?

We can apply Rabbi Emden's reasoning to yet another incident involving Rabbi Chanina ben Dosa. His neighbor told him that the beams meant to support her roof were too short for the job. He prayed that the beams should extend, and they did so miraculously.[44] Presumably, Rabbi Yaakov Emden would explain this as before. This is not a case in which beams popped into existence miraculously. The beams were there; they were just too short. Rabbi Chanina ben Dosa's prayer was for a blessing to apply to these physical objects and cause them to expand. This, apparently, does not violate the injunction to avoid benefitting from miracles.

The Talmud relates that Rav Huna had four hundred barrels of wine that turned to vinegar. This would have constituted a severe financial loss. Later, however, things changed in his favor, but there is a difference of opinion as to exactly what happened. One view is that the vinegar turned back to wine; according to others, the price of vinegar rose, so that the vinegar could be sold for the same price as wine.[45] At any rate, Rav Huna's loss was averted. Several commentators explain that the two opinions regarding Rav Huna's salvation —whether the vinegar turned to wine or that the price of vinegar increased — reflect not insignificant details of the incident but fundamental differences in approach to the question of benefitting from miracles. In order to appreciate this, let us first consider one more Talmudic passage: There was a man whose wife died, leaving behind an infant son. The man could not afford a nursemaid. A miracle occurred for him and he developed breasts like a woman, so that he could nurse his son. Rav Yosef said, "See how great this man is, in that such a miracle was performed for him." Abaye retorted, "On the contrary! How inferior is this man, in that the regular workings of nature were altered for him."[46] *Sdei Chemed* suggests that the *Amora* who explains that Rav Huna's vinegar turned to wine is of the opinion that one may derive benefit from miraculous events. The other *Amora* maintains that it is forbidden to do so; consequently, he explains that the price of vinegar rose, an event which does not constitute a miracle. Given this explanation, this debate would parallel the debate between Rav Yosef and Abaye regarding the man who nursed his son. Rav Yosef, who expressed admiration for the man in whose merit such a great miracle occurred, is of the opinion that in Rav Huna's case, the vinegar turned to wine. Abaye, however, expressed disdain for that person, in that the natural order was changed because of him. This corresponds to the opinion that in Rav Huna's case, the vinegar merely became expensive, which is not a miracle.[47]

Various other approaches are used to explain instances of benefitting from miracles. For example, *Sha'agas Aryeh* suggests that one may benefit from a miracle which was performed for someone else.[48]

Reliance on Miracles

THE CONCEPT OF relying on a miracle — acting with the expectation that a miracle will occur — goes hand in hand with the ideas we examined above. Just as one should not benefit from a miracle once it has occurred, because God is committed to the natural order, so too one should not act with the expectation that a miracle will occur. Many commentators cite the case of the prophet Shemuel as prototypical (*Shemuel I* 16:2). When he was instructed by God to anoint David as king, he objected that if King Shaul discovered this, he would execute him as a traitor, and God accepted the argument. Now, if a prophet may not rely on miraculous salvation in a case where he is pursuing God's directive, it seems clear that ordinary people should not rely on miracles. Nonetheless, there are numerous sources in the traditional literature that indicate that miracles were relied upon. Let us examine a few examples.

Ramban investigates how it was that Avraham pursued the coalition of four kings (*Bereishis* 14). Clearly, victory would come only as a result of a miracle. How could Avraham rely on this, in the process risking his life and the lives of his men? *Ramban* explains that Lot's predicament was due, indirectly, to Avraham. If not for Avraham, Lot would still have been safe in his homeland. Since Avraham left his home as a result of God's instruction, and since Lot was influenced by Avraham to leave his home, Avraham was confident that no harm would come to him. This is not taken to be reliance on miracles.[49] A later commentator suggests that in the case of the four kings, Avraham had no choice but to rely on a miracle in order to save his nephew. According to him, then, reliance on miracles is forbidden only as long as naturalistic alternatives exist.[50]

The Talmud establishes that one should conform to the practices of wherever one finds oneself [a variant of "When in Rome, do as the Romans"].[51] This is illustrated by the experience of Moshe, who avoided eating for forty days and nights when he was at Mount Sinai, since the angels do not eat. *Maharsha* comments on the fact that Moshe ascended Mount Sinai for three periods of forty days each. Once he saw, in the first episode, that a miracle was performed for him in that he spent forty days there without eating and drinking, he should not have relied on miracles when he subsequently went up the mountain again. If not for the principle that one should not change from the habits of one's place, Moshe would have been required to take victuals with him so as not to rely on a miracle.[52]

The Torah describes a war between the Israelites and the Midianites (*Bemidbar* 31). In a crushing victory, an army consisting of only twelve thousand men (one thousand from each tribe) destroyed the Midianite male population. However, the women were spared. When Moshe learned of this, however, he was furious. These, he said to the commanders, are the same women who enticed the Israelite men in the incident of Ba'al Pe'or (*Bemidbar* 25), and they should be executed. The Torah then relates that young Midianite girls, who could not possibly have participated in the Ba'al Pe'or fiasco, were spared, while the older girls were put to death. The Talmud explains that the determining factor was whether a given girl was capable of marital relations. To establish this, the girls were paraded in front of the *tzitz* of the *Kohen Gadol*. Those whose faces became discolored were known to be capable of relations; those whose faces remained unchanged were taken to be incapable of relations.[53] *Rashi* comments that this was a miraculous procedure.[54] *Rashash*, after pointing out that the procedure of the *tzitz* was miraculous, questions the fact that the Israelites relied on a miraculous procedure. He refers to another Talmudic passage in which a naturalistic method for determining whether a girl is capable of marital relations is described. Why did the Israelites not use the non-miraculous procedure?[55] We can perhaps suggest that the war against the Midianites was entirely miraculous in nature. Right from the outset, God instructed Moshe to select only twelve thousand warriors. This was done to emphasize that the victory was not natural. If so, it could be inferred that since the execution of the girls was part of the campaign, it was permitted to rely on miraculous events to conclude it. Alternatively, we can suggest that the naturalistic procedure for ascertaining sexual maturity provides sufficient clarification for the usual purposes of halachah. But, as is the case with all natural phenomena, there is always a residue of doubt. In the case of the Midianites, it was imperative that all the women and girls who participated in the incident of Ba'al Pe'or be put to death, without exception. This could only be accomplished through reliance on a miracle.[56]

Let us consider one of the Talmudic personalities most closely associated with the occurrence of miracles. People said to Rabbi Chanina ben Dosa, "Your goats are causing damage." He replied, "If that is true, let them be eaten by bears. If it is not true, let each of the goats return tonight with a bear on its horns." That evening each goat returned from the fields with a bear on its horns.[57] Here, Rabbi Chanina ben Dosa directly sought a miracle. To justify this, we could perhaps apply a variation of *Ramban*'s explanation as to why Avraham relied on a miracle to save his nephew, Lot. *Ramban* explains that since Avraham ended up in the Holy Land as a result of his adherence to God's instruction, there could be no negative consequence to any of his associates. In Rabbi Chanina ben Dosa's case, the goats were acquired in the process of fulfillment of the commandment to return a lost object. Rabbi Chanina ben Dosa did not really own these goats; he was just a guardian until such time as the rightful owner of the animals returned to claim them. Since Rabbi Chanina ben Dosa knew that he had performed this *mitzvah* with total sincerity, no damage could ensue from them and he trusted that a miracle would occur. Alternatively, since Rabbi Chanina ben Dosa was known to be a *tzaddik*, if the goats had caused damage, a *chillul Hashem* would ensue. Preventing this justified reliance on a miracle. This is closely related to the idea of a quid pro quo, mentioned by several commentators. A person who benefits from miracles forfeits some merits for this. But if the miracle generates a sanctification of God's name, that merit outweighs the loss.[58] This was possibly Rabbi Chanina ben Dosa's calculation. This idea is also related to the notion of publicizing miracles (פרסומי ניסא). *Maharsha* points out that it is not common practice to celebrate with a feast on the day that a toddler is weaned. Avraham did so, however, when Yitzchak was weaned in order to publicize the wondrous miracle of the fact that his mother, who was ninety when he was born, did not stop nursing him until then. Avraham did so to prove that a miracle had been performed for him.[59]

Here is another case involving Rabbi Chanina ben Dosa and miracles. He once requested to be shown the lair in which a dangerous snake lived. He then placed his heel on the opening of the lair, whereupon the snake bit him and died. Rabbi Chanina ben Dosa then brought the dead snake to the *beis midrash*, and declared that it isn't serpents who kill, but rather sin that kills.[60] Here, too, the commentators try to understand why this conduct was permitted, given that we try not to rely on miracles. Indeed, *Maharsha* does not find any justification for Rabbi Chanina ben Dosa's behavior.[61] Others, however, invoke Rabbi Chanina ben Dosa's status as a person for whom miracles were regularly performed. They argue that since the snake constituted a definite danger to the community but only a possible danger to Rabbi Chanina ben Dosa by virtue of his righteousness, he was entitled to subject himself to possible danger and rely on a miracle in order to save others from the definite danger posed by the snake.[62] Others go as far as to say that the status of a regular beneficiary of miracles means that the snake posed no danger at all for Rabbi Chanina ben Dosa.[63] But the idea that it is only under special circumstances that one may petition for a miracle is undermined by the incident we mentioned above, in which Rabbi Chanina ben Dosa prayed that his neighbor's beams should extend.[64] There is no indication in the Talmud that there was some imperative for these beams to extend miraculously. We can suggest that people who regularly experience miracles are permitted to rely on them. This can perhaps be learnt from Eliyahu haNavi, who resuscitated the dead child of his hostess (*Melachim I* 17). This required close physical contact between the prophet and the child's corpse. *Tosafos* ask: according to the opinion that Eliyahu is a *Kohen,* how could he resuscitate the child and thereby incur impurity? *Chida* suggests that in the case of Eliyahu, the principle that we do not rely on miracles does not operate. His life was so intertwined with miracles that he simply could expect them to occur when he so requested.[65] It was virtually a foregone conclusion that he would be able to resuscitate the dead boy, and this justified incurring impurity. Perhaps the same idea applies to exceptional people for whom miracles regularly occur.

The Talmud relates a miraculous salvation wrought by Nakdimon ben Guryon on behalf of the Jewish nation. In a time of drought, Nakdimon prayed for rain to supply pilgrims to Jerusalem with water, and also for the sun to be delayed in setting.[66] Several commentators note that both of these things constituted miracles, and this is reflected by the expression used in the Aggadic compilation *Ein Yaakov* in describing this incident.[67] Perhaps one can petition God for a miracle, if the miracle will benefit the entire nation.

Would *Chazal* sanction reliance on miracles in a case of danger to life? Rabbi Meir's sister-in-law was incarcerated in a brothel, and he arranged to have her freed. This required subterfuge and the payment of bribes, and placed the gentile keeper of the brothel in mortal danger. Rabbi Meir reassured the guard by demonstrating to him that whenever he would be in danger, he could call on "the God of Meir" and be saved. The guard did precisely that when his life was endangered and was indeed saved. Nevertheless, when Rabbi Meir himself was pursued by the Roman authorities, he avoided using this formulation, even though his own life was in danger.[68] Rabbi Yaakov Emden explains that such methods may only be used to save one's life, and only when nothing else can be done.[69] But this is not clear-cut. The Talmud relates that King Menashe sought to kill the prophet Yeshayahu, who invoked one of God's names in order to escape. It appears that this was a last resort on the part of the prophet, but he was nevertheless not spared. Menashe killed him in a way that suggests that he had not acted properly in invoking God's name.[70]

In the following incident, it seems that an *Amora* relied on a miracle and manipulated a great Sage in the process. The Talmud relates that Abaye learned that Rav Acha bar Yaakov was coming to town. There was a demon in the local study hall that was so dangerous that even if two people entered the hall, and even if they did so in the daytime, they were liable to be harmed. Abaye instructed that nobody offer Rav Acha bar Yaakov lodging, so that the latter would be forced to sleep in the study hall. Abaye said, "Maybe a miracle will occur [and the demon will be vanquished]." Rav Acha bar Yaakov spent the night in the study hall. The demon appeared to him as a seven-headed serpent. Every time Rav Acha bar Yaakov bowed [during his prayer], one head was severed. The next day, Rav Acha bar Yaakov said, "If a miracle had not occurred, you would have endangered my life."[71]

Maharsha poses the obvious question: How was it possible that Abaye would endanger Rav Acha bar Yaakov on the chance that a miracle would occur? Furthermore, even if a miracle *would* occur, it would diminish the merits of Rav Acha bar Yaakov. *Maharsha* explains that Abaye was sure that Rav Acha bar Yaakov's piety was such that it was virtually certain that he would vanquish the demon by his prayer. Since the outcome was virtually certain, this cannot be termed a miracle, and Abaye was not considered to have violated the prohibition to rely on miracles. The obvious difficulty in this approach is that Abaye stated that "perhaps, a miracle will occur..." This suggests that Abaye was *not* sure about the outcome of his ruse. *Maharsha*'s solution is this: Abaye said that perhaps a miracle would occur *before* Rav Acha bar Yaakov prays. This would indeed mean that Rav Acha bar Yaakov's merits would be diminished. But that outcome does not outweigh the certainty that he would vanquish the demon [and the consequent benefit to the community]. This also explains why Rav Acha bar Yaakov said to them the next day, "If a miracle would not have occurred, you would have endangered my life." He was upset at them, because he did not attribute the destruction of the demon to his prayer, but rather to a miracle. He was aggrieved that they manipulated him into a situation in which his merits were reduced.[72] Later authorities offer similar explanations.[73]

A similar case involves Rav Huna. He owned barrels of wine that had been stored in a dilapidated house, which was liable to collapse at any moment and thus injure or kill anyone who entered. Rav Huna somehow convinced Rav Adda to enter the building, and distracted him by discussing Torah matters with him until all the wine was removed. Rav Adda later grasped what had happened and was annoyed with this ruse. The Talmud explains that Rav Adda was of the opinion that if a miracle is performed, one's merits are diminished.[74] And indeed, Rav Huna's conduct *is* perplexing: How could he manipulate Rav Adda in this fashion and hope that a miracle will occur? *Maharsha* maintains that Rav Adda did not consider himself to be a complete *tzaddik*; therefore, if a miracle would be performed for him, it would diminish his merits. But Rav Huna *did* consider Rav Adda to be a completely righteous person.[75] It seems, then, that in the case of a complete *tzaddik* one may rely on the occurrence of miracles without hesitation (לכתחילה).[76]

Maharsha employs the same approach in a similar case involving Nachum Ish Gamzu. This *tzaddik*, the Talmud relates, was totally incapacitated. He was once lying in a dilapidated room that was bound to collapse. His disciples wished to remove him, but he urged them to first take the household goods. He added that he was certain that as long as he remained in the room, the walls would not collapse. The disciples cleared the goods and then removed Nachum, after which the walls indeed caved in.[77] Why was Nachum not concerned about the possible diminution of his merits as a result of this miraculous salvation? *Maharsha* explains that because Nachum knew himself to be a complete *tzaddik,* he was not concerned about his merits being diminished.[78]

This approach is consistent with the explanation given by Rabbi Yaakov Emden for a famous event involving Nachum Ish Gamzu. He was once sent to deliver a gift of precious stones to the Roman Emperor. On his way, evildoers stole the jewels from the box in which they were stored and replaced them with sand.[79] There are two variants in the Talmudic text regarding what happened next. According to one version, Nachum was not aware of this development until he presented the Emperor with the box. According to another version, Nachum *did* know that the stones had been stolen, but he declared that all is for the good and continued with his mission, knowing that it would take a miracle to appease the Roman ruler. Rabbi Yaakov Emden accepts that both versions of the incident are legitimate. In the second version, then, in which Nachum was aware that the box contained sand, how could he have relied on a miracle? Rabbi Emden explains that since this was an urgent matter that could not bear any delay, Nachum had no choice *but* to rely on miracles. He comments that this reasoning applies to the event described above, in which Nachum's disciples removed him from the dilapidated hut only after clearing the contents.[80]

Maharal's brother, Rabbi Chaim, takes a different approach. He, too, accepts that Nachum was aware that the jewels had been stolen. When he pronounced that this, too, was for the good and continued with his mission, it was not a naïve reliance on miracles that motivated him. Rather, Nachum understood that this was a sign from God that the jewels would be spurned by the Emperor — he was not lacking in wealth and nothing tangible the Jews gave him would mollify him. But the sand they brought would be understood as a symbol of humility and submission to the king's rule, which perhaps would appease him.[81] According to Rabbi Chaim, then, it is indeed forbidden to rely on miracles, and the prohibition seems to encompass even the most urgent cases. In the case of Nachum, there was no reliance on miracles but rather a shrewd appraisal of what would be most likely to assuage the anger of a foreign ruler.

Sometimes, reports of miraculous incidents and their consequences can be ambiguous. The Talmud relates how a pious Jew was once praying by the side of the road when a Roman dignitary passed by. The Roman greeted the Jew, who did not return the greeting, since halachah forbids interrupting one's prayer. The Roman waited until the Jew finished his prayer, and then excoriated the Jew for having ignored him, and thus seemingly ignoring the injunction to preserve ourselves: the Roman could have killed him for his insolence. The Jew then explained to the Roman why it is that, while praying, he was not permitted to stop. The Talmud concludes by relating that the Roman was pacified by the answer, and that the pious man went away in peace (נפטר לביתו לשלום).[82] Some commentators point out that what the pious person did amounted to reliance on a miracle. How, then, do we explain his conduct? One commentator explains that when the pious Jew heard the dignitary's greeting, he perceived an element of humility in this gentile, and was certain that he would be able to mollify him after finishing his prayer. Thus, he did not really rely on a miracle.[83] Other commentators concede that the pious Jew relied on a miracle and urge lesser people not to emulate him.[84] They do add, however, that it is justifiable for very great people to behave in this fashion. On the other extreme of this spectrum are authorities who say that the Talmud's rather cryptic statement about the pious man leaving in peace actually means that he passed away for having transgressed the injunction to guard ourselves and having relied on miracles instead.[85]

What about the Messianic Era? Will it be permissible *then* to rely on miracles? *Chasam Sofer* addresses the famous question regarding the fact that in the Messianic period, there will be more cities of refuge, rather than fewer. Why will there be a need, in that time of widespread knowledge of God and Torah, for more cities of refuge for inadvertent killers? His answer: We do not rely on miracles.[86] Presumably he means that since, in the Messianic era, the population of Israel will burgeon with the influx of Jews from around the world, more cities of refuge will be established, regardless of the fact that knowledge of God will prevail.

We conclude this section with an incident which is difficult to explain on our terms. The Talmud relates that the three *Amora'im* — Ameymar, Mar Zutra and Rav Ashi — were sitting at the doorway of King Azgoor's banquet hall. The King's waiter walked past them. Rav Ashi noticed a pallor on Mar Zutra's face, indicating that he was faint and needed some food immediately. He took some of the food intended for the king with his hands and placed it in Mar Zutra's mouth. The waiter said to Rav Ashi: "You have spoiled the king's food." The king's officer said to Rav Ashi: "Why did you do that?" He replied: "That food was not fit for the king anyway." The gentile servants asked: "What was wrong with it?" Rav Ashi answered: "I saw bits of pork among the pieces." They checked the meat but could not find signs of pork. Rav Ashi took the chef's finger and touched it to one of the pieces. He then asked them, "Did you look here?" When they checked, they saw pork there. The Rabbis asked Rav Ashi, "Why did you rely on a miracle?"[87] He replied, "I saw a spirit of *tzara'as* beginning to descend on it."[88] This cryptic answer does not seem to explain Rav Ashi's reliance on a miracle, especially if, as *Maharsha* explains, the danger Rav Ashi exposed himself to through his actions was greater than the danger faced by Mar Zutra.

Praying for a Miracle

IT FOLLOWS FROM the preceding discussion that — at least for ordinary people — it would be futile, and perhaps even forbidden, to petition God to perform miracles.[89] This seems to be the meaning of the following *mishnah*:[90]

> When one cries out [to God] regarding a past event, that is an instance of a futile prayer (תפילת שווא). For example, if one's wife is pregnant, and one says, "May it be the will [of God] that my wife give birth to a boy" — that is a futile prayer. If one is traveling and hears a scream in the city and says, "May it be the will [of God] that those who are screaming should not be members of my family" — that is a futile prayer.

Beseeching God regarding an event which has already occurred is pleading for a miracle of the first order. The *mishnah* characterizes this as a futile request — since God is committed to the natural order, one is pleading with Him to operate against His agenda. [It is important to note, however, the dissenting opinion of a *Tanna* who permits asking for precisely such an event. The Midrash teaches:

> Even though the *mishnah* teaches that if one's wife is pregnant it is futile to ask that she give birth to a male, it is not so. Rather, one can ask that she give birth to a male until she is actually in labor, for it is not difficult for God to change males into females and females into males.[91]

Presumably, by the term *difficult*, the Midrash means *reluctant*. According to this view, God is not reluctant to transform the sex of the embryo because, it seems, it is an unwitnessed miracle.]

Our explanation of the anonymous *Tanna*'s position is borne out by the commentary of the Vilna Gaon:[92]

> The meaning of the *mishnah*'s ruling — that it is a futile prayer — is this: Even though what is being asked for is [logically] possible, if it would be against the natural order for it to come about, it is still a futile prayer.

This point is enshrined in *Shulchan Aruch,* which codifies the majority view almost verbatim.[93] Rabbi Akiva Eiger takes this train of thought to its logical conclusion. He writes that one should not pray on behalf of a baby who cannot live,[94] nor should one pray that a tree produce fruit in the wrong season.[95] This comment raises the question of whether one is permitted to pray on behalf of terminally ill patients. At least one contemporary authority held that one may not do so.[96] It is not clear, however, whether this is because he maintained that this was tantamount to praying for a miracle, or because he felt that it was not correct to act to lengthen the patient's suffering.[97]

Given the ruling of *Shulchan Aruch,* two statements in the *siddur* appear to be difficult, since they indicate that we do, on occasion, ask God to perform miracles for us. Outside of Israel, the priestly benediction is recited several times during the year. In many congregations, while the *Kohanim* chant a melody, the rest of the congregation recites certain petitions. One of them contains the phrase "May You perform wonders and miracles for me"[98] and appears to be an explicit request for miraculous intervention. Similarly, when we recite *Birkas HaMazon* on Chanukah or Purim, we insert a paragraph which describes the miracles wrought by God in those times. If one forgets to insert this paragraph, however, there is a one-sentence substitution: "May the merciful One perform wonders and miracles for us, as He did for our forefathers in those days at this time."[99] Perhaps we can use the same explanation we used in the case of Nakdimon ben Guryon — asking for miracles on behalf of the nation, as opposed to miracles on behalf of individuals, is permitted.

Miracles in the Temple

IN THE CONTEXT of our discussion, the Temple presents special challenges. On the one hand, various sources indicate the constant presence of miracles, and, in some cases, it appears that these miracles were relied on, in apparent contradiction to what we established before. For example, *Chazal* relate that when King Solomon built the [first] Temple he "planted" all sorts of golden delicacies which would produce golden "fruit" in the appropriate seasons. When the wind blew they would shed their fruit. This provided the *Kohanim* with a livelihood.[100] On the other hand, we are taught that numerous measures were taken to avoid relying on miracles even in the Temple. Thus, even though a *mishnah* teaches that the *Kohen Gadol* never experienced a seminal emission that rendered him unfit to perform the Yom Kippur service, a deputy *Kohen Gadol* would nonetheless be appointed before Yom Kippur just in case the *Kohen Gadol* was disqualified.[101] Similarly, the meat of the offerings was placed on marble tables to retard the process of putrefaction, and rods were used to separate the loaves of bread baked in the Temple lest they become musty.[102] This was done even though one of the regular miracles that occurred in the Temple was that when the *Lechem haPanim* was removed [from the golden Table], it was as warm as when it had been baked a week earlier. Rabbi Yehoshua ben Levi in the *Yerushalmi* comments that these measures were taken because we do not rely on miracles.[103] And *Abarbanel* writes that the Torah requires offerings to be salted because this prevents the meat from rotting.[104]

This ambivalence is reflected in the approach of various commentators to Temple phenomena.[105] Consider the *mishnah* that teaches that various sounds that emanated from the Temple, such as the great Temple gate opening and the *Leviyim* singing, could be heard all the way in Jericho, even though the distance between

Jerusalem and Jericho is considerable.[106] *Tiferes Yisrael* argues that these sounds were heard naturally, not miraculously, notwithstanding the large distance between the two cities. Why, he asks, would God perform miracles unnecessarily?[107] Others, however, argue that this was most certainly a miraculous occurrence.[108] [Consistent with his approach here, *Tiferes Yisrael* explains other aspects of the Temple service in natural terms. Part of the daily service consisted of clearing the ashes from the Menorah and from the inner Altar. The *Kohen* to whom this task was assigned would not take out the ashes separately; he took both loads of ash out at the same time.[109] *Tiferes Yisrael* conjectures that the reason for this is as follows: the ashes from the Altar and the ashes from the Menorah were miraculously swallowed by the ground when they were placed in the courtyard, next to the outer Altar. Both batches of ash were taken out together in order to avoid an unnecessary repetition of this miracle.[110]]

An indication of the special status of the Temple as far as miracles are concerned is that it is only here that we find an authority that explicitly permits relying on miracles. The Talmud records a disagreement between Abaye and Rava as to whether, on *erev Pesach*, the gates of the Temple courtyard were closed by the *Leviyim* who usually performed this task or whether they closed miraculously, by themselves. Abaye maintains the latter position, stating that we may rely on miracles.[111] One authority argues that even Abaye advocates a limited position: only in those cases in which the miracle accomplishes something non-essential to the service are we permitted to rely on it. Otherwise, even Abaye would agree that we may not rely on miracles.[112] Another commentator disagrees, however, arguing that the rule that one may not rely on miracles only applies to irregular miracles. If a miracle occurs regularly, one may rely on it.[113]

Chazal relate that ten miracles [regularly] occurred in the

Temple. Among them were the following: The *Kohen Gadol* would never experience a seminal emission on Yom Kippur; rain never extinguished the fires on the Altar; the wind never scattered the pillar of smoke [that rose from the Altar]; when they stood, the people were packed close together, but when they bowed down, there was plenty of room.[114] It is illuminating to see how different *Rishonim* approached the occurrence of these miracles in the Temple.

Rabbeinu Yonah discusses the tension between the statement that the *Kohen Gadol* would never experience a seminal emission on Yom Kippur on the one hand, with the statement of the *mishnah* that a deputy *Kohen Gadol* would be appointed before Yom Kippur to substitute for the *Kohen Gadol* in case the latter was disqualified for this reason. *Rabbeinu Yonah* writes: "Even though they knew that the *Kohen Gadol* would not experience a seminal emission, they would nonetheless designate a deputy. This is because of the principle that we do not rely on miracles. The principle derives from the verse that states 'Do not test your God.'"[115] *Rabbeinu Yonah*'s commentary is based on the words of the *Yerushalmi*.[116]

Rambam, however, tried to minimize the miraculous component of this statement of *Chazal*. Regarding the statement of the *mishnah* above concerning the effect of the wind and rain on the Temple service, he writes that "The Altar was situated in the Temple courtyard and was exposed to the elements. Nonetheless, the rain would not extinguish the fire on the Altar, nor would the wind scatter the pillar of smoke that rose from the offerings. Rather, at the time of the offering ceremony, the air would be clear. The people would stand in the Temple courtyard next to one another, and when they would bow, they would not press on one another. This was due to their awe in that [hallowed] place."[117] The miracle was diminished, according to *Rambam,* in that the weather was pleasant whenever the service took place. This approach has its share of critics. *Tashbetz*, for example, understands the *mishnah* literally.[118] He criticizes *Rambam*'s description of the people's bowing as not amounting to a miracle at all.[119] Similarly, Rabbi Yaakov Emden argues that the expression used in the *mishnah* — that even if the wind blew, it would not disturb the smoke[120] — is inconsistent with *Rambam*'s explanation. Rabbi Emden also points out that elsewhere *Chazal* themselves described this miracle in vivid (and literal) terms: "Even if all the winds in the world would blow, they would not cause the smoke from the Altar pyre to move."[121] Rabbi Emden goes so far as to say that it was *Rambam*'s philosophical prejudices that misled him.[122]

NOTES TO CHAPTER 3

1 **דרשות הר"ן, הדרוש השמיני:** ... שחפץ השם יתברך לקיים מנהגו של עולם בכל מה דאפשר, ושהטבע יקר בעיניו – לא ישנהו אלא לצורך הכרחי...

שעורי דעת, עמוד 111: הנה כשיקרה שיפול איש מגג הספינה המימה ואין עצה בדרך הטבע שלא יטבע זולת על ידי איזו סבה חיצונה, יש אשר אם ההשגחה רוצה בהצלתו תכין שנים הרבה קודם המעשה איזה קרש שנפל לתוך הים ויזדמן באותה שעה אליו לשיאחוז בו הטובע עד שתגיע אליו הספינה להצילו. **אבל לא יעשה שנוי הטבע שישאר האדם צף על פני המים ימים רבים בלי קרש או איזה דבר טבעי אחר, אם לא במקרה יוצא מן הכלל כשדרוש שיראה נס גלוי.** ולמה צריך הקב"ה לעצות טבעיות כאלה? הלא בידו לשנות את טבע האדם והמים למען לא יטבע. **אלא רואים אנו מזה כי הקב"ה העמיד גבולים וחוקים קבועים בבריאה והנהיגה על פי מערכה מסודרת ומסוימת, וכל הסבות הדרושות לטוב או למוטב נמצאות במערכה זו ואין צורך לשנותה.**

פרדס יוסף, פרשת תולדות עמוד תכ"ז אות א': ... ועוד הובא, דאיתא בעבודה זרה (דף נ"ד עמוד ב') הרי שגזל סאה חיטין וזרעם בדין שלא יצמיחו אלא עולם כמנהגו נוהג. וכתבו המפרשים שהקב"ה אינו מבטל הטבע אבל לעשות נס חוץ לדרך הטבע אינו עושה **דלא עביד ניסא לשיקרא.**

פרדס יוסף, פרשת כי תשא עמוד תשכ"ה (ד"ה אבל): ... אבל בתנחומא [עקב י] כתוב שהיו שתי לוחות שווים זה לזה ופסולתן גם כן שווין, ועל כרחך היה על פי נס דאותיות שבראשון מרובים מבלוח שני ואיך אפשר שיהיה פסולת אותיות שווה, **וכלל גדול דלא עביד ה' ניסא למגנא** ומה התועלת מנס זה [עיין ברכות דף נח עמוד א] ... וזה שאמר שפסולתן שווה לרמז שלא יצדיק נפשו לחשוב שהגם שהוא פסול בזה [בין אדם למקום או בין אדם לחבירו] אבל צדיק וכשר בזה אלא אם פסול בזה פסול גם בשני...

2 **הגהות עיני שמואל [רבי שמואל אהרון ראבין אבד"ק קראטשין] מסכת עבודה זרה דף יח עמוד א (ד"ה הוגה את השם באותיותיו):** ... דהנה יש לומר דמלבד מה דאסור להשתמש בשמות הקדושים ולפעול בהן פעולות משום דמשתמש בשרביטו של מלך, עוד יש טעם בזה דאסור להשתמש לצרכו, דהשי"ת ברא העולם וכל עניני התנהגות העולם כפי חכמתו ית', לכך אסור לפעול ענין מחודש על ידי שמות הקדושים, זולת הטבע, דאם היה צורך עולם בזה, בוודאי השי"ת בעצמו יעשה זאת, ולכך בכל ענין התנהגות האדם אסור לפעול איזה ענין על ידי שמות שיפעלו היפוך הטבע, דהוא חלילה כמכחיש כח של מעלה... ואף [ד]מצינו בגמרא (סנהדרין דף סה עמוד ב) דרבה ורבי זירא בראו גברא על ידי ספר היצירה, בוודאי היה בצנעא ולצורך גדול.

3 **פירוש רמב"ן בראשית ו, יט:** ועוד עשו אותה גדולה למעט בנס כי כן הדרך בכל הניסים שבתורה או בנביאים לעשות מה שביד האדם לעשות והשאר יהיה בידי שמים.

4 **פרדס יוסף, פרשת וארא עמוד קי"ד אות ל"א:** ... וכעת ראיתי בפירוש רבינו חננאל (מסכת חגיגה דף ט"ז עמוד א) בבתולה שעיברה באמבטי מה היא לכהן גדול שרבינו חננאל לא גרס לכהן גדול אלא מהו, והאיבעיא אי מטמא טומאת לידה דכתב רבינו חננאל דאינה מטמאה ואינו חייב קרבן לידה דמעשה נסים הוא ואינו קורא אִשָּׁה כִּי תַזְרִיעַ... **ונראה דכל מצוות התורה רק בדברים הבאים בדרך הטבע.**

This idea also motivates several of the attempts to answer the famous question posed by *Beis Yosef* regarding the miracle of Chanukah: If the oil appeared miraculously, was the *mitzvah* of lighting the menorah fulfilled?

5 **פירוש רמב"ן פרשת נח בראשית פרק ו פסוק יט (ד"ה מכל בשר וגו'):** ידוע כי החיות רבות מאד, ומהן גדולות מאד כפילים וכראמים וזולתם, והרמש הרומש על הארץ רב מאד. גם מעוף השמים מינים רבים אין להם מספר... וכאשר תאסוף לכולם מאכל אשר יאכל לשנה תמימה, לא תכיל אותם התיבה הזאת, ולא עשר כיוצא בה. אבל הוא נס, החזיק מועט את המרובה. ואם תאמר יעשנה קטנה ויסמוך על הנס הזה... **ועוד עשו אותה גדולה למעט בנס, כי כן הדרך בכל הניסים שבתורה או בנביאים לעשות מה שביד אדם לעשות, והשאר יהיה בידי שמים.**

6 **דרשות הר"ן, הדרוש השמיני:** ... ומפני היות מנהגו של עולם יקר בעיני ה' וחפץ בו... לפעמים, כשיצטרך לחדש נס ופלא, יערב בו איזה דבר טבעי, יהיה למשענת הנס ההוא עם היות שהדבר הטבעי ההוא לא יספיק לפעול הנס ההוא, אבל ישען בו לבד. כענין שאמר אלישע [מלכים ב פרק ד, א-ז]... ואין ספק שבחק-הטבע היה נמנע המצא השמן הרב מן האסוך ההוא, כאלו לא היה שם שמן כלל ועם כל זה ביקש הנביא להיותו נמשך אחר רצון השם יתברך שיהיה לנס ההוא איזה משען טבעי יסמך עליו.

דרשות הר"ן, מבוא עמוד 29: כדי להראות כחה של תפילה שאפשר על ידה לשדד מערכות הטבע, היתה אשתו של יצחק עקרה, ורק בכחה של תפילה נתברכה בבנים. את העתירה "לנוכח אשתו" מסביר הר"ן: "כי המשתנה ואם ישתנה בדרך פלא, יוכן בראשונה לדבר אשר ישתנה." שאין נעשה נס בתוך הטבע הקודם שלא היה כשיר ליעוד זה, כמו העקרה שאין ביכולת טבעה ללדת, אין הנס מחולל שתלד כשהיא עקרה, אלא שמצד הנס משתנה טבעה שתהא ראויה להיות יולדת, ולכן התפלל יצחק "לנוכח אשתו" שישנה ה' מזגה ותהא ראויה להריון...

7 **פירוש רד"ק מלכים א פרק יז, כא:** כי עשה כן להנשים עליו ולחממו בחום הטבעי היוצא מפניו ומבשרו כי רוב פעמים הנסים נעשים על ידי מעט תחבולה מדרך העולם.

According to *Radak*, then, miraculous instances of resuscitation of the dead are described in the Bible as involving, ostensibly, acts of medical resuscitation.

ספר החינוך מצווה קל"ב: ידוע הדבר... כי ניסים גדולים אשר יעשה האל אל בני אדם בטובו הגדול – לעולם יעשה דרך סתר, ונראים העניינים נעשים קצת כאילו הם בדרכי הטבע ממש או בקרוב לטבע. כי גם בנס קריעת ים סוף, שהיה נס מפורסם, כתוב שם (שמות יד, כא) ...וַיּוֹלֶךְ ה' אֶת הַיָּם בְּרוּחַ קָדִים עַזָּה כָּל הַלַּיְלָה וַיָּשֶׂם אֶת הַיָּם לֶחָרָבָה וַיִּבָּקְעוּ הַמָּיִם... ומזה העניין צוונו להבעיר אש במזבח אף על פי ששם יורד אש מן השמיים, כדי להסתיר הנס. לפי הדומה, שהאש היורדת לא הייתה נראית בירידתה מן הטעם שאמרנו, חוץ מיום שמיני של מילואים (ויקרא ט, כד) ושל גדעון (שופטים ו, כא) ומנוח (שופטים יג, כ) שהייתה נראית.

8 **זהר בראשית קיא [מובא בספר אוצר האגדה התלמודית והמדרשית, הרב משה דוד גרוס, מוסד הרב קוק, תשנ"ג, ערך נס הערה 99]:** לא ליבעי ליה לבר נש לסמכא על ניסא ואי קב"ה ארחיש ניסא לבר נש לא אית ליה לסמכא על ניסא זמנא אחרינא.

This statement of *Chazal* is also relevant:

מסכת עבודה זרה דף נ"ד עמוד ב: דבר אחר הרי שבא על אשת חבירו דין הוא שלא תתעבר אלא עולם כמנהגו נוהג והולך ושוטים שקלקלו עתידין ליתן את הדין...

9 **מסכת פסחים דף ס"ד עמוד ב:** אין סומכין על הנס.

10 **פרדס יוסף, פרשת נצבים, עמוד א'רס:** עוד נראה לפי עניות דעתי להעיר בזה בעיקר הדבר אם ספר תורה כזה שנכתב על ידי שם והשבעת הקולמוס מותר לקרות בו, מדברי הרד"ק במלכים ד' שהביא בשם התוספתא דדבר הבא על ידי נס פטור ממעשר. **וביאור הדברים הוא דמצות התורה יש לקיים באופן טבעי ולא באופן נסי.** ואם כן הכי נמי יש לומר דלקריאה בספר תורה צריך דוקא ספר תורה שנכתב בדרך הטבע ולא ספר תורה שנכתב על ידי נס.

ספר נפש חיה, אורח חיים סימן רצ"ב: ... אמנם ממה נפשך יקשו דברי השל"ה ז"ל שהן אם נאמר שאינו חייב כשעשה בשבת פעולה בדרך שלמעלה מן הטבע על כרחנו שלאידך גיסא בדבר מצוה שעל האדם לקיימה ולעשותה אין עשייה כזו מיוחסת אליו כלל וכשכותב ספר תורה בהשבעת הקולמוס אם ליכא משום כתיבה אינו יוצא מצות כתיבת ספר תורה...

11 **מסכת מנחות דף ס"ט עמוד ב:** בעי רבי זירא חיטין שירדו בעבים מהו למאי אי למנחות אמאי לא אלא לשתי הלחם מאי מִמּוֹשְׁבֹתֵיכֶם [ויקרא כג, יז] אמר רחמנא לאפוקי דחוצה לארץ דלא אבל דעבים שפיר דמי או דלמא מִמּוֹשְׁבֹתֵיכֶם דווקא ואפילו דעבים נמי לא ומי איכא כי האי גוונא אין כדעדי טייעא נחיתא ליה רום כיזבא חיטי בתלתא פרסי...

12 **מסכת עירובין דף ל"א עמוד א:** מכלל דרבי יהודה סבר מותר קסבר **מצות לאו ליהנות ניתנו...**

13 **פרדס יוסף, פרשת וארא עמוד קי"ד אות ל"א:** ... [הערת רבי מנחם מענדיל אלטר, אב"ד פאביאניץ: מלשון רש"י (תענית דף כ"ה עמוד א' ד"ה עד) משמע דבמצוה לא שייך אין נהנין ממעשה נסים דמצוות לאו ליהנות ניתנו.]

14 **מסכת שבת דף ל"ב עמוד א:** רבי ינאי לטעמיה דאמר לעולם אל יעמוד אדם במקום סכנה לומר שעושין לו נס שמא אין עושין לו נס ואם עושין לו נס מנכין לו מזכיותיו אמר רבי חנין מאי קראה (בראשית לב, יא) קָטֹנְתִּי מִכֹּל הַחֲסָדִים וּמִכָּל הָאֱמֶת.

15 **מסכת תענית דף כ"ד עמוד ב:** ההוא גברא דאיחייב נגדא בבי דינא דרבא משום דבעל נכרית נגדיה רבא ומית אשתמע מילתא בי שבור מלכא בעא לצעורי לרבא אמרה ליה איפרא הורמיז אימיה דשבור מלכא לברה לא ליהוי לך עסק דברים בהדי יהודאי דכל מאן דבעיין ממרייהו יהיב להו אמר לה מאי היא בעין רחמי ואתי מיטרא אמר לה ההוא משום דזימנא דמיטרא הוא אלא לבעו רחמי האידנא בתקופת תמוז וליתי מיטרא שלחה ליה לרבא כוין דעתך ובעי רחמי דליתי מיטרא בעי רחמי ולא אתי מיטרא אמר לפניו רבונו של עולם (תהלים מד, ב) אֱלֹהִים בְּאָזְנֵינוּ שָׁמַעְנוּ אֲבוֹתֵינוּ סִפְּרוּ לָנוּ פֹּעַל פָּעַלְתָּ בִימֵיהֶם בִּימֵי קֶדֶם ואנו בעינינו לא ראינו אתא מיטרא עד דשפוך מרזבי דצפורי לדיגלת אתא אבוה איתחזי ליה בחלמיה ואמר ליה מי איכא דמיטרח קמי שמיא כולי האי אמר ליה שני דוכתיך שני דוכתיה למחר אשכחיה דמרשם פורייה בסכיני. **רש"י (ד"ה בסכיני):** שרצו שדים להורגו וחתכו את מיטתו והיינו דאמרינן בשחיטת חולין בפרק הזרוע (דף קלג.) וליקריוה לרבא רבא נזוף היה לא מצינו לו נזיפה בכל הש"ס אלא בזה המעשה כשביקש הגשמים בתמוז שלא לצורך.

16 *Maharsha* raises the difficulty that there was precedent for Rava's conduct. He writes:

> ... ורבא נתכוין הכא בתפילתו על שמואל הנביא שפעל כזה להביא מטר שלא בזמנו בימי קציר חיטים [שמואל א פרק יב, יז] ואביו אמר ליה מי איכא דטרח קמיה שמיא כולי האי להביא מטרא שלא בזמנו דלא דמי לשמואל שעשה כן נגד ישראל ואתה עושה כן בשביל שבור מלכא בתקופת תמוז שלא לצורך.

17 **מסכת תענית דף כ"ד עמוד א:** בריה מאי היא יומא חד הוו אגרי ליה אגירי בדברא נגה להו ולא אייתי להו ריפתא אמרו ליה לבריה כפינן הוו יתבי תותי תאינתא אמר תאנה תאנה הוציאי פירותיך ויאכלו פועלי אבא אפיקו ואכלו אדהכי והכי אתא אבוה אמר להו לא תינקטו בדעתייכו דהאי דנגהנא אמצוה טרחנא ועד השתא הוא דסגאי אמרו ליה רחמנא לישבעך כי היכי דאשבען ברך אמר להו מהיכא אמרו הכי והכי הוה מעשה אמר לו בני אתה הטרחת את קונך להוציא תאנה פירותיה שלא בזמנה יאסף שלא בזמנו.

18 **מהרש"א שם (ד"ה הטרחת את קונך)**: אבל מה שהיה נהנה ממעשה נסים לא היה חש שהיה אפשר לו לתקן ולהקדיש אותה הנאה כדלקמן ברבי אלעזר ועוד דמשום שהיה נהנה ממעשה נסים לא היה כדאי לקלל ולענוש את בנו אי לאו משום שהטרחת כו'.

19 **פרדס יוסף, פרשת לך לך, עמוד רמ"ו אות מד**: והמפורשים הקשו אמאי לא רצה ליטול ממלך סדום. **ויש לומר דלא רצה ליהנות ממעשה נסים**, דזה היה לנס כמו שכתב ברש"י (י"ד, י"ד) בוַיָּרֶק אֶת חֲנִיכָיו דאליעזר לבדו היה, דאם לא כן קשה מפני מה החזיר, דלא הוי בכלל [משלי טו, כז] וְשׂוֹנֵא מַתָּנֹת יִחְיֶה דהא מן הדין היה שלו, כמו שכתב באור החיים [לך י"ד, כב] דהוי כמציל מגייס וליסטים. ומשום הכי חלק גבוה לא החזיר, ונתן מעשר כמו שנאמר (בפסוק כ) וַיִּתֶּן לוֹ מַעֲשֵׂר מִכֹּל. ונשמע מזה דאף מן מעשה נסים צריך ליתן מעשר, דהא כאן היה נס דניצל מן מלחמה כמו שכתב רש"י, ואף על פי כן נתן מעשר. ועיין תפארת ישראל פרק ג דמדות אות פב [עיין הפלאה כתובות נ. בתוד"ה אל יבזבז].

פרדס יוסף, פרשת וארא עמוד קי"ד אות ל"א: ... והנה מה שאברהם לא רצה ליטול ממלך סדום גם כן דלא רצה להנות ממעשה נסים...

20 **תוספות (בצד העמוד ד"ה דלי ציפתא)**: פירוש הגביה המחצלת וסמך שימצא שם מעות הרבה בנס.

21 **מסכת נדרים דף מ"ט עמוד ב-דף נ עמוד א**: זימנא חדא גזר רבן שמעון בן גמליאל תעניתא רבי יהודה לא אתא לבי תעניתא אמרין ליה לא אית ליה כסויא שדר ליה גלימא ולא קביל דלי ציפתא [**רש"י (ד"ה דלי ציפתא)**: הגביה המחצלת שהיה יושב עליה] ואמר ליה לשלוחא חזי מאי איכא [**רש"י (ד"ה חזי מאי איכא)**: ראה כמה עושר יש לי שנעשה לו נס ונתמלא כל אותו מקום זהובים] מיהו לא ניחא לי דאיתהני בהדין עלמא.

22 **הגהות מהר"ץ חיות שם (ד"ה מיהו לא ניחא דלתהני בהדין עלמא)**: מפני שהדין אצלנו דאסור להנות מן מעשה נסים. עיין תענית דף כ"ד עמוד ב' מייתי חלא והוי סמידי, אמר להו לא תזבנון דמעשה נסים הוא. ועיין רש"י (תענית כ"ה ד"ה עד שנטלו ממנו נר להבדלה) הדליק נר אחר ונר של מעשה נסים כבה.

23 **מסכת בבא מציעא דף פ"ה עמוד ב**: אליהו הוה שכיח במתיבתא דרבי... שמואל ירחינאה אסייה דרבי הוה חלש רבי בעיניה...

24 **הגהת יעב"ץ שם**: שמואל ירחינאה אסייה דרבי הווה הוה חלש רבי בעיניה. אף על גב דהוה אליהו שכיח גביה לא בקש ממנו רפואה, שאין ליהנות ממעשה נסים (תענית כד: ועיין רש"י שם ע"א ד"ה אלא ושם דף כה ע"א ד"ה עד).

This passage may be relevant to Rabbi Emden's point:

ירושלמי כלאים פרק ט הלכה ג: ... עאל אליהו לגביה בדמות רבי חייא רובה.

אמר ליה מה מרי עביד אמר ליה חד שיניי מעיקא לי אמר ליה חמי לה וחמי לה ויהב אצבעתיה עלה ואינשמת...

The prophet had to disguise himself when healing רבי, perhaps because the latter would have refused a miraculous cure. The context of the *Yerushalmi,* however, militates against this interpretation.

25 **מסכת תענית דף כ"ד עמוד א:** אלעזר איש בירתא כד הוו חזו ליה גבאי צדקה הוו טשו מיניה דכל מאי דהוה גביה יהיב להו יומא חד הוה סליק לשוקא למיזבן נדוניא לברתיה חזיוהו גבאי צדקה טשו מיניה אזל ורהט בתרייהו אמר להו אשבעתיכו במאי עסקיתו אמרו ליה ביתום ויתומה אמר להן העבודה שהן קודמין לבתי שקל כל דהוה בהדיה ויהב להו פש ליה חד זוזא זבן ליה חיטי ואסיק שדייה באכלבא אתאי דביתהו אמרה לה לברתיה מאי אייתי אבוך אמרה לה כל מה דאייתי באכלבא שדיתיה אתיא למיפתח בבא דאכלבא חזת אכלבא דמליא חיטי וקא נפקא בצינורא דדשא ולא מיפתח בבא מחיטי אזלא ברתיה לבי מדרשא אמרה ליה בא וראה מה עשה לך אוהבך אמר לה העבודה הרי הן הקדש עליך ואין לך בהן אלא כאחד מעניי ישראל.

26 **רש"י שם (ד"ה אלא כאחד מעניי ישראל):** משום דמעשה נסים הוא ואסור לאדם להנות ממעשה נסים כדאמר לעיל (דף כ עמוד ב) ואם עושין לו נס מנכין לו מזכויותיו.

הגהות יעב"ץ שם (ד"ה הרי הן הקדש עליך): לפי שהיה מעשה נסים.

הגהות טל תורה שם: עיין רש"י משום דמעשה נסים הוא ועיין באריכות בזה בספר ברכי יוסף יורה דעה סימן רנ"ח.

27 **מסכת תענית דף כ"ד עמוד ב:** אמר רב מרי ברה דבת שמואל אנא הוה קאימנא אגודא דנהר פפא חזאי למלאכי דאידמו למלחי דקא מייתי חלא ומלונהו לארבי והוה קמחא דסמידא אתו כולי עלמא למיזבן אמר להו מהא לא תיזבנון דמעשה נסים הוא למחר אתיין ארבי דחיטי דפרזינא.

28 **רש"י (ד"ה אמר להו מעשה נסים כו'):** ובמה דאפשר להתרחק ממעשה נסים יותר טוב ונכון.

29 **שדי חמד מערכת האל"ף כללים פאת השדה אות פ"ז (כרך א עמוד 263 בהוצאה הנפוצה):** אין נהנים ממעשה נסים בנדפס במערכה זו כתבתי באות ש"פ דאף שרש"י במסכת תענית דף כ"ד עמוד א נקיט בלישניה דאסור ליהנות ממעשה נסים נראה מדברי מרן חיד"א ביעיר אזן בקונטריס מדבר קדמות במערכת המ"ם אות ג' דאינו אלא משנת חסידים... ועתה ראיתי... בשם הגאון מוהרש"ק דהא דאין נהנין ממעשה נסים וכו' אינו אלא איסור דרבנן... ואם כן על כל פנים הוא איסור גמור מדרבנן כשאר איסורין דרבנן...

30 **מסכת בבא מציעא דף קי"ד עמוד ב:** ... אמר ליה דחיקא לי מילתא דבריה ועייליה לגן עדן אמר ליה פשוט גלימך ספי שקול מהני טרפי ספא שקל כי הוה נפיק שמע

דקאמר מאן קא אכיל לעלמיה כרבה בר אבוה נפץ שדנהו אפילו הכי אתייה לגלימיה סחט גלימא ריחא זבניה בתריסר אלפי דינרי פלגינהו לחתנוותיה.

31 **מהרש"א שם (ד"ה סחט גלימא):** ולא רצה ליהנות מריחן לכך זבניה וממעותיו לא רצה ליהנות לכך פלגינהו לחתנוותא וקל להבין.

מהר"ץ חיות שם (ד"ה זבניה בי"ב אלף דינרי פלגינהו לחתנוותיה): אולי בעצמו לא רצה ליהנות מפני דקיימא לן (תענית דף כד עמוד ב) דאסור ליהנות ממעשה נסים...

32 **פרדס יוסף, פרשת עקב, עמוד של"ב:** וראה גם בתוספת יוה"כ על יומא שם מש"כ דויענך קאי קודם ירידת המן דאז היה לבני ישראל עינוי ואחרי זה ירד המן. וצריך ביאור לפי דבריו למה מדגישה התורה זאת שקודם ירידת המן היה ענין של עינוי לבני ישראל. ויש לבאר הדברים על פי מה שכתב רבינו החיד"א בנחל קדומים פרשת בשלח אות יז דבאמת אסור להנות ממעשה נסים והמן היה מעשה נסים. אך במקום פיקוח נפש שרי ולכן כותבת התורה ויענך שהיית בגדר של עינוי ורעב ואז היה פיקוח נפש ולכן ויאכילך את המן והיה שרי לאכול ממעשה נסים.

33 **פרדס יוסף, פרשת וארא עמוד קי"ד אות ל"א:** ... ועיין הגהות ש"ס ווילנא תענית דברבים לא שייך דמנכין מזכותם וליכא איסורא להנות ממעשה נסים. ועיין מדבר קדמות (מערכת מ אות ג)...

34 **שדי חמד, כרך א (עמוד 96):** ועיין יד דוד בסוגיא דתענית הנ"ל שכתב דברבים דאין שייך לומר דמנכין מזכויותיהם ליכא איסורא רק ראוי להתרחק היכא דאפשר. ולפי זה במן שהיה לכל ישראל ואי אפשר להחיות בלעדו ודאי דאין שייך שום חסידות... ועיין בזה תפארת ישראל פ"ג דמדות ועיין בסנהדרין דף נט עמוד ב בעובדא דנחיתו תרי אטמתא לרבי שמעון בן חלפתא וכו' ואייתיה לבי מדרשא... ומשמע דבעי למכלה ועיין שם בחידושי אגדות ואמאי לא חש למעשה נסים... ואפשר לומר דלא שאל אלא לענין אם היה נדחק שהיה קשה לו בזולתו. ועיין מנחות דף סט עמוד ב ב' חטים שירדו בעבים מהו לשתי הלחם וכתבו התוספות שירדו דרך נס ואתי שפיר למה שכתב ביד דוד לחלק בין יחיד לרבים.

פרדס יוסף, פרשת וארא עמוד קי"ד אות ל"א: ... ובשבת [דף נ"ג עמוד ב'] בנס שנתפתחו לו שתי דדין והיניק בנו ואמר אביי כמה גרוע זה שנשתנו לו סדרי בראשית, וקשה במן חס ושלום נעשו גרועים שנשתנו עבורם שירד לחם משמים. ובתוספות ישנים (שם) כתב על פי מדרש [בראשית רבה ל, ח] דנפתחו למרדכי שתי דדים ולא קשה גם כן כמה גרוע כו' דבשבת נשתנו דלא היה לו מעות ליתן שכר מינקת אבל מרדכי היה לו שכר מינקת אך לא היה מוצא מינקת. ומבואר דגוף הדבר שנפתחו לו דדין אינו גריעות רק מה שלא היה לו מעות ואם כן אתי שפיר במן שהיו להם מעות דנתעשרו ממכת דם ומה ששאלו ממצרים וביזת הים ורק שהלכו בארץ לא זרועה ולולי המן לא היה להם לאכול לא שייך גרוע ודומיא דמרדכי.

מסכת תענית דף כ"ד עמוד א רש"י (ד"ה אמר להו מעשה נסים כו'): ובמה שאפשר

להתרחק ממעשה נסים יותר טוב ונכון. **הגהות מצפה איתן שם (ד"ה אמר להו מהא לא תיזבנון דמעשה נסים הוא):** ופירש רש"י וכמה דאפשר להתרחק ממעשה נסים יותר טוב ונכון, משמע דאיסורא ליכא. וקשה דלעיל פירש רש"י דאסור ליהנות ממעשה נסים משום דמנכין לו מזכויותיו. **ויש לומר דהיינו דווקא ביחיד דמנכין, אבל בציבור דאין מנכין... שפיר דמי ליהנות.**

פרדס יוסף, פרשת וארא עמוד קי"ד אות ל"א: ... ועיין ספר הזכות [פרשת בשלח ד"ה הנני ממטיר] שהקשה במן שהיה מעשה נסים איך היו רשאין להנות וכן הקשה בנחל קדומים [פרשת בשלח אות י"ז]. וכתב דזהו שנאמר [פרשת בשלח ט"ז, ט"ו] וַיֹּאמְרוּ אִישׁ אֶל אָחִיו מָן ראשי תיבות **מעשה נסים**, כִּי לֹא יָדְעוּ מַה הוּא אי רשאין להנות ממנו, וַיֹּאמֶר מֹשֶׁה... הוּא הַלֶּחֶם הידוע דאמרו חז"ל [תנא דבי אליהו רבה פרק י"ב] בשכר וְאֶקְחָה פַת לֶחֶם זכו למן ואם כן היה גמול אברהם ושרי להנות כיון דה' עשה בזכות אברהם. וגם בפיקוח נפש ודאי רשאי להנות ממעשה נסים ועיין שאלות ותשובות מחנה חיים (חלק ב חושן משפט סימן י"ט)...

35 **פרדס יוסף, פרשת שופטים עמוד תת"מ:** עוד איתא בצוואת רבי יהודה החסיד ז"ל אות מד דאילן העושה פירות ב' פעמים בשנה יש לקצצו מיד ואין להניחו כלל עד כאן. ובפשטות הכוונה שכיון דזה הוה מילתא דלא שכיחא לכן הוה כעין מעשה נסים ואסור להנות מזה. אך הדברים צריכים עיון ראה בעירובין דף י"ח עמוד א דמפורש דהוא ענין הרגיל...

36 מסכת ברכות דף נ"ח עמוד א: **לא עביד רחמנא ניסא לשקרי**

37 **מסכת שבת דף ק"נ עמוד ב:** תנו רבנן מעשה בחסיד אחד שנפרצה לו פרץ בתוך שדהו ונמלך עליה לגודרה ונזכר ששבת הוא ונמנע אותו חסיד ולא גדרה ונעשה לו נס ועלתה בו צלף וממנה היתה פרנסתו ופרנסת אנשי ביתו.

פרדס יוסף, פרשת ויקהל עמוד ת"ת: ועיין שבת (דף ק"נ עמוד ב) בחסיד שנעשה לו נס ועלתה לו צלף וממנו היתה פרנסתו וקשה הא אין נהנין ממעשה נסים... ויש לומר כשבת (דף לג עמוד ב) ברבי שמעון בר יוחאי שעלתה חרובא ואכלו משום דעל פי הדיבור שאני כחולין (דף ה עמוד א) **ועוד דלא עביד רחמנא ניסא לשיקרא** (ברכות נח.)

38 **מסכת תענית דף כ"ה עמוד א:** תנא אף היא להביא מרדה נכנסה מפני **שמלומדת בנסים...**

39 **מסכת תענית דף כ"א עמוד א:** ייזיל נחום איש גם זו **דמלומד בניסין הוא...**

40 **מסכת מעילה דף י"ז עמוד ב:** ילך רבי שמעון בן יוחאי **שהוא מלומד בנסים.**

41 **מסכת תענית דף כ"ה עמוד א:** חד בי שמשי חזייה לברתיה דהוות עציבא אמר לה בתי [במאי] עציבת אמרה ליה כלי של חומץ נתחלף לי בכלי של שמן והדלקתי ממנו אור לשבת אמר לה בתי מאי איכפת לך מי שאמר לשמן וידלוק הוא יאמר לחומץ וידלוק תנא היה דולק והולך כל היום כולו עד שהביאו ממנו אור להבדלה.

42 **הגהות יעב"ץ מסכת תענית דף כ"ה עמוד א (ד"ה משום כיסופא):** אפשר היה לו גם מעט קמח בכד, ולשה ממנו עיסה קטנה, ונתנה בתנור דומיא דהצרפית ואשת עובדיה דלא עדיפא מינייהו ועיי"ש סיוע שני נביאים גדולים, אף על פי כן היו צריכים לדבר שתחול הברכה בו, ולא להוציא יש מאין, וכ"מ מהא דאף היא להביא מרדה נכנסה, דמשמע שהיתה רודה הלחם לאכלו בסעודת שבת. ואם בריאה חדשה יברא ה' לה אז לא היתה רשאה לאכול ממנו, כדא"ל דאסור ליהנות ממעשי נסים, אלא ודאי כדאמרן שגלגלה עיסה ונתנתם בתנור באופן שהיה מקום לברכה שתחיל עליו וכי האי גוונא מותר ליהנות כמו שמצינו באליהו ז"ל עצמו ובצרפית ובנה ואשת הנביא, **וכן הדבר בחומץ דבסמוך, שהיו מותרים ליהנות מהנר שדלק בנס, שכל אלה נסים ביד אדם הם** והרי זה כענין שרפא אלישע מי יריחו וזולת, ואינו דומה להא דלעיל דאייתו מלאכי השרת קמחא דסמידא, התם לאיי בריה בידי שמים הוא.

Chida follows a similar approach:

הגהות חיד"א למסכת תענית דף כ"ה עמוד א [מובא בש"ס עוז והדר מהדורת פריעדמאן ד"ה מי שאמר לשמן וידליק וכו']: מקשים דאמאי לא אמר שיהיה שמן. ולא קושיא מידי דהנס צריך שיהיה נסתר כל מה שאפשר. ואם החומץ נעֲשה שמן היה ניכר מאד ומתפרסם הנס ביותר אבל להדליק אינו ניכר. אי נמי כמו שכתב הרב גל של אגוזים דהגם דאסור ליהנות ממעשה נסים כבר השמן והחומץ בעולם וזה אינו כל כך נס. והביאו הרב הגדול מהרמ"א ז"ל בספר ישרש יעקב ולזה לא אמר שיהיה החומץ שמן דאז היה נס מפורסם ואסור ליהנות ולקושית הרב גל של אגוזים ז"ל אפשר דאסור ליהנות היינו שעושה מעשה בג"ש והוא נהנ"ה, אבל הכא ממילא אתיא. ואם נפשך לומר דמידי ספיקא לא נפקא, יש להכריע דשרי, דאי לא לא נעשה נס שיהנו מהאיסור או נעשה על מגן חס ושלום אלא ודאי דשרי ליהנות ודוק.

פרדס יוסף, פרשת וארא עמוד קי"ד אות ל"א: ... ובספר ישרש יעקב בתענית [דף כ"ה עמוד א'] גבי מי שאמר לשמן וידלוק יאמר לחומץ וידלוק גם כן הקשה דהוי מעשה נסים. ותירץ כיון דשמן וחומץ בעולם והתפילה היתה שטבע החומץ יתהפך לשמן שרי.

43 **רש"י תענית דף כ"ה עמוד א (ד"ה עד שנטלו ממנו אור להבדלה):** הדליק ממנו נר אחר ליהנות בו, ונר של מעשה נסים כיבה כי היכי דעבד רב יהודה (לעיל דף כד עמוד ב) בחלא דהוה סמידא.

44 **מסכת תענית דף כ"ה עמוד א:** הוה ליה ההיא שיבבתא דקא בניא ביתא ולא מטו כשורי אתיא לקמיה אמרה ליה בניתי ביתי ולא קמטו כשוראי אמר לה מה שמך אמרה ליה איכו אמר איכו נימטו כשוריך תנא הגיעו עד שיצאו אמה לכאן ואמה לכאן ויש אומרין סניפין עשאום תניא פלימו אומר אני ראיתי אותו הבית והיו קורותיו יוצאות אמה לכאן ואמה לכאן ואמרו לי בית זה שקירה רבי חנינא בן דוסא בתפלתו.

רש"י שם (ד"ה סניפין היו): הקורות של חליות היו **במעשה נס נדבקו** להן חתיכות קטנות לאורכן.

45 **מסכת ברכות דף ה עמוד ב:** רב הונא תקיפו ליה ארבע מאה דני דחמרא... איכא דאמרי הדר חלא והוה חמרא ואיכא דאמרי אייקר חלא ואיזדבן בדמי דחמרא.

46 **מסכת שבת דף נ"ג עמוד ב:** תנו רבנן מעשה באחד שמתה אשתו והניחה בן לינק ולא היה לו שכר מניקה ליתן ונעשה לו נס ונפתחו לו דדין כשני דדי אשה והניק את בנו אמר רב יוסף בא וראה כמה גדול אדם זה שנעשה לו נס כזה אמר ליה אביי אדרבה כמה גרוע אדם זה שנשתנו לו סדרי בראשית.

47 **שדי חמד, מערכת האל"ף כללים פאת השדה אות פ"ז (כרך א עמוד 264 בהוצאה הנפוצה):** ... יש להעיר ממה דאמרינן ממסכת ברכות דף ה עמוד ב איכא דאמרי הדר חלא והוי חמרא ואיכא דאמרי אייקר חלא ואזדבן בדמי חמרא. ונראה דמאן דאמר הדר חלא והוי חמרא סבירא ליה מותר ליהנות ממעשה נסים ומאן דאמר אייקר חלא ואזדבן בדמי חמרא סבירא ליה דאסור ועל כן אין לומר דהדר חלא והוי חמרא דאין ליהנות ממעשה נסים, אבל שיוקיר השער אין זה מעשה נסים... ופלוגתתם בברכות שם בהנך לישני יש לומר דפליגי בפלוגתת רב יוסף ואביי במסכת שבת דף נג עמוד ב דלרב יוסף שאמר שם כמה גדול אדם זה שנעשה לו נס כזה אמרו שפיר שנעשה לו נס והדר חלא וכו' ולאביי שאמר שם כמה גרוע אדם זה שנשתנו לו סדרי בראשית על כן אמרו כאן דאייקר חלא ואין זה נס יוצא מגדר הטבע ולא נשתנו לו סדרי בראשית.

48 **פרדס יוסף, פרשת וארא עמוד קי"ד אות ל"א:** והדגה אשר ביאור מתה. באור החיים הביא מאמר חז"ל [שמות רבה ט, י] ממכת דם העשירו בני ישראל שמכרו מים למצרים... ובשפתי צדיק (וארא אות כ"ה ובפרשת בא אות כ"ב) גם כן הקשה דאסור להנות ממעשה נסים ועיין תענית דף כ"ד עמוד ב ... ונראה לפי עניות דעתי לפי מה שכתב השאגת אריה בספר גבורות ארי [תענית דף כ"ה עמוד א' ד"ה אמר] דדוקא למי שנעשה לו הנס אסור להנות ולא לאחר, אם כן יש לומר דאם הישראל מכר המים למצרי ולקח מעות היה הישראל נותן המעות במתנה לישראל אחר וכן עשו כולם שנתנו זה לזה וממילא מתחילה לא נהנה מהמעות דהא נתן לאחר ולא נהנה תיכף והפשט שכלל ישראל נתעשרו...

49 **דעת תורה, פרשת לך לך עמוד צ"ג (ד"ה וירק את חניכיו):** ... והנה הרמב"ן עמד לשאול איך זה הכניס עצמו אברהם בסכנה לרדוף המלכים בעבור לוט, והרי אין סומכין על הנס. וכתב (בראשית יט, כט) וז"ל וַיִּזְכֹּר אֱלֹהִים אֶת אַבְרָהָם וַיְשַׁלַּח אֶת לוֹט ענין הכתוב הזה כי לוט נתחסד עם הצדיק ללכת עמו לשוט בארץ כאשר ילך והוא שנאמר וַיֵּלֶךְ אִתּוֹ לוֹט כי לצוות שלו הלך ולכן היה זכות להצילו בזכות אברהם כי בעבורו הוא גר בסדום ולולי אברהם עודנו היה בחרן עם מולדתו ולא יתכן שתבא אליו רעה בעבור אברהם שיצא במצות קונו וגם זה היה הענין ששם אברהם נפשו בכפו לרדוף המלכים בעבורו. עד כאן.

50 **פרדס יוסף, פרשת תולדות, עמוד תס"ד אות לה:** פֶּן יַהַרְגֻנִי (בראשית כ"ו, ז). עיין ספר כנסת ישראל מאבי התפארת ישראל ז"ל על משניות [דף ל"ד ע"ב] וזה לשונו, ובמדרש וברדיפת חמש מלכים סמך על נס מדאין ברירה, מה שאין כן הכא דלפנויה לא תקיף יצרם דמַיִם גְּנוּבִים יִמְתָּקוּ (משלי ט, יז) בסוף נדרים (צא:).

51 Elsewhere, *Chazal* express the notion of "When in Rome, do as the Romans" in even clearer terms:

בראשית רבה מ"ח, י"ד: אזלת לקרתא הלך בנימוסיה.

52 **מהרש"א מסכת בבא מציעא דף פ"ו עמוד ב (ד"ה שהרי משה עלה למרום ולא אכל):** ... אבל משה שהיה ג' פעמים מ' יום בלא אכילה כיון שראה בראשונה שנעשה לו נס שהוצרך לעמוד שם מ' יום בלא אכילה לא היה לו בעלייה שנית ושלישית לסמוך על הנס והיה לו ליטול עמו לחם ומים אי לאו משום דאל ישנה...

53 **מסכת יבמות דף ס עמוד ב:** ... מנא ידעי אמר רב הונא בר ביזנא אמר רבי שמעון חסידא העבירום לפני הציץ כל שפניה מוריקות בידוע שהיא ראויה ליבעל כל שאין פניה מוריקות בידוע שאינה ראויה ליבעל.

54 **רש"י שם (ד"ה פניה מוריקות):** נס היה.

55 **רש"ש שם (ד"ה ונעברינהו לפני ציץ):** קשה להבין הא ציץ מעשה נס הוא כדפירש רש"י, וכיון דמצו לעמוד על הדבר על פי נסיון (דחבית יין הוא על פי טבע כדמוכח בכתובות ובפירוש רש"י שם) ולמה יסמכו על הנס ויש לישב.

56 This was suggested to me by my esteemed חברותא, Rabbi Amichai Wassertzug.

57 **מסכת תענית דף כ"ה עמוד א:** רבי חנינא בן דוסא הוו ליה הנך עיזי אמרו ליה קא מפסדן אמר אי קא מפסדן ניכלינהו דובי ואי לא כל חדא וחדא תיתי לאורתא דובא בקרנייהו לאורתא אייתי כל חדא וחדא דובא בקרנייהו.

58 **ישועות יעקב על התורה, פרשת לך לך:** ... דבאמת מי שנעשה לו נס מנכין לו מזכויותיו ואמנם לעומת זה נחשב לו לזכות מה שנתפרסם שמו של הקב"ה. וזה שאמרו בש"ס דשבת [דף נ"ג עמוד ב'] באחד שהניחה לו אשתו בן להניק שנעשו לו כשני דדי אשה והניק את בנו וקאמר שם כמה גרוע אדם זה שנשתנו לו סדרי בראשית וחד אמר כמה מעולה אדם זה שנעשה לו נס דשניהם אמת דנגרע לו מה שהיה לו זכות מקודם שנעשה לו הנס ולעומת זה מה שעל ידו נתפרסם שמו של הקב"ה נתעלה. וזה החילוק בין נס מפורסם שהכל רואין שהקב"ה עשה זה הנס בהשגחתו אף שמי שהוצרך לנס כזה מנכין מזכויותיו אמנם צדקה תחשב לו על שעל ידו נתפרסם שמו של הקב"ה. אבל בנס נסתר שנעשה לאדם יש בו ניכוי זכות לבד. ובזה אמרתי בחידושי לטור אורח חיים ליישב הא דמבואר בשלחן ערוך שם

דמי ששכח ולא אמר על הניסים בברכת המזון יאמר הרחמן הוא יעשה לנו ניסים ונפלאות כמו שעשית לאבותינו בימים ההם בימי וכו׳ והקשה בספר תבואות שור דבש״ס משמע דאין לאדם להתפלל שיעשה לו נס ולפי הנ״ל אתי שפיר דעיקר הטעם שאין להתפלל על הנס משום דמנכין לו מזכויותיו וזה לא שייך בנס מפורסם דלעומת זה צדקה יהיה לו שעל ידו נתפרסם ונתקדש שמו של הקב״ה והבן.

פרדס יוסף, פרשת תולדות עמוד תס״ט: ... וזה שאמרו בשבת (דף נג עמוד ב) בנס שנפתחו לחסיד אחד דדין ואמר אביי כמה גרוע זה שנשתנו לו סדרי בראשית ורב יוסף אמר כמה מעולה זה. ודעת שניהם צדקו יחדיו כי נגרע לו מזכויותיו ולעומת זה מה שעל ידו נתפרסם שמו יתברך נחשב לו זכות חדש.

פרדס יוסף, פרשת וישלח עמוד תקצ״ט: והנה גם כן קשה ממה שנפסק באורח חיים (סימן תרפ״ב סעיף א) בשכח ולא אמר על הנסים בברכת המזון בחנוכה כשיגיע להרחמן יאמר הרחמן יעשה לנו נסים ונפלאות כשם שעשית לאבותינו... ואיך יבקש על נסים הלא ינכו לו? ויש לומר הא דמנכין לו היינו בנס נסתר אבל בנס מפורסם שהכל רואים שנעשה לו נס לעומת זה כשמנכין לו מזכויותיו נתוסף לו זכות חדש שעל ידו נתפרסם שמו יתברך.

שדי חמד, מערכת האל״ף כללים פאת השדה אות פ״ז (כרך א עמוד 265 בהוצאה הנפוצה): ... ויתכן עוד מה שאמרו בשבת שם שנשתנו לו סדרי בראשית ולא שנשתנה בשבילו משום דנס שנעשה בפירסום בשביל רבים ונתקדש שם שמים על ידי זה אין מנכין להם מזכויותיהם דיצא ההפסד בשכר שנתקדש שם שמים על ידי זה מה שאין כן נס שנעשה ליחיד בביתו שאין בזה פירסום כל כך מנכין לו מזכויותיו. ועל כן אמר אביי כמה גרוע אדם זה שנשתנו לו סדרי בראשית לו לבדו דבזה מנכין לו מזכויותיו וגם בההיא דברכות אף דאמרינן בבבא מציעא (דף פ״ג עמוד א) ד׳ מאות דנא תקיפי קלא אית ליה למילתא מכל מקום הוי הנס רק ליחיד ואין בזה פרסום וקדוש שם שמים כל כך על כן אמרו איכא דאמרי דאייקר חלא וכו׳.

פרדס יוסף, פרשת בשלח עמוד רע״ו: ... ובישועות יעקב [לך דף י״ד ט״ד ד״ה אל] על מה שפסק רמ״א (אורח חיים סימן תרפ״ב סעיף א) אם לא אמר על הניסים בברכת המזון יאמר הרחמן יעשה לנו ניסים ונפלאות כו׳, ואיך יבקש על ניסים הלא ינכו מזכויותיו. ויש לומר דמנכין רק בנס נסתר, אבל בנס מפורסם גם נתוסף לו זכות שעל ידו נתקדש השם. וזה שאמרו בשבת (דף נ״ג עמוד ב׳) דנפתחו לו ב׳ דדים ואמר אביי כמה גרוע אדם זה, ורב יוסף אמר כמה גדול אדם זה, ושניהם צדקו יחדיו כי נגרע לו מזכויותיו שהיו לו ונחשב לזכות לו מה שנתקדש על ידו שם שמים. ובשאלות ותשובות מחנה חיים (חושן משפט סימן י״ט) כתב דרק ביחיד שנעשה לו נס מנכין אבל נס לרבים אין מנכין עיין שם. וגם יש לומר דמנכין לו היינו כשעומד במקום סכנה ונעשה לו נס, אבל בלאו הכי אין מנכין. ועיין שערי תשובה אורח חיים סימן קפ״ז סעיף ד.

59 **מהרש״א חידושי אגדות בבא מציעא דף פ״ז עמוד ב (ד״ה עשה סעודה):** ענין הסעודה ביום הגמלו לפרסם הנס נפלא שהיתה בת תשעים ולא הפסיקה מלהניקו

עד יום גמלו אלא היו מרננים שאין מדרך כל הארץ לעשות משתה ביום הגמל אלא שעשה כן להעמיד דבריו שנעשה לו נס...

60 **מסכת ברכות דף ל"ג עמוד א:** תנו רבנן מעשה במקום אחד שהיה ערוד והיה מזיק את הבריות באו והודיעו לו לרבי חנינא בן דוסא אמר להם הראו לי את חורו הראוהו את חורו נתן עקבו על פי החור יצא ונשכו ומת אותו ערוד נטלו על כתפו והביאו לבית המדרש אמר להם ראו בני אין ערוד ממית אלא החטא ממית באותה שעה אמרו אוי לו לאדם שפגע בו ערוד ואוי לו לערוד שפגע בו רבי חנינא בן דוסא.

61 **מהרש"א שם חדושי אגדה (ד"ה נתן עקבו):** וקצת קשה דהיאך עמד במקום סכנה כזו וסמך עצמו על הנס? ובירושלמי מפורש בענין אחר שעמד רבי חנינא בן דוסא בתפילתו בא חברבר והכישו ולא הפסיק תפילתו ומצאו אותו חברבר מת כו' ... וחברבר היינו ערוד כפירוש הערוך.

תורה תמימה ויקרא יט, טז אות קי: ... מאגדה דברכות דף ל"ג עמוד א' מעשה בערוד שהיה מזיק את הבריות, באו והודיעו לרבי חנינא בן דוסא, אמר להו הראו לי את חורו נתן עקבו על פי החור יצא ונשכו ומת הערוד. והקשה מהרש"א שם איך הכניס רבי חנינא בן דוסא עצמו במקום סכנה ונשאר בקושיא.

62 **תורה תמימה ויקרא יט, טז אות קי:** ... ועיין בחושן משפט סימן תכ"ו שאין אדם מחויב להכניס עצמו בסכנה למען הצלת חבירו, ובבית יוסף ובאחרונים שם חקרו אם מחויב אדם להכניס עצמו בספק סכנה כדי להציל את חבירו מודאי סכנה. ואפשר להביא קצת ראיה דמחויב בזה מאגדה דברכות דף ל"ג עמוד א' מעשה בערוד שהיה מזיק את הבריות, באו והודיעו לרבי חנינא בן דוסא, אמר להו הראו לי את חורו נתן עקבו על פי החור יצא ונשכו ומת הערוד... **והנה בפרק ג' דתענית דף כ"ד עמוד ב ובכמה מקומות באגדות אמרו על רבי חנינא בן דוסא שהיה מלומד בנסים, נמצא דלפני רבי חנינא בן דוסא היתה העמידה על חורו של הערוד ספק סכנה כיון שרגיל בנסים**, ולפני אחרים היה הערוד ודאי סכנה והרי מבואר דמחויב אדם להכניס עצמו בספק סכנה כדי להציל חבירו מודאי סכנה. ופשוט דלא שייך בזה לומר אין למדין מן האגדות, אחרי שזה מעשה שהיה.

לרעך כמוך, חלק ד עמוד 288 הערה נה על רבי חנינא בן דוסא והערוד: ברכות לג. וקשה כיצד רבי חנינא סמך על הנס וציין בגליון רבי עקיבא איגר ליפה מראה בתענית (פ"ג סימן יז) שתירץ שרבי חנינא נהג כן משום קידוש ה', להראות שרק החטא ממית. וכן תירץ בספר חסידים (פארמא) תתתתריז. ובשדי חמד (ערך אין סומכין כל הנס) כתב, דלהציל רבים מסכנה מותר לסמוך על הנס, ולכן רבי חנינא נהג כן.

63 **שאלות ותשובות ציץ אליעזר, חלק ט סימן מ"ה אות ו:** והלום ראיתי בפירוש תורה תמימה על התורה פרשת קדושים שכותב להביא ראיה להצד שאדם כן מחויב להכניס עצמו לספק סכנה למען הצלת חבירו (מההיא) [מההוא] מעשה דערוד... ולעניות דעתי נראה דאפשר לדחות ראיה זאת בנקל ולומר דמכיון דרבי חנינא בן דוסא היה מלומד

בנסים ומובטח לו שהקב"ה יעשה רצונו אם כן הוה ליה המקום הזה לגבי דידיה כאין בו סכנה כלל. וכך ראיתי באמת בספר פתח עינים להחיד"א ז"ל שכותב בכי האי גוונא ליישב קושית המהרש"א. ועל ידי כן [יש] לפרש גם דברי הגמרא בתענית דף כ' עמוד ב' איך שרב הונא הכניס את רב אדא בר אהבה בההיא ביתא רעיעא דהוה ליה שם חמרא וכו' ובתר דנפיק נפל ביתא עיין שם באריכות. ויש לציין דעל ידי זה תתיישב גם העובדא ברב אחא בר יעקב בקידושין דף כ"ט עמוד ב'...

64 **מסכת תענית דף כ"ה עמוד א:** הוה ליה ההיא שיבבתא דקא בניא ביתא ולא מטו כשורי אתיא לקמיה אמרה ליה בניתי ביתי ולא קמטו כשוראי אמר לה מה שמך אמרה ליה איכו אמר איכו נימטו כשוריך תנא הגיעו עד שיצאו אמה לכאן ואמה לכאן ויש אומרין סניפין עשאום תניא פלימו אומר אני ראיתי אותו הבית והיו קורותיו יוצאות אמה לכאן ואמה לכאן ואמרו לי בית זה שקירה רבי חנינא בן דוסא בתפלתו.

רש"י שם (ד"ה סניפין היו): הקורות של חליות היו **במעשה נס נדבקו** להן חתיכות קטנות לאורכן.

65 **חיים שאל, חלק ב סימן מ"ג אות א:** כתבו התוספות פרק המקבל דאליהו הנביא זכור לטוב נטמא בבן הצרפית שהיה ברור לו שיחייהו לכך היה מותר מפני פיקוח נפש. וקשה חדא דאין סומכין על הנס ותו דאם ברור לו שיחייהו אם כן לא היה שם פיקוח נפש ואם היה פיקוח נפש לא היה ברור לו שיחייהו. ויש לפרש שהוראת שעה היתה כדי שיתקדש שם שמים על ידו... [כן כתב] הרדב"ז... ומה שהקשה על התוספות לא קושיא מידי **דהא דאין סומכין על הנס לא נאמר כלפי אליהו זכור לטוב דפשיטא טובא דעושין לו נס...**

66 **מסכת תענית דף י"ט עמוד ב:** תנו רבנן פעם אחת עלו כל ישראל לרגל לירושלים ולא היה להם מים לשתות הלך נקדימון בן גוריון אצל הגמון אחד אמר לו הלויני שתים עשרה מעיינות מים לעולי רגלים ואני אתן לך שתים עשרה עינות מים ואם איני נותן לך הריני נותן לך שתים עשרה ככר כסף וקבע לו זמן כיון שהגיע הזמן ולא ירדו גשמים בשחרית שלח לו שגר לי או מים או מעות שיש לי בידך שלח לו עדיין יש לי זמן כל היום כולו שלי הוא בצהרים שלח לו שגר לי או מים או מעות שיש לי בידך שלח לו עדיין יש לי שהות ביום במנחה שלח לו שגר לי או מים או מעות שיש לי בידך שלח לו עדיין יש לי שהות ביום לגלג עליו אותו הגמון אמר כל השנה כולה לא ירדו גשמים ועכשיו ירדו גשמים נכנס לבית המרחץ בשמחה עד שהאדון נכנס בשמחתו לבית המרחץ נקדימון נכנס לבית המקדש כשהוא עצב נתעטף ועמד בתפלה אמר לפניו רבונו של עולם גלוי וידוע לפניך שלא לכבודי עשיתי ולא לכבוד בית אבא עשיתי אלא לכבודך עשיתי שיהו מים מצויין לעולי רגלים מיד נתקשרו שמים בעבים וירדו גשמים עד שנתמלאו שתים עשרה מעינות מים והותירו עד שיצא אדון מבית המרחץ נקדימון בן גוריון יצא מבית המקדש כשפגעו זה בזה אמר

לו תן לי דמי מים יותר שיש לי בידך אמר לו יודע אני שלא הרעיש הקב"ה את עולמו אלא בשבילך אלא עדיין יש לי פתחון פה עליך שאוציא ממך את מעותיי שכבר שקעה חמה וגשמים ברשותי ירדו חזר ונכנס לבית המקדש נתעטף ועמד בתפלה ואמר לפניו רבונו של עולם הודע שיש לך אהובים בעולמך מיד נתפזרו העבים וזרחה החמה באותה שעה אמר לו האדון אילו לא נקדרה החמה היה לי פתחון פה עליך שאוציא ממך מעותיי.

67 **הגהות מצפה איתן שם:** הודע שיש לך אהובים בעולמך **וכשם שעשית לי נס בראשונה כן עשה לי נס באחרונה**, כן צריך לומר וכן הוא בעין יעקב.

מהרש"א שם חידושי אגדות: הודע שיש לך אהובים בעולמך **וכשם שעשית לי נס בראשונה כן עשה לי נס באחרונה** כו': ... ונראה דהיינו נס שעמדה לו חמה ולא שקעה בזמנה... אבל פיזור עננים גופיה לא הוה נס כל כך.

68 **מסכת עבודה זרה דף י"ח עמוד א:** ברוריא דביתהו דרבי מאיר ברתיה דרבי חנינא בן תרדיון הואי אמרה לו זילא בי מלתא דיתבא אחתאי בקובה של זונות שקל תרקבא דדינרי ואזל אמר אי לא איתעביד בה איסורא מיתעביד ניסא אי עבדה איסורא לא איתעביד לה ניסא אזל נקט נפשיה כחד פרשא אמר לה השמיעני לי אמרה ליה דשתנא אנא [רש"י – דרך נשים לי] אמר לה מתרחנא מרתח [רש"י – כלומר אמתין לך עד שיפסוק ליך...] אמרה לו נפישין טובא דשפירן מינאי אמר שמע מינה לא עבדה איסורא כל דאתי אמרה ליה הכי אזל לגבי שומר דידה אמר ליה הבה ניהלה אמר ליה מיסתפינא ממלכותא אמר ליה שקול תרקבא דדינרא פלגא פלח [רש"י – את השלטון בכל עת שיעליל עליך פייסהו בממון] ופלגא להוי לך אמר ליה וכי שלמי מאי איעביד אמר ליה אימא אלהא דמאיר ענני ומתצלת אמר ליה ומי יימר דהכי איכא [א"ל השתא חזית] הוו הנהו כלבי דהוו קא אכלי אינשי שקל קלא שדא בהו הוו קאתו למיכליה אמר אלהא דמאיר ענני שבקוה ויהבה ליה לסוף אשתמע מילתא בי מלכא אתיוה אסקוה לזקיפה אמר אלהא דמאיר ענני אחתוה אמרו ליה מאי האי אמר להו הכי הוה מעשה אתו חקקו לדמותיה דרבי מאיר אפיתחא דרומי אמרי כל דחזי לפרצופא הדין לייתיה יומא חדא חזיוהי רהט אבתריה רהט מקמייהו על לבי זונות איכא דאמרי בשולי גוים חזא טמש בהא ומתק בהא איכא דאמרי אתא אליהו אדמי להו כזונה כרכתיה אמרי חס ושלום אי רבי מאיר הוה לא הוה עביד הכי קם ערק אתא לבבל איכא דאמרי מהאי מעשה ואיכא דאמרי ממעשה דברוריא.

69 **הגהות יעב"ץ שם (ד"ה רהט אבתריה):** והא דלא אמר איהו נמי אלהא דמאיר ענני לאצולי נפשיה יש לומר דלא שרי אלא מדוחק להצלת נפשו בדלא אפשר בלאו הכי ומשום דאין הקב"ה מייחד שמו על הצדיקים בחייהם ומשום הכי נמי לא שרי לשומר לאצולי נפשיה בכי האי גוונא אלא לכי שלמו דינרי מה שאין כן לרבי מאיר גופיה לא ש"ד לייחד שמו של הקב"ה על עצמו להצלת גופו. וגם דהוה אפשר ליה לאתצולי בגוונא אחריני דהוה ליה משתמש בתגא.

70 **מסכת יבמות דף מ"ט עמוד ב:** אמר רבא מידן דייניה [מנשה לישעיהו הנביא] וקטליה אמר ליה משה רבך אמר (שמות לג, כ) כִּי לֹא יִרְאַנִי הָאָדָם וָחָי ואת אמרת (ישעיהו ו, א) וָאֶרְאֶה אֶת ה' יֹשֵׁב עַל כִּסֵּא רָם וְנִשָּׂא... אמר ישעיה ידענא ביה דלא מקבל מה דאימא ליה ואי אימא ליה אישוייה מזיד אמר שם איבלע בארזא אתיוה לארזא ונסרוה כי מטא להדי פומא נח נפשיה...

71 **מסכת קידושין דף כ"ט עמוד ב:** שמע אביי דקא הוה [רב אחא בר יעקב] אתי הוה ההוא מזיק בי רבנן דאביי דכי הוו עיילי בתרין אפילו ביממא הוו מיתזקי אמר להו לא ליתיב ליה איניש אושפיזא אפשר דמתרחיש ניסא על בת בההוא בי רבנן אידמי ליה כתנינא דשבעה רישוותיה כל כריעה דכרע נתר חד רישיה אמר להו למחר אי לא איתרחיש ניסא סכינתין.

72 **מהרש"א שם חידושי אגדות (ד"ה אפשר דאתרחש ניסא):** קצת קשה דהיאך דחה אביי אותו למקום סכנה על הספק דשמא יתרחש ניסא וגם אם יתרחש ניסא יהיו מנכין לו מזכויותיו כדאמר בעלמא ויש לומר דודאי סמך אביי על חסידותו ושמתוך תפלתו לא יהיה ניזוק ויהרוג את המזיק ואין זה מקרי נס אלא שאמר דשמא קודם תפלה יתרחש ניסא וינכו לו מזכויותיו ומשום ספק זה אין למנוע הודאי שיהרוג אותו. ולזה יתיישב דאמר להו למחר אי לא איתרחש ניסא כו' שהיה מתרעם עליהם שלא תלה הדבר בתפלתו אלא בניסא והבאתם אותי לידי מדה זו שמנכין לי מזכויותי.

73 **שאלות ותשובות ציץ אליעזר, חלק ט סימן מ"ה אות ו:** והלום ראיתי בפירוש תורה תמימה על התורה פרשת קדושים שכותב להביא ראיה להצד שאדם כן מחויב להכניס עצמו לספק סכנה למען הצלת חבירו (מההיא) [מההוא] מעשה דערוד... ולעניות דעתי נראה דאפשר לדחות ראיה זאת בנקל ולומר דמכיון דרבי חנינא בן דוסא היה מלומד בנסים ומובטח לו שהקב"ה יעשה רצונו אם כן הוה ליה המקום הזה לגבי דידיה כאין בו סכנה כלל. וכך ראיתי באמת בספר פתח עינים להחיד"א ז"ל שכותב בכי האי גוונא ליישב קושית המהרש"א. ועל ידי כן [יש] לפרש גם דברי הגמרא בתענית דף כ' עמוד ב' איך שרב הונא הכניס את רב אדא בר אהבה בההיא ביתא רעיעא דהוה ליה שם חמרא וכו' ובתר דנפיק נפל ביתא עיין שם באריכות. **ויש לציין דעל ידי זה תתיישב גם העובדא ברב אחא בר יעקב בקידושין דף כ"ט עמוד ב'**...

74 **מסכת תענית דף כ עמוד ב:** רב הונא הוה ליה ההוא חמרא בההוא ביתא רעיעא ובעי לפנוייה עייליה לרב אדא בר אהבה להתם משכיה בשמעתא עד דפנייה בתר דנפק נפל ביתא ארגיש רב אדא בר אהבה איקפד סבר לה כי הא דאמר רבי ינאי לעולם אל יעמוד אדם במקום סכנה ויאמר עושין לי נס שמא אין עושין לו נס ואם תימצי לומר עושין לו נס מנכין לו מזכיותיו אמר רב חנן מאי קרא דכתיב (בראשית לב, יא) קָטֹנְתִּי מִכֹּל הַחֲסָדִים וּמִכָּל הָאֱמֶת...

75 **מהרש"א שם חידושי אגדה (ד"ה שמא אין עושין לו נס כו'):** דשמא יגרום החטא... דלא היה מחזיק עצמו לצדיק אבל רב הונא לא היה חש לכך שהיה מחשיבו לצדיק גמור.

76 **שאלות ותשובות ציץ אליעזר, חלק ט סימן מ"ה אות ו:** והלום ראיתי בפירוש תורה תמימה על התורה פרשת קדושים שכותב להביא ראיה להצד שאדם כן מחויב להכניס עצמו לספק סכנה למען הצלת חבירו (מההיא) [מההוא] מעשה דערוד... ולעניות דעתי נראה דאפשר לדחות ראיה זאת בנקל ולומר דמכיון דרבי חנינא בן דוסא היה מלומד בנסים ומובטח לו שהקב"ה יעשה רצונו אם כן הוה ליה המקום הזה לגבי דידיה כאין בו סכנה כלל. וכך ראיתי באמת בספר פתח עינים להחיד"א ז"ל שכותב בכי האי גוונא ליישב קושית המהרש"א. **ועל ידי כן [יש] לפרש גם דברי הגמרא בתענית דף כ' עמוד ב' איך שרב הונא הכניס את רב אדא בר אהבה בההיא ביתא רעיעא דהוה ליה שם חמרא וכו' ובתר דנפיק נפל ביתא עיין שם באריכות.** ויש לציין דעל ידי זה תתיישב גם העובדא ברב אחא בר יעקב בקידושין דף כ"ט עמוד ב'...

77 **מסכת תענית דף כ"א עמוד א:** אמרו עליו על נחום איש גם זו שהיה סומא משתי עיניו גידם משתי ידיו קיטע משתי רגליו וכל גופו מלא שחין והיה מוטל בבית רעוע ורגלי מטתו מונחין בספלין של מים כדי שלא יעלו עליו נמלים פעם אחת [היתה מטתו מונחת בבית רעוע] בקשו תלמידיו לפנות מטתו ואחר כך לפנות את הכלים אמר להם בניי פנו את הכלים ואחר כך פנו את מטתי שמובטח לכם שכל זמן שאני בבית אין הבית נופל פינו את הכלים ואחר כך פינו את מטתו ונפל הבית.

78 **מהרש"א שם חידושי אגדה (ד"ה אמר להם בני פנו הכלים כו' שמובטח כו'):** ולא היה הוא חש להא דרב אדא דלעיל [דף כ עמוד ב] דשמא אין עושין לו נס כו' דהיינו משום שמא יגרום החטא כמו שכתבתי לעיל אבל נחום הוה מחשיב עצמו לצדיק גמור כדקאמרו [תלמידיו] וכי מאחר שצדיק גמור כו'.

79 **מסכת תענית דף כ"א עמוד א:** זימנא חדא בעו לשדורי ישראל דורון לבי קיסר אמרו מאן ייזיל ייזיל נחום איש גם זו דמלומד בניסין הוא שדרו בידיה מלא סיפטא דאבנים טובות ומרגליות אזל בת בההוא דירה בליליא קמו הנך דיוראי ושקלינהו לסיפטיה ומלונהו עפרא כי מטא התם [שרינהו לסיפטא חזנהו דמלו עפרא] בעא מלכא למקטלינהו לכולהו אמר קא מחייכו בי יהודאי [אמר גם זו לטובה] אתא אליהו אדמי ליה כחד מינייהו אמר להם דלמא הא עפרא מעפרא דאברהם אבוהון הוא דכי הוה שדי עפרא הוו סייפיה גילי הוו גירי דכתיב (ישעיהו מא, ב) יִתֵּן כֶּעָפָר חַרְבּוֹ כְּקַשׁ נִדָּף קַשְׁתּוֹ הויא חדא מדינתא דלא מצו למיכבשה בדקו מיניה וכבשוה עיילו לבי גנזיה ומלוהו לסיפטיה אבנים טובות ומרגליות ושדרוהו ביקרא רבה כי אתו ביתו בההוא דיורא אמרו ליה מאי אייתית בהדך דעבדי לך יקרא כולי האי אמר להו מאי דשקלי מהכא אמטי להתם סתרו לדירייהו ואמטינהו לבי מלכא אמרו ליה האי עפרא דאייתי הכא מדידן הוא בדקוה ולא אשכחוה וקטלינהו להנך דיוראי.

80 **הגהות יעב"ץ שם (ד"ה למחר כי חזינהו אמר גם זו לטובה):** לכאורה נוסחא זו בטלה משום דאמרינן [לעיל דף כ עמוד ב] אין סומכין על הנס. מכל מקום יש מקום

לקיימה שמא לא היה הדבר סובל שהות ועל כרחו היה צריך לסמוך על הנס. וכענין שעשה בבית הרעוע שהיה שוכב בו כדלעיל.

81 **מרגליות הים, מסכת סנהדרין דף קח–קט אות ב:** לפי המסופר בזה יכולים לפרש שגם לנחום איש גם זו נודע ששמו עפר בסיפתא אחרי שהגיש סיפטיה לקיסר, אולם בתענית כ״א א׳ מבואר דלמחר אחר דשקלינהו לסיפתיה ומנהו עפרא כי חזנהו אמר גם זו לטובה והלך לבי קיסר להגיש אשר אתו עם שידע שבתוכו עפר. וכתב הגאון רבי חיים אחי מהר״ל מפראג בספר החיים גאולה וישועה ח״ה פ״ב יש לתמוה אחר שידע שנגנבו האבנים הטובות ומרגליות מן התיבה ומלאוה עפר האיך סמך על הנס לילך אל הקיסר עם תיבה מליאה עפר ולא היה ירא שיהרגוהו, ושמואל הנביא אמר אֵיךְ אֵלֵךְ וְשָׁמַע שָׁאוּל וַהֲרָגָנִי אף על גב שהקב״ה אמר לו שילך וכל זה לפי שאין לסמוך על נס, והאיך סמך הצדיק הזה על הנס שיעשה לו שיהיה זה מעפרו של אברהם אבינו. **אמנם הכוונה שהחסיד הזה נתן אל לבו שגם זה שנגנב מה שהיה בתיבה היא לטובה לפי שגלוי וידוע לפני השי״ת שהדורון לא יקובל בעיני הקיסר דכלום חסר בבית המלך מה שהוא היה יכול להביא, ולכן סיבב ה׳ שיגנבו ממנו הדורון וניתן במקומו עפר להראות שאין צורך לפני המלך רק בהכנעה ושפלות ובזה ימצא חן בעיני המלך...**

82 **מסכת ברכות דף ל״ב עמוד ב–דף ל״ג עמוד א:** תנו רבנן מעשה בחסיד אחד שהיה מתפלל בדרך בא שר אחד ונתן לו שלום ולא החזיר לו שלום המתין לו עד שסיים תפלתו לאחר שסיים תפלתו אמר ליה ריקא והלא כתוב בתורתכם (דברים ד, ט) רַק הִשָּׁמֶר לְךָ וּשְׁמֹר נַפְשְׁךָ וכתיב (דברים ד, טו) וְנִשְׁמַרְתֶּם מְאֹד לְנַפְשֹׁתֵיכֶם כשנתתי לך שלום למה לא החזרת לי שלום אם הייתי חותך ראשך בסייף מי היה תובע את דמך מידי אמר ליה המתן לי עד שאפייסך בדברים אמר ליה אילו היית עומד לפני מלך בשר ודם ובא חברך ונתן לך שלום היית מחזיר לו אמר ליה לאו ואם היית מחזיר לו מה היו עושים לך אמר ליה היו חותכים את ראשי בסייף אמר ליה והלא דברים קל וחומר ומה אתה שהיית עומד לפני מלך בשר ודם שהיום כאן ומחר בקבר כך אני שהייתי עומד לפני מלך מלכי המלכים הקב״ה שהוא חי וקיים לעד ולעולמי עולמים על אחת כמה וכמה מיד נתפייס אותו השר ונפטר אותו חסיד לביתו לשלום.

83 **צל״ח על מסכת ברכות דף ל״ב עמוד ב (ד״ה מעשה בחסיד):** ולכאורה תמוה הוא על החסיד הזה איך סמך עצמו על הנס והכניס עצמו בסכנה, והט״ז בסימן ס״ו ס״ק א האריך בזה. ולעניות דעתי נראה כיון שראה החסיד שהשר הקדים לו שלום, כבר ידע שיש בשר הזה מדת ענוה, ולכך בטח בו שלא ימהר להרגו עד שישמע טענתו, ובטח באמתלא זו שאמר לו אחר כך.

שלחן ערוך אורח חיים סימן ק״ד מגן אברהם סעיף קטן א: ... ומעשה דאותו חסיד עם ההגמון צריך לומר שהיה בטוח שיקבל תשובתו. **מחצית השקל שם:** רצונו לומר שהיה מכיר אותו הגמון טבעו ומהותו ושלא יהרגנו עד ישאלנו למה לא השיבו, וגם משכיל בטבעו ויקבל הפיוס.

84 **מנורת המאור, פרק יח:** ... ואף על פי שנעשו (ה)נסים כאלו לחסידים הראשונים, אל יסמוך כל אדם על הנס, וכשיהיה במקום סכנה גדולה יפסיק... ועם כל זאת החסיד אשר כל ימיו זהיר במצוה ובוטח בה' יסובבנהו כדגרסינן התם תנו רבנן מעשה במקום אחד שהיה בו ערוד וכו' עד בן דוסא.

85 **פלא יועץ, ערך שמירה:** ... וראיתי במפרשים דמייתי בש"ס באותו חסיד שהיה עומד בתפילה... ואמר שם ונפטר אותו חסיד לביתו ופירשו המפרשים שנפטר לבית עולמו על שעל כל פנים עבר על מה שכתוב בתורה ונשמרתם דשמא לא היה מדבר עמו והיה חותך את ראשו. נמצא במי שמכניס עצמו במקום סכנה וסומך על הנס שתים רעות עשה לעצמו א' שענוש יענש על עברו על ונשמרתם ועוד שמנכין לו מזכיותיו והרי זה כמחליף מרגלית ואבן טובה על שוה פרוטה.

86 **פרדס יוסף, פרשת שופטים עמוד תשצ"ז:** וכאן הגענו לקושיא הידועה המובאת בספרי הקדש בשם האר"י הקדוש וכן הוא בתורת משה אלשיך כאן דלעתיד לבא שיהיה כאן מלך המשיח ומלאה הארץ דעה את ה' וגו' למה יצטרכו להוסיף עוד ערי מקלט והוא תמוה שיהיה אז רציחות וכדו'... ובחתם סופר (עמוד עח-עט) שכתב דאין סומכין על הנס. עיין עוד שם.

87 *Maharsha* explains the question as follows: The danger Rav Ashi exposed himself to by fiddling with the king's food was greater than the danger that Mar Zutra faced, even if he was not given anything to eat. Under those circumstances, Rav Ashi's actions constituted reliance on miracles.

מהרש"א חידושי אגדה מסכת כתובות דף ס"א (ד"ה שקל כו'): ... ודקאמר ליה מאי טעמא סמכת אניסא כו' יש לפרש דהך סכנה להפסיד סעודת המלך היא יותר סכנה לרב אשי מסכנת מר זוטרא.

88 **מסכת כתובות דף ס"א עמוד א:** אמימר ומר זוטרא ורב אשי הוו קא יתבי אפיתחא דבי אזגור מלכא חליף ואזיל אטורנגא דמלכא חזייה רב אשי למר זוטרא דחוור אפיה שקל באצבעתיה אנח ליה בפומיה אמר ליה אפסדת לסעודתא דמלכא אמרו ליה אמאי תיעביד הכי אמר להו מאן דעביד הכי פסיל למאכל דמלכא אמרו ליה אמאי אמר להו דבר אחר חזאי ביה בדקו ולא אשכחו שקל אצבעתיה אנח עליה אמר להו הכא מי בדקיתו בדקו אשכחו אמרו ליה רבנן מאי טעמא סמכת אניסא אמר להו חזאי רוח צרעת דקא פרחה עילויה.

89 **מסכת בבא מציעא דף ק"ו עמוד א תוספות (ד"ה לניסא זוטא):** ... ויש לומר דשמואל מיירי כגון שאמר ליה זרע כל מה שתרצה דהשתא לא מצי למימר הוה מקיים בי [איוב כב, כח] וְתִגְזַר אֹמֶר וְיָקָם לָךְ **דבסתמא לא היה מקבל הקדוש ברוך הוא תפילתו של זה שיצליח כל מה שיזרע אם לא שיעשה לו נס...**

90 **מסכת ברכות פרק ט משנה ג:** הצועק לשעבר הרי זו תפילת שווא. כיצד? הייתה

אשתו מעוברת ואמר יהי רצון שתלד אשתי זכר – הרי זו תפילת שווא; היה בא בדרך ושמע קול צווחות בעיר ואמר יהי רצון שלא יהו אלו בתוך ביתי – הרי זו תפילת שווא.

91 **מדרש תנחומא, פרשת ויצא, ח:** רבי הונא בשם רבי יוסי אומר אף על פי ששנינו הייתה אשתו מעוברת ואמר יהי רצון שתלד אשתי זכר הרי זו תפילת שווא אינו כן אלא אפילו עד שעה שתשב על המשבר יתפלל שתלד זכר, לפי שאין קשה לפני הקב"ה לעשות את הנקבות זכרים ואת הזכרים נקבות.

92 **שנות אליהו, מסכת ברכות פרק ט, משנה ג:** הרי זו תפילת שווא – פירוש אף על הדבר שיכול להיות אלא שלא על פי טבע רק על דרך נס הרי זו תפילת שווא.

93 **שלחן ערוך, אורח חיים סימן ר"ל, א:** המתפלל על מה שעבר, כגון שנכנס לעיר ושמע קול צווחה בעיר ואמר יהי רצון שלא יהא קול זה בתוך ביתי או שהייתה אשתו מעוברת אחר ארבעים יום לעיבורה ואמר יהי רצון שתלד אשתי זכר הרי זו תפילת שווא. אלא יתפלל אדם על העתיד לבוא...

94 Rabbi Akiva Eiger is speaking here of a baby born after eight months of gestation. This should not be confused with the notion of a premature baby. There is a concept in *Chazal* that babies born in the seventh and ninth months are viable, whereas those born in the eighth month are not. See, for example, מסכת שבת דף קל"ה עמוד א and מסכת יבמות דף פ עמוד א. This was a prevalent notion in antiquity (shared by gentiles) and it persisted through the Middle Ages. See

נריה גוטל, בן שמונה: פשר שיטת חז"ל בנוגע לולדות בני שמונה, אסיא 1989, 56–55, עמודים 111–97.

רוזמרי רייז ואבנר אש, בן שמונה – מקורות קלסיים לאמונה עממית, שם עמודים 117–112.

For information on secular sources, see Ann Ellis Hanson, "The Eight Months' Child and the Etiquette of Birth: Obsit Omen!" *Bulletin of the History of Medicine* 61 (1987) pages 589–602.

95 **הגהות רבי עקיבא אייגר לשולחן ערוך, אורח חיים סימן ר"ל:** אל יתפלל אדם לבקש דבר שאינו כפי הטבע ואף שהיכולת ביד הקב"ה כגון הפילה אשתו לח' חדשים אין מתפללים עליו שיחיה ואסור להתפלל שיעשה לו הקב"ה נס בשינוי עולם כגון שיוציא אילן זה פירות קודם זמנו [ספר חסידים סימן תשצ"ה].

96 **אגרות וכתבים ממרן רבינו המשגיח זללה"ה, חלק ראשון, תשס"ו, מכתב קפ"ד (תפילה על חולה הסובל ייסורים, תשנ"ה):** מרן ציס"ע ר' יחזקאל לעוינשטיין נ"ע אמר לא להתפלל עבור חולה בשלב מתקדם מאד במחלה ההיא. מרן הסטייפלר נ"ע אמר שצריכים להתפלל על אריכות ימים ושנים, והביא דוגמא מרב אחד שחי שלשים

שנה עם המחלה הזאת. (אם יש לחולה יסורים נוראים אינני יודע אם הסטייפלר היה אומר להתפלל על אריכות ימים.)...

97 בספר ערוך השלחן כתב שלפעמים יש לבקש רחמים על אדם שימות, כגון שסובל ייסורים קשים ואין סיכוי שיבריא. ומקורו בר"ן נדרים דף מ' עמוד א' שלפעמים צריך לבקש רחמים שימות, וכמו אמתו של רבי שהתפללה כן. וכן כתב הנצי"ב בהעמק שאלה לשאילתות (ויקרא, צג) על פי הגמרא במסכת ראש השנה דף י"ז. וכן במסכת בבא מציעא דף פ"ד בעו רבנן רחמי עליה (דרבי יוחנן) ונח נפשיה, ובמסכת תענית דף כ"ג שחוני המעגל ביקש על עצמו שימות. וכן כתב בשאלות ותשובות חקקי לב יורה דעה סימן נ', אולם הגביל זאת לזרים ולא לבני המשפחה, שהם נוגעים בדבר ויש לחוש שיתפללו למיתתו מפני הטורח הכרוך בטיפולו ולהנאתם. וכן הסיק בשאלות ותשובות ציץ אליעזר חלק ה' רמת רחל סימן ה'. ובספר חסידים סימן רלד כתב שאין להתפלל על הגוסס כדי שלא תחזור הנשמה ויסבול האדם ייסורים קשים. עיין בספר לרעך כמוך כרך ב' עמוד 227 הערה נג. ובמסכת תענית (דף כ"ג עמוד א) ביקש חוני המעגל על עצמו שימות ולא נחשב כמאבד עצמו לדעת. עיין בספר נפש חיה (אורח חיים סימן רצ"ב).

98 ותעשה עמי נפלאות וניסים.

99 **סידור, הוספות לברכת המזון למי ששכח:** הרחמן הוא יעשה לנו ניסים ונפלאות כאשר עשה לאבותינו בימים ההם בזמן הזה.

100 **מסכת יומא דף ל"ט עמוד ב:** דאמר רב הושעיא בשעה שבנה שלמה בית המקדש נטע בו כל מיני מגדים של זהב והיו מוציאין פירות בזמניהן וכיון שהרוח מנשבת בהן היו נושרין פירותיהן שנאמר (תהלים עב, טז) יִרְעַשׁ כַּלְּבָנוֹן פִּרְיוֹ ומהן היתה פרנסה לכהונה.

101 **מסכת יומא פרק א משנה א:** שבעת ימים קודם ליום הכיפורים, מפרישין כהן גדול מביתו ללשכת פלהדרין ומתקינין לו כהן אחר תחתיו שמא יארע בו פסול...

102 **תוספות יום טוב מסכת דמאי פרק א משנה א (ד"ה והחומץ שביהודה):** ... ועוד דאפילו כי תימא שמעולם לא החמיץ מכל מקום אצטריך למתני משום דאין סומכין על הנס כדאשכחן בריש מסכת יומא שהיו מתקינים כהן אחר שמא יארע בו פסול בכהן גדול אף על גב דתנן במסכת אבות פרק ה שמעולם לא אירע קרי לכהן גדול ביום הכיפורים. והכי נמי פירש הר"ב במשנה ד' פרק ו' דשקלים בשלחן של שיש שהיה במערב הכבש ולא של כסף לפי שמסריח הבשר ואין סומכין על הנס.

פרדס יוסף, פרשת תרומה עמוד תר"ג: ... ובאבן עזרא [תרומה כה, י] תמה על הכבדות וקשה הרי הארון היה נושא את נושאיו [סוטה דף ל"ה עמוד א'] ועיין בעלי התוספות [פסוק י"א] שתירצו דלפי שעה היה... וגם יש לומר דאין סומכין על נס ותחילת עשיה היה צריך להיות על פי טבע. ועיין ר"ע מברטנורא [מסכת שקלים

פרק ו משנה ד ד"ה על של שיש] דמהאי טעמא היו שולחנות של שיש במקדש שלא יסריח הבשר, ואף שהיה נס שלא נסרח הבשר מכל מקום לכתחילה לא היו סומכין על זה.

שם: ועיין רש"י מסכת שבת דף קכד. ד"ה משום איעפושי ומפני זה תקנו קנים ללחם הפנים וכתב רש"י שם דלא סמכינין אניסא...

103 **הגהות מהר"ץ חיות למסכת יומא דף ב עמוד א:** ומה שהביא התוספות יום טוב מן פרק ו דשקלים משנה ד דעל שלחן של שייש היו מניחין לחם הפנים שלא ירתיח ומחמת חום יבא לידי סרחון והרי מן הנסים שהיו במקדש חם כיום הלקחו גם כן מבואר בירושלמי שקלים שם ואיתא שמה רבי יהושע בן לוי אמר אין מזכירין מעשה נסים.

104 **אברבנאל על ויקרא ב (דף כ"ח):** ואמרו עַל כָּל קָרְבָּנְךָ תַּקְרִיב מֶלַח היא להגיד שגם על הבשר שאינו מנחה אבל הוא קרבן יקריב מלח. והטעם כי הבשר מלוח לא יסריח אך יתקיים ולזה נקרא ברית מלח עולם...

105 The concepts we are discussing in the context of the Temple have their root in the Tabernacle (משכן):

מסכת הוריות דף י"א עמוד ב הגהות מצפה איתן: ונראה דטעמא דרבי יוסי דלא חש לדרבי יהודה וסבר שהיו שוהין במים ולא שלקו בהשמן משום שלא ספק ואף על פי שנעשו בו כמה נסים מכל מקום לא רצה משה לסמוך במעשיו על הנס, דסבר כמאן דאמר בפסחים (דף ס"ד עמוד ב) גבי ג' כתות בערב פסח שהיו נועלין העזרה בין כל כת ולא סמכו על הנס שמן השמים יסייעם שיהיו ג' כתות. כיון שאפשר לתקן ולעשות בעצמם הדבר לא סמכינן אניסא. ומשום הכי סבר רבי יוסי גם כן גבי שמן המשחה דאף על פי שנעשו בו נסים שלא נחסר ממנו כלום, אפילו הכי כל מה שהיה יכול משה לעשות בעצמו לתקנו לא סמך אניסא... ואם תאמר דרבי יהודה סבר הכא דסמך משה אניסא... ואילו התם בפסחים סבר רבא אליבא דרבי יהודה גופיה דלא סמכינן אניסא... ויש לומר דשאני הכא דאף על גב דבעלמא סבר דלא סמכינן אניסא הכא סבר רבי יהודה דסמך משה אניסא גבי שמן המשחה... משום דגלי ביה קרא שנעשו בו הרבה נסים דכתיב שֶׁמֶן מִשְׁחַת קֹדֶשׁ יִהְיֶה זֶה לִי לְדֹרֹתֵיכֶם שכולו קיים לעתיד לבא ומזה למד משה שיהא סומך על הנס גם בעשייתו.

106 **מסכת תמיד פרק ג משנה ח:** מיריחו היו שומעין קול שער הגדול שנפתח; מיריחו היו שומעין קול המגרפה; מיריחו היו שומעין קול החליל; מיריחו היו שומעין קול הצלצל; מיריחו היו שומעין קול השיר; מיריחו היו שומעין קול גביני כרוז; מיריחו היו שומעין קול העץ שעשה בן קטין מכני לכיור; מיריחו היו שומעין קול השופר. ויש אומרין אף קולו של כהן גדול בשעה שהוא מזכיר את השם ביום הכיפורים. מיריחו היו מריחין ריח פיטום הקטורת. אמר רבי אלעזר בן דלגאי, עיזים היו לאבא בהרי מכוור, והיו מתעטשות מריח פיטום הקטורת.

107 **תפארת ישראל, מסכת תמיד, פרק ג, אות סז:** קול הכהן גדול עצמו [כיומא דף כ:]... ואף על פי כן נראה לי כרבינו תוספות יום טוב דכולן בדרך הטבע נשמעו כל כך מרחוק ולא דרך נס, דמה תועלת במה שיהיה כל הנסים הללו, ולא עביד קוב"ה ניסא בכדי. וכן משמע נמי ביומא [דף כא.] דלא קחשיב התם להנך בהדי אינך ניסים שבבית המקדש. וכן משמע נמי מתוספות שם, ובתוספות יומא דף לט:, והגם שיש לומר דניסא דבראי בראי לא קחשיב.

108 **מסכת סנהדרין דף קי"ג עמוד א מרגליות הים אות י"ד:** ויעוין בתמיד דף ל' עמוד ב' במשנה מיריחו היו שומעין קול שער גדול שנפתח כו', מיריחו היו שומעין קול השיר, מיריחו היו שומעין קול השופר וכו' וכתב הראב"ד בפירושו שם מורי הרב החסיד ז"ל אמר דכל הנך דקתני שהיו נשמעין מיריחו מעשה נסים היו ודוקא ביריחו היה נשמע ולא בשאר הצדדים מפני שיריחו היתה כמו ירושלם מפני שהיא היתה תחילת כיבוש ארץ ישראל וכמו דתרומת דגן צריך לתרום כן נתרמה ארץ ישראל עצמה ובשביל כך החרימה יהושע להיות קדש, לפיכך היא כמו ירושלם והיו נשמעין בה כל הנך דקתני כדי שירגישו בני אדם שביריחו יש כמו כן קצת קדושה כמו בירושלם כו' אבל כח שום אדם לא היה לשמוע קולו ביריחו אלא שנס היה, והאי דלא קחשיב להו בכלל נסים הנעשים בבית המקדש משום דמילי אבראי כמו קול ביריחו לא קא חשיב.

109 **מסכת תמיד, פרק ג, משנה ט:** מי שזכה בדישון המזבח הפנימי נכנס ונטל את הטני והניחו לפניו היה חופן ונותן לתוכו ובאחרונה כיבד את השאר לתוכו והניחו ויצא. מי שזכה בדישון המנורה נכנס ומצא שתי נרות דולקות מדשן את השאר ומניח אלו במקומן מצאן שכבו מדשנן ומדליקן מן הדלוקין ואחר כך מדשן את השאר. ואבן הייתה לפני המנורה ובה שלוש מעלות שעליה הכהן עומד ומטיב את הנרות הניח את הכוז על מעלה שנייה ויצא.

110 **תפארת ישראל שם אות עד:** והא דלא הוציאו השתא נראה לי משום דדשן הקטורת ודישון המנורה שניהן נבלעין בדרך נס כשיניחום אצל מזבח החיצון, והרי דישון המנורה אי אפשר להוציאו עכשיו עדיין... לכן היה ממתין גם כן מלהוציא דישון הקטורת... כדי להוציא שני הדישונים יחד, ויבלעו שניהן בנס פעם א' יחד, דאסור להטריח קמי שמיא כביכול להרבות נסים שלא לצורך, כהך מעשה דרבא (מסכת תענית דף כד:).

111 **מסכת פסחים דף ס"ד עמוד ב:** נכנסה כת ראשונה וכו': איתמר אביי אמר ננעלו תנן רבא אמר נועלין תנן מאי ביניהו איכא ביניהו למסמך אניסא אביי אמר ננעלו תנן כמה דעיילו מעלו וסמכינן אניסא רבא אמר נועלין תנן ולא סמכינן אניסא...

112 **צל"ח מסכת פסחים דף ס"ד עמוד ב (ד"ה אביי אמר):** ... נראה לעניות דעתי דעד כאן לא אמר אביי סמכינן אניסא אלא דבר שבדיעבד כשר כמו פסח שפסק הרמב"ם בפרק א מהלכות קרבן פסח הלכה י"א שאם שחט כל הפסחים בבת אחת כשר, וכיון דרק לכתחילה בעינן שלש כיתות סמכינן אניסא, אבל דבר שמעכב בדיעבד גם אביי

מודה דלא סמכינן אניסא, שהרי שנינו [יומא ב.] שמתקינין לכהן הגדול כהן אחר תחתיו שמא יארע בו פסול, וכן כמה מקומות דלא סמכו אניסא...

113 **יד מלאכי, כללי הדינים אות קכ:** אין סומכין על הנס: לא אמרו אלא בשאינו נס קבוע, אבל בנס קבוע יש לסמוך עליו שם דף כז א'.

114 **פרקי אבות פרק ה משנה ה:** עשרה ניסים נעשו בבית המקדש: לא הפילה אשה מריח בשר הקודש, ולא הסריח בשר הקודש מעולם, ולא אירע קרי לכהן גדול ביום הכיפורים, ולא נראה זבוב בבית המטבחיים, ולא נמצא פסול בעומר ובשתי הלחם ובלחם הפנים, ולא כבו הגשמים את עצי המערכה, ולא נצחה הרוח את עמוד העשן, עומדים צפופים ומשתחווים רווחים, ולא הזיק נחש ועקרב בירושלים מעולם, ולא אמר אדם לחברו צר לי המקום שאלין בירושלים.

115 **פירוש רבינו יונה לפרקי אבות פרק ה משנה ה (ד"ה ולא ארע קרי לכהן גדול ביום הכיפורים):** ... ואף על פי שהיו יודעים שלא יארע לו קרי היו מכינין את הסגן, שאין סומכין על הנס, משום (דברים ו, טז) לֹא תְנַסּוּ [אֶת ה' אֱלֹהֵיכֶם כַּאֲשֶׁר נִסִּיתֶם בַּמַּסָּה] כדאיתא בירושלמי (יומא פ"א ה"ד)

116 **מסכת יומא דף ב עמוד א:** מתקינין לו סגן...

רש"י שם (ד"ה ומתקינין לו): אם יארע בו פסול קרי.

הגהות מהר"ץ חיות שם: עיין תוספות יום טוב (פרק א דדמאי משנה א ד"ה והחומץ) שהתעורר הרי אחד מן הנסים שהיו במקדש שלא אירע קרי לכהן גדול ביום כיפור. אולם נעלם במחילת כבוד תורתו שהוא קושית הירושלמי בפירקין. ומשני שני תירוצים אחד דכל הנסים שנעשו במקדש היינו בבית ראשון דוקא. ותירוץ השני דאין סומכין על הנס, כמו שתירץ התוספות יום טוב גם כן.

117 **פירוש רמב"ם לפרקי אבות פרק ה משנה ה:** כבר ידעת שהמזבח היה באמצע העזרה... והיה מגולה לשמים, ועם כל זה לא היו מכבין הגשמים אש המערכה, ולא היה מפזר הרוח את עמוד העשן העולה מן הקרבנות. אבל בעֵת ההקרבה היה האויר צח, והיו עומדים בעזרה כל אחד בצד חברו, ובעת ההשתחויה לא היו לוחצים זה את זה לרוב מוראם וישובם במקום ההוא.

118 **מגן אבות, פרק ה משנה ה:** ... ולא כבו גשמים אש של עצי המערכה. זה היה נס גדול שהמזבח היה בעזרה... והוא מקום מגולה... ואפילו רבו הגשמים על האש לא היו מכבים אותה...

119 **שם:** ... בהרבה מקומות החזיק המועט את המרובה דרך נס ואמרו בגמרא שבשעת השתחויה לא היו נמשכין אחורי בית הכפורת אלא כולן באין למזרח העזרה ומשתחוים לפני ההיכל ובריוח שהנס היה כל כך גדול שלא היו צריכין להמשך אחורי בית הכפורת. ורבינו משה ז"ל כתב כי מפני היראה לוחצים זה את זה. **ולא ישר בעינינו זה הפירוש שאין זה נס...**

120 **פרקי אבות פרק ה:** ... ולא נצחה הרוח את עמוד העשן...

121 **מסכת יומא דף כ"א עמוד א:** דתניא מעולם לא כבו גשמים אש של עצי המערכה ועשן המערכה אפילו כל הרוחות שבעולם באות ומנשבות בו אין מזיזות אותו ממקומו.

122 **לחם שמים, פרק ה (ד"ה ולא נצחה הרוח את עמוד העשן):** עיין תוספות יום טוב בשם הרמב"ם שבעת הקרבה היה האויר נח, ואינו נראה לי ולא נוח, כי אם כן מה נצחון שייך במקום שאין מתנגד, מה צורך לומר שהנעדר לא ינצח את הנמצא. גם הלשון אינו סובל פירושו, כי הוא מורה על רוח מצויה בלי ספק. ותו בגמרא איתא [יומא דף כ"א עמוד א] בהדיא ועשן המערכה כל הרוחות שבעולם אינן מזיזות אותו... הרי מבואר שלא כדבריו בבירור גמור. ועוד נראה כשטות לומר שהיה האויר נח בעת הקרבה, הלא הקרבנות היו מצוים תמיד, ורוח לא מעצר כיוצא בה לא כבו גשמים כו' פשיטא שלא גרם אש המערכה עצירת גשמים. **לכן אני אומר כי רוח זה מריח פעפוע של פלוסופיא הפיח ומעשן החכמות נעשה פיח כדוד נפוח נחר מפוח.**

CHAPTER 4
Reward in This World

IT IS A FUNDAMENTAL tenet of Judaism that our actions carry consequences. More specifically, when we act in accordance with God's will, we are confident that He will reward us.[1] But when? Will we receive this compensation only in the World to Come, or is there a portion that is given in this lifetime? The Written Torah contains many passages that suggest that the consequences of loyalty to God are rains of blessing, fertile fields and orchards, fecund cattle and sheep, health and well-being as well as peace and security throughout the land.[2] No passages *explicitly* mention the reward of the World to Come, although *Chazal* point to numerous allusions to such recompense.

When one examines the statements of *Chazal*, a more confusing picture emerges. Some statements suggest that no reward is possible here:

- When Moshe tells the people that the commandments are to be performed *today* (*Devarim* 7:11), the Talmud comments that their consequences will only come *tomorrow* — the two italicized terms designating *the present* and *the future,* respectively.[3]
- *Chazal* famously comment that no reward for commandments should be anticipated in this world (שכר מצוה בהאי עלמא ליכא).[4]

Why should God not reward all commandments in both worlds? The most common explanation in our sources is that the rewards for observance of commandments are infinite and cannot possibly be contained in our limited world.[5] Classical authorities also emphasize that the quality of the reward in this world is necessarily deficient in comparison to what will be given in the next world.[6] Nonetheless, *Chazal* do indicate that reward is sometimes given in this existence:

- *Chazal* expound that tithing leads to wealth, meaning that one can anticipate wealth *here*, in this world, as a consequence of fulfilling this commandment.
- The Midrash states, "Some commandments are rewarded by wealth, and some by honor. What is the reward for the precept of sending away the mother bird? A childless person who fulfills this commandment will be rewarded by having children."[7]
- The Talmud indicates that those who visit the sick are rewarded in this world.[8]
- The Talmud discusses the extent to which a person is encouraged (or obligated) to pay for *mitzvah* objects such as the four species of Sukkos. The conclusion is that one is expected to pay up to one third above market rates in order to beautify the *mitzvah*. Beyond that, says the Talmud, is up to God. *Rashi* explains that if a person spends more than one-third above market rate, the excess will be given to him by God.[9]
- Every morning we mention activities which, *Chazal* teach, provide fruit in this world without diminishing the principal reward in the World to Come: אלו דברים שאדם אוכל פירו־ תיהם בעולם הזה והקרן קיימת לו לעולם הבא... כיבוד אב ואם וגמילות חסדים...

We must also consider sources that indicate that reward in

this world can be a sign of God's displeasure, an indication that He does not wish to bestow upon one the greater rewards of the World to Come. For example, the Torah states that God "repays His enemies in his lifetime to make him perish; He shall not delay... in his lifetime He shall repay him" (*Devarim* 7:10). *Rashi* explains that God sometimes rewards the wicked in this world so as to clear their account, so to speak, and to ensure that they do not earn a place in the World to Come.[10] What form does this reward take? *Chazal* teach that wine (and, presumably, many other physical pleasures) were created partly in order to compensate the wicked for the few noble acts that are to their credit, in the here and now.[11]

Visions of Utopia

LET US BEGIN with a question that has exercised the minds of some of our greatest thinkers: Why does the Torah only explicitly mention tangible reward for its observance? Why do numerous passages inform us that our obedience to God will result in material benefits, rather than the presumably greater reward of the World to Come?

Rambam devoted an entire chapter in the *Laws of Teshuvah* to this vexing question.[12] His answer: The Torah's intention is that we devote our lives to God and, in that way, earn the greatest possible recompense in the World to Come. If we are sincere in this endeavour, God will assist us: we will have wealth, peace and peace of mind to pursue this objective. If, however, we neglect our primary purpose in life, we can anticipate that God will not assist us. We will then have to do our best in the face of challenges such as poverty, disease and war. In short, when the Torah offers us the choice between peace and prosperity on the one hand, and suffering and deprivation on the other, it is not describing the *ultimate* consequences of our actions. It is rather describing the choice we have in determining the circumstances under which we will pursue our life's work.[13] The tangible rewards (and punishments) mentioned in the Torah are descriptions of means, not ends.[14]

Ran follows a different approach. God wishes to indicate to mankind that He — and He alone — is the Creator and Ruler of this world.[15] During the Exodus He accomplished this by exercising His powers in a way that the Egyptian magicians could not duplicate. This was an indication that whatever powers they possessed were limited.[16] It was clear that a greater power was in control. Similarly, argues *Ran,* when speaking about the conduct of mankind and the consequences of such conduct, the Torah deliberately makes predictions about our actions that can be verified, so that it will become clear that the consequences of our actions are determined by the Ruler of the world. In his words:

> Many religions promise a spiritual reward after death... But because they are false, they cannot prove this with a tangible sign. That is why the Torah provides predictions that are verifiable... The Torah promises things that no other religion can make and back up... Had the Torah limited itself to promises about reward to souls *after* this existence, it would be no different than any number of religions that make similar claims. They all promise things that cannot be verified.[17]

In *Ran*'s view, the question we began with constitutes the solution: The Torah promises tangible, material reward in this world *not* as the ultimate compensation for the fulfilment of commandments; it is obvious that the ultimate reward is reserved for the World to Come. When the Torah speaks of peace and prosperity it is implicitly challenging false religions: If you speak for the Creator of the universe, then you must produce results that can be tested here and now; promises of reward in a future world are unconvincing.[18]

Distinctions

FACED WITH THE apparent contradiction between statements that indicate that there is no reward for commandments in this world and statements that imply the opposite, classical authorities attempted to differentiate between different categories of commandments.[19] For example, *Rambam* differentiates between man-God *mitzvos* (בין אדם למקום) and interpersonal *mitzvos* (בין אדם לחבירו).[20] The former are rewarded in the World to Come. As far as the latter are concerned, *Rambam* explains that since the person's conduct brings about an improvement of *this* world, part of the reward is dispensed here. The answer given by *Tosafos* is a little less precise: profound *mitzvos* are partly rewarded here, while less significant *mitzvos* receive their reward only in the World to Come.[21] [*Tosafos* do not give a definition of *profound,* only a few examples: honoring parents, financing poor women's weddings, hospitality to guests.]

Later authorities followed the lead of these *Rishonim* but used different classification schemes for the commandments. Specifically, they used the well-known classification of commandments into *mishpatim* and *chukim.* The former category consists of laws — such as the prohibition of theft and murder — whose rationale seems obvious. The latter category includes laws whose benefit is obscure and the reason for which is difficult to fathom. The prohibition of mixing fibers of wool and linen in garments and the concept of the Red Heifer are good examples. One classical authority explains that the maxim that there is no terrestrial reward for commandments applies to *mishpatim.* Those sources that indicate that there *is* reward in this world refer to *chukim*. The rationale is that *mishpatim* are easy, or at least easier, to perform. Since they appeal to us intuitively, we find it easy to do them. *Chukim*, on the other hand, are difficult to fulfill. Having no understanding of their benefit, motivating ourselves is more challenging here.[22] A later authority reaches the opposite conclusion. He sees *mishpatim* as more down-to-earth: we understand them, so they are not as exalted as the *chukim*. Therefore, some of the reward for their performance is also, literally, down-to-earth. The *chukim*, however, are more abstract. Being less accessible to our reasoning, they are "closer" to God, and performing them therefore earns one reward in the World to Come, which is further removed from us than this world.[23]

Mitzvah and Nothing Else

AN APPROACH TAKEN by numerous commentators is to take the statement of *Chazal* about reward for *mitzvos* as literally as possible. When they said that there is no reward for a *mitzvah* in this world, they meant, according to these views, the *mitzvah*-act in the narrowest possible sense. We can then identify a variety of elements that are extraneous to the *mitzvah*-act, and suggest that those statements of *Chazal* that *do* mention reward in this world refer to those extraneous elements. Thus, some suggest that any flourishes (דקדוקים) or enthusiasm in the performance of the commandments, that are not really required but are done nonetheless, earn reward in this world.[24] Others explain that the joy that accompanies the physical act of the *mitzvah* is rewarded by God in this world.[25] Still others explain that the selfless devotion that went into the *mitzvah*-act earns this-worldly reward.[26] In a similar vein, some authorities emphasise that *Chazal* say that there is no reward for *mitzvos* in this world. This may mean that there *is* reward for Torah study. Support for this notion comes from verses that indicate that wealth and honor are associated with Torah study.[27] This may be related to a cryptic statement of *Chazal* that indicates that reward for a commandment may be "extinguished" by a subsequent transgression. But Torah study cannot be erased, even if one subsequently commits a transgression.[28]

An early Chassidic authority explains that the commandments, like human beings, can be pictured as possessing a body and a soul. The *body* of the *mitzvah* is the physical act or object associated with it, like the branches that we use to cover the *sukkah* or the woollen threads that make up a *tzitzis*. Beyond this is the *soul* of the *mitzvah* — the profound influence that reverberates through all the worlds via the combinations of God's names that are invoked by fulfillment of His will. This idea can then be applied to our subject. The reward that is dispensed in this world is for the physical aspect of the *mitzvah* — the scaffolding, so to speak, for the realization of God's will. Since this is a physical concept, it is manifested in this physical realm. But the reward for the cosmic consequences of sanctifying God's name through all of creation is dispensed in the World to Come.[29]

Precepts and Prohibitions

ONE EXPLANATION AS to why *Chazal* teach that there is no earthly reward for commandments is based on quid pro quo. A person who *neglects* a precept is not subject to a penalty by an earthly court. Therefore, *commission* of a precept does not entitle one to earthly reward. However, transgression of a prohibition may lead to punishment by a court. Furthermore, the Talmud states that if one is presented with the opportunity to commit a prohibition and resists the temptation, one receives reward. Based on this, some authorities explain that when *Chazal* indicate that sometimes one may receive reward in this world, they were referring to this scenario, i.e., the case of a person who avoids transgressing a prohibition.[30]

Numerous other explanations are offered for why certain commandments earn reward in this world. Here is a digest:

REINCARNATION

According to *Chida,* one explanation for reward (or punishment) in this world has to do with reincarnation. A person who was righteous in a previous life (and is returning to this world to tie up a few loose ends, i.e., to complete his mission by doing some commandments that he had not managed in the previous existence) but becomes wicked this time around may receive reward in this world as compensation for his accomplishments in a previous existence.[31]

REPENTANCE

Some commentators say that *ba'alei teshuvah* receive reward in this world, too. The Talmud teaches that *teshuvah* that is motivated by love of God transforms past willful disobedience of God into merits. These merits consist of this-worldly benefits.[32] Perhaps the explanation is that a *ba'al teshuvah* has turned his back on this world; he no longer ignores the existence of a greater reality. Given that one of Providence's leading principles is measure-for-measure, God rewards this individual by bestowing upon him goodness in this world.

COMPLETELY RIGHTEOUS

In apparent contradiction to the above, *Ohr HaChaim* writes that a completely righteous person gains reward even in this world.[33]

COMMUNITY AND INDIVIDUALS

Some authorities point out that the rewards mentioned in the Torah tend to consist of circumstances which affect multitudes of people rather than isolated individuals. Things like rain and drought, health and disease, and war and peace are often community-wide phenomena. Consequently, we can say that individuals receive their reward in the World to Come. But besides *individual* achievement, there is also *communal* achievement (or failure). Reward for communities can be given in this world also, and takes the form of rain, prosperity and peace.[34]

OBSERVANCE OF SHABBOS

Shabbos occupies a special place among the commandments, being fundamental in that its observance testifies to God's creation of the world. It is also representative of the World to Come, a theme which is echoed in many of the *zemiros* sung on this day. Consequently, many commentators explain that the consequence of Shabbos observance is that the reward is partially given in this world.[35] Interestingly, there are statements in the Talmud regarding Shabbos observance that can easily be interpreted in this vein. For example, *Chazal* teach that a person who scrupulously fulfills the commandment of *Kiddush* will in turn be rewarded with barrels of wine.[36]

REGRETTING THE PAST

The Talmud teaches that even a totally righteous person who, later in life, regrets his observance of Torah, loses credit for his prior accomplishments.[37] Some commentators suggest that this is why God is reluctant to dispense reward in this world: If individuals received their reward immediately and later came to regret past *mitzvos*, the reward would turn out to have been unjustified. A corollary to this is that in circumstances in which an individual is exceedingly unlikely to stray from righteousness, there would be no reason to deny him reward in this world. *Chazal* suggest several such scenarios: a person who has spent the majority of his life without sinning, a person who has brought merit to the entire community,[38] a person who dwells in the Holy Land.[39]

ALL FOR THE BOSS

A contemporary authority suggests that a long life may not be considered reward at all. If a person is motivated by the desire to serve God with all his being, his longevity is merely a tool, rather than a result.[40]

TORAH AND SAGES

There are important differences between Torah concepts and Rabbinic injunctions. Besides the familiar rule that doubts in Torah issues are resolved stringently whereas doubts in Rabbinic matters are resolved leniently, we also find some authorities differentiating between the level of intent required in each of these categories. Some authorities say that whereas regarding Torah commandments, intent to fulfill the commandment is essential, this is not so in the case of Rabbinic commandments.[41] Furthermore, the Talmudic rule that benefit from *mitzvah*-acts is not legally considered to be benefit does not apply, according to some authorities, to Rabbinic commandments.[42]

It is not surprising, then, to find commentators applying a distinction between Biblical and Rabbinic commandments to our discussion. According to them, there is reward in this world for fulfillment of Rabbinic commandments.[43] This may be a corollary of the idea that anything that goes beyond what is strictly required earns reward in this world. Strictly speaking, all Rabbinic commandments are *additions* to the original framework of Torah given to us by God. Therefore, there is reward for them even here. Alternatively, it could be that some inherent feature of Rabbinic commandments makes them worthy of reward in this world.[44]

Legalistic Analysis

THE SUBJECT OF this chapter — reward for the observance of commandments in this world — seems to be a quintessentially *aggadic* matter; it seems to be entirely devoid of legal content. But in a display of the inherent unity of Torah, several commentators weave strands of halachah into the discussion. Let's examine some examples.

Chazal teach us that God observes the commandments of the Torah. For example, they tell us that God wears *tefillin*.[45] Clearly, this is a profound concept which is not meant literally. Nonetheless, it is accepted that, *in some sense*, God is bound by His own laws. This leads some authorities to address the fact that God's failure to reward us in this world may constitute a transgression of the prohibition of delaying payment to one's employee. *Chasam Sofer* addressed this in his commentary to *Parashas Eikev*,[46] in which the Torah assures us of material rewards in return for our allegiance to God. A comment made by the Midrash on this passage is cryptic. It discusses a lamp made up of several components and whether such a utensil may be handled on Shabbos. The discussion seems to have no bearing on the Torah passage on which the Midrash is commenting. But *Chasam Sofer* perceives an allusion to our discussion. His key insight is that in the case of a multi-part utensil, one cannot be considered to have assembled it unless all the components have been attached and the lamp made functional. By this, the Midrash is alluding to the fact that an individual's performance of commandments is not considered whole until such time as he dies, and all of his deeds can be considered *in toto*. Just like a dot of paint in a pointillist masterpiece, individual acts are merely parts of a lifetime's work and cannot be evaluated in isolation. Therefore, one is not entitled to compensation until after one dies, at which stage his life's work has been completed and can be assessed. For this reason, God does not transgress His own commandment by withholding our reward until the World to Come.

In a similar vein, some suggest that from God's perspective, all of history — especially the portion of history in which the Jewish people finds itself in exile — is like one long night. Just as an employer has the whole night to pay his employee, so too God is entitled to wait until the very end of the exile before giving us our due reward. In this way, God does not transgress the prohibition of withholding payment.[47]

A famous *Rebbe* followed a somewhat similar approach, at least in as much as invoking legal principles to address questions of *aggadah*. His point of departure is the statement of *Chazal* that everything that Israel receives in this world is reward for faithfulness to God. Having pointed out the difficulty of God transgressing the prohibition of delaying payment to His "employees," he points out a legal exception. If a laborer was hired by the employer's agent, as opposed to the employer himself, the prohibition of delaying payment does not apply. The Torah, too, was given to us by an agent, Moshe; that being so, God does not transgress by delaying our reward. But that's only true for everything besides the first two of the Ten Commandments; *they* were given to us directly by God. And since those two utterances constitute the core of *emunah* (I am Hashem your God...; You shall have no gods besides Me...), God is obligated to reward us immediately for observing them. Hence, everything we receive in this world is a consequence of *emunah*.[48]

Rabbi Meir Shapiro trod a similar path. According to him, the fact that God does not reward us in this world is a legal necessity. Anyone who accepts payment in exchange for testifying in court on behalf of a litigant is disqualified as a witness. Seeing that conceptually, the Torah's commandments constitute testimony about God's sovereignty, He cannot reward us in this world for fear of rendering us invalid witnesses. However, the halachah is that if a person goes to a certain location on his own initiative in order to witness an event so as to be able to testify about it, he *may* receive compensation for his efforts. This, according to Rabbi Shapiro, is hinted to in *Parashas Eikev,* one of the passages in which the Torah assures us of tangible rewards. *Eikev* literally means *heel,* hinting to the fact that if one fulfills the commandments in this fashion, i.e., with the intent to testify to God's sovereignty, like a person walking somewhere in order to be able to testify about what he saw, material rewards will follow.[49]

A similar approach revolves around the classic Talmudic argument regarding payment to a laborer. One view is that a worker's wages accumulate continuously from the moment he begins working; the opposing view is that the full sum becomes due only upon completion of the work. The same is true for rentals: Does the amount steadily accumulate, or is it due only at the end of the period? Some thinkers apply this dispute to our topic. Seeing that we are God's laborers, those who maintain that payment gradually accumulates will agree that we are entitled to some recompense in this world.[50]

Aiming for Reward

CHAZAL TEACH THAT one should not serve God in anticipation of material benefits. One's conduct should be driven by loftier motives.[51] Classical authorities therefore invest considerable effort into explaining why Moshe, of all people, seemed to be motivated by the desire for reward. The Talmud states that he pleaded with God to enter the Holy Land in order to fulfill the commandments that can only be fulfilled there and to receive reward for this. What about the injunction not to be motivated by gain? *Maharsha* answers by making a simple distinction. When one is *already* obligated in commandments, one may not do them with an eye on the benefits. But if one is not obligated but deliberately places oneself in circumstances in which an obligation will arise, one *may* seek reward.[52] Moshe was not obligated in the commandments that apply in the Holy Land, since he was outside of it. He was therefore entitled to seek reward for the commandments he would observe inside the Holy Land, if permitted to enter.

This explanation was used by later authorities to justify controversial practices. *Noda BiYehudah* (1713–1793) strenuously objected to statements of intent that are recited before the performance of commandments (לשם יחוד).[53] In particular, he argued that the statement (which is now printed in many *siddurim*) recited before donning a *tallis* violated the injunction not to serve God with selfish motives. The prayer states that "just as I wrap myself in a *tallis* in this world, may I merit Rabbinic garb and a beautiful garment in the World to Come." This, wrote *Noda BiYehudah*, violates the requirement to serve God without regard for reward. But others disagree, citing *Maharsha*. Strictly speaking, there is no obligation to wear a four-cornered garment. It's just that when we do, we must ensure that *tzitzis* are attached. So by deliberately wearing four-cornered garments, as we do nowadays, we place ourselves in a situation in which we become obligated in a commandment. Ergo, we are permitted to do this with the intention of receiving reward.[54]

This reasoning is also applied to the area of tithes where, as we saw, *Chazal* assure us that the consequence of the *mitzvah* is wealth. One commentator cites *Maharsha* and applies his insight as follows: Grain brought from the fields to one's home can be made exempt from the requirement of tithing. This happens if the owner uses a circuitous route and avoids bringing the grain through the front of the house. A person who deliberately brings the grain directly to the front of the house, thus ensuring that he is obligated in separating tithes, is entitled to reward, based on *Maharsha*'s dictum.[55] Similarly, we can use *Maharsha*'s reasoning to explain the otherwise perplexing conduct of some Talmudic personalities. For example, the Talmud relates that when Rabbi Zeira felt drained by his Torah study, he would sit at a doorway through which other scholars regularly passed. He explained himself thus: "When the scholars come past, I shall stand for them and receive reward." This conduct can readily be explained by reference to *Maharsha*'s principle: The obligation of standing in honor of Torah scholars applies when such scholars happen to be in one's vicinity; one is not required to seek a Torah scholar in order to deliberately stand before him. By doing precisely that, Rabbi Zeira could anticipate reward in this world.[56]

Charity

ONE OF THE areas in which we may gain earthly reward is *tzedakah.** As we mentioned earlier, *Chazal* teach that tithing leads to wealth. Furthermore, the Talmud relates the story of Binyamin the Righteous who supported a widow and her seven children during years of famine and was allotted twenty-two additional years of life as a result. One approach is that *tzedakah* is not inherently different

---

* For the purposes of this chapter, I ignore the differences between צדקה and מעשר.

than other commandments. We saw earlier that according to some sources, any actions which go beyond the letter of the law make one worthy of reward in this world. In the case of Binyamin the Righteous, it can be argued that he was not required to support this large family; when he chose to support them, he was rewarded for his extraordinary generosity.[57] But others *do* posit that *tzedakah* is unique. One authority explains that the commandment of *tzedakah* is exceptional in that God explicitly invites us to challenge Him. This is a reference to the fact that, in general, we are not permitted to test God. *Tzedakah* is the exception to this rule; a verse (*Malachi* 3:10) informs us that God is prepared to be tested here: A person who gives charity (in a precisely defined fashion) will be able to see his expenditure recouped.[58]

The Satmar Rebbe invoked the concept of a laborer, whom the Torah permits to eat grapes from the vineyard that he is tending on behalf of the owner. The Satmar Rebbe pointed out that this is permitted only at a specific stage of the labor: when the laborer is harvesting the grapes and placing them into his employer's baskets. Similarly, when we give *tzedakah* to impoverished Torah scholars — whom the Satmar Rebbe compares to God's utensils — we are entitled to benefit in this world from our labors.[59]

Pinchas

THE INCIDENT OF Pinchas (*Bemidbar* 25:1–9) is a particularly interesting study in the context of our discussion. After the tribal leader Zimri pursues a public relationship with a Midianite woman, Pinchas kills Zimri and the woman and thus averts the continuation of a devastating plague within the Jewish people. God then informs Moshe that because Pinchas avenged His honor, he and his descendants will be rewarded.

The Talmud teaches that Pinchas's action had the consequence that the Jewish people received the commandment of priestly gifts:[60] whenever a domesticated beast is slaughtered, we give three specific portions from it to a *Kohen*.[61] A part of the animal's forelimb is given, in commemoration of Pinchas using his arm to plunge the spear; a part of the animal's jaw is given, commemorating the prayer uttered by Pinchas before he acted; and a part of the animal's stomach is given, in remembrance of the spear piercing the stomachs of the two transgressors. *Sefer HaChinuch* derives an important lesson from this: anyone who sanctifies God's name in public, as Pinchas did, receives earthly reward for himself and his progeny, without relinquishing his merits in the World to Come.[62] *Kiddush Hashem*, then, is an exception to the rule that there is no reward for commandments in this world. It seems that *Kiddush Hashem* — the greatest possible achievement for a Jew — deserves reward in both worlds.

One of the salient points about this incident is that *Chazal* comment that Pinchas was *entitled* to receive reward for his actions. Several explanations are given for this. One is that Pinchas, being a descendant of Aharon, was naturally inclined toward peace and reconciliation. It was very much against his nature to act violently, much less to kill a distinguished leader of the Jewish people. Despite this, Pinchas did what was necessary under the circumstances, overcoming his innate repugnance for violence. It is this rising above the self that justifies reward even in this world.[63]

The Steipler employed the distinction made by *Rambam*: Commandments which are entirely between man and his Creator have consequences solely in the World to Come, while those that regulate human interaction earn fruit in this world, too. Given this distinction, he explains the case of Pinchas as follows. By killing Zimri, Pinchas avenged his Creator's honor, which counts as a man-God act. But he also assuaged God's anger and saved the people from His fury, an act which is tantamount to a man-to-man commandment. Pinchas therefore earned reward in this world, too.[64]

Other commentators use *Maharsha*'s dictum, mentioned previously. Pinchas was not required to intervene in the case of Zimri. The halachah in these cases is that someone who is zealous for God's honor may kill the transgressor, but this is not required.[65] Since Pinchas avenged God's honor by killing Zimri, he was entitled to receive reward in this world.[66]

Conclusion

MANY APPROACHES BESIDES those outlined above have been formulated over the ages to account for the apparent discrepancy between statements in Torah literature that indicate the possibility of reward in this world and those statements that indicate otherwise.[67] One of the most beautiful sentiments mentioned by classical authorities is that God wants to bestow the maximum possible rewards upon us. When we act so as to enable Him to give us more, we please Him because we provide Him with another opportunity to give to us. For that, too, say some authorities, there is reward in this world. What better way to appreciate God's pleasure in bestowing goodness upon us than to learn about the numerous ways He has devised to grant us pleasure and benefit in this world and the next!

NOTES TO CHAPTER 4

1 **י"ג עיקרים לרמב"ם עיקר י"א:** אני מאמין באמונה שלימה שהבורא יתברך שמו גומל טוב לשומרי מצותיו ומעניש לעוברי מצותיו.

פירוש המאירי (קידושין דף ל"ט עמוד ב): ... מפינות האמונה להאמין בגמול ובעונש בין בעולם הזה בין בעולם הבא ואל יבלבלהו מה שיראה מהעדר הסידור בין בני אדם בצדיק ורע לו ורשע וטוב לו שהכל ביושר...

2 עיין בפרשת בחקתי (ויקרא כו, ד-י), פרשת עקב (דברים ז, יג-טז) ופרשת כי תבוא (דברים כח, ג-יג).

3 פרשת ואתחנן (דברים ז, יא): הַיּוֹם לַעֲשׂוֹתָם. רש"י – ולמחר, לעולם הבא, ליטול שכרם (עירובין כב.)

4 מסכת קידושין דף ל"ט עמוד ב.

5 **באר מים חיים, פרשת עקב דף ק"ב:** ... ואמנם שכר מצוה מה שפעל אדם על ידי מצוותיו באורות הרוחניים... זה ודאי בהאי עלמא ליכא כי איך ינתן שכר גשם בעד עולמות רוחניים. ואם יכפל כל העולם הזה מן הקצה ועד הקצה בכל מחמדיו ויקריו ותענוגיו וגדולתו וממשלתו... האם כדאי הוא לדבר ממנו כלל נגד דבר אחד רוחני קטן וקל שבו...

פרדס יוסף, פרשת וירא עמוד שנ"ב אות קז: ... והגר"א מוילנא אמר שאמרו חז"ל (קידושין דף לט עמוד ב) שכר מצוה בהאי עלמא ליכא. והטעם כי המצוה הוא ענין רוחני, ויפה שעה אחת של קורת רוח בעולם הבא מכל חיי העולם הזה (פרקי אבות פרק ד משנה כב)...

6 **תורת משה, פרשת וישב בראשית לז, א:** והנה כמה צדיקים מצינו שלא יאכילום פירות תורה ומצוות המיוחדות לאכול פירותיהן בעולם הזה, כרבי חנינא בן דוסא ורבי אלעזר בן פדת ודומיהם, ומה נעשה מפרי תורתם ומעשיהם? והנה על מאמרם ז"ל (ילקוט שמעוני משלי רמז תתקלד) אמרה תורה לפני הקב"ה כתיב [משלי ג, טז] בִּשְׂמֹאולָהּ עֹשֶׁר וְכָבוֹד למה בני עניים? והשיב [משלי ח, כא] לְהַנְחִיל אֹהֲבַי יֵשׁ וכו'. ומה זו תשובה, ינחילם הקרן בעולם הבא והפירות בעולם הזה?! אך הוא שאומר הוא יתברך אם אאכילם פירות בעולם הזה, יכלו פירותיהם במה שהוא הבל שהוא טובות העולם הזה ולא במה שהוא יש, על כן יעשה מהפירות קרן קיימת לעולם הבא.

7 **מדרש רבה סדר כי תצא פרק ו אות ו [כב, ו]:** דבר אחר יש מצוה שמתן שכרה עושר ויש מצוה שמתן שכרה כבוד. ומה מתן שכרה של מצוה זו [שלוח הקן]? שאם אין לך בנים אני נותן לך בנים שנאמר [דברים כב, ז] שַׁלֵּחַ תְּשַׁלַּח אֶת הָאֵם ומה שכר אתה נוטל וְאֶת הַבָּנִים תִּקַּח לָךְ.

8 **מסכת נדרים דף מ עמוד א:** אמר רב כל המבקר את החולה ניצול מדינה של גיהנם... ואם ביקר מה שכרו מה שכרו כדאמר ניצול מדינה של גיהנם אלא מה שכרו בעולם הזה [תהלים מא, ג] ה׳ יִשְׁמְרֵהוּ וִיחַיֵּהוּ וְאֻשַּׁר בָּאָרֶץ וְאַל תִּתְּנֵהוּ בְּנֶפֶשׁ אֹיְבָיו. ה׳ יִשְׁמְרֵהוּ מיצר הרע וִיחַיֵּהוּ מן היסורין וְאֻשַּׁר בָּאָרֶץ שיהו הכל מתכבדין בו וְאַל תִּתְּנֵהוּ בְּנֶפֶשׁ אֹיְבָיו שיזדמנו לו ריעים כנעמן שריפו את צרעתו ואל יזדמנו לו ריעים כרחבעם שחילקו את מלכותו.

9 **מסכת בבא קמא דף ט עמוד ב:** במערבא אמרי משמיה דרבי זירא עד שליש משלו, מכאן ואילך משל הקב״ה. **רש״י שם ד״ה מכאן ואילך:** מה שיוסיף בהידור יותר על שליש יפרע לו הקב״ה בחייו.

10 **פרשת ואתחנן (דברים ז, י):** וּמְשַׁלֵּם לְשֹׂנְאָיו אֶל פָּנָיו לְהַאֲבִידוֹ. רש״י – בחייו משלם לו גמולו הטוב כדי להאבידו מן העולם הבא (אונקלוס ותרגום יונתן).

פירוש המאירי (מסכת קידושין דף ל״ט עמוד ב): ... ופעמים צריך שיגמל לקצת מעשים שבידו ומטיבין לו כדכתיב ומשלם לשונאיו על פניו כלומר בעוד שהוא חי כדי להאבידו לעולם הבא...

פרדס יוסף, פרשת בשלח עמוד רמ״ו אות כד: ... על פי מה שאמרו בתענית (דף כה עמוד ב) שמואל הקטן גזר תעניתא וירדו להם גשמים קודם הנץ החמה כסבורין העם לומר שבחו של צבור הוא אמר להם אמשול לכם [משל] למה הדבר דומה לעבד שמבקש פרס מרבו אמר להם תנו לו ואל אשמע קולו, הרי לפעמים ה׳ עושה רצון המבקש שאין רצונו לשמוע בקולו...

11 **מסכת סנהדרין דף ע עמוד א:** אמר רב חנן לא נברא יין בעולם אלא לנחם אבלים ולשלם שכר לרשעים... **רש״י (ד״ה לשלם שכר לרשעים):** שמתעדנין בו בעולם הזה ומקבלין בו שכר מצוה שעושין בעולם הזה.

12 **רמב״ם, הלכות תשובה, פרק ט, הלכה א-ב:** מאחר שנודע שמתן שכרן של מצוות והטובה שנזכה לה אם שמרנו דרך ה׳ הכתוב בתורה היא חיי העולם הבא, שנאמר (דברים כב, ז) לְמַעַן יִיטַב לָךְ וְהַאֲרַכְתָּ יָמִים והנקמה שנוקמין מן הרשעים שעזבו אורחות הצדק הכתובות בתורה היא הכרת, שנאמר (במדבר טו, לא) הִכָּרֵת תִּכָּרֵת הַנֶּפֶשׁ הַהִוא עֲוֹנָה בָהּ. מה הוא זה שכתוב בכל התורה כולה, אם תשמעו יגיע לכם, ואם לא תשמעו יקרא אתכם, וכל אותן הדברים בעולם הזה כגון שובע ורעב, ומלחמה ושלום, ומלכות ושפלות, וישיבת הארץ וגלות, והצלחת מעשה והפסדו, ושאר כל דברי הברית.

13 **רמב״ם, הלכות תשובה, פרק ט, הלכה ג-ז:** כל אותן הדברים אמת היו, ויהיו, ובזמן שאנו עושין כל מצוות התורה, יגיעו אלינו טובות העולם הזה כולן; ובזמן שאנו עוברין עליהן, תקרא אותנו הרעות הכתובות. ואף על פי כן אין אותן הטובות, הן סוף מתן שכרן של מצוות; ולא אותן הרעות, הן סוף הנקמה שנוקמין מעובר על כל המצוות. אלא כך הוא היסע הדברים. הקדוש ברוך הוא נתן לנו תורה זו, עץ חיים, וכל העושה

כל הכתוב בה, ויודעו דעה גמורה נכונה זוכה בה לחיי העולם הבא; ולפי גודל מעשיו וגודל חכמתו, הוא זוכה. והבטיחנו בתורה שאם נעשה אותה בשמחה ובטובת נפש, ונהגה בחכמתה תמיד שיסיר ממנו כל הדברים המונעים אותנו מלעשותה, כגון חולי ומלחמה ורעב וכיוצא בהן. וישפיע לנו כל הטובות המחזקים את ידינו לעשות את התורה, כגון שובע ושלום ורבות כסף וזהב כדי שלא נעסוק כל ימינו בדברים שהגוף צריך להן, אלא נשב פנויים ללמוד בחכמה, ולעשות המצוה, כדי שנזכה לחיי העולם הבא. וכן הוא אומר בתורה אחר שהבטיח בטובות העולם הזה (דברים ו, כה) וּצְדָקָה תִּהְיֶה לָּנוּ. וכן הודיענו בתורה שאם נעזוב התורה מדעתנו ונעסוק בהבלי הזמן, כעניין שנאמר (דברים לב, טו) וַיִּשְׁמַן יְשֻׁרוּן וַיִּבְעָט שדיין האמת יסיר מן העוזבים כל טובות העולם הזה, שהן חיזקו ידיהם לבעוט, ומביא עליהן כל הרעות המונעים אותן מלקנות העולם הבא, כדי שיאבדו ברשעם. הוא שכתוב בתורה (דברים כח, מח) וְעָבַדְתָּ אֶת אֹיְבֶיךָ אֲשֶׁר יְשַׁלְּחֶנּוּ ה' בָּךְ [שם פסוק מז] תַּחַת אֲשֶׁר לֹא עָבַדְתָּ אֶת ה'. נמצא פירוש כל אותן הברכות והקללות, על דרך זו: כלומר אם עבדתם את ה' בשמחה, ושמרתם דרכו משפיע לכם הברכות האלו ומרחיק הקללות, עד שתהיו פנויים להתחכם בתורה ולעסוק בה, כדי שתזכו לחיי העולם הבא, וייטב לך לעולם שכולו טוב ותאריך ימים לעולם שכולו ארוך. ונמצאתם זוכין לשני העולמות, לחיים טובים בעולם הזה המביאין לחיי העולם הבא. שאם לא יקנה הנה חכמה ומעשים טובים אין לו במה יזכה, שנאמר (קהלת ט,י) כִּי אֵין מַעֲשֶׂה וְחֶשְׁבּוֹן וְדַעַת וְחָכְמָה בִּשְׁאוֹל... ואם עזבתם את ה' ושגיתם במאכל ומשקה וזנות ודומה להם, מביא עליכם כל הקללות האלו ומסיר כל הברכות, עד שייכלו ימיכם בבהלה ופחד, ולא יהיה לכם לב פנוי ולא גוף שלם לעשות המצוות, כדי שתאבדו מחיי העולם הבא. ונמצא שאיבדתם שני עולמות: שבזמן שאדם טרוד בעולם הזה בחולי ובמלחמה ורעבון, אינו מתעסק לא בחכמה ולא במצוה שבהן זוכין לחיי העולם הבא.

14 **של"ה בית אחרון דף ט (על שיטת רמב"ם):** ואין זה מספיק כי כשיעד לנו הדרך המביא אל התכלית והתכלית עצמו לא יעדו לנו בפירוש עדיין אין אנו בטוחים ממנו מה שלא היה כן אם יעד לנו התכלית כי אז היינו בטוחים בדרך המביא אליו... ואם כן היה לו לבאר לנו הגמול הרוחני ומאלינו נבין כי יתן סיפק בידינו להשיג...

15 **דרשות הר"ן דרוש ראשון:** ... בתחילת התורה הונח היסוד אשר נבנתה עליו התורה והוא – שאין עניני העולם על צד החיוב אבל על צד הרצון הפשוט, וכי הוא בכללו ביד ה' כחומר ביד היוצר. ולזה, עם היות שלא באו עם המצוות יעודי העולם הבא, לסבות נזכרו, הניח זה על צד הסיפור...

16 **שם:** וכמו שהיה יסוד התורה ענין יציאת מצרים שעל ידיו נראה שהענין האלהי דבק בנו, מה שלא יכלו החרטומים לעשות...

17 **שם:** מצורף אל זה שאין ספק שהאמונות בזמנים ההם היה ענינן נוהג על הדרך שנוהג משפט האמונות אשר אנחנו בתוכן רצוני לומר שהיו כולן מבטיחות על הגמול

העתיד לנפש אחרי הפרדה מהגוף. והיו מרחיקים עדיהם – כי מצד שלא היו נוחלים האמת, לא יוכלו לתת אות קרוב ומוחש. וכשבאה תורתנו בין אותן האמונות, כמו שנבדלה מהן במעלה, כן הבדילה יעודיה. רצוני לומר שאמתה אותם, מה שלא היו הם יכולים לאמת... כן המשיכה יעודים בענין שיראה עין בעין שהענין ההוא לא תוכל תורה אחרת ליעד. ולו הבטיחה על גמול הנפש אחרי המוות, נראית היא ויתר התורות שוות, ולא תוודע אליה בענין יעודיה מעלה עליהן. כי אחרי היות כולן מבטיחות על דבר בלתי מוחש, היתה כל אחת יכולה להתחזק ולומר שהאמת אתה.

18 *Ramban*'s position in this regard is more obscure. He emphasises that everything that happens — even those phenomena that appear to be entirely natural — are nothing but hidden miracles. The rain, prosperity and other things that are promised by the Torah are no different than events like the Splitting of the Sea:

פירוש רמב"ן פרשת וארא שמות ו, ב: וענין הכתוב, כי נראה לאבות בשם הזה שהוא מנצח מערכות שמים ולעשות עמם נסים גדולים שלא נתבטל מהם מנהג העולם: ברעב פדה אותם ממות ובמלחמה מידי חרב, ולתת להם עושר וכבוד וכל טובה, והם ככל היעודים שבתורה בברכות ובקללות, כי לא תבוא על אדם טובה בשכר מצוה או רעה בעונש עבירה רק במעשה הנס, ואם יונח האדם לטבעו או למזלו לא יוסיפו בו מעשיו דבר ולא יגרעו ממנו. אבל שכר כל התורה ועונשה בעולם הזה הכל נסים והם נסתרים, יחשב בהם לרואים שהוא מנהגו של עולם, והם באדם עונש ושכר באמת. ומפני זה תאריך התורה ביעודים שבעולם הזה, ולא תבאר יעודי הנפש בעולם הנשמות, כי אלה מופתים שכנגד התולדה, וקיום הנפש ודבקה באלהים הוא דבר ראוי בתולדתה שהיא תשוב אל האלהים אשר נתנה.

רמב"ן, דרשת תורת ה' תמימה (טז, יז): יעודי התורה כולם נסים ומופתים גמורים הם, כי אין הפרש – למי שמעיין יפה – בין צדיק ימלא ימיו בהשקט ובבטחה ובין שאכל תרומה ימות, או חנניה בן עזור שנאמר לו (ירמיה כח, טז) הַשָּׁנָה אַתָּה מֵת כִּי סָרָה דִבַּרְתָּ ובין קריעת ים סוף, ופסוק [שמות כג, כה] וַהֲסִרֹתִי מַחֲלָה מִקִּרְבֶּךָ שוה עם [שמות יא, ז] וּלְכֹל בְּנֵי יִשְׂרָאֵל לֹא יֶחֱרַץ כֶּלֶב לְשֹׁנוֹ וכו'. כללו של דבר, כי אם נאמר שהטבע הוא מכלכל הכל לא מת אדם ולא יחיה בעבור זכותו וחובו... ושנה את הטבע בקריעת ים סוף וענין [ויקרא כו, ד] וְנָתַתִּי גִשְׁמֵיכֶם בְּעִתָּם כולם נסים עומדים...

הגהות מיימוניות על רמב"ם הלכות תשובה פרק ח אות ב: וזו לשון הרמב"ן אשר כתב בזה... וכבר פירשתי שכל היעודים שבתורה בהבטחות או בהתראות כולם מופתים מן הנסים הנסתרים ובדבר מופתי תבטיח ותזהיר התורה לעולם ולכן הזהיר בכאן בכרת שהוא ענין נסיי ולא הבטיח בקיום שהוא ראוי עד כאן לשונו בפרשת אחרי מות.

19 **דרשות הר"ן, הדרוש הששי:** הש"י צוה לישראל על ידי משה נביאו תרי"ג מצוות, ויעד על כל אחת מהן הגמול. ואין ספק שאין הגמול בכל אחת מהן שוה... ולפי זאת ההנחה, אשר היא אמתית אפשר – וכן הוא האמת – שבעשית מצוה אחת לבדה על

השלמות כל ימיו יזכה בה לחיי העולם הבא. אבל לא יהיה כן בכל המצוות. אבל יש מצוה שאפשר שישולם שכרה בעולם הזה לבד ויהיה בכלל מה שאמרו בפרק קמא דקידושין (לט:) מי שזכויותיו מרובין על עוונותיו...

פירוש המאירי (קידושין דף לט עמוד ב): הא למדת שאף על פי שיש לפעמים שכר מצוות אף בעולם הזה מכל מקום כמה דברים מעכבין את הגמול ועיקר השכר לעולם הבא... ואף-על-פי שבעל זה המאמר [כלומר רבי יעקב הסובר שכר מצוה בהאי עלמא ליכא] סובר שאין בעולם הזה שכר מצוות מכל מקום עיקר הענין ופינת הדת להשלים ביניהם לומר שאף בעולם הזה יש שכר אלא שהוא מתערב לקצת סבות ונמצא עיקרו צפון לעולם הבא.

20 **פירוש המשניות לרמב"ם מסכת פאה פרק א משנה א (ד"ה אוכל פירותיהן והקרן קיימת לו):** ... כי המצוות כולן נחלקין בתחילה על שני חלקים. החלק הא' במצוות המיוחדות לאדם בנפשו במה שיש בינו ובין הקב"ה כגון ציצית ותפילין ושבת ועכו"ם והחלק הב' במצוות התלויות בתועלת בני אדם... כגון אזהרה על הגניבה... כשיעשה האדם המצוות המיוחדות לנפשו מה שיש בינו ובין בוראו תחשב לו לצדקה ויגמלהו הקב"ה עליה לעולם הבא... וכשיעשה האדם המצוות התלויות בתועלת בני אדם... כמו כן תחשב לו לצדקה לעולם הבא לפי שעשה המצוה וימצא טובה בעולם הזה בעבור שנהג מנהג הטוב בין בני אדם כי כשינהג מנהג הזה וינהגו אחרים כמנהגו יקבל כמו כן שכר מהענין ההוא...

פירוש הרא"ש למשנה פאה פרק א, משנה א: ... כי הקב"ה חפץ יותר במצוות שיעשה בהם גם רצון הבריות מבמצוות שבין אדם לקונו.

פירוש המאירי (מסכת קידושין דף לט עמוד ב): ... ואין הענין אלא כמי שאומר שהצדיק נגמל בזה ובבא וכמו שאמרו בקצת מצוות שאדם אוכל פירותיהן בעולם הזה והקרן קיימת לו לעולם הבא ומהם כבוד אב ואם וגמילות חסדים והבאת שלום בין אדם לחבירו ותלמוד תורה כנגד כולם שכל אלו יש בהם טוב לשמים וטוב לבריות...

21 **מסכת בבא בתרא דף י עמוד א תוספות (ד"ה ואיזו):** ... ואומר ר"י דרוב דברים אין עומדין לאדם בעולם הזה אלא לאחר מיתה ובעולם הזה אין עומדין לאדם אלא מצוות גדולות כדתנן אלו דברים שאדם אוכל מפירותיו בעולם הזה והקרן קיימת לעולם הבא...

22 **דברי שאול, פרשת ואתחנן:** ... דהנה כבר אמרו שכר מצוה בהאי עלמא ליכא והנה לפי עניות דעתי נראה לי דזה דוקא במצוה שכלית אבל מצוה חקית מגיע לנו שכר בעולם הזה. ולפי עניות דעתי הטעם דהנה במצוה השכלית המעשה ניקל שהרי כל נאה וישר לעשות אבל המחשבה לחשוב שאינו עושה רק בשביל המצוה לא בשביל שראוי לעשות כך מצד היושר רק לצד מצות הבורא... אבל החק היא ניקל לחשוב שעושה בשביל הבורא אבל המעשה קשה מאד לעשות שאומות העולם משיבים על זה ולכך המעשה שעושה בעולם הזה גם שכרה בעולם הזה...

23 **ארי במסתרים, פרשת עקב עמוד קנ"ח:** וְהָיָה עֵקֶב תִּשְׁמְעוּן אֵת הַמִּשְׁפָּטִים הָאֵלֶּה וגו' וְשָׁמַר ה' אֱלֹהֶיךָ לְךָ אֶת הַבְּרִית וגו'. על הרוב נאמר חוקים ומשפטים או מצוות וכאן הלשון משפטים כי באמת שכר מצוה בהאי עלמא ליכא ומכל מקום יש דברים שאוכל פירותיהן בעולם הזה והם הדברים שקרויים מצוות שכליות ובהם גמילות חסדים וכבוד אם זוכה בעולם הזה גם כן לשכר וידוע דחוקים מונח על חלק המצוות שאין השכל מחייבן ומשפטים הוא המצוה אשר השכל מחייבה וזה שאמר שאם תשמור את המשפטים אזי כבר בעולם הזה תזכה לברכה ויתכן הטעם בזה כי מצוות אשר השכל מחייבן על כרחך שהם קרובין גם כן בזה העולם ולכן שכרם גם בזה העולם.

24 **ספר חסידים סימן ר"י:** אם ראית תלמיד חכם שהאריך ימים דע לך שהוסיף דקדוקים על חבירו דברים שאינם כתובים בתורה שהרי בפירוש אמרו במסכת מגילה במה הארכת ימים וכו' ואין שם דבר אחד מן התורה אלא דקדוקי של סברא שאינן של תורה.

פרדס יוסף, פרשת וירא עמוד שנ"ב אות קז: בַּיּוֹם הַשְּׁלִישִׁי (בראשית כב, ד). ובמדרש (בראשית רבה נו, א) זהו שאמר הכתוב (הושע ו, ב) יְחַיֵּנוּ מִיֹּמָיִם בַּיּוֹם הַשְּׁלִישִׁי יְקִמֵנוּ וְנִחְיֶה לְפָנָיו. והגר"א מוילנא אמר שאמרו חז"ל (קידושין דף לט עמוד ב) שכר מצוה בהאי עלמא ליכא. והטעם כי המצוה הוא ענין רוחני, ויפה שעה אחת של קורת רוח בעולם הבא מכל חיי העולם הזה (פרקי אבות פרק ד משנה כב)... ורק דהמצוה עצמה אין לה תשלומין בעולם הזה, והתורה סיפרה מהכנות וזריזות של אברהם אבינו לקיים מצות עקידה... ומכל זה אנו אוכלין בעולם הזה, אבל עיקר המצוה ביום השלישי נשאר לנו לעתיד לבא. וזהו שאמר יְחַיֵּנוּ מִיֹּמָיִם, רצה לומר כל מה שאנו חיים ואוכלים הוא ממה שעשה אברהם אבינו ביומים – בשני ימים ראשונים הוא הזריזות – אבל בַּיּוֹם הַשְּׁלִישִׁי, במה שעשה ביום השלישי היינו העקידה, על ידי זה יְקִמֵנוּ לעתיד לבא.

בני יששכר, חודש סיון מאמר ה' אות כ"ח: והן היום שנתגדל [אברהם] במצרים בעושר הנה לבל יחשבו בני דורו שכל פעולת התורה והמצות הוא רק לקבל שכר בעולם הזה, הנה בחזרתו פרע הקפותיו, גילה לעין כל אורות המקיפים שיש לו (פר"ע לשון גילוי כמו במדבר ה, יח וּפָרַע אֶת רֹאשׁ הָאִשָּׁה) על שעושה כל מצות התורה בחומרות דברים נוספים ובמילי דחסידי ממילא מקבל שכר גם בעולם הזה.

אהל יצחק, אות רס"ב: ... דהא נודע דמה שאדם מוסיף לפנים משורת הדין יש שכר בהאי עלמא... וכיון שהוא מוסיף מחול על הקודש נותנים לו שכר בהאי עלמא... וזה ענין ש"ס (פסחים דף קי"ב) עשה שבתך חול ואל תצטרך לבריות... אכן הענין שהוא כמבטיח שכר בהאי עלמא, שאם תעשה את השבת בעוד חול ותוסיף מחול על הקודש בשכר זאת אל תצטרך לבריות...

פרדס יוסף, פרשת תרומה עמוד תרי"ד: ובערבי נחל [בהעלותך ה: ד"ה ועם הנדרש] כתב דלומד בלילה יותר מחיובו על פי דין על זה מקבל שכר דאף דשכר מצוה בהאי עלמא ליכא אבל אם עשה יותר מכדין מקבל שכר...

25 **פרקי אבות פרק ד משנה ב פירוש רבי עובדיה מברטנורא (ד"ה ששכר מצוה מצוה):** פירוש אחר, ששכר מצוה מצוה, שכל מה שאדם משתכר ומתענג בעשיית המצוה נחשב לו למצוה בפני עצמה , ונוטל שכר על המצוה שעשה ועל העונג וההנאה שנהנה בעשייתה. **פירוש זרע יצחק שם:** כתב הר"ב פירוש אחר, שכל מה שאדם מתענג בעשיית המצוה נחשב לו למצוה בפני עצמה. ובזה ניחא קושיית העולם על הא דקיימא לן שכר מצוה בהאי עלמא ליכא, והא כתיב שכר בתורה כמו אם בחוקותי וגו'. וצריך לומר דעל המצוה גופה ליכא שכר, אבל בעד עשייתה בשמחה כנזכר לעיל איכא שכר בהאי עלמא...

26 **מדרש רבה סדר פנחס כא, א:** פינחס בן אלעזר בן אהרן הכהן. אמר הקב"ה בדין הוא שיטול שכרו. **פירוש מהרז"ו שם (ד"ה בדין הוא שיטול שכרו):** פירוש שמדת הדין מסכים לזה בלא שום קטרוג שהרי עשה במסירת נפשו למות על קדושת שמו יתברך...

חומת אנך, פרשת פנחס סוף אות א: ... וזה אפשר להבין מאמרם ז"ל פנחס בן אלעזר בן אהרן הכהן בדין הוא שיטול שכרו דהיה סלקא דעתך דמאחר דנתעברו בו נדב ואביהוא לסייעו להרוג זמרי אימא דמגרעות נתן לשכרו דגדולי ישראל היו בגר"ם המעלות. לזה אמר בדין הוא שיטול שכרו דאלמלא הכין עצמו וגמר למסור עצמו בקנאתו לה' לא נתעברו בו ונמצא דהוא מסר עצמו על קידוש ה'...

27 **שם משמואל, פרשת עקב שנת תרע"ה:** והנה (קידושין דף לט עמוד ב) שכר מצוה בהאי עלמא ליכא, וברח"ו [כנראה רב חיים ויטאל] דדוקא שכר מצוה אבל שכר תורה איתא נמי בהאי עלמא וראייתו מהא דבשמאלה עושר וכבוד , עד כאן דבריו. פירוש דבודאי האי עושר וכבוד בהאי עלמא הוא, דהרי זה שכר על בשמאלה היינו שלא לשמה, ומאחר דמסיק הש"ס דלשמה עושר וכבוד נמי איכא הנה מפורש דשכר תורה איתא נמי בהאי עלמא.

דבש לפי, מערכת מ אות יב: אמרו חז"ל שכר מצות בהאי עלמא ליכא. אמנם בשכר השמיעה שאדם שומע דברי תורה נותנין לו שכר בעולם הזה. כן כתב הגאון מהרש"ק ז"ל בספר ברכת שמואל פרשת עקב. וזה כמו (ישעיהו נה, ג) שִׁמְעוּ וּתְחִי נַפְשְׁכֶם.

28 **פרדס יוסף, פרשת לך לך עמוד רל"ה אות כג:** וקשה, למה על התורה יש שכר בהאי עלמא ולא על מצוות... ויש לומר על פי מה שאמרו בסוטה (דף כא עמוד א) עבירה מכבה מצוה [רש"י (ד"ה עבירה מכבה) – שכר מצוה] ואין מכבה תורה [רש"י (ד"ה ואין עבירה מכבה) – שכר מי שעסק בתורה קודם לכן...]. ושפיר ליכא שכר על מצוות, שמא יחטא אחר כך ויכבה, אבל בתורה לא שייך זה.

ארץ חמדה, פרשת עקב עמוד 14: והנה טעם דשכר מצוה בהאי עלמא ליכא כתבו המפרשים דשמא יחטא ועבירה מכבה מצוה אך כיון שכאן מיירי במ"ש תשמעון על לימוד התורה ושמרתם על המצוות ותורה בעידנא דעסיק בה אגוני מיצר הרע כמו שכתוב בסוטה וכיון שחיוב התורה יומם ולילה אי אפשר שיחטא כלל...

29 **באר מים חיים, פרשת עקב דף ק"ב:** עוד יבואר כי הנה חז"ל (חולין קמב) אמרו שכר מצוה בהאי עלמא ליכא וכו'. ולכאורה דבריהם סותרים למה שנאמר בפרשה זו וְהָיָה עֵקֶב תִּשְׁמְעוּן אֵת הַמִּשְׁפָּטִים וגו' וַאֲהֵבְךָ וּבֵרַכְךָ וְהִרְבֶּךָ וּבֵרַךְ פְּרִי בִטְנְךָ וגו' שמונה והולך כל הברכות. וכל הברכות האלה הם ברכת עולם הזה בהאי עלמא. והנה מפורש שהברכות המה בשכר המצוה כמו שנאמר עקב תשמעון וגו'. וכן כמה פעמים בתורה אין מספר כמו אִם בְּחֻקֹּתַי תֵּלֵכוּ וגו' וְנָתַתִּי גִשְׁמֵיכֶם בְּעִתָּם וגו' וְהִשִּׂיג לָכֶם דַּיִשׁ אֶת בָּצִיר וגו'. ומה שנראה לדעתי בזה הוא... שגם המצות המה בבחינת גוף ונשמה... ונאמר כי הגוף הוא הדברים הגופניים הגשמיים שנעשו המצות מהם, כמו חוטי צמר הציצית מגז הכבשים ופרשיות התפילין מעור הבהמה ועצי הסוכה וכדומה. והנשמה היא האורות העליונים וצירופי השמות ויחודים הגדולים הנוראים הנפלאים הרמוזים בהם... וכל גופי המצות המה כמו כן ובסיס שעליהם מתיחדין האורות עליונים בשורשם למעלה למעלה ושם הוא עיקר המצוה הנעשית על ידי האדם... ועל כן לדעתי הנה זה השכר המפורש בתורה על עשיית המצוה שכר עולם הזה. הכל הוא על עשיות גוף המצות כי הלא בתורה לא נזכר אורות המצוות רק על פשוטן בהוויתן בגופן לפי דרך פשוטי התורה. ועליהן בא שכר עולם הזה שגם הוא שכר גוף וגויה בגשמות. ואמנם שכר מצוה מה שפעל אדם על ידי מצוותיו באורות הרוחניים... זה ודאי בהאי עלמא ליכא כי איך ינתן שכר גשם בעד עולמות רוחניים. ואם יכפל כל העולם הזה מן הקצה ועד הקצה בכל מחמדיו ויקריו ותענוגיו וגדולתו וממשלתו... האם כדאי הוא לדבר ממנו כלל נגד דבר אחד רוחני קטן וקל שבו. ועל כן ודאי נכון מאד אומרם שכר מצוה בהאי עלמא ליכא כלומר שינתן לאדם בעד שכר מצוותיו... רק שעל כל פנים זה המעט הכן והבסיס שבלבושי עולם הזה נותן הקב"ה שכר כל טובת עולם הזה בעדו [ומה שאין אנו מקבלין שכר עולם הזה גם עתה כראוי לפי שאין אנו מנוקין מעבירות ועבירה מכבה מצוה...] ובזה ממילא מתורץ קושית כל הקדמונים שהקשו למה אינו נזכר בתורה כי אם יעוד הגשמיים ולא יעודים הרוחניים. והבן כי באמת שניהם נזכרים בשווה שכר הגשמי בעד מצוה הגשמי ונרמז בהם שכר הרוחני בעד מצוה הרוחני.

30 **פרדס יוסף, פרשת בא עמוד קס"ג אות מו:** ברש"י ראה שאין בידם מצוות נתן דם פסח ומילה (שמות יב, ו) וקשה למה דוקא ב' מצוות אלו... ובלב אריה [חולין קמא: בגמרא ד"ה האי] כתב על פי בכור שור (בבא בתרא ט.) אף דשכר מצוה בהאי עלמא ליכא, אבל אי פירש מעבירה דנותנין לו כעושה מצוה (קידושין דף לט עמוד ב) יש שכר בעולם הזה, דבמצוות עשה אם אינו מקיים אין עונשין בעולם הזה משום הכי גם שכר אין נותנין בעולם הזה בקיומה, אבל לא תעשה דעונשין בביטולה גם שכר נותנין בפורש ממנו. ולכך רצה ה' לזכותם במצוות שיהיה שכר בעולם הזה, ובפסח ומילה יש עונש כרת בביטולם ויש שכר גם כן בקיומם.

31 **פני דוד, פרשת עקב אות י:** ... ואם הוא רשע בן צדיק כי בגלגול שעבר היה צדיק ובא להשלים איזו מצוה והוא רשע אז הוא רשע וטוב לו שמשלם לו זכויות שעשה

בגלגול שעבר כדי שירש גהינם... לא יאחר לשלם לו זכויותיו של גלגול שעבר בעולם הזה... וזה שאמר ושמרת וכו׳ לשון יחיד דעתה הוא צדיק אך בגלגול שעבר היה רשע לכן היום לעשותם ולמחר לקבל שכרם כי בעולם הזה רע לו לשלם עוונות גלגול שעבר...

32 **פרדס יוסף, פרשת לך לך אות מ״ו:** ואיתא גם כן בספרים דבעל תשובה מקבל שכר בעולם הזה. וזה פירוש (ברכות דף לד עמוד ב) במקום שבעלי תשובה עומדים וכו׳, דאף דשכר מצוה בהאי עלמא ליכא, אבל בבעלי תשובה שזדונות נעשו כזכויות יש שכר בעולם הזה. וזה פירוש במדרש (בראשית רבה כב, ו) אַשְׁרֵי נְשׂוּי פֶּשַׁע (תהלים לב, א) אשרי לאדם שהוא גבוה מפשעיו, היינו שיתרומם ויתגדל שכרו על ידי חטאו, ויש לו שכר בעולם הזה.

33 **פירוש אור החיים פרשת ואתחנן (דברים ו, ל) ד״ה בכל הדרך וגו׳ למען תחיון וטוב לכם והארכתם וגו׳:** פירוש תחיון אריכות ימים בעולם הזה, ואומרו וטוב לכם טובת העולם הבא... ולסברת רבי יעקב שאמר שכר מצוה בעולם הזה ליכא (קידושין לט:), נראה שיודה רבי יעקב במי שהוא צדיק גמור ושמר כל התורה שיזכה גם בעולם הזה, ולא אמר רבי יעקב אלא באדם שרובו זכויות... אבל מי שכולו זכויות יודה כי יטיב לו ה׳ גם בעולם הזה. והוא מה שאמר בכל הדרך אשר צוה וגו׳ דקדק לומר **בכל** להעיר שמדבר במי ששומר הכל ולאיש כזה ישנו בעולם הבא... גם ישנו בעולם הזה...

34 **מהרש״א חידושי אגדות מסכת קידושין דף ל״ט עמוד ב (ד״ה שכר מצוה):** ... ולא תקשי לך מכל היעודים שבתורה דאי אפשר לפרש רק בעולם הזה שאם תשמעו יבואו עליכם כל הברכות והטובות וישבו על אדמתם ובהיפך אם לא תשמעו יבואו כל הקללות ואבדתם מן הארץ דיש לומר לרבי יעקב דמודה דזכות הרבים ומעשיהם הטובים מביאים להם כל הברכות והטובות שנזכרו בתורה גם בעולם הזה וכן בהיפך בחטא הרבים אבל רבי יעקב לא אמר כן אלא ביחיד שמרובה בזכויות אין שכרו רק לעולם הבא דבעולם הזה מריעין לו כדי לזכותו בעולם הבא וכן בהיפך במרובה עוונות מטיבין לו בעולם הזה כדי לטורדו בעולם הבא ...

קהלות ישורון, פרשת תולדות דף ג: ויעתר... אלא דהענין כך הוא משום דכבר הקשו מפרשי תורה על הא דאמר רבי יעקב [קידושין לט:] שכר מצוה בהאי עלמא ליכא והלא מצינו כמה פעמים בתורה שהקב״ה משלם שכר מצוה אף בהאי עלמא כדכתיב אִם בְּחֻקֹּתַי תֵּלֵכוּ [וגו׳] וְנָתַתִּי גִשְׁמֵיכֶם בְּעִתָּם... ותירצו המפרשים דיש חילוק בין זכות רבים ובין זכות יחיד: זכות דרבים מספיק לעולם הזה ולעולם הבא וזכותו דיחיד אינו רק לעולם הבא וארץ ישראל וגשמים וכיוצא בהם זהו בזכות דרבים לכך משתלמת אף בהאי עלמא...

35 **שם משמואל, פרשת עקב שנת תרע״ה:** ... ויש לומר דשכר שבת איכא נמי בהאי עלמא, כי שבת היא כללא דאורייתא. ועוד ששבת היא מעין עולם הבא ושכרו נמי מעין עולם הבא, והוא כמו שכתוב (ישעיה נח, יד) אָז תִּתְעַנַּג עַל ה׳ , והיינו משום

דבשבת היא התאחדות לגמרי מוח ולב... על כן זוכין לעונג שהוא למעלה הכולל הכל... וזהו שכר מעין עולם הבא...

שם משמואל, פרשת עקב שנת תרע"ז: ... ויש לומר עוד בטעמו של דבר על פי מה שהגיד כבוד קדושת אבי אדמו"ר זצללה"ה בטעם דשבת אינה מכינה ליום טוב ולעצמה מכינה, כי שבת היא מעין עולם הבא שהוא התכלית ואינו הכנה על להבא אלא לעצמו הוא מכין... ועל כן אם באת לומר דשבת לא יהיה שכרה בהאי עלמא אלא בעולם הבא תהיה נחשבת הכנה ולא התכלית, ובהכרח לומר דשכרו הוא תיכף ושבת מכינה לעצמה...

36 **מסכת שבת דף כ"ג עמוד ב:** אמר רב הונא הרגיל בנר הויין ליה בנים תלמידי חכמים... הזהיר בקידוש היום זוכה וממלא גרבי יין.

37 **מסכת קידושין דף מ עמוד ב:** רבי שמעון בן יוחי אומר אפילו צדיק גמור כל ימיו ומרד באחרונה איבד את הראשונות... וניהוי כמחצה עונות ומחצה זכיות אמר ריש לקיש בתוהא על הראשונות. ופירש רש"י בתוהא, מתחרט על כל הטובות שעשה.

38 **פרקי אבות פרק ה משנה כא:** כל המזכה את הרבים אין חטא בא על ידו...

39 **פתיחה כוללת לספר פרי מגדים חלק רביעי אות ח:** ואגב גררא ראיתי להזכיר מה שכתב התבואות שור בספרו בכור שור על הא דשכר מצוה בהאי עלמא ליכא משום דעונש ליכא גם כן בהאי עלמא מה-שאין-כן לא תעשה אם עבר יש עונש מלקות וכדומה הוא הדין שיש שכר בהאי עלמא ואף על גב דבמצוות עשה מכין אותו עד שתצא נפשו כמו סוכה ולולב וכדומה, מכל מקום זה מדרבנן לא מן התורה... ויש אומרים כי שמא יהיה חס וחלילה תוהא על הראשונות ואיך יתן לו שכר והוציאו נפקותא מזה אם מזכה רבים אין חטא בא לידו נותנין לו שכר בעולם הזה. גם יש לומר מי שעברו רוב שנותיו ולא חטא שוב אינו חוטא גם כן יש לומר נותנין לו שכר מצוה בהאי עלמא.

פירוש הרב אשר אנשיל אייזנברגר לספר פתיחה כוללת לספר פרי מגדים, תשנ"ח, Yeshivah Beth Yehudah Press: איתא בקידושין (דף לט עמוד ב) שכר מצוה בהאי עלמא ליכא. וכתב הבכור שור בבבא בתרא (דף ט עמוד ב) הנותן פרוטה לעני מתברך בשש ברכות דמספר שש ברכות הוא נגד שש לאוין שנאמרו במתנות עניים כמו שחשבן הרמב"ם בהלכות מתנות עניים. ואין להקשות הא כמה עשה נמי יש בה כמו שכתב הרמב"ם שם ואמאי אינו מתברך כנגדם יש לומר דשכר מצוה בהאי עלמא ליכא כי היכי דעונשה ליכא דהא דמכין אותו עד שתצא נפשו היינו לעשות העשה אבל בשכבר ביטלה אין בית דין מענשין עליה. אבל לא תעשה דמלקין עליו הכא נמי שכרה בעולם הזה איכא, עד כאן לשונו... איתא בקידושין (דף מ עמוד ב) אפילו צדיק גמור כל ימיו ומרד באחרונה איבד את הראשונות. והקשתה הגמרא וניהוי כמחצה עוונות וכמחצה זכויות ואמר ריש לקיש בתוהא על הראשונות. ופירש רש"י בתוהא, מתחרט על כל הטובות שעשה. ולפי סוגיא זו יש מי שפירש ששכר מצוה בהאי עלמא ליכא

דלמא לבסוף יתחרט על הטובות שעשה ויאבד הראשונות. וכיון שכן, יש לומר דשאני מי שמזכה הרבים דתנן באבות (פרק ה משנה יח) כל המזכה את הרבים אין חטא בא על ידו, ולכן כי האי גוונא אין לחוש שמא יתחרט על מעשיו, ולדידיה משלמין לו שכר בהאי עלמא. איתא ביומא (דף לח עמוד ב) כיון שיצאו רוב שנותיו של אדם ולא חטא שוב אינו חוטא, ויש לומר דאיכא שכר מצוה בעולם הזה למי שעבר רוב ימיו ולא חטא.

קונטרס מטעמי יצחק, מרבי יצחק הכהן, בנו של רבי שלום מרדכי הכהן מברעזאן (מהרש"ם) שנדפס בסוף ספר תכלת מרדכי פרשת עקב אות י: וְהָיָה עֵקֶב תִּשְׁמְעוּן וגו' והמפרשים דקדקו דהא בפרשה הקודמת סיים אֲשֶׁר אָנֹכִי מְצַוְּךָ הַיּוֹם לַעֲשׂוֹתָם. ודרשינן הַיּוֹם לַעֲשׂוֹתָם ומחר לקבל שכר דשכר מצוה בהאי עלמא ליכא ואם כן היאך אמר וְהָיָה עֵקֶב תִּשְׁמְעוּן וגו' בָּרוּךְ תִּהְיֶה וגו' הרי איכא שכר מצוה בהאי עלמא... ונראה דהנה ברש"י פרשת ואתחנן כתב אף על פי שיש להם לצדיקים לתלות במעשיהם הטובים אין מבקשים אלא מתנת חינם ובספר זכרון יצחק על התורה הביא טעם דהא דשכר מצוה בהאי עלמא ליכא משום דשמא יחזור ויחטא ויהא תוהא על הראשונות לכן אין נותנים לו שכרו עד שימות זכאי עיין שם. והנה לפי זה במזכה את הרבים דמובטח לו שלא יבוא חטא על ידו יש לו שכר מצוה בהאי עלמא, גם מי שדר בארץ ישראל דמוחלין לו עוונותיו כדאיתא בסוף כתובות... גם כן יש לו שכר מצוה בהאי עלמא... לזה אמר וַאֲהֵבְךָ וּבֵרַכְךָ וגו' עַל הָאֲדָמָה וגו' ובארץ ישראל איכא שכר מצוה בהאי עלמא וגם בָּרוּךְ תִּהְיֶה מִכָּל הָעַמִּים וגו' וידעו כולם שהשי"ת עזר להם ויתפרסם שמו של הקב"ה והוי מזכי הרבים ושוב אין חטא בא על ידם ושוב איכא שכר מצוה גם בהאי עלמא רק לפי שהצדיקים אינם רוצים לתלות במעשיהם לפיכך וְשָׁמַר ה' וגו' את הַחֶסֶד אֲשֶׁר נִשְׁבַּע לַאֲבֹתֶיךָ.

40 **פרדס יוסף, פרשת פנחס עמוד א'מב:** והגאון רבי שמואל הלוי וואזנר ביאר על פי מה שכתב בערוך לנר (ראש השנה דף ג עמוד א) דאף על פי דאסור לעבוד על מנת לקבל פרס, מכל מקום בקשת חיים ואריכות ימים לא נקרא שכר בענין זה, דחיים שאל ממנו להוסיף אומץ בעבודת ה' ולעבוד אותו עד זקנה...

41 **שולחן ערוך סימן ס סעיף ד:** יש אומרים שאין מצוות צריכות כוונה ויש אומרים שצריכות כוונה לצאת בעשיית אותה מצוה וכן הלכה. **משנה ברורה סעיף קטן י:** כתב המגן אברהם בשם הרדב"ז דזה דוקא במצוה דאורייתא, אבל במצוה דרבנן אין צריך כוונה...

42 **המאור הקטן מסכת ראש השנה דף ז מדפי הרי"ף:** ... וקיימא לן כרבא דאמר מצוות לא ליהנות ניתנו והמודר הנאה מחבירו מותר לתקוע לו בשופר של מצוה דוקא בשופר של ראש השנה שמצוותו מן התורה אבל בחצוצרות בתענית לא...

43 **ספר נועם מגדים וכבוד התורה, פרשת אחרי דף ע"ה:** והנה כתב בשמ"י [אינני יודע לאיזה ספר התכוין] דאף דשכר מצוה בהאי עלמא ליכא אמנם סייגים וגדרי חכמים או שאדם עצמו עושה לו משמרת למשמרת איכא בהאי עלמא...

44 **פרדס יוסף, פרשת בחוקותי עמוד תרמ"ה אות ח:** המהרש"א הקשה האיך אמר ישולם שכרי הא אין משמשין על מנת לקבל פרס [ובשמות רבה מד, ג איתא אם עשית מצוה אל תבקש שכרה]... ובספר דגן שמים (ריש מסכת ראש השנה) תירץ בזה שיטת רבינו זרחיה הלוי בבעל המאור ראש השנה [ז. בדפי הרי"ף ד"ה אמר רבא] דמצוות דרבנן ליהנות ניתנו...

מהרש"א חידושי אגדה מסכת שבת דף קי"ח עמוד א (ד"ה תיתי לי): פירש רש"י תיתי לי ישולם שכרי עד כאן לשונו. וקצת קשה וכי היו מבקשים שכר על קיום המצוות והרי אמרו אל תהיו כעבדים כו'

45 **מסכת ברכות דף ו עמוד א:** אמר רבי אבין בר רב אדא אמר רבי יצחק מנין שהקב"ה מניח תפילין שנאמר (ישעיהו סב, ח) נִשְׁבַּע ה' בִּימִינוֹ וּבִזְרוֹעַ עֻזּוֹ ... ובזרוע עוזו אלו תפילין...

46 **חתם סופר על התורה פרשת עקב (עמוד ל"ב):** וְהָיָה עֵקֶב תִּשְׁמְעוּן וגו' במדרש רבה הלכה אדם מישראל שיש לו מנורה של פרקים מהו לטלטלה בשבת, כך שנו חכמים המרכיב קני מנורה בשבת חייב חטאת... כבר כתבנו במקום אחר מה שהקשו המפרשים על מאמר חז"ל [קידושין דף לט עמוד ב] שכר מצוה בהאי עלמא ליכא אם כן נמצא הקב"ה עובר על בל תלין פעולת שכיר. ותירצנו שם שאין הפעולה נגמרת בעשיית מצוה אחת אלא כל מה שיפעל אדם בעולם הזה את הכל יעשה לשם ה' ולא יפרד מיראתו רגע אחד וכל המעשים טובים הם רק פרקים פרקים ובשעת מיתתו נגמרה מלאכתו ונעשה מכל מצוותיו כלי אחד ואז מגיע לו שכר פעולתו, לא מקודם לזה. וזהו דומה ממש למרכיב קני מנורה בשבת שחייב משום בונה אף על פי שכבר היו נגמרים כל פרקי מנורה מכל מקום לא מקרי כלי עד אחר שהורכבו זה על זה ומתחייב על זה בשבת... נמצא שאין מתחייב לשלם קודם לזה ואינו עובר על בל תלין. והנה ידוע דהמדרש מפרש והיה עקב לשון סוף... והיה עקב השכר יהיה בסוף, ואם כן כיון שהשכר הוא בסוף על כרחנו צריך לומר שהעושה כלי של פרקים לא מקרי גמר מלאכה עד שהרכיבם זה על זה, דאי לא תימא הכי יהיה הקב"ה חס וחלילה עובר על בל תלין... לכן המרכיב קני מנורה מהו...

47 **פרדס יוסף, פרשת קדושים עמוד תמ"ב:** ובענין שכר לא תלין בהשי"ת עיין מה שכתבתי בפרדס יוסף וארא [דף קא ד"ה ואיתא] יתרו [דף תא ד"ה עוד י"ל] ותרומה [דף תקפא ד"ה וג"כ] דברים נכונים. והרב ישעיה ביעזונסקי נ"י העירני דלא קשה מידי וה' בעצמו תירצה (באיוב מ"א, ג) מִי הִקְדִּימַנִי וַאֲשַׁלֵּם, דפועל שהקדים פעולתו לבעל הבית שייך לומר לא תלין, אבל ה' להיפך הקדים השכר לפעולה ומה לנו לשאול השכר וכמו שכתב המצודות שם מחז"ל, ואין השכר אלא חסד... ובישעיה (נד, ז) בְּרֶגַע קָטֹן עֲזַבְתִּיךְ, ועבר והווה ועתיד לגבי השי"ת הכל חד, וכל הגלות דומה ללילה אחת ושילום השכר בבוקר ולא יעכב השכר אפילו רגע אחד, וכישעיה (כא, יא) שֹׁמֵר מַה מִּלַּיְלָה וְאָמַר שֹׁמֵר אָתָה בֹקֶר ובתרגום אמר לצדיקיא, ועיין רש"י בבא קמא [ג: ד"ה אמר שומר].

אנכי הרואה ולי נפתחו שערי שמים ובעבורי העולם מתקיים אלו הם מחריבי הדור. ועל הדור היתום הזה אני אומר [על פי הושע יד, י] יְשָׁרִים דַּרְכֵי ה׳ וְצַדִּקִים יֵלְכוּ בָהֶם וחסידים יִכָּשְׁלוּ בָם...

54 **ילקוט הגרשוני, אורח חיים סימן ח:** במחבר סעיף א יתעטף בציצית וכו׳ הלום ראיתי בספר לשון חכמים... בשם הגאון בעל נודע ביהודה ז״ל שהזהיר מלומר היחודים שאומרים קודם הנחת התפילין ובפרט היחוד שקודם לבישת הטלית שכתוב בו וכשם שאני מתעטף גופי בציצית כך תתעטף נשמתי באור הציצית וכשם שאני מתכסה בטלית בעולם הזה כך אזכה לחלוקא דרבנן ולטלית נאה לעולם הבא בגן עדן ואם כן עובד על מנת לקבל פרס עיין שם. והנה בימינו כבר שגור בפי כל לומר נוסח זה באין פוצה פה ומצפצף והנח להם לישראל אם אינם נביאים וכו׳ ופקפוקו של הגאון ז״ל נראה לי לישב על פי מה שכתב המהרש״א בחידושי אגדה סוף פרק קמא דסוטה דהא דאסור לעבוד על מנת לקבל פרס היכי דמי במצוה שנתחייב בה כבר אבל במצוה דאינו מחויב רק הוא מביא עצמו לידי חיוב בזה רשאי לעבוד על מנת לקבל פרס... אם כן בציצית דאינו מחויב ללבוש בגד בת ד׳ כנפות... רק כשמתעטף בו אז חל עליו חיוב מצות ציצית אם כן הוא ברצונו הטוב מכניס עצמו לידי חיוב בכי האי גוונא רשאי לעשות על מנת לקבל פרס ואומרים שפיר וכשם שאני מתכסה בטלית בעולם הזה וכו׳.

55 **נפש חיה, אורח חיים סימן ח:** ובהגהותי לספר חסידים סימן ר״ו כתבתי שזהו ענין אמרם עשר בשביל שתתעשר (שבת דף קיט עמוד א) שלכאורה הן אמרו רז״ל אל תעבוד את הרב על מנת לקבל פרס, ובכלל שכר מצוה בהאי עלמא ליכא (קידושין דף לט עמוד ב) אבל להאמור יובן בהקדם דברי המהרש״א בסוטה יד ד״ה מפני מה נתאווה משה להכנס לארץ וכו׳ אקיים מצוות התלויות בארץ ואקבל שכר שיפלא האיך קאמר שהיה מבקש לקיים המצוות כדי לקבל שכר הא אמרינן אל תהיו כעבדים כו׳ ויש לומר דהיינו במצוה שנתחייב בה כבר אבל הכא שעדיין לא בא לארץ ישראל ששם חיובה והקב״ה לא רצה שיהיה חייב בהן שפיר מצי לקיים משום קבול שכרן עד כאן... ובכן במעשרות שמן הדין יכול לפטור עצמו להערים ולהכניס דרך גגין והוא השתדל והביא עצמו לידי חיוב בהכניסו דרך פתחים שפיר מצי לעשות בשביל שיתעשר...

56 **שם:** ומה מאד ינעם לנו בזה הבנת דברי חז״ל (ברכות דף כח עמוד א) רבי זירא כי הוי חליש מגירסיה הוה אזיל ויתיב אפתחא דרבי נתן בר טובי אמר כי חלפו רבנן איקום מקמייהו ואקבל אגרא שלכאורה יפלא מאד שיתנה מראש כי יקום לפני תלמיד חכם בכדי שיקבל שכר... אמנם הן חיובא דגברא היא רק בראותו התלמיד חכם ואז עליה רמיא לקום מפניו אבל אינו מחויב לילך למקום שתלמידי חכמים מצויים בכדי לקום מקמייהו... ועל השתדלות זו להביא עצמו לידי חיוב שפיר אמר רבי זירא... שאוכל פירותיהן בעולם הזה ומצי ליעבוד בכדי לקבל אגרא... וזה ענין שאמר רב ששת תייתי לי שקיימתי מצות תפילין (שבת דף קיח עמוד ב) וברש״י שם

ישולם לי שכרי שלכאורה איך יאמר ישולם שכרי על מצוה חיובית אולם הן רב ששת מאור עינים היה וסומא פטור מן התפילין... וכן יפורשו על פי זה דברי המדרש רבה ריש פרשת פנחס בדין הוא שיטול שכרו שלכאורה מאי סלקא דעתך שלא יטול שכר הן אין הקב"ה מקפח שכר כל בריה אמנם לאשר פנחס מן הדין פטור היה מלקנא שאין מורין כן לכן בדין הוא שיטול שכרו גם בעולם הזה...

57 **בנין יהושע:** הקשתי על דברי תוספות בבא בתרא לפניו בדף יוד ע"א ד"ה ואיזו ויש לומר שצדקה בסתר שאינו יודע למי נתן אוכל פירותיו בעולם הזה אבל צדקה שאינו בסתר אין עומדין לאדם בעולם הזה אלא לאחר מיתה ע"ש קשה לפי זה ממעשה דבנימין הצדיק הנ"ל שידע למי נתן הצדקה לאותה אשה וז' בניה אף-על-פי-כן אכל פירותיו בעולם הזה שהוסיפו לו כ"ב שנים. ותרצתי... דאיתא בזוהר ובספרי מוסר על פסוק [בראשית כח, כב] וְכֹל אֲשֶׁר תִּתֶּן לִי עַשֵּׂר אֲעַשְּׂרֶנּוּ כל היכי דאמרינן שכר מצוה בהאי עלמא ליכא הוא רק אם עושה מה שמחויב בדבר לאפוקי אם אדם עושה לפנים משורת הדין אוכל פירותיהן בעולם הזה... והנה כאשר כתבתי... שלא היה בנימין הצדיק מחויב בפרנסת אשה הנ"ל... והוא עשה לפנים משורת הדין ופירנס משלו לגמרי לכך מגיע לו מתן שכר גם כן לפנים משורת הדין שאוכל פירותיהן בעולם הזה אפילו מצדקה שבפרהסיא שידע למי נתן והוסיפו לו על שנותיו...

הערת יורם בוגץ': בתוספות שם לפנינו לא נמצא כך אלא [**מסכת בבא בתרא דף י עמוד א תוספות (ד"ה ואיזו)**]: ... ואומר ר"י דרוב דברים אין עומדין לאדם בעולם הזה אלא לאחר מיתה ובעולם הזה אין עומדין לאדם אלא מצוות גדולות כדתנן אלו דברים שאדם אוכל מפירותיו בעולם הזה והקרן קיימת לעולם הבא...

58 **באר שבע, מסכת סוטה דף י"ד:** ולכאורה היה נראה לי לדקדק עוד דקדוק אחר מלשון הברייתא מדקתני האומר סלע זו לצדקה בשביל וכו' ולא קתני סתם האומר מצוה זו אעשה בשביל שיחיה בני כו' משום דשאני מצות צדקה שהיא מחולקת משאר כל המצוות בזה שבשאר מצוות כתיב לא תנסו את ה' וגו' ובמצות צדקה כתיב וּבְחָנוּנִי נָא בָּזֹאת וגו' וכן אמרו עשר בשביל שתתעשר הרי הש"י אמר בפירוש שהוא רוצה וחפץ שתהיה מצות צדקה מכוונת להנאתנו ולתועלתנו הלכך נקט דוקא האומר סלע זו לצדקה דאילו בשאר מצוות אסור לכוין להנאת עצמו.

59 **פרדס יוסף, פרשת כי תצא עמוד תתקצ"ה אות קצא (ד"ה ואל כליך לא תתן):** ראה בספר עולמות שחרבו (עמוד י"ח) ביאור נפלא מהרב הקדוש רבי יואל מסטמר זצ"ל מדוע במצות צדקה אמרו חז"ל עשר בשביל שתתעשר ויש נתינת שכר בעולם הזה מיד. וביאר דהנה ברש"י כאן כתב: מכאן שלא דברה תורה אלא בשעת הבציר, בזמן שאתה נותן לכליו של בעל הבית, אבל אם בא לעדור ולקשקש אינו אוכל... והוא מגמרא בבא מציעא פז: היוצא לנו מזה כי פועל בכרם אסור לו לאכול מאומה מפירות הכרם אף על פי שהוא עובד שם ועושה כל מיני מלאכות לטובת הכרם... רק אימתי התירה לו התורה לאכול מענבי הכרם בשעת עבודתו, אך ורק בשעת

עבודת בצירה בלבד, בשעה שהוא בוצר את ענבי הכרם ושם אותם לתוך כליו של בעל הבית... נמצא כי בשעה שנותנים לכליו של בעל הבית נהנה גם הפועל ואוכל לשובע נפשו. והנה... בכל העבודות שאנו עובדים לקב"ה, השכר מזומן רק לעולם הבא, אבל מצות צדקה שאנו נותנים לתלמידי חכמים עניים שהם כליו של הקב"ה ממש, ואם אנו נותנים לכליו של הקב"ה בדין הוא שניתן אז גם לכליו של הפועלים והעובדים, אשר על כן שאני מצות צדקה, שמגיע עבורה גם שכר בעולם הזה...

60 **דברים יח, ג:** וְזֶה יִהְיֶה מִשְׁפַּט הַכֹּהֲנִים מֵאֵת הָעָם מֵאֵת זֹבְחֵי הַזֶּבַח אִם שׁוֹר אִם שֶׂה וְנָתַן לַכֹּהֵן הַזְּרֹעַ וְהַלְּחָיַיִם וְהַקֵּבָה.

61 **מסכת חולין דף קל"ד עמוד ב:** דורשי חמורות היו אומרים הזרוע כנגד היד וכן הוא אומר (במדבר כה, ז) וַיִּקַּח רֹמַח בְּיָדוֹ ולחיים כנגד תפלה וכן הוא אומר (תהלים קו, ל) וַיַּעֲמֹד פִּינְחָס וַיְפַלֵּל קבה כמשמעה וכן הוא אומר (במדבר כה, ח) וְאֶת הָאִשָּׁה אֶל קֳבָתָהּ...

62 **ספר החינוך מצוה תקו (מתנות זרוע לחיים וקיבה לכהן):** כבר אמרו ז"ל (חולין דף קלד עמוד ב) בטעם מצוה זו כי בזכות פינחס אביהם שקנא לאלהיו על דבר כזבי ומסר נפשו להרוג נשיא שבט מישראל על קדושת השם זכו בניו הכהנים לעולם במתנה זו מאת האל. הזרוע – כנגד (במדבר כה, ז) וַיִּקַּח רֹמַח; הלחיים – בזכות שנתפלל על צערן של ישראל, כמו שכתוב (תהלים קו, ל) וַיַּעֲמֹד פִּינְחָס וַיְפַלֵּל; והקבה – כנגד (במדבר כה, ח) והאשה אֶל קֳבָתָהּ. ולמדנו מזה שהמקדש שם שמים בגלוי זוכה לו ולדורותיו בעולם הזה מלבד זכותו קימת לנפשו בעולם הבא.

63 **זקני מחנה יהודה, פרשת פנחס אות צב (עמוד ק"ה):** ... ונראה דאף על פי שדבר גדול עשה פנחס מכל מקום עוד היה מקום לבעל דין לחלוק ולומר כי הוא בטבע גבר אלים ונצחן, ותחת השפעת טבעו זו עשה דבר זה. לכן הפסוק מעיד עליו פנחס בן אלעזר בן אהרן הכהן הוא בן בנו של אהרן הכהן האוהב שלום ורודף שלום וגם הוא בדרכיו הלך בשלום ובמישור. ומאד רחוק הוא מטבעו ענין המחלוקת ומכל שכן להרוג אדם ונשיא שבט מישראל אלא שגבר על טבעו וקנא קנאת ה' צבאות, לכן בדין הוא שיטול את שכרו.

64 **טעמא דקרא, פרשת פנחס:** פנחס בן אלעזר וגו' ובמדרש בדין הוא שיטול שכרו. פירוש, דאמרינן סוף פרק קמא דקידושין דמצות שבין אדם למקום אין לו פירות בעולם הזה ושבין אדם לחברו יש לו פירות בעולם הזה ופנחס עשה מצוה שבין אדם למקום שהרג את זמרי, אבל כיון שעל ידי זה השיב את חמתי ולא כליתי את בני ישראל וגו' אם כן עשה גם מצוה שבין אדם לחברו לכן בדין הוא שיטול שכרו גם בעולם הזה לכן אמור וגו' מאאמו"ר [רבי ישראל יעקב קנייבסקי, הסטייפלר].

65 **מסכת סנהדרין דף פ"א עמוד ב במשנה:** ... והבועל ארמית קנאין פוגעין בו. **שם דף פ"ב עמוד א** אמר רב חסדא הבא לימלך אין מורין לו. **רש"י (ד"ה אמר רב חסדא):**

קנאי הבא לימלך בבית דין בשעת מעשה אם יפגע בו אין מורין לו שלא נאמרה אלא למקנא מעצמו ואינו נמלך.

66 **נפש חיה, אורח חיים סימן ח:** ... בהקדם דברי המהרש"א בסוטה יד ד"ה מפני מה נתאווה משה להכנס לארץ וכו' אקיים מצוות התלויות בארץ ואקבל שכר שיפלא האיך קאמר שהיה מבקש לקיים המצוות כדי לקבל שכר הא אמרינן אל תהיו כעבדים כו' ויש לומר דהיינו במצוה שנתחייב בה כבר אבל הכא שעדיין לא בא לארץ ישראל ששם חיובה והקב"ה לא רצה שיהיה חייב בהן שפיר מצי לקיים משום קבול שכרן עד כאן... וכן יפורשו על פי זה דברי המדרש רבה ריש פרשת פנחס בדין הוא שיטול שכרו שלכאורה מאי סלקא דעתך שלא יטול שכר הן אין הקב"ה מקפח שכר כל בריה אמנם לאשר פנחס מן הדין פטור היה מלקנא שאין מורין כן לכן בדין הוא שיטול שכרו גם בעולם הזה...

67 **מאיר עיני חכמים, עמוד קכ"ח:** וְהָיָה עֵקֶב תִּשְׁמְעוּן וכו' וַאֲהֵבְךָ וּבֵרַכְךָ וְהִרְבֶּךָ וּבֵרַךְ פְּרִי בִטְנְךָ וּפְרִי אַדְמָתֶךָ וכו' (ז, יב-יג). והנה ידוע קושיית המפרשים הא קיימא לן במסכת קידושין (דף לט עמוד ב) שכר מצוה בהאי עלמא ליכא ואיך קאמר הכא הקרא דאם תשמעון אז אתן שכר וברכך וכו', ונראה לתרץ בדרך פשוט דהנה הטעם שאין הקב"ה משלם שכר מצוה בהאי עלמא הוא משום שאם ישלם הקב"ה שכר בזה העולם שמא על ידי זה יהיו עובדין השי"ת שלא לשמה רק על מנת לקבל השכר ואין מגיע לו שכר כל כך ולכן הסתיר הקב"ה שכר מצוה מזה העולם ועל ידי זה יהיה לו שכר רב בעולם הבא. אבל לכאורה קשה הא הקב"ה יודע מחשבות ונסתרות הלב ואם כן יודע הקב"ה אם עובד השי"ת לשמה או שלא לשמה אך באמת זה אינו קשה דהא אב אינו מעיד על בנו אבל כל זה הוא בשאר טובות שבעולם הזה שבאים בזה העולם על ידי שלוחים של הקב"ה וכיון דהמלאכים אינם יודעים מחשבות אדם ואם כן הם חוששים אם יהיה שכר בזה העולם שמא יעבדו השי"ת שלא לשמה ואי אפשר להם לשמוע עדות מהקב"ה היודע מחשבות דאב אינו מעיד על בנו ולכן שפיר אמרו דשכר מצוה בהאי עלמא ליכא, מה שאין כן בבנים ופרנסה שהמה בידו של הקב"ה ולא נמסרו ביד שליח... נמצא דבזה אין הקב"ה צריך להעיד, דהקב"ה בעצמו משלם השכר והוא יודע אם עושין לשמה או שלא לשמה ויכול לשלם שכר זו ולכן שפיר אמר הקרא והיה עקב תשמעון אז השכר שיתן לכם הקב"ה בהאי עלמא הוא וברך פרי בטנך ופרי אדמתך דגנך ותירושך ויצהרך דדברים אלו פרנסה ובנים המה ביד הקב"ה בלבד והוא יודע להבחין ודי לחכימא.

CHAPTER 5

The Principle: Can Chazal Forbid What the Torah Permits?

A COMPLEX RELATIONSHIP EXISTS between the Written Torah and the contributions made by *Chazal* and later scholars. This relationship is constrained by numerous rules, some of which are stated explicitly by *Chazal*.[1] We find, however, that one of these constraints is expressed, apparently for the first time, fairly late in Jewish history. It is attributed to Rabbi David Levi[2] (1586–1667), popularly known as *Taz* (formed by the Hebrew acronym of his magnum opus, טורי זהב). *Taz* stated, in three places in his monumental commentary to *Shulchan Aruch*, that the Talmudic Sages do not have the authority to forbid something that the Torah explicitly permits.[3] He indicates that this rule is alluded to in the Talmud and, as we shall see, the rule was used by earlier authorities than *Taz*, but it is usually associated with him. Throughout this chapter, we shall refer to the contention of *Taz* as The Principle.

What is the rationale for The Principle? The Torah requires *Chazal* to assess whether its laws are safe from transgression and, if not, to take steps to ameliorate this. These steps consist of protective laws (גזירות) which safeguard the integrity of the Torah law itself. Rabbinic legislation, then, acts as a margin of safety, ensuring that Torah laws will not be transgressed. This notion is embodied in the Biblical verse which states that "they shall safeguard my charge" (*Vayikra* 18:30).[4] Here is an example: riding a horse is Biblically permitted on Shabbos; this activity does not constitute *melachah* — one of the creative activities that are forbidden on this day. Nonetheless, *Chazal* at some point forbade riding animals on Shabbos, out of concern that the rider will absentmindedly pluck a branch from a tree to use as a whip, which would be a *melachah*.[5] But this is all applicable in cases in which the Torah left matters to the discretion of *Chazal*. In such cases, when *Chazal* felt that it was appropriate to do so, they enacted protective laws. But where the Torah itself indicates that there is no need for concern, by stating clearly that something is permitted, it is not up to *Chazal* to forbid anything.[6]

A few examples of The Principle constitute its core. These are straightforward cases in which The Principle appears to be applied:

1. **וּבַיּוֹם הַשְּׁמִינִי יִמּוֹל בְּשַׂר עָרְלָתוֹ** (*Vayikra* 12:3). A healthy baby boy is circumcised on the eighth day of his life, even on Shabbos. *Chazal* did not prohibit circumcision on Shabbos, notwithstanding concern that the scalpel or the baby will be carried through the public domain. This stands in contrast to very similar cases in which *Chazal did* forbid various activities out of concern that some item would be carried through the public domain on Shabbos. For example, when *Rosh Hashanah* falls on Shabbos, we refrain from blowing the *shofar* for this reason. This anomaly is explained on the basis of The Principle. Since the Torah states explicitly that "On the eighth day, you shall circumcise him," *Chazal* could not prohibit this.
2. **וְחֵלֶב נְבֵלָה וְחֵלֶב טְרֵפָה יֵעָשֶׂה לְכָל מְלָאכָה** (*Vayikra* 7:24). The Torah explicitly permits the use of certain fats from animal

carcasses for ordinary purposes. Once again, *Chazal* did not impose any restrictions on this.

3. **לֹא תֹאכְלוּ כָל נְבֵלָה לַגֵּר אֲשֶׁר בִּשְׁעָרֶיךָ תִּתְּנֶנָּה וַאֲכָלָהּ אוֹ מָכֹר לְנָכְרִי** (*Devarim* 14:21). The Torah explicitly permits selling carcasses to gentiles.

Many Torah authorities who lived after *Taz* accepted The Principle. Thus, when faced with apparent contradictions to The Principle, they tried to defend it and demonstrate that it remains valid. With this in mind, let us look at cases in which The Principle is scrutinized.

Moabite Bread

THE TORAH CRITICIZES the Moabites and Ammonites for not offering the Children of Israel bread and water when they emerged from their wanderings in the desert and approached the Holy Land.[7] If so, it must be that gentile bread — what the Moabites and Ammonites would have offered the weary Jewish travellers had they not been so callous — is kosher. Yet we find that *Chazal* prohibit the consumption of gentile bread.[8] This is considered by several commentators to constitute an objection to The Principle.[9]

To other authorities, however, it is not at all clear that this verse constitutes a violation of The Principle. The Torah does not say that gentile bread is permitted. It merely faults the Moabites and Ammonites for their callousness in not offering bread to their Jewish kin. Who is to say that the Israelites would actually have eaten this bread had it been offered to them?[10] Others point out that bread bought from gentiles and then boiled loses the status of gentile bread and may be consumed by Jews. Perhaps, had the Moabites and Ammonites offered bread to the Israelites, the latter would have used this method to render the bread permissible. If so, there is no indication that the Torah permits gentile bread *per se*, and *Chazal* could well forbid its consumption without violating The Principle.[11] Another interesting point is that the Biblical term *bread* often means *food*, so that there is no clear indication from the verse that the Moabites and Ammonites are faulted for not offering bread to the Children of Israel. Perhaps they are criticized for failing to offer the Israelites other foodstuffs which are not Rabbinically forbidden when purchased from gentiles.[12] These defenses of The Principle, however, are undermined by the fact that *Ramban* writes that the Israelites indeed purchased bread from gentile traders and ate it, apparently without change.[13]

Some authorities contend that the fact that the Torah seems to have permitted the consumption of Moabite bread is not indicative of the fact that gentile bread would *always* be permitted. This was something which may have been permitted temporarily, i.e., during the forty years in which the Children of Israel sojourned in the wilderness. The Principle refers to things which the Torah permits for generations.[14]

Meat and Milk

SOME AUTHORITIES DEFEND The Principle on the basis that it states that only that which the Torah *explicitly* permits may not be forbidden by *Chazal*. Anything which is inferred — even if the inference is direct and unavoidable — is not subject to The Principle. One illustration of this is the familiar prohibition of mixing milk and meat. It is well-known that there are three aspects to the prohibition: one may not cook meat and dairy foods together (even if they will not be eaten by Jews); one may not eat these foods; and one may not derive benefit from them (for example, by feeding such mixtures to one's dogs). These three aspects of the prohibition are derived from the repetition of a single phrase — "You may not cook a kid in its mother's milk." This prohibition is stated three times to teach us that cooking, eating and benefitting from mixtures of milk and meat are forbidden. *Chazal* extend this prohibition to mixtures of meat and milk which were pickled together or roasted together. Was the Rabbinic prohibition of pickling or roasting meat and milk a violation of The Principle, because the Torah permits mixtures of milk and meat as long as they are not *cooked*? According to several commentators, the deduction that only cooked — *but not pickled or roasted* — mixtures of meat and milk are subject to the prohibition does not count as an *explicit* statement in the Torah to this effect. The Rabbinic prohibition of pickled or roasted mixtures of meat and milk is therefore not a violation of The Principle.[15]

A similar example comes from the consumption of the meat of offerings. *Chazal* decree that this meat must be consumed by midnight, even though the Torah allows one until the next morning to finish eating it. The expression used by the Torah is "You may not leave over any of the meat until morning."[16] It is a straightforward deduction from this that the meat *may* be eaten throughout the night, even after midnight, until morning. But the Torah does not say so *explicitly*; it instructs us *not* to leave over any of the meat until morning. In this case, since the Torah did not *explicitly* permit eating the flesh of offerings until morning, *Chazal* could indeed require one to finish eating by midnight, and this would not be a violation of The Principle.[17]

A variation on this theme comes from *bentching*. The Torah requires us to recite a blessing upon eating to satiation — "You shall eat and be satisfied and bless God." Yet we find that *Chazal* require that we recite *Birkas HaMazon* even if we eat substantially less than an amount that would satiate a person — either an olive's volume or an egg's volume of bread.[18] One commentator believes that this constitutes a difficulty for The Principle.[19] Others respond that since the phrase *and you shall be satisfied* is interpreted by one Talmudic authority as a reference to *drinking*, rather than an indication of quantity of *eating*, this is not an *explicit* statement in the Torah. Consequently, *Chazal* could require *bentching* for small quantities of food.[20]

Marriage and Polygamy

CHAZAL REPORT THAT the great Babylonian authority Rav had a man flogged because he betrothed a woman through marital relations (rather than with a ring or some other item of value, as is the custom).[21] But, in fact, intercourse is one of three ways in which a woman may be betrothed, and this is mentioned in *Devarim* 24:1.[22] How could Rav have prohibited this practice, much less punish an offender?[23] One authority explains that The Principle states that *Chazal* cannot enact a law which forbids that which the Torah permits. But *enact* implies a formal law that applies to the entire Jewish people. Rav did no such thing; he did not instruct other authorities to follow his lead, nor was his action intended for generations to come. It was an action which, Rav felt, was justified under unusual circumstances. Thus, notwithstanding the fact that, strictly speaking, the man's action was permitted, Rav disapproved. This is not a violation of The Principle.[24] [A prominent authority used similar reasoning to allow an individual to commit himself to a vegetarian diet. Even though the Torah permits the consumption of meat, The Principle would only be violated if *Chazal* forbade meat to the entire Jewish nation; *individuals* are at liberty to refrain from eating meat.[25]]

One of the earliest and most influential leaders of Ashkenazi Jewry was Rabbeinu Gershom, universally known as the *Light of the Exile.* Rabbeinu Gershom (born circa 960 C.E.) is particularly well-known for a number of enactments passed by his court. The two most famous of these are the prohibition of polygamy and the prohibition of divorcing a woman against her will. Several commentators consider these (especially the first prohibition) to constitute a challenge to The Principle. After all, the Torah seems to permit polygamy.[26] According to *Taz,* even the Talmudic Sages would not be able to forbid polygamy, much less someone like Rabbeinu Gershom, whose influence was limited to European Jewry. [Polygamy was still practiced in some Sephardic and Yemenite communities until well into the 20th century.]

Chasam Sofer applied a number of approaches to this dilemma. The first differentiates between an *enactment* on the one hand and a *ban* or *vow* on the other. According to *Chasam Sofer, Chazal* indeed cannot, through legislation, forbid something that the Torah permits. But the Torah itself contains the idea of a vow or ban (נדר or חרם) through which an individual can declare something forbidden to him. *Nazirism* is a familiar application of this idea. By taking this vow, one forbids to oneself, *inter alia,* the consumption of grape and wine products, even though they are perfectly permissible, as far as the Torah is concerned. If an individual took a vow not to marry more than one wife, argues *Chasam Sofer,* it would surely be binding despite the fact that the Torah permits polygamy. At this point, *Chasam Sofer* expands this idea to accommodate the enactments of Rabbeinu Gershom. He writes that the leader of the generation has the authority to extend the mechanism of a vow and apply it to the entire generation.[27] Hence, Rabbeinu Gershom could produce what is indeed known as Rabbeinu Gershom's *ban,* as opposed to Rabbeinu Gershom's *enactment.* This, according to *Chasam Sofer,* is not a violation of The Principle. It is merely an extension of an existing Torah mechanism.[28] In a different vein, *Chasam Sofer* differentiated between enactments (תקנות) and protective laws (גזירות). The latter are designed to protect us from transgressing Torah laws proper; the former are meant to enhance and promote social cohesion and general Torah values. *Chasam Sofer* argues that The Principle only prohibits the passing of protective laws which the Torah permits. It is silent on enactments.[29]

The rules passed by Rabbeinu Gershom have been observed universally by European Jews and their descendants (in the USA, for example) ever since they came to be. Nonetheless, in extreme circumstances, exceptions may be made. For example, if a man's wife becomes *non compos mentis,* it may be possible to permit him to divorce her without her consent (since she is unable to express consent) or to marry another woman in addition to the first. A fascinating question is posed by legal authorities regarding which of these two avenues is preferable: Should the court permit the man to divorce his wife without her consent rather than marry another woman, or is it preferable to permit bigamy rather than allow a forced divorce? In investigating this question, some authorities also touch on The Principle. Rabbi Yosef Shaul Nathanson of Lvov (1810–1875) cited a Talmudic teaching that stipulates that a man may not marry a second wife unless he can support her.[30] This is not a Rabbinic innovation; rather, it is part of the Torah's own conditions for permitting polygamy. Thus, argues Rabbi Nathanson, Rabbeinu Gershom did not violate The Principle by forbidding *something which the Torah permits*. The Torah *itself* forbade polygamy where the husband cannot support the second wife; Rabbeinu Gershom merely extended to *all* women this status, i.e., it was to be taken henceforth that *no* husband was capable of supporting a second wife. This is not a violation of The Principle. [Since this reasoning applies only to polygamy, Rabbi Nathanson concluded that the prohibition of divorce without consent was voluntarily accepted by the population, making it the easier option for a court to take, if need be.[31]]

Minchas Elazar (1871–1937) takes the surprising stance that Rabbeinu Gershom's ban on polygamy constitutes (implicit) support for The Principle rather than an objection. He points out that the ban was officially imposed until the end of the fifth millennium of the Hebrew calendar, corresponding to about 1239 C.E. Why would Rabbeinu Gershom enact his legislation for a limited amount of time? A related observation is that even after the official expiry of the ban, the Jewish people continue to adhere to it. *Minchas Elazar* maintains that Rabbeinu Gershom could not enact a permanent ban on polygamy precisely because of The Principle. Since the Torah explicitly permits polygamy, it cannot be Rabbinically forbidden (permanently). But it would not be a violation of The Principle to forbid polygamy *temporarily*. Since everyone understood that the intention of the court was to permanently outlaw polygamy, Jews continued to voluntarily abstain from this practice.[32]

As far as Rabbeinu Gershom's prohibition of divorcing one's wife without her consent, some authorities contend that this does not necessarily contradict The Principle. Where does the Torah *explicitly* state that a husband is permitted to divorce his wife without her consent? Others, however, do believe that this constitutes a genuine difficulty for The Principle. They maintain that the terminology used by the Torah to describe a divorce — "and he shall send her from his home" — *does* constitute explicit permission to divorce a wife against her will.[33] This forces them to defend The Principle here, too. They do this by extending the approach of Rabbi Nathanson to this case. They point out that if a woman happens to be ill at the time that her husband wishes to divorce her, he must wait until she is healthy. Once again, this is not a Rabbinic innovation; it is part of the Torah's mechanism of a divorce. If so, Rabbeinu Gershom's enactment may be seen as the extension of the status of illness to all women. In other words, Rabbeinu Gershom did not enact a law which prohibited *something which the Torah permits*. Rather, from now on, all women would be considered ill, so that the Torah's own prohibition of divorcing them against their will would prevent this.[34]

Miscellaneous Applications of "The Principle"

RABBINIC LITERATURE CONTAINS innumerable references to The Principle. Here is a sample of the cases dealt with.

OATHS

The Principle is invoked to explain why Jews are so reluctant to take oaths. The notion of invoking God's name, even if only to validate a true statement, is always seen as truly a last resort. Throughout the ages, stories have been told about *tzaddikim* who preferred to lose great sums of money rather than be forced to take an oath. *Chazal* are extremely reluctant to permit the taking of oaths. But if *Chazal* are so loathe to permit people to take oaths, why did they not forbid the practice altogether? One latter-day authority appeals to The Principle. Since the Torah expressly permits making an oath, *Chazal* could not forbid it.[35]

SHAVING

Chazal forbids men to shave underarm hair and pubic hair.[36] Some commentators saw this as a refutation of The Principle because the Torah requires that a person afflicted with *tzara'as* shave his *entire* body as part of the procedure of purification.[37] How could *Chazal* forbid something which the Torah not only permits, but requires?

A prominent authority points out that when it comes to shaving, the Torah contains both prohibitions and precepts. On the one hand, as we just mentioned, the Torah requires an afflicted person to shave his entire body. But the Torah also contains a general prohibition of shaving the beard and edges of the head. It is thus apparent that, notwithstanding the general prohibition of shaving certain parts of the body, the Torah also required, under specific circumstances, that these same parts be shaved. This would be perceived by everyone as one *mitzvah* superseding another, which is all too common. In this case, if *Chazal* go further and forbid the shaving of not only the beard but also underarm hair, no harm is done: the Torah itself forbade some forms of shaving, and *Chazal* extended this prohibition. The Principle applies when the Torah does not prohibit something; when it contains permission — or even a requirement — to do something, *Chazal* may then not forbid what the Torah permits.[38]

SLAUGHTERING

A further challenge to The Principle comes from the laws of slaughtering. The Torah permits slaughtering fowl or animals over a utensil in which the blood collects and is then used in the sprinkling ceremony to purify a person afflicted with *tzara'as* (*Vayikra* 14:5). However, *Chazal* forbade slaughtering animals and collecting their blood, out of concern that this will give the appearance of collecting blood for purposes of idolatry.[39] But because the Torah is describing circumstances in which a utensil *must* be used, we cannot say that it *generally* permits slaughtering animals over utensils and collecting their blood. Thus, when *Chazal* forbade this practice, it was not in violation of The Principle.[40]

MARITAL RELATIONS AFTER GIVING BIRTH

The Torah states that when a woman gives birth to a male, she becomes *niddah* for seven days. She then immerses in a *mikveh,* following which she assumes a new status for the next thirty-three days. During this period, she is not *niddah,* even if she experiences menstrual flow. Fittingly, the Torah refers to blood that flows during this time as *blood of purity.*[41] Nonetheless, the halachah is that a woman who experiences blood flow during these days *is* considered *niddah.* Some authorities see this as a violation of The Principle: The Torah explicitly permits marital relations during the thirty-three-day period following the first week after giving birth; *Chazal* forbade them.[42] This is resolved by several authorities by pointing out that abstention from marital relations during this period was not enacted by *Chazal*; it is a universal custom undertaken by the Jewish people voluntarily. The custom arose from a stringency followed by Jewish women to treat *all* blood flows as indicative of the status of *niddah.*[43] Seeing that it was not *Chazal* who enacted this, but rather the Jewish people themselves who adopted this conduct, The Principle is not violated.

[This concept — of differentiating between what *Chazal* enacted and what the Jewish people voluntarily undertook — can readily be adapted to the ban on polygamy enacted by Rabbeinu Gershom. It can be argued that this does not constitute a challenge to The Principle because the Jewish people voluntarily accepted this restriction; they were not bound by the ruling of Rabbeinu Gershom and his court.

The distinction between Rabbinic legislation and voluntary observance can help us resolve other difficulties. When the Torah describes the requirements for a *sukkah,* it stipulates what materials can be used as *s'chach.* It is clear that off-cuts from agricultural activities, such as straw, may be used as *s'chach. Chafetz*

Chaim, citing *Taz,* rules that straw should not be used, lest one pile on so much of it that the *sukkah* will become impermeable to rain, thus invalidating it. He then adds that two later authorities did not report this halachah, presumably because they maintained that whatever the Torah explicitly permits cannot be forbidden by *Chazal. Chafetz Chaim* leaves us with the impression that it was not *Taz,* but scholars who lived centuries after him, who embraced The Principle.[44] One resolution of this difficulty rests on the distinction we referred to above. Neither *Chazal* nor later authorities forbade the use of straw as *s'chach;* this is a stringency that was undertaken voluntarily. *Chafetz Chaim* makes this clear by pointing out that if one does not have any material to use as *s'chach* other than straw, one *should* use straw. So The Principle — which *Chafetz Chaim* knew perfectly well was articulated by *Taz* — is not invalidated. *Chafetz Chaim* was pointing out a possible extension of The Principle by later authorities: when something is explicitly permitted by the Torah, we need not impose stringencies.[45]]

BLOOD STAINS

The Torah declares a woman *niddah* if she *feels* a discharge of blood. Thus, some challenge The Principle on the grounds that *Chazal* extended the status of *niddah* to women who find a spot of blood on their clothing, even absent any physical sensation.[46]

MIXTURES OF FIBERS

The Torah forbids wearing garments containing a mixture of wool and linen fibers (שעטנז). However, this does not apply to *tzitzis;* the Torah permits wearing *tzitzis* even if it is made of wool and linen. *Chazal* forbade this; they were concerned that one would wear such garments at night, when the commandment of *tzitzis* does not apply. Consequently, wearing such garments — with mixed fibers — would constitute an outright prohibition.[47] So this appears to be a protective law (גזירה) deployed despite the fact that the Torah grants permission to wear these garments.

TRANSACTIONS

A transaction is complete when money changes hands, as far as Torah law is concerned. Some authorities challenge The Principle because *Chazal* invalidated this mechanism and instituted different modes of acquisition such as pulling the object. Others defend The Principle on the basis that The Principle is not the *only* principle in the Torah. In monetary matters, verses indicate that *Chazal* are given license by the Torah to expropriate property and hence, on that basis, to institute other mechanisms of acquisition.[48]

HERMENEUTICS

One authority uses The Principle to explain a feature of Talmudic reasoning which is otherwise rather cryptic. Sometimes, the Talmud concludes that a halachah found in the Torah could well have been derived through logical deduction (specifically, application of קל וחומר). If so, why was it written? This authority suggests that once written, the Torah indicates that no Rabbinic injunctions should be applied to this law. Had the halachah been derived by logic, however, *Chazal* could have imposed Rabbinic restrictions.[49]

USING THE SAME NAME FOR TWO CHILDREN

Some authorities discuss whether two children in one family may be given the same name. Two variations of the question exist. In one case, the child who first bore the name is no longer alive, and a younger child is to be given the same name as the deceased older sibling. In the second case, the question pertains to two living siblings — can they be given the same name? One argument which is advanced to permit the practice of naming two siblings with the same name invokes The Principle. A verse in *Divrei HaYamim* records the names of King David's sons. The name Eliphelet appears twice, and *Rashi* explains that King David had a child by that name who died, and that he used the name again for a son who was born subsequently. Since this is recorded in a verse, no later authority would be able to forbid this practice, on the basis of The Principle.[50]

YIBUM

Another challenge to *The Principle* arises from *yibum* (Levirate marriage). Even though the Torah requires *yibum,* and indicates that the alternative procedure — *chalitzah* — is only a second-best option, for many centuries Jews have eschewed *yibum* and, when necessary, allowed the widow to remarry on the basis of *chalitzah.* Some authorities seem to consider this a refutation of The Principle — in effect, *yibum* is forbidden even though the Torah permits it. Others, however, did not view *yibum* as a refutation of The Principle.[51]

THE INCIDENT OF THE WOOD-GATHERER

In general, Torah courts do not convene on Shabbos. The *Geonim* ruled that this idea extends to incarceration — we do not take a person into custody on Shabbos, even if it seems that he may escape if not confined.[52] A prominent legal authority challenged this ruling, however, on the basis of a well-known Biblical incident. The Torah relates that while the Israelites were in the wilderness, a certain individual gathered wood on Shabbos, thereby desecrating the day. A verse indicates that the man was placed in custody, apparently that same day. Some authorities suggest that this challenge to the ruling of the *Geonim* can be resolved as follows: Biblically, a person may be jailed on Shabbos, as the incident of the wood-gatherer shows; the prohibition of placing a person in custody on Shabbos is a Rabbinic innovation. Other authorities objected, however: since the Torah indicates that the wood-gatherer was placed in custody on Shabbos, how could *Chazal* prohibit this without violating The Principle?[53] One suggestion is that The Principle does not apply in narrative passages.[54]

The Principle has been invoked countless times in our literature, often in discussions involving the most arcane details of halachah.[55] Most authorities accepted The Principle, but some disagreed.[56]

Dissent

PERHAPS THE MOST prominent authority to have rejected The Principle was Rabbi Yair Bacharach (1638–1701), better known by the title of his famous responsa, *Chavos Yair*.[57] His main objection is based on the verse that states "You shall charge the gentile interest" (*Devarim* 23:21). This appears to be a case in which the Torah explicitly permitted lending at interest; nonetheless, *Chazal* imposed restrictions on this practice.[58]

In addressing this objection, *Chasam Sofer* tweaks The Principle yet again. If *Chazal* had forbidden lending money at interest to gentiles out of concern that otherwise, Jews would slide from lending money at interest to *gentiles* to lending money at interest to fellow *Jews*, this would indeed be contradictory to The Principle. But *Chazal* did not do this, according to *Chasam Sofer*. The Rabbinic legislation which limits the ability of Jews to lend money at interest to gentiles was not an attempt to prevent lending between Jews. Rather, it was motivated by the verse which exhorts us to neither associate with nor learn from gentiles, lest we adopt their ways. This was not a decree to avoid involvement in certain monetary transactions lest we become involved in *other* monetary transactions. The motivation is quite separate from the action which is being forbidden. The Principle teaches that *Chazal* cannot prohibit something which the Torah permits *in order to safeguard that same Torah notion in different circumstances.* But if the very same prohibition is motivated by a different consideration, *Chazal* are entitled to impose it. In the case of interest, the Rabbinic prohibition against lending to gentiles is not a violation of The Principle, because it is not motivated by a desire to restrict interest *per se.*[59] [One commentator follows this approach in the case of Moabite bread that we touched on earlier. The consumption of gentile bread was not forbidden by *Chazal* because of *kashrus.* Rather, it was motivated by the desire to limit social interaction with gentiles and thus prevent intermarriage. This is not inconsistent with The Principle.[60]]

Chasam Sofer then defends The Principle on other grounds, crediting *Shelah HaKadosh* for his argument. He reasons that when the Torah states that gentiles may be charged interest, it does not mean to encourage us to lend money at interest to gentiles. Rather, *if* we choose to lend money to gentiles, the Torah requires that we charge them interest. The decree that *Chazal* imposed consisted of limiting our ability to lend money to gentiles in the first place. This is not a violation of The Principle.[61]

Noda BiYehudah also defended The Principle from the objection of interest. He points out that *Chazal* did not *completely* forbid lending money to gentiles at interest; they merely *restricted* this practice, not allowing Jews to profit from this activity beyond basic needs.[62] Restricting something which the Torah permits — as opposed to forbidding it — is not, according to *Noda BiYehudah,* a violation of The Principle. [The same idea is used to defend The Principle in the context of offerings, which we mentioned above. We noted that even though the Torah permits eating the meat of offerings until morning, *Chazal* requires that one finish eating by midnight, and that this seems to violate The Principle. Some make the point that *Chazal* did not completely forbid the eating of offerings, which would indeed be a violation of The Principle. They merely restricted the time during which the meat may be eaten, which is not a violation of The Principle.[63]]

Chavos Yair also objected to The Principle based on the concept of fourth-year produce. In the first three years of a sapling's life, any fruit that the tree produces may not be used at all. The Torah further stipulates that in the fourth year, the fruit may be enjoyed under certain circumstances. According to the Talmud, however, this concept only applies to vineyards.[64] Thus, according to *Chavos Yair,* the Torah restricts our use of fourth-year *fruit,* but allows us to benefit from fourth-year *grapes* without restriction. *Chazal* nonetheless restricted our use of fourth-year grapes, thus proving that The Principle is invalid. *Chasam Sofer* finds this objection perplexing. In innumerable cases, *Chazal* explain the Torah in ways that are not necessarily consistent with the literal meaning of the verses. They do so through traditions that they possess or the methodology of exegesis that was taught to Moshe. *Taz* would never deny, argues *Chasam Sofer,* the legitimacy of the Sages' interpretations of the Torah. According to *Chasam Sofer,* the fact that fourth-year produce is interpreted as referring to vineyards is not a Rabbinic decree; the Talmud reveals to us that when the Torah speaks of fourth-year *produce* it means *grapes.* The Torah *itself* meant to restrict fourth-year *grapes,* even though the term it uses can be misconstrued as *fruit.*[65] It is only when the meaning of a verse is clear and the verse permits something, that *Chazal* cannot proceed to impose restrictions on it.

Rishonim

THOSE WHO UPHOLD The Principle maintain that it can be traced to *Chazal,* if only implicitly.[66] For example, *Chasam Sofer* sees a hint to The Principle in the Talmudic passage that states that a court has the authority to impose extra-legal punishments.[67] In that passage, *Chazal* are careful to point out that when they do so, they do not transgress the words of the Torah. This seems odd: Would we think that *Chazal* would transgress the Torah?! *Chasam Sofer* sees this as a hint to the fact that when they legislate, *Chazal* are limited: they cannot forbid what the Torah permits.[68] But this passage is sufficiently vague to admit different interpretations. Later authorities therefore focus on whether The Principle was used by the *Rishonim.* [When he formulated The Principle, *Taz* did not mention earlier authorities who either agreed or disagreed with his contention. It is quite possible that he did not have access to at least some of the relevant sources.[69]] For example, *Meiri* writes that *Chazal* "did not enact stringencies where the Written Torah was explicitly lenient."[70] *Nimukei Yosef,* writing about a rental arrangement which may or may not constitute charging interest, states that "[This practice] is permitted even Rabbinically; there is no prohibition whatsoever. Certainly, anything which God permits explicitly and tells us to do must be completely permissible." Later authorities see this as an adumbration of The Principle.[71] Other *Rishonim,* however, seem not to have upheld The Principle. *Ritva,* for example, commenting on a statement of *Tosafos* that appears to express The Principle, wrote that, "This is obscure, seeing that there are several instances where the Torah permitted things and *Chazal* forbade them."[72]

Three points are important when considering how the *Rishonim* viewed The Principle. Firstly, in many cases, the *Rishonim* describe *Chazal* as not *wishing* to forbid whatever the Torah permitted.

Some later authorities still take this as an endorsement of The Principle.[73] Others, however, take these statements as possibly constituting refutations of The Principle. They argue that The Principle states that *Chazal* may not forbid that which is permitted by the Torah; if they *may*, but *choose* not to do so, The Principle is invalidated.[74] Secondly, later authorities sometimes mention scattered instances in which this or that early authority appears to support The Principle. Others counter that this is not proof for The Principle any more than the appearance of one swallow is proof for the arrival of spring: the fact that *Chazal* in any particular case did not forbid something which the Torah permits cannot be expanded into a broad principle.[75] Thirdly, some commentators differentiate between cases in which the Torah *permits* something and cases in which it *requires* something. They argue that The Principle states that whatever the Torah permits cannot be forbidden by *Chazal*. No proof for this contention can come from cases in which the Torah *requires* something. Everyone would agree that in those cases, *Chazal* would not — or could not — forbid what the Torah stipulated.[76] With these points in mind, let us look at two cases in which the statements of *Rishonim* are scrutinized to decide whether they upheld The Principle.

Kings and Judgment

CHAZAL TEACH THAT only the kings of the House of David can serve as judges; the kings of the House of Israel may not. This is based on an incident which the Talmud records about King Yannai. This despot, of the House of Israel, was once summoned to a court headed by his brother-in-law, Rabbi Shimon ben Shetach. He intimidated Rabbi Shimon ben Shetach's fellow judges and thereby avoided the court's censure. As a result, *Chazal* enacted that kings from the House of Israel may not judge or be judged. In describing this ruling, the Talmud cites a verse from *Yirmeyahu.*[77] The verse exhorts the kings of the House of David to render judgment. Numerous commentators point out that this verse was uttered centuries before the incident involving King Yannai, at a time when kings from both the House of David *and* the House of Israel were permitted to act as judges. How then can this verse be used to justify an enactment that restricts kings from the House of Israel from judging?[78] *Rosh* resolved this difficulty as follows: "Presumably, since God explicitly instructed the kings of the House of David to render judgment [as seen in the verse], *Chazal* would not have decreed that they may not judge [as opposed to the kings of the House of Israel, where *Chazal* could indeed declare that they may not judge]." This formulation sounds like The Principle.[79]

Interest

TOSAFOS MAKE TWO comments in the context of a discussion about charging interest that are relevant to The Principle. Regarding charging gentiles interest, *Tosafos* write that "Since the Torah made it a precept to deprive them financially, it would not have been appropriate for *Chazal* to forbid charging gentiles interest."[80] Similarly, writing about a rental arrangement which may involve the prohibition of charging (a Jew) interest, *Tosafos* write that, "Since the Torah permitted this practice explicitly, *Chazal* did not wish to enact their prohibition in that case."[81] Here, too, it seems as if The Principle is used.[82]

But many later authorities refuse to concede that these statements of *Rosh* and *Tosafos* constitute support for The Principle, for the reasons we mentioned above. These authorities understand that the Torah *requires* us to charge interest when money is lent to gentiles; similarly, they understand that the Torah *requires* the kings of the House of David to judge. In these cases, it may well be that *Chazal* would not have forbidden these actions. But in cases in which the Torah merely *permitted* something, there is no indication that *Chazal* would hesitate to forbid it.[83] Furthermore, some commentators point out that *Tosafos* did not state that *Chazal* could not forbid what the Torah permitted, as per The Principle, but rather that they did not *wish* to forbid what the Torah permitted.[84] And thirdly, some argue that the *Rishonim* may have just indicated that in particular cases, *Chazal* did not wish to forbid what the Torah permitted, but that this is not indicative of a general rule.[85]

Later authorities try to ascertain whether *Rambam* agreed with The Principle.[86] Proof is also adduced from the words of *Rashba*[87] and *Rashi*.[88] But even if no consensus emerges on whether the *Rishonim* applied The Principle, it seems clear that it was used before the *Taz* (1586–1667). *Chasam Sofer* credits Rabbi Yosef Karo (1488–1575) with use of The Principle in his monumental commentary to *Rambam*, entitled *Kesef Mishneh*.[89] He was discussing the Rabbinic prohibition on kings from the House of Israel rendering judgment that we examined above. Without citing any previous authorities, he writes that, "Since we find that the verse mentions the House of David and urges them to judge, even if some mishap would arise because of this, *Chazal* would not have enacted a prohibition in this regard so as not to clash with the verse. But with the kings of the House of Israel [since they are not mentioned in the verse], *Chazal* could indeed prevent them from judging."[90] Rabbi Betzalel Ashkenazi (ca. 1520–1594) also clearly articulated The Principle.[91] There were also near-contemporaries of *Taz* who applied The Principle, apparently independently. For example, *Pnei Yehoshua* (1681–1756) writes that "Since the Torah itself resolved this doubt, it is not possible to be stringent even Rabbinically, as I have written in a number of places." *Pnei Yehoshua* does not indicate that this is due to *Taz*; on the contrary, he gives every impression of considering it to be his idea.[92]

Conclusion

THE PRINCIPLE HAS succeeded in stimulating a flood of Torah discussions over several centuries.[93] It spurred ingenious and innovative approaches from towering Torah personalities. The majority, moreover, accepted The Principle and defended it from critics.[94] It also spawned variants such as whether *Chazal* can forbid something that is deduced through the thirteen hermeneutic rules of Rabbi Yishmael.[95]

In conclusion, I present an original challenge to The Principle. The Torah permits slaughtering offerings on the Altar in the Temple, and this is based on an explicit verse.[96] *Chazal,* however, forbade this, out of concern that the animal would defecate on the Altar.[97] Does this constitute a refutation of The Principle?

NOTES TO CHAPTER 5

1 For example, at a certain point in history, *Chazal* instructed that henceforth, when Rosh Hashanah would fall on Shabbos, we would no longer blow the shofar, even though this is permitted as far as the Written Torah is concerned. Thus, one commentator writes:

מנחת חינוך מצוה רפ"ז (הוצאת מכון ירושלים תשמ"ח כרך ב עמוד תב): ... כי כל גזירה וסייג הופיע עליהם רוח הקודש כל אחד בזמנו, למשל דגזרו חז"ל שלא לתקוע שופר בשבת , ובודאי לא היתה גזירה בימי משה רבינו ע"ה ואחר כך גזרו.

The Talmud explains that there is a difference between (actively) transgressing a Biblical prohibition and (passively) refraining from doing a *mitzvah. Chazal* may instruct us to do the latter — as when they enacted that we refrain from blowing the shofar on Shabbos — but not the former. This concept is known as שב ואל תעשה — *Chazal* have the authority to require us to desist from doing a *mitzvah*:

ביבמות (פט:) אמר רב חסדא שהתורם מן הטמא על הטהור לא עשה ולא כלום מדרבנן. והקשה רבה לרב חסדא, מי איכא מידי דמדאוריתא הוי תרומה ומשום דלמא פשע אפקוה רבנן לחולין, וכי בית דין מתנין לעקור דבר מן התורה?! ובהמשך הסוגיא (צ.) איתא דשב ואל תעשה שאני, ופירש רש"י (ד"ה שב ואל תעשה) "לאו עקירה היא כגון אכילת בשר עשה היא ואמור רבנן שב ואל תאכל לאו עקירה בידים הוא אלא ממילא היא מיעקרא..."

2 רבי דוד בן שמואל הלוי בעל הטורי זהב (ט"ז).

3 Here is a brief introduction to the context in which *Taz* enunciated The Principle:

פרדס יוסף, פרשת צו עמוד ק"צ: ובענין סחורה בכל איסורים, אף על גב דמותרים בהנאה אסורים בסחורה עיין יורה דעה (סימן קי"ז סעיף א) חוץ מחלב שנאמר בו [ויקרא ז, כד] יֵעָשֶׂה לְכָל מְלָאכָה. וברמב"ם (פרק ח ממאכלות אסורות הלכה יח) זה הכלל: כל שאיסורו מן התורה אסור בסחורה ואיסור מדבריהם מותר. ואם הוא איסור דאורייתא במשנה למלך (שם) כתב שמן התורה, ומרמב"ם כן מוכח שכתב חוץ מחלב, ואי סלקא דעתך שרק מדרבנן אמאי לא גזרו גם בחלב. אבל הטורי זהב (שם סעיף קטן א) הרגיש בזה, וכתב דלא גזרו דבר שהיתר מפורש בתורה. והקשו המפרשים מריבית לנכרי מפורש בתורה לַנָּכְרִי תַשִּׁיךְ [כי תצא כג, כא] ואפילו הכי אסרו חכמים

[עיין בבא מציעא דף ע עמוד ב]. ובנודע ביהודה (מהדורה תנינא יורה דעה סימן סב] תירץ דריבית לא אסרו בהחלט שהרי כדי חייו מותר (ביורה דעה סימן קנ"ט סעיף א) ואם כן לא עקרו לגמרי ההיתר...

ט"ז אורח חיים סימן תקפ"ח סעיף ה (ד"ה אין תוקעים בשופר): משום שמא יטלנו בידו לילך אצל בקי ללמוד ויעבירנו ד' אמות ברשות הרבים והקשה המזרחי ביום טוב נמי נגזר שמא יתקן כלי שיר והאריך בזה ולבסוף לא תירץ כלום. ולעניות דעתי נראה... דאין להם לגזור ולעקור לגמרי דברי תורה שצוותה לתקוע ביום זה, בשלמא בשבת לא מתעקר לגמרי כיון שבלא שבת תוקעין ביום טוב ונראה שזהו בכלל מה שעשו סייג לתורה ולא לעבור על דברי תורה לעקרו לגמרי ומהאי טעמא ניחא עוד מה שכתב בית יוסף בשם הר"ן מ"ש מילה דדחיה שבת ולא גזרינן שמא יעביר התינוק ד' אמות ברשות הרבים ותירץ לחלק בין זה לזה בדוחק ולפי מה שכתבתי ניחא דהתורה ריבתה בפירוש וּבַיּוֹם הַשְּׁמִינִי אפילו בשבת לא רצו לעקור דברי תורה בפירוש משום גזירה...

ט"ז חושן משפט סימן ב (ד"ה ולא לעבור על דברי תורה): קשה מהי תיתי שיעברו על דברי תורה ונראה לי דאף שיש כח לחכמים לאסור המותר מדברי תורה היינו דוקא בדבר שאינו מפורש לא לאיסור ולא להיתר דאז הוא מותר ממילא בזה יש כח לחכמים להחמיר מה-שאין-כן בדבר מפורש בפסוק להיתר כגון היתר הנאה מן חלב דמפורש בקרא בזה אין כח לחכמים לאסור על כן אמר ולא לעבור על דברי תורה שבדברי תורה מפורש מקרי עובר על דברי תורה.

ט"ז יורה דעה סימן קי"ז סעיף א: ... ונראה לתרץ דאין כח ביד חכמים לאסור דבר שפירשה התורה בפירוש להיתר דאין כח ביד חכמים להחמיר אלא במקום שאין בו לא איסור ולא היתר מפורש מן התורה מה-שאין-כן במקום שיש היתר מפורש מן התורה. וזהו בכלל מאמרם (סנהדרין מו.) שמעתי שבית דין (היו) מכין ועונשין שלא מן הדין ולא לעבור על דברי תורה אלא לעשות סייג לתורה דקשה פשיטא שאין כח בשום אדם לעבור על דברי תורה... ולפי הנחה שזכרתי אתי שפיר טפי דכאן נתכוין שאף להחמיר אין להם כח במקום שהם עוברים על דברי תורה. על כן מוכיחים התוספות שפיר מדמצינו היתר בתורה ודאי חכמים לא אסרוהו כלל למכירה אלא על כרחנו דגם מדרבנן מותר והיינו היכא דלא קנה להרויח.

מסכת סנהדרין דף מ"ו עמוד א: תניא רבי אליעזר בן יעקב אומר שמעתי [רש"י – מרבותי] שבית דין מכין ועונשין שלא מן התורה [רש"י – שבית דין מותרין להיות מכין מלקות ועונשין עונש של מיתה שלא מן התורה], ולא לעבור על דברי תורה [רש"י – ולא שיתכוונו לעבור על דברי תורה לבוד מלבם חיוב מיתה לשאינו חייב אלא מפני צורך השעה] אלא כדי לעשות סייג לתורה...

4 **מסכת יבמות דף כ"א עמוד א:** ... רב כהנא אמר מהכא (ויקרא יח, ל) וּשְׁמַרְתֶּם אֶת מִשְׁמַרְתִּי עשו משמרת למשמרתי...

5 **מסכת ביצה דף ל"ו עמוד ב:** ... ואלו הן משום שבות לא עולין באילן ולא רוכבין על גבי בהמה...

6 **שאלות ותשובות פני מבין, אורח חיים סימן קס"ח:** ... הקשה בשם אביו... על ט"ז... דכתב דבר המפורש בתורה הקדושה להתיר לא יכלו חכמים לגזור... שפיר יש לומר דלא חששה תורה הקדושה לזה גם לחכמים אין להם לחוש...

ספר יד אפרים, חלק יורה דעה סימן ז: ... דאפשר להסביר סברת הט"ז הנ"ל דמשום הכי אין כח ביד חכמים לגזור היכא שההיתר מפורש בתורה משום דהוי בזיון התורה שנראה הדבר כמו דרבנן חכמים יותר מן התורה דהתורה לא ידעה ולא ראה לאוסרו והחכמים ראו בחכמתם לאוסרו והוי בזיון היכא דהתורה מפורש כתבה להיתר [והיינו טעמא דכתבו המפורשים דהיכא דנולד דבר חדש שפיר כח בידם לאסור דלא הוי בזיון כלל]...

שאלות ותשובות קול אריה, סימן נ"ה: ... ואמינא סברא נכונה דהא סברת הט"ז הוא כך דבדבר המפורש בתורה להתיר וחזינן דהתורה הקדושה לא חששה לגזירה זו שגזרו חכמים שוב אף חכמים אין יכולים לגזור גזירה זו כיון דחזינן דהתורה לא חשה לגזירה זו.

שאלות ותשובות טוב טעם ודעת, מהדורא קמא סימן כ"ב: ... אך הכונה הוי דגנאי הוא לתורה להיות מפורש (בו) [בה] היתר מה דחז"ל אסרוהו ומשום כבוד התורה נגעו בהו...

7 **דברים כג, ה:** עַל דְּבַר אֲשֶׁר לֹא קִדְּמוּ אֶתְכֶם בַּלֶּחֶם וּבַמַּיִם בַּדֶּרֶךְ בְּצֵאתְכֶם מִמִּצְרָיִם...

8 **מסכת שבת דף י"ז עמוד ב:** דאמר רב אחא בר אדא אמר רבי יצחק גזרו על פתן משום שמנן ועל שמנן משום יינן על פתן משום שמנן מאי אולמיה דשמן מפת אלא גזרו על פתן ושמנן משום יינן ועל יינן משום בנותיהן...

9 **שאלות ותשובות פני מבין, אורח חיים סימן קס"ח:** ... הקשה בשם אביו... על ט"ז... דכתב דבר המפורש בתורה הקדושה להתיר לא יכלו חכמים לגזור וקשה אם כן איך אסרו פת של עכו"ם והלא מפורש בתורה הקדושה להתיר שנאמר [דברים כג, ה] עַל דְּבַר אֲשֶׁר לֹא קִדְּמוּ אֶתְכֶם בַּלֶּחֶם וּבַמַּיִם בַּדֶּרֶךְ בְּצֵאתְכֶם מִמִּצְרָיִם... והוא לכאורה הערה נכונה...

10 **שאלות ותשובות גנזי יוסף, סימן ע"ג סעיף ג [הערות וציונים על ספר שאלות ותשובות פני מבין]:** בסימן קס"ח הקשה לטו"ז דדבר המפורש בתורה להיתר אין כח ביד חכמים לאסור איך אסרו פת של עכו"ם והלא מפורש בתורה הקדושה להתיר שנאמר עַל דְּבַר אֲשֶׁר לֹא קִדְּמוּ אֶתְכֶם בַּלֶּחֶם וּבַמַּיִם בַּדֶּרֶךְ בְּצֵאתְכֶם מִמִּצְרָיִם. נראה לי דמהתם לא שמעינן כלל דשרי לאכול פתם, וכי היכן כתיב דאילו הקדימו אותם היו הישראל אוכלים ממנו?! ולא שמעינן מהתם אלא שעמון ומואב נבלה עשו שלא הקדימו להם לחם. ואטו עמון ומואב דיני גמירי לידע שלא יאכלו ישראל – אם כן הוה להו להקדים, ומדלא הקדימו עשו שלא כהוגן...

11 **שם סימן קמ"ב [מכתב לרב בן ציון קואינקה, ראב"ד דקהל ספרדים בירושלים]:**

... על פי מה שכתב הגאון בעל הלכות קטנות ז״ל בחלק ב (סימן פ״ג) להעיר, דנהי דחז״ל גזרו על פת עכו״ם מכל מקום יש עצה להתיר על ידי בישול, דבישול של ישראל מבטלו מתורת פת ונפקע ממנו איסורו דפת עכו״ם. וקאמר קרא על דבר אשר לא **קדמו** אתכם בלחם, ואף על גב דהשתא היה כמו שהוא אסור באכילה, הא איכא עצה להתיר על ידי בישול...

הערת יורם בוגץ׳: לא זכיתי להבין את דברי הגנזי יוסף, דהרי בעל הלכות קטנות הורה דבישול פת עכו״ם לא מועיל, והרי דבריו:

הלכות קטנות חלק ב סימן פ״ג: שאלה – פת של ישראל שאפאה גוי אם יש תיקון על ידי שיבשלנו. תשובה – אף על גב דיש בישול אחר אפיה אבל מכיון שנגמרה מלאכת האפיה על ידי גוי בלא סיוע ישראל כבר נאסר ומה יועיל בישול...

12 **שאלות ותשובות גנזי יוסף, סימן ע״ג סעיף ג [הערות וציונים על ספר שאלות ותשובות פני מבין]**: ... ולכאורה עדיפא הוה ליה להקשות מקרא דפרשת דברים [דברים ב, ו] אֹכֶל תִּשְׁבְּרוּ מֵאִתָּם בַּכֶּסֶף וַאֲכַלְתֶּם. אבל יש לומר דזה אינו, דהתם לא כתיב לחם אלא אוכל ודילמא פירות וירקות קאמר. אם כן הכא נמי לא קושיא דלא כתיב פת לחם אלא לחם וידוע מה שכתב רש״י בכמה מקומות דלחם כל מאכל במשמע... אם כן הכא נמי פירושו שאר מאכל ולא פת.

13 **פירוש רמב״ן דברים כט, ה:** ... ואפשר עוד כי מעת שירד המן עד בואם אל שעיר לא אכלו לחם כלל, כי הלכו במדבר הגדול והנורא, אבל בשנת הארבעים קרבו לישוב... ומן העת ההיא היו האדומים והמואבים מקדימים אותם בלחם ובמים והיו גדולי ישראל קונים מהם ואוכלים לתענוג לא לצורך ולא לשבעה ועיקר המחיה שלהם היתה במן.

14 **שאלות ותשובות גנזי יוסף, סימן קמ״ב [מכתב לרב בן ציון קואינקה, ראב״ד דקהל ספרדים בירושלים]**: ואשר השיב על דבר הקושיא דמפסוק אשר לא קדמו אתכם בלחם ומים מוכח דפת עכו״ם מותר... מצאתי בספר כלי חמדה דברים (דף י״ד) שהעיר בזה וכתב דבפשיטות יש לומר שלכן פירש בספרי בדרך שהיתה בטירף [נראה דכוונתו לומר ״שהיית בטירוף״] ומותר פת עכו״ם. אמנם בלא זה נראה ודאי דכל האיסור שבתורה לא נאסרו מיד וכל אזהרת התורה הקדושה נאמרו במשך המ׳ שנה שהיו במדבר ואם כן אין ראיה בזה שהיה מותר להם איזהו איסור והיה מפורש בתורה להיתר... ומה שכתב הטו״ז דדבר המפורש בתורה אין ביד חכמים לאסור, היינו מה שנראה מפורש בתורה ההיתר אף לדורות, כמו מילה בשבת וכיוצא בזאת, מה־שאין־כן מה שאמרה תורה וכן מה שעשו במשך מ׳ שנה שהיו במדבר אין ראיה מזה לענין גזירת חז״ל אחר כך. ויתכן דלכן נאמר על דבר אשר לא קדמו אתכם בלחם ומים וגו׳ **בצאתכם ממצרים** להורות כנ״ל...

כלי חמדה, דברים דף יד: ... בלא זה נראה ודאי דכל האיסורין בתורה לא נאסרו מיד וכל אזהרות התורה הקדושה נאמרו במשך המ׳ שנה שהיו במדבר... ומה שכתב הטו״ז

דדבר המפורש בתורה אין ביד חכמים לאסור היינו מה שנראה מפורש בתורה ההיתר אף לדורות כמו מילה בשבת וכיוצא בזאת... ויתכן דלכן נאמר על דבר אשר לא קדמו אתכם בלחם ומים וגו' **בצאתכם ממצרים** להורות כנ"ל.

15 **כל כתבי מהר"ץ חיות חלק א עמוד קמ"א:** ... ודברי הט"ז אינם אמורים רק בנאמר בפירוש שהצדוקים מודים בו...

שאלות ותשובות בכורי שלמה (אבן העזר סימן ב): והנה מה שהאריך כבוד-תורתו שיחיה להקשות על עיקר חרם דרבינו גרשום לדברי הט"ז דבמפורש בתורה להיתר אין ביד חכמים לאסור וכאן מפורש כִּי תִהְיֶיןָ לְאִישׁ שְׁתֵּי נָשִׁים... ולדעתי בלאו הכי לא קושיא מידי דהט"ז לא מיירי רק היכא שמפורש בלשון היתר בקרא דיהיה לכם. אבל גבי שתי נשים לא כתב קרא רק שלא יוכל לבכר כו' ועל כל פנים תפסו קידושין... ועל כל פנים זה לא נקרא מפורש להיתר...

ספר יד אפרים, חלק יורה דעה סימן ז: ... **ג.** אמרתי לתרץ דאמרתי כלל גדול בט"ז הנ"ל דלא כתב הט"ז אלא היכא שההיתר מפורש וכגון במילה דכתוב ביום השבת ימול או דכתוב בחלב נבילה יעשה לכל מלאכה והיינו דכתוב ביום אפילו בשבת דר' בקום ועשה אבל היכא דכתוב הלא תעשה על דבר אחר ומיניה דרשינן דדוקא דבר זה אסור אבל אחר מותר זה לא הוי מפורש בקרא בתורה להיתר ועל זה יש כח ביד חז"ל לגזור דאם לא תימא הכי האיך גזרו בבשר בחלב על בשר עוף למאן דאמר לאו דאורייתא הא כתוב בפירוש שלא תבשל "גדי" והאיך אסור על עוף... וגם האיך אסרו החכמים כבוש או צלי או מליחה הא כתוב מפורש "לא תבשל" בבישול דוקא. אלא ודאי דזה לא מיקרי היתר מפורש... והנה מצאתי אחר כך שמגבעות אשורנו שקדמני בזו הסברא הנשר הגדול החתם סופר זכרו יגן עלינו בתשובותיו ליורה דעה סימן קט...

שאלות ותשובות רמ"ץ, חלק יורה דעה סימן י"ד: ... והנראה לעניות דעתי דסברת הט"ז הוא כך דדוקא היכא דמפורש באר היטב בתורה להתיר כמו ביום השמיני יתירא דבא מפורש להתיר אפילו בשבת אין כח ביד חז"ל לאסור אבל מה דדרשינן מדיוקא להתיר זה לא מיקרי מפורש ויש כח ביד חז"ל לאסור. ולהכי לא קושיא מידי ממקומות הנ"ל שרשמתי דבהו אין ההיתר כי אם מדיוקא...

שאלות ותשובות תורת חסד, סימן י"א אות ח: ובמה שהקשה הפמ"א בחידושיו לזבחים (עד.) על הט"ז ממה שכתבו התוספות שם... ואף על גב דהתורה התירה בפירוש ומכל מקום גזרו חכמים ודלא כהט"ז ביורה דעה קי"ז. עד כאן דברי הפמ"א. ואי מהא לא איריא דבמידי דאתי ההיתר מדרשא בודאי יכולים חכמים שפיר לאסור. והט"ז ביורה דעה מיירי היכא שההיתר מפורש בתורה ולא אתי מדיוקא דבזה אין יכולים לאסור מדרבנן.

שאלות ותשובות מנחת אלעזר, חלק א סימן ס"ב: ... וכן בחתם סופר (יורה דעה סימן עג) העיר ממה שאסרו חז"ל בשר עוף בחלב והתורה אמרה לא תבשל גדי ולא עוף ולעניות דעתי אין שום מקום לקושיא על הט"ז ממקומות אלו דהט"ז לא כתב רק היכא דהתורה התירה בפירוש כמו שכתב הט"ז בחלב שהתורה אמרה [ויקרא ז, כד]

(אשר) יֵעָשֶׂה לְכָל מְלָאכָה וכן לענין סחורה בנבילה דכתיב בפירוש בתורה [דברים יד, כא] אוֹ מָכֹר לְנָכְרִי וגם לענין מילה בשבת [שכתוב] ביום אפילו בשבת... אבל היכא שילפינן ודרשינן בדרך שלילה כגון שאנו מדייקין ... פשיטא דזה אינו רק דרש בדרך שלילה ומפשטיה דקרא לא משמע כן... ופשיטא דהתם יכולים להחמיר...

שאלות ותשובות חתם סופר חלק יורה דעה תשובה ק"ט: ... ודאתאן עלה מה שהקשה הרב דקהילת קודש סאנגרוט מלא תבשל גדי בחלב אמו וחכמים אסרו כבישה וצליקה [=צלייה] זו אינה צריכה לפנים. אי הוה כתיב גדי בחלב אמו כבוש וצלי תאכלוהו ובשל לא תבשלוהו אז היה מענין זה כמו דכתיב קום ועשה בהיתר מָכֹר לְנָכְרִי ובהיתר יֵעָשֶׂה לְכָל מְלָאכָה וביום אפילו בשבת ולַנָּכְרִי תַשִּׁיךְ ומענין הזה הוא שֵׁשֶׁת יָמִים תֵּעָשֶׂה מְלָאכָה וּשֵׁשׁ שָׁנִים תִּזְרַע שָׂדֶךָ אבל הכא לא כתיב אלא האזהרה מבשול לומר שהתורה לא אסרה אלא הבישול, והכבישה והצלי לא דברה בו התורה והניחה לחכמים לעשות כרצונם סייג וגדר לפי המקום והזמן. וכן [שמות יב, טו] אַךְ בַּיּוֹם הָרִאשׁוֹן תַּשְׁבִּיתוּ אמרינן [פסחים ה.] אך חלק שהחמץ אינו אסור אלא מחצי היום וחכמים אסרוהו ב' שעות קודם משום דלא כתיב להדיא עד חצי היום תאכלוהו ואז תשביתוהו ולא הוזכר ההיתר בקום ועשה וזה פשוט וברור...

Chasam Sofer seems to have changed his mind in this respect. Consider his words here:

שאלות ותשובות חתם סופר חלק יורה דעה תשובה ע"ג: ... והט"ז השריש... דחכמים אין יכולת בידם לאסור מה שהתירה התורה בפירוש והשתא מה שאסרו חז"ל בשר עוף בחלב אף על גב דהתורה התירה בפירוש גדי ולא עוף היינו משום דפשטיה דקרא לא מיירי מאכילה אלא מבישול ובישול עוף בחלב באמת לא נאסר מדרבנן ואין כח בידם לאסרו אך חיה שלא הותר בפירוש אדרבא "גדי" משמע אפילו חיה נהי מדרשא הותר על כל פנים יש כח ביד חכמים לאסור אפילו הבישול...

Here, he seems to be saying that when we deduce that fowl are not included in the Torah's prohibition of cooking meat and milk — because the Torah refers to cooking a kid — this *does* count as explicit permission to cook fowl in milk. Indeed, *Chasam Sofer* maintains that *cooking* a chicken in milk is not Rabbinically forbidden. But he agrees that *eating* such food is Rabbinically forbidden. Notwithstanding the fact that the Torah states the meat and milk prohibition three times — from which we derive three separate prohibitions — the verse that is repeated tells us that we may not *cook* meat and milk. *Chazal* were thus permitted to forbid *eating* chicken cooked in milk. Rabbi Moshe Feinstein went even further in restricting the definition of *explicit*:

אגרות משה, אורח חיים חלק א סימן קל"ד: בדבר שהקשה כתר"ה על תירוץ הט"ז אורח חיים [סימן] תקפ"ח סעיף קטן ה דמה שלא גזרו במילה לאסור בשבת מגזרת שמא יעבירנו ד' אמות ברשות הרבים הוא משום דהתורה ריבתה בפירוש וביום

השמיני אפילו בשבת לא רצו לעקור דברי תורה בפירוש משום גזירה, דאם כן כיון שמן התורה מחללין שבת על כל החדשים כדיליף בראש השנה דף כא מבמועדם מאי טעמא אסרו בשאר חדשים מדרבנן. ואף שהקרא נאמר בניסן ותשרי ושאר חדשים הוא ריבוי מדאיקרי ראש חודש מועד כדכתבו התוספות, מכל מקום הא גם מילה דילפינן מביום אפילו בשבת הוא רק ריבוי ומאי שנא הך דרשא מהך דרשה. הנה הנכון לעניות דעתי דודאי כוונתו הוא רק על דבר המפורש בתורה לא על מה שדורשין בריבוי כדמצינו הרבה דברים שאסרו מה שמותר מן התורה אף שהם מדרשות הקראי ורק קרא דביום השמיני שאני דהא מפורש בסנהדרין דף נט שכל הקרא נאמר רק למיקרי שבת משום דלמצות מילה בשמיני הא נאמר לאברהם וכשלא היה נשנית בסיני היה זה כדין שרק לישראל ולא לבני נח ואדרבה כשנשנית גם בסיני היה זה גם לבני נח שלא כדין ואם כן הוא רק משום שלא נאמר הקרא לעצם מצות מילה לא נחשבה לנשנית בסיני והוי החיוב מילה בעצם רק בשביל הציווי לאברהם וקרא דביום השמיני הוא רק למישרי שבת. לכן נחשב שהיתר שבת במילה הוא מפורש בתורה ולא רק שהוא מדרשא כיון דרק על זה נאמר... וקושית החות יאיר סימן קמ״ב מריבית דנכרי שאסרו לא ידענא דהא כתבו התוספות בבא מציעא דף ע דזהו קושית הגמרא שאיתיביה רבא איך אסרו חכמים נגד קרא מפורש וכשמתרץ הגמרא דהקרא יש לפרש תשיך כפשטות הלשון שהוא ליתן לנכרי ריבית לאפוקי אחיך דלא לעבור עליו בעשה ולא תעשה שוב לא הוי כמפורש אף להסוברים דאיכא מצוה ליקח ריבית מהנכרי כשמלוהו כיון דקאי גם על ליתן וגם פשטות הקרא הוא כן ונמצא שהמצוה דליקח ריבית מנכרי הוא רק כמדרשא ששייך לאסור.

כמוצא שלל רב, פרשת תזריע עמוד קל״ה: קושיא דומה על יסודו של הט״ז הובאה בשו״ת אגרות משה (אורח חיים א סימן קלד) בשמו של הגאון רבי אברהם וויינפעלד: בגמרא במסכת ראש השנה (כא:) מצינו שמן התורה עדים שראו את החדש מחללים את השבת, וחז״ל למדו זאת מן הפסוק (ויקרא כג, ד) אֵלֶּה מוֹעֲדֵי ה׳... אֲשֶׁר תִּקְרְאוּ אֹתָם בְּמוֹעֲדָם, אלא שחז״ל אסרו בשאר חודשים והתירו לחלל את השבת רק על שני חדשים – ניסן ותשרי. ולכאורה לסברת הט״ז, עלינו להקשות איך עקרו חז״ל את ציווי הפסוק לגבי שאר החדשים? ואף שהפסוק נאמר אמנם רק לגבי ניסן ותשרי ושאר החדשים נלמדו מריבוי, ממה שנקרא ראש חודש מועד, אולם הרי גם מילה בשבת נלמדת מריבוי "וביום" ובמה שונה דרשה זו מדרשה זו?... אולם הגאון רבי משה פיינשטיין דוחה את הקושיא ביסוד שהוא מעמיד בדברי הט״ז: בודאי כוונת הט״ז היתה רק על דבר המפורש בתורה ולא על מה שדרשו חז״ל מריבוי, שהרי פעמים רבות מצינו שאסרו חז״ל מה שמותר מן התורה על ידי ריבוי. אולם הפסוק "וביום השמיני" שונה מריבויים הנלמדים מפסוקים אחרים, שכן מפורש בגמרא (סנהדרין נט:) שכל הפסוק נאמר רק לצורך לימוד זה שמילה דוחה שבת, משום שלעצם מצות המילה לא היה צורך בפסוק זה... ומכיון שהפסוק "וביום השמיני" נאמר רק כדי ללמדנו שמילה דוחה שבת, נחשב דין זה למפורש בתורה, ולא לדין הנלמד מדרשה.

Rabbi Feinstein's approach may be useful in deflecting an objection to The Principle in the following case:

שדי חמד כללים מערכת יו"ד כלל כב: עוד הקשה בברכי יוסף שם [סימן תקפ"ח] ממה שאמרו במדרש על פסוק ולקחתם לכם ביום הראשון אפילו בשבת ואיך אסרו חז"ל הא הוי מפורש בתורה דומיא דמילה... והרב דרכי שלום דף ל"ט עמוד ב כתב על דברי הברכי יוסף הנ"ל דאישתמיטתיה ש"ס שבת דף קל"א דרבי אליעזר דריש ביום אפילו בשבת ולרבנן ביום ולא בלילה וכיון דאיכא דרשה אחרינא לא הוי מפורש בתורה ומצו לגזור... לכן אני אומר מאן דמותיב שפיר קמותיב דהא גבי מילה נמי דרשינן ביום ולא בלילה דאם לא כן מנלן דאין מלין בלילה וכן כתב הרב הלבוש ריש סימן רס"ב והוא מהש"ס פרק ב דמגילה ואפילו הכי סבירא ליה להרב טורי זהב דדרשת ביום אפילו בשבת חשיב מפורש ועל פי מדותיו קשיא ליה שפיר מביום הראשון דלולב.

Rabbi Feinstein would argue that the verse concerning circumcision constitutes explicit permission to circumcise on Shabbos because *the entire verse* is redundant. This is not the case with the verse concerning ארבעת המינים.

Notwithstanding all of the opinions cited above, it appears that at least one authority understood The Principle to apply even when a היתר is derived rather than explicit:

שאלות ותשובות אבני נזר, אורח חיים סימן מ"ח אות ז: ... אך הנה ידוע דברי הטורי זהב אורח חיים סוף סימן תקפ"ח יורה דעה סימן קי"ז דבמקום שנכתב בתורה היתר מפורש מפשטו או מדרשה אין חכמים יכולים לגזור ולאסור...

16 לֹא יַנִּיחַ מִמֶּנּוּ עַד בֹּקֶר.

17 **כמוצא שלל רב, פרשת כי תצא עמוד רע"ט:** באופן אחר יישב רבי בן ציון קואינקה ראב"ד בירושלים ועורך המאסף – לכאורה היה עלינו להקשות על כללו של הט"ז ממה שחז"ל גזרו שלא לאכול קדשים אלא עד חצות והרי מפורש היתרו בתורה – לֹא יַנִּיחַ מִמֶּנּוּ עַד בֹּקֶר – הרי שעד הבקר התירה התורה בפירוש? אלא ודאי שהט"ז לא אמר את כללו אלא כאשר ההיתר מפורש בתורה כמו לַנָּכְרִי תַשִּׁיךְ. אבל כשהיתרו כתוב רק בדרך שלילה ודרך דקדוק ודיוק, כמו באכילת קדשים שלא נאמר במפורש עד הבקר תאכל רק לֹא יַנִּיחַ מִמֶּנּוּ עַד בֹּקֶר ואנו מדייקים שעד הבקר יכול לאכול, בזה מודה הט"ז שיש כח ביד חז"ל לגזור. ואף כאן הלא לא נאמר ההיתר במפורש, רק אנו מדייקים שאילו קידמו בלחם ובמים יכלו ישראל לאכול ובכגון זה יכולים חכמים לגזור ולאסור.

Rabbi S. Kluger of Brody also addressed this issue:

שאלות ותשובות טוב טעם ודעת, מהדורא קמא סימן כ"ב: ... ומה שהביא בשם ספר בית יעקב שהקשה בסימן ב' על הטורי זהב ממה שכתוב בש"ס דחכמים דרשו

בשכבך כל זמן שכיבה וחז״ל תקנו רק עד חצות... אך לא קושיא מידי דכלל של הטורי זהב לא הוי רק לאסור דרך איסור לומר דאסור לעשות כן מה דמפורש בתורה להיתר זה אי אפשר אבל בקריאת שמע אטו אסרו חז״ל לקרות קריאת שמע אחר חצות הרי לא אסרו לעשות כן ומותר לקרות קריאת שמע כל היום וכל הלילה רק שאמרו דלא יצא ידי חובתו בזה ואם כן אין זה גנאי לתורה כיון דגם לחכמים מותר לקרות רק דלא יצא ידי חובה. גם אינו דומה למילה דכתיב ביום אפילו בשבת דהתם ודאי משמע באיזה יום שיהיה אבל לשון בשכבך הרי אפשר לפרש על תחילת זמן שכיבה דהרי רבן גמליאל סבירא ליה כן. אם כן נהי דרבנן סבירא להו להיפוך מכל מקום מפורש לא נקרא. וגם בנאכלים ליום אחד אף דשם גזרו חז״ל שלא לאכול אחר חצות אינו מפורש ההיתר בתורה רק מדיוקא מכתוב לא יותירו ממנו עד בוקר התם דכל הלילה מותר ואין זה מפורש ההיתרו זה ברור.

להורות נתן, פרשת צו עמוד מ״ג אות ז: וראיתי בשאלות ותשובות רמ״ע מפאנו (סימן ד) שכתב עוד טעם בדעת רש״י שלא גזרו בהיתר חלבים ואברים עד חצות, דכתיב [ויקרא ו, ב] כָּל הַלַּיְלָה עַד הַבֹּקֶר, הרי דאיכפל קרא ואמר עד הבוקר והוה ליה למימר כל הלילה וסגי, ומכאן סמכו חכמים ולא עבדו בהו תקנתא עד כאן דבריו. וביאור דבריו ז״ל נראה על פי מה שכתב הטורי זהב... דהיכי דמפורש בתורה ההיתר לא רצו חכמים לאסור ולגזור דהוה ליה כלעבור על דברי תורה... וזוהי גם כוונת הרמ״ע ז״ל, דכיון דבהקטר חלבים מפורש בתורה עד הבוקר, הוה ליה דבר המפורש בתורה להיתר ואין חכמים יכולין לאסרו. ואילו הוי כתיבא רק כל הלילה היה אפשר לומר דרובו ככולו... ושפיר יכולין לגזור שלא להקטיר אלא עד חצות... וליכא סתירה מפורשת לדבר המפורש בתורה להיתר, אבל מכיון דכתיב עד בוקר אם כן מפורש דעד בוקר ממש ואין כח ביד חכמים לאסרו.

18 **מסכת ברכות דף כ עמוד ב:** דרש רב עוירא זמנין אמר לה משמיה דרבי אמי וזמנין אמר לה משמיה דרבי אסי אמרו מלאכי השרת לפני הקב״ה ריבונו של עולם כתוב בתורתך [דברים י, יז] אֲשֶׁר לֹא יִשָּׂא פָנִים וְלֹא יִקַּח שֹׁחַד והלא אתה נושא פנים לישראל דכתיב [במדבר ו, כו] יִשָּׂא ה׳ פָּנָיו אֵלֶיךָ אמר להם וכי לא אשא פנים לישראל שכתבתי להם בתורה [דברים ח, י] וְאָכַלְתָּ וְשָׂבָעְתָּ וּבֵרַכְתָּ אֶת יְהוָה אֱלֹהֶיךָ והם מדקדקים [על] עצמם עד כזית ועד כביצה.

19 **ספר יד אפרים, חלק יורה דעה סימן ז:** ... מה שהקשה על הט״ז... שהעלה דדבר המפורש בתורה להתיר אין כח ביד חז״ל לגזור עליו מהא דאמרינן בברכות דף כ עמוד ב דאמר הקב״ה האיך לא אשא להם פנים הא אני אמרתי ואכלת ושבעת וברכת והם מדקדקים עד כזית ועד כביצה הרי דאף על פי שהתורה כתבה בפירוש בקרא על שובע צריך לברך ברכת המזון והם מחמירין על עצמם עד כזית וכביצה ואם כן ראינו שיש כח ביד חכמים לגזור...

In truth, it is difficult to see this as a challenge to The Principle. The Principle states that something which the Torah explicitly permits cannot be forbidden by *Chazal*. The fact that the Torah requires *bentching* only when one has had enough to eat, while *Chazal* extended this and required *bentching* even for the consumption of smaller quantities of bread, hardly seems to be a violation of The Principle.

20 **שם: ב.** ... על הט"ז הנ"ל מתוספות יומא דף י"ד דסבירא להו אף בכהן גדול גזרו שלא יעבוד כשהוא אונן והא כתבה התורה בפירוש [ויקרא כא, יב] וּמִן הַמִּקְדָּשׁ לֹא יֵצֵא וְלֹא יְחַלֵּל ודרשינן שאין צריך לצאת מקדושתו שאין עבודתו מחוללת בכך וקשה על הט"ז הנ"ל הרי מפורש בקרא ותירץ הנ"ל כיון דדרשינן נמי מקרא הנ"ל גם הא שלא יצא אחר המטה אף דלא הוי רק אסמכתא על כל פנים לא הוי תו מקרא מפורש... ומעתה אמינא דלקמן במסכת ברכות דף מ"ט דריש רבי מאיר ואכלת זה אכילה ושבעת זה שתיה... הרי דיש לדרוש הקרא להכי ולא הוי מפורש בקרא אף דלא הוי אלא אסמכתא...

שאלות ותשובות תורת חסד, סימן י"א אות ח: ובמה שהקשה הפמ"א בחידושיו לזבחים (עד.) על הט"ז ממה שכתבו התוספות שם בהא דאמרינן התם רב אמר כר"א דאמרינן טעמיה דר"א משום דכתיב מום בם בעינייהו הוא דלא מירצו הא על ידי תערובת מירצו דקרא איצטריך לחד בחד כו'. ואף על גב דהתורה התירה בפירוש ומכל מקום גזרו חכמים ודלא כהט"ז ביורה דעה קי"ז. עד כאן דברי הפמ"א. ואי מהא לא איריא דבמידי דאתי ההיתר מדרשא בודאי יכולים חכמים שפיר לאסור. והט"ז ביורה דעה מיירי היכא שההיתר מפורש בתורה ולא אתי מדיוקא דבזה אין יכולים לאסור מדרבנן.

21 **מסכת קידושין דף י"ב עמוד ב:** דרב מנגיד על דמקדש בשוקא ועל דמקדש בביאה...

22 **דברים כד, א:** כִּי יִקַּח אִישׁ אִשָּׁה וּבְעָלָהּ...

23 **ספר יד אפרים, חלק יורה דעה סימן ז:** ... אמנם לי קשה קושיא אחרת דאמרינן במסכת קידושין רב מנגיד אמאן דמקדש בביאה הא כתוב היתר מפורש [דברים כד, א] כִּי יִקַּח אִישׁ אִשָּׁה וּבְעָלָהּ ודרשינן מיניה בקידושין דף ד דאשה נקנית בביאה גרידה וצריך עיון כעת.

24 **ספר שאילת יעקב, חלק ב סימן נ"ב סעיף קטן ט:** מאן הוה ק"ל על פי דברי הט"ז בג' מקומות דאין לחכמים לתקן כנגד המפורש בתורה הקדושה כידוע ואיך רב מנגיד אמאן דמקדש בביאה ומצאתי שהק"ס העיר גם כן בזה ולעניות דעתי זה לאו תקנה הוא שלא מצינו רק רב עשה כן וגם הוא לא ציוה לאחרים לעשות כן לדורות רק הוראת שעה היתה אצלו ואין זו דמיון להטורי זהב הנ"ל.

25 **קובץ אבן ציון, נערך על ידי בני החבורה בישיבת כנסת ישראל, ירושלים, התש"נ. תשובת רבי חיים ברלין, עמוד שי, אות ג:** עוד שאל אם מותר להסתפח לחברת צער

בעלי חיים ולהנזר מדבר הבא מן החי, והוא נגד דברי הט"ז דאין כח לחכמים לאסור מה שהתירה תורה בפירוש. עד כאן לא אמר הט"ז אלא דאין כח ביד חז"ל לגזור איסור לכל ישראל על דבר שפרשה התורה בפירוש להיתר. אבל מי שירצה לאסור על עצמו אכילת בשר, אין זה בכלל דברי הט"ז.

26 **דברים כא, טו:** כִּי תִהְיֶיןָ לְאִישׁ שְׁתֵּי נָשִׁים...

Some authorities trace the Torah's license for polygamy to a different verse:

פרדס יוסף, פרשת שופטים עמוד תשמ"ז אות קה: ובגמרא סנהדרין (כא:) מבואר, דממעט מקרא דכאן [וְלֹא יַרְבֶּה לּוֹ נָשִׁים] הדיוטות דשרי להם לישא י"ח. ומכאן קשה לכאורה על שיטת הט"ז דבדבר המפורש בתורה להתיר אי אפשר לחכמים לגזור לאסור ואם כן קשה דכאן נחשב לכאורה כמפורש בתורה להתיר להדיוט י"ח נשים ואיך גזר רבינו גרשום שלא לישא שתי נשים.

27 This concept can perhaps be traced to *Ramban*. In his explanation of the concept of (חרם פירוש רמב"ן ויקרא כז, כט ד"ה כל חרם) he writes:

> ולכך אני אומר כי מן הכתוב הזה יצא להם הדין הזה שכל מלך בישראל או סנהדרי גדולה במעמד כל ישראל שיש להם רשות במשפטים ואם יחרימו על עיר להלחם עליה וכן אם יחרימו על דבר, העובר עליו חייב מיתה...

28 **תשובות חתם סופר חלק ו תשובה נ"ב:** ... מה שהקשה לט"ז איך החרים רבינו גרשום על מה שמפורש בתורה אדר"ג לא קושיא מידי דאף על גב דאין חכמים יכולים לאסור בתקנה מה שמותר בפירוש בתורה, מכל מקום אדם האוסר על עצמו בשבועה או בחרם בודאי אסור אפילו מה שהותר בפירוש בתורה ואדם המחרים עצמו אם ישא שתי נשים הרי חרמו חל עליו בלי ספק. והנה יש לכל נשיא ישראל וגדול הדור להחרים ולאסור כמו שאדם נשבע לעצמו... ולא אמר ט"ז אלא דאי לא אסרו בחרם רק בתקנה ליכא לאו דלא תסור...

Another authority took the same approach:

שאלות ותשובות מנחת אלעזה, חלק א סימן ס"ב: ... ואשר הקשית דאיך אסר רבינו גרשם מאור הגולה ליקח שתי נשים דהא כתבה התורה כִּי תִהְיֶיןָ לְאִישׁ שְׁתֵּי נָשִׁים משמע שהתורה התירה בפירוש... אך באמת מלבד זה יש לומר דכיון דנעשה איסור בחרם בזה לא שייך להקשות כלל לפי דברי הט"ז דהא חרם בזה כמו נדר ושבועה שאוסר המותר עליו... ויוכל לאסור עליו גם המותר מן התורה...

In a similar vein, Rabbi S. Kluger of Brody writes:

שאלות ותשובות טוב טעם ודעת, מהדורא קמא סימן כ"ב: ... וחכם אחד כתב לי קושיא בשם שאלות ותשובות שמן רוקח דהאיך גזר רבינו גרשם שלא לישא שתי נשים הרי מפורש בתורה כי יהיה לאיש שתי נשים וכו'. והספר הנ"ל נדחק שם בתירוצו מכח דאז לא הוי חשש קטטה וזה דוחק ולא הבין כוונת הטורי זהב דכוונת הטורי

זהב הוי רק מכח דהוי גנאי להיות מפורש בתורה דבר האסור להיתר ומה לי אם היה חשש זה אז או לא... אך הקושיא מעיקרא ליתא דהטורי זהב לא קאמר רק לתקן בדרך איסור לומר שזה אסור הוא דרך איסור אין בידים לאסור מה שמפורש בתורה להיתר אבל רבינו גרשם לא אמר שאסור ליקח שתי נשים רק גזר בחרם שלא לעשות כן אבל לא אמר דרך איסור והרי אם עבר ונשא מהני ובעי גט בזה אין גנאי לתורה ובפרט דהתורה לא אמרה לעשות כן לכתחילה ליקח שתי נשים רק אמרה לשון עבר כי תהיינה לאיש וכו׳ וזה יתכן דעבר ונשא וזה משכחת גם בזמנינו להיות כן דין זה בעבר ונשא. גם על דרך השכל יש לומר דהרי אמרו חז״ל בפסוק אחד אהובה וכו׳ שהיא שנואה בנישואיה ואם כן יתכן להיות שהיא באמת שנואה בנישואיה מכח דאין ליקח שתי נשים ואם באמת אין הכונה כן על כל פנים אינו מפורש בתורה כן דיש לומר כנ״ל וזה עצה נכונה...

29 **פרדס יוסף, פרשת כי תצא עמוד תתפ״ה אות יז:** שְׁתֵּי נָשִׁים (דברים כא, טו). מכאן הקשה רבינו החתם סופר על חרם דרבינו גרשום שלא לישא ב׳ נשים, ואיך יכול לגזור גזירה בדבר שמפורש בתורה ששרי, שהרי כאן מפורש דשרי לישא ב׳ נשים והט״ז כתב דאי אפשר לגזור גזירות לאסור בדבר המפורש בתורה להתירה... ורצה החתם סופר לחדש דבתקנה לא שייכים דברי הט״ז...

30 **מסכת יבמות דף ס״ה עמוד א:** רבא אמר נושא אדם כמה נשים על אשתו והוא דאית ליה למיזיינינהי.

31 **עמק הלכה, חלק א סימן ט״ז:** ... וכן ראיתי להגאון השואל ומשיב במהדורה קמא סימן קי״ד שהאריך להוכיח דחרם שלא לגרש בעל כרחה קיל טפי מחרם דשתי נשים מטעם דבאמת קשה לשיטת הטורי זהב הידועה ביורה דעה סימן קי״ז דאין כח ביד חז״ל לאסור דבר המפורש בתורה להיתר אם כן איך גזר רבינו גרשום מאור הגולה שלא לישא שתי נשים הרי מפורש בתורה כִּי תִהְיֶיןָ לְאִישׁ שְׁתֵּי נָשִׁים. אך למה דקיימא לן ביבמות ס״ה דהיכא דלא מצי למיקם בסיפוקיה גם מדינא אסור לו לישא שתי נשים, על כן לא הוי גזירת רבינו גרשום מאור הגולה בגדר אוסר דבר המפורש בתורה להיתר משום דרבינו גרשום מאור הגולה הוסיף רק דבזמן הזה כל הנשים יהיה להם דין כאילו לא מצי למיקם בסיפוקיה. וזה תינח בחרם דשתי נשים, אבל שלא לגרש בעל כרחה דליכא למימר הכי שוב הוי אוסר דבר המפורש בתורה [להיתר] ובהכרח לומר דאין זה איסור רק תקנה שקיבלו על עצמן שלא לגרש בעל כרחה וממילא דזה קיל מחרם דשתי נשים זה תורף דברי הרב ז״ל...

32 **שאלות ותשובות מנחת אלעזר, חלק א סימן ס״ב:** ... ואשר הקשית דאיך אסר רבינו גרשם מאור הגולה ליקח שתי נשים דהא כתבה התורה כִּי תִהְיֶיןָ לְאִישׁ שְׁתֵּי נָשִׁים משמע שהתורה התירה בפירוש... יש לישב לעניות דעתי לנכון דהנה באמת קשה לכאורה: א. למה לא גזר רגמ״ה וחכמי דורו אז רק עד סוף אלף החמישי... ב. ואם באמת היתה הגזירה רק עד אלף החמישי למה החזיקו בה איסור עד עולם...

ובזה יש לומר דבאמת היה כונתם דרגמ"ה וחכמי דורו בגזירה זאת לתקן עד עולם ורק מחמת שלא יכלו להוסיף על התורה ולאסור מה שהתירה התורה בפירוש... על כן עשו גדר רק על זמן וכזה מותר בכל דבר... אבל הדורות של אחר אלף הה' ממילא החזיקו שפיר בהאיסור גם להלאה...

33 **עמק הלכה, חלק א סימן ט"ז:** ... אמנם הקושיא מחרם שלא לגרש בעל כרחה תמוהה, דהיכי כתיב בתורה מפורש דמותר לגרש בעל כרחה ובש"ס... מבואר דמותר לגרש בעל כרחה, היינו דהכי קיימא לן, אבל אין זה מפורש בתורה [כן כתב הב"ח אבן העזר סימן קי"ט דמה שאפשר לגרש בעל כרחה סברא היא כיון שהוא הבעלים עליה וכל עוד שלא מצינו קרא להיפך שאי אפשר לגרש בעל כרחה מסתבר דאפשר... אולם הפרי חדש בסימן קי"ט כתב וזו לשונו ולי נראה דְוְשִׁלְּחָהּ מִבֵּיתוֹ בעל כרחה משמע והיינו דמשמעות דְוְשִׁלְּחָהּ הוא בעל כרחה בלא דעתה [וקדמו בזה המאירי קידושין דף ב עמוד ב שכתב דילפינן לה מדכתיב וְשִׁלְּחָהּ בעל כרחה משמע] וזה אולי מקרי מפורש בתורה ועל כן שפיר הקשה השואל ומשיב איך גזר רבינו גרשום מאור הגולה שלא לגרש בעל כרחה נגד המפורש בתורה להיתר.

34 **שם:** ... ובישוב קושית השואל ומשיב הנ"ל על פי דברי הספרי פרשת כי תצא גבי יפת תואר וזו לשון הספרי ושלחה לנפשה בגט כדברי רבי יונתן שאם היתה חולה ימתין לה עד שתבריא קל וחומר לבנות ישראל שהן קדושות וטהורות עד כאן לשונו. ובמבואר מזה דהא דיכול ומותר לגרש בעל כרחה הוא רק כשהיא בריאה ולא כשהיא חולה ואם כן שפיר גזר רבינו גרשום מאור הגולה ולא הוי נגד המפורש בתורה, דרבינו גרשום מאור הגולה לא הוסיף רק דכל הנשים בזמן הזה יהיה דינם כחולה כמו גבי חרם דשתי נשים שכתב השואל ומשיב דלא הוי עקירת דבר המפורש בתורה משום דרבינו גרשום מאור הגולה גזר רק שכל האנשים בזמן הזה יהיו בגדר לא מצי למיקם בסיפוקיה, כן גם לענין שלא לגרש בעל כרחה גזר רבינו גרשום מאור הגולה שתהיינה כל הנשים בגדר חולה בזמן הזה וזה ברור וממילא דאין מכאן הכרח לומר דחרם שלא לגרש בעל כרחה קִיל.

Some resolve the difficulty by arguing that the Biblical verse which is normally understood as license for polygamy in fact applies only to exceptional circumstances. Thus, the Torah permits polygamy in a case in which one's wife becomes *non compos mentis*. But in these cases, Rabbeinu Gershom's ban also does not apply! What emerges is that the ban is not a violation of The Principle. The ban does not forbid anything which the Torah permitted; the Torah itself forbids polygamy except in these unusual cases:

להורות נתן, פרשת צו עמוד מ"ג אות ט: ובהיותי בזה אעיר על מה שכתוב בתשובת זקיני החתם סופר ז"ל (חלק שישי סימן נב) להקשות על סברת הטו"ז הנ"ל... דאם כן איך גזר רבינו גרשום מאור הגולה שלא לישא שתי נשים... אך יש לומר דהרי אף

לתקנת רבינו גרשום אם אי אפשר לו לגרש אשתו כגון שנשתטתה הרי מותר לו לישא אשה על אשתו וכמבואר ברמ"א אבן העזר (סימן א סעיף י). אם כן שפיר מתוקמא קרא בכהאי גוונא ולא הוי דבר המפורש בתורה להיתה, דיתכן שההיתר הוא באופן שמותר גם לתקנת רבינו גרשום ז"ל.

35 **קובץ אבן ציון, נערך על ידי בני החבורה בישיבת כנסת ישראל, ירושלים, התש"נ. תשובת רבי חיים ברלין, עמוד שי, אות ג:** ... עד כאן לא אמר הט"ז אלא דאין כח ביד חז"ל לגזור איסור לכל ישראל על דבר שפרשה התורה בפירוש להיתר... והוא הדין בכל הנדרים, שכתבה תורה בפירוש, אִישׁ כִּי יִדֹּר נֶדֶר... אוֹ הִשָּׁבַע שְׁבֻעָה לֶאְסֹר אִסָּר עַל נַפְשׁוֹ לֹא יַחֵל דְּבָרוֹ. אלא שחובה להתרחק מן הנדרים, והנודר כאלו בנה במה ונקרא רשע, כדתנן פרק קמא דנדרים דף ט עמוד א כנדרי רשעים, וביורה דעה סימן ר"ג.

Others, however, seem to have disagreed regarding this point:

כל כתבי מהר"ץ חיות חלק א עמוד קס"ג: ... ואף דבתחילה היתה ירושת ארץ ישראל לחובה עלינו מכל מקום רשות ביד בית דין לאסור את הדבר שהיה מצוה עלינו... וכן לשיטת רבינו [רמב"ם] מצות עשה ז בשמו תשבע הוא מצות עשה של תורה לשבע אמת בשמו של הקב"ה, ומכל מקום אמרו בדורות אחרונים אם יש לך כל המידות הללו אז בשמו תשבע...

36 **מסכת נזיר דף נ"ט עמוד א:** איכא דאמרי אמר רבי חייא בר אבא אמר רבי יוחנן המעביר בית השחי ובית הערוה לוקה משום [דברים כב, ה] וְלֹא יִלְבַּשׁ גֶּבֶר שִׂמְלַת אִשָּׁה מיתיבי העברת שיער אינה מדברי תורה אלא מדברי סופרים הוא דאמר כי האי תנא דתניא המעביר בית השחי ובית הערוה הרי זה עובר משום לא ילבש גבר שמלת אשה...

רמב"ם הלכות עבודה זרה וחוקות הגויים פרק י הלכה ט: העברת השיער משאר הגוף, כגון בית השחי ובית הערווה, אינו אסור מן התורה אלא מדברי סופרים.

37 **שאלות ותשובות טוב טעם ודעת, מהדורא קמא סימן כ"ב:** ... והנה חכם אחד רצה לומר דמה דהוי גזירת הכתוב לא שייך לומר שמפורש בתורה להיתר והביא ראיה שחז"ל אסרו לגלח שער בית השחי ובית הערוה והרי בתורה מפורש במצורע [ויקרא יד, ח] וְגִלַּח אֶת כָּל שְׂעָרוֹ וכו'...

38 **שם:** ... הנה לא הבין כלל כוונת הטעם מה דאין כח ביד חז"ל לאסור דבר המפורש להיתר ומה חילוק הוי בין אם מפורש להיתר או מותר אף דאינו מפורש ומה לי מפורש או לא. אך הכונה הוי דגנאי הוא לתורה להיות מפורש (בו) [בה] היתר מה דחז"ל אסרוהו ומשום כבוד התורה נגעו בהו אם כן מה לי אם הוי דרך היתר או חיוב... והבאתי ראיה לזה מלשון הטורי זהב בעצמו באורח חיים סימן תקפ"ח שכתב ליישב בזה קושיית הר"ן למה לא גזרו במילה בשבת ומתרץ כיון דכתיב וביום אפילו בשבת וכו' והרי במילה הוי חיוב למול ביום השמיני ואף על פי כן לא גזרו כיון

דמפורש בתורה להיתר. ובזה נמשך טעות לרום מעלתו מה שהקשה מבית השחי דהתם אין גנאי לתורה כיון דגם האיסור מפורש בתורה דהרי זקן ופיאות מפורש בתורה לאיסור ובמצורע התירה ואם כן כיון דגם האיסור מפורש בתורה ואף על פי כן התירה במצורע אם כן יהיה ניכר דהוי רק דרך דחיה דכאן דוחה האיסור אם כן למה לא יגזרו בזה יותר הרי אין הטפל גרע מן העיקר! אבל מה דאין האיסור מפורש כלל בתורה רק ההיתר בזה מאן ידע דהוי דרך דחיה והוי העדר כבוד לתורה שיהיה האיסור [מדרבנן] מפורש בתורה להיתר ויפה הקשיתי.

39 **שם:** בסימן י"ב הנה קשה לפי דעת הט"ז... וכמה אחרונים וגם בתוספות פרק איזהו נשך מבואר כן דמה דהתירה התורה בהדיא אין כח ביד חז"ל לאסרו ואם כן קשה איך אסרו חז"ל לשחוט לתוך כלי או לתוך המים והרי מקרא מפורש אומר בפרשת מצורע [ויקרא יד, ה] וְשָׁחַט אֶת הַצִּפּוֹר הָאֶחָת אֶל כְּלִי חֶרֶשׂ עַל מַיִם חַיִּים אם כן התירה התורה לשחוט לתוך כלי ולתוך המים ואיך יש כח ביד חז"ל לאסרו וצריך עיון גדול.

מסכת חולין פרק ב משנה ט: אין שוחטין... ולא לתוך כלים... **רש"י (ד"ה ולא לתוך הכלים):** שלא יאמרו מקבל דם לעבודת כוכבים הוא.

40 **שאלות ותשובות גנזי יוסף, סימן קנ"ד:** ועל דבר קושית הגאון... בשו"ת טוב טעם ודעת... האיך אסרו חז"ל לשחוט לתוך כלי או לתוך המים, והרי מקרא מפורש וְשָׁחַט אֶת הַצִּפּוֹר הָאֶחָת אֶל כְּלִי חֶרֶשׂ עַל מַיִם חַיִּים, אם כן התירה התורה לשחוט לתוך כלי ולתוך המים ואיך יש כח ביד חז"ל לאסרו? כתבתי דהא על כרחו הוצרך לכלי כדי שיהיה לו דם לזריקה אבל בשאר שחיטה שפיר אסרו חז"ל.

41 **ויקרא יב, ב-ד:** ... אִשָּׁה כִּי תַזְרִיעַ וְיָלְדָה זָכָר וְטָמְאָה שִׁבְעַת יָמִים... וּשְׁלֹשִׁים יוֹם וּשְׁלֹשֶׁת יָמִים תֵּשֵׁב בִּדְמֵי טָהֳרָה...

42 **יד מלאכי, כללי הגמרא כלל רצ"ה:** ... וגם זכיתי לחזות בנועם שיח של הרב המובהק והמופלא כבודי ומרים ראשי כמוהר"ר יוסף אירגאס זצוק"ל בספרו דברי יוסף סימן מ"ח ושם ראיתי שהוסיף גם הוא להקשות על הט"ז לכאורה מדם טוהר דמצינו מפורש בתורה דמותר לבעול על דם טוהר ועם כל זאת אסרוהו חז"ל כמבואר בטור יורה דעה סימן קצ"ד...

43 **שם:** ... אמנם לבסוף עלה בהסכמה עם הט"ז ותירץ דמה שאסור לבעול על דם טוהר אינו אלא משום מנהג בעלמא כמבואר מתוך דברי הפוסקים.

שדי חמד כללים מערכת יו"ד כלל י"ט (עמוד 138 בהוצאה הנפוצה): ומה שכתב עוד הגאון יד מלאכי שם בשם הרב דברי יוסף סימן מ"ח שהקשה על הרט"ז מדם טוהר ושתירץ דאינו אלא מנהג חפשתי בדברי יוסף שם ולא ראיתי שדיבר מדם טוהר כלל...

שאלות ותשובות מנחת אלעזר, חלק א סימן ס"ב: אשר הקשית על פי דברי הט"ז... וקשה דהא אמרה תורה [ויקרא יב, ד] תֵּשֵׁב בִּדְמֵי טָהֳרָה ודם טוהר מותר ואנן אסרינן

דם טוהר וכל דם משום חומרא דרבי זירא עד כאן דבריך ועל כרחך כונתך על האי דפסק... דנוהגין להחמיר שאין בועלין על דם טהור ביולדת... לא קשה דיש לומר דהא רבי זירא דייק משום זה בלישניה שפיר בנות ישראל החמירו על עצמן שאפילו רואות טפת דם כחרדל וכו׳ שבנות ישראל הם בעצמן החמירו וקבלו על עצמן והם יכולין לאסור על עצמן דבר שמותר מן התורה כמו קבלת הרבים אבל לולא זאת שהם החמירו על עצמן לא היינו גוזרים בזה ויש לומר באמת משום דהתורה התירתו בפירוש לא היינו אוסרים וכדברי הט״ז... והם בעצמן [כלומר בנות ישראל] יכולים לקבל עליהם אף דמפורש להיתר בתורה כהאי דפסקינן בשלחן ערוך יורה דעה הלכות נדרים (סימן רי״ד סעיף ב) קבלת הרבים חלה עליהם שנוהגים כן מעצמן לעשות גדר וסייג לתורה והיינו שחכמים לא תקנוהו רק שהם קבלו עליהם לחומרא ואסור הוא להם ממילא לדורות... וגם מה שכתב הרמ״א בסימן קצ״ד וזו לשונו כבר פשט המנהג בכל ישראל שאין בועלין על דם טהור ודינו כשאר דם לכל דבר עד כאן לשונו היינו מנהג של איסור שהוא קבלת הרבים שחלה עליהם ועל זרעם.

טור יורה דעה סימן קצ״ד: והאידנא כל היולדות חשובות יולדות בזוב... **בית יוסף שם ד״ה והאידנא:** כלומר חשובות זבות גדולות משום דהחמירו בנות ישראל שאפילו רואות טיפת דם יושבות עליו ז׳ נקיים...

44 **שער הציון סימן תרכ״ט סעיף-קטן עג:** ... ודע, דהט״ז העתיק עוד דבקש לא נהגו לסכך כהיום אף (דמפורשת) [דמפורש] בתורה (דברים טז, יג) תַּעֲשֶׂה לְךָ... בְּאָסְפְּךָ מִגָּרְנְךָ וּמִיִּקְבֶךָ, מכל מקום מפני החשש שמא יבוא לסכך כל כך עד שלא (יכול) [יוכל] מטר לירד לתוכה נמנעו מלסכך בו. אכן, כשאין מצויין לו ענפי אילן לסכך בם פשוט דיש להתיר... והנה הגר״ז והחיי אדם לא העתיקו דברי הט״ז לענין קש, משמע דסבירא להו דאין להחמיר במה שגלתה התורה בפרוש להתר, וצריך עיון.

ויש לומר, תשס״ז שאלה רל״ח עמוד שכ״ט: שער הציון... הביא דברי הט״ז דהיום לא נהגו לסכך בקש... וסיים ״והנה הגר״ז והחיי אדם לא העתיקו דברי הט״ז לענין קש, משמע דסבירא להו דאין להחמיר במה שגלתה התורה בפרוש להתר.״ ויש לתמוה טובא, דהרי דעה זו – דאין כח ביד חכמים לאסור דבר המפורש בתורה להיתר – הוא חידושו של הט״ז, ואיך כתב שער הציון דזהו טעם הגר״ז והח״א החולקים על הט״ז?!

45 **שם:** תשובה: הט״ז כתב שחז״ל אינם יכולים לאסור דבר שמפורש בתורה להיתר, אבל מה שנוהגים לא לסכך בקש משום חשש, שפיר אפשר להחמיר אף על פי שמפורש בתורה להיתר. וכן כתב להדיא בשער הציון דגם לפי הט״ז אם אין לו במה לסכך אלא בקש יסכך בו. ומכל מקום הגר״ז והחיי אדם סוברים דאפילו לנהוג חומרא אין צריך בדבר שמפורש להיתר בתורה.

46 **שאלות ותשובות קול אריה, סימן נ״ה:** ... וראיתי בשאלות ותשובות מהר״ץ חיות סימן יט אות א ובהגהותיו על הש״ס במסכת נדה דף נח עמוד ב שהקשה אדברי הטו״ז הנ״ל מהא דאיתא בנדה שם אמר שמואל בדקה קרקע עולם וישבה עליה

ומצאה דם טהורה שנאמר [ויקרא טו, יט] בִּבְשָׂרָהּ עד שתרגיש בבשרה ופריך שם עלה ומסקינן מודה שמואל שהיא טמאה מדרבנן ואם כן לדברי הטו"ז הנ"ל הא הכא מפורש ההיתר בתורה בבשרה עד שתרגיש בבשרה ואיך יכלו חז"ל לאסור כתם... ונראה לעניות דעתי ליישב... דהנה קושית האחרונים הנ"ל לכאורה לא קושיא מידי לשיטת רש"י דהא עיקר הגזירה היה על כתם דילמא ארגשה ולאו אדעתה ואם כן אין זה כלל איסור חכמים בדבר המפורש בתורה להתיר כיון דבאמת חז"ל אסרו זאת רק מטעם דילמא באמת ארגשה בבשרה אבל אם מוחזק לנו בבירור שלא הרגישה אז היה מותר באמת ואם כן אין זה כלל איסור בדבר המפורש בתורה להיתר כמובן וזה ברור...

שאלות ותשובות בכורי שלמה (אבן העזר סימן ב): ... וכן כתמים שמפורש בתורה בִּבְשָׂרָהּ עד שתרגיש כו' כל זה אין מפורש כל כך להיתר רק מדיוקא דקרא...

47 **שם:** הנה הט"ז... כתב דהא דיש כח ביד חכמים לעקור דבר מן התורה היינו שיש כח ביד חכמים להחמיר ולאסור במילתא דלית ביה לא איסור ולא היתר מפורש בתורה אבל דבר שהתירה התורה בפירוש אין כח ביד חכמים להחמיר ולאסרו... וראיתי למחברי זמנינו שהקשו על הט"ז ממנחות דף מ דאיתא שם סדין בציצית בית שמאי פוטרין ובית הלל מחייבין... דבית הלל דרשו סמוכין גְּדִלִים תַּעֲשֶׂה לָּךְ לֹא תִלְבַּשׁ שַׁעַטְנֵז ומותר כלאים בציצית... ולבסוף מסיק רבי זירא אמר גזירה נמי משום כסות לילה... ואם כן קשה לפי דברי הטו"ז הנ"ל איך יכולין לאסור הכא כלאים בציצית הא התורה התירה בפירוש מטעם סמוכין כלאים בציצית...

The author proceeds to address this difficulty through an intricate analysis of sources. Others, however, maintain that כלאים בציצית would not constitute a challenge to *The Principle* in the first place, because the היתר mentioned here is derived through the hermeneutic principle of דרשינן סמוכין. According to these commentators, this is not a case in which the Torah *explicitly* permitted anything:

שדי חמד כללים מערכת יו"ד כלל כג: וסדין בציצית אף דדרשינן סמוכים ומותר מדאוריתא מכל מקום דרשה הוא ולא מיקרי מפורש.

48 **שדי חמד כללים מערכת יו"ד כלל כד:** ומה שהקשה ממשיכה דדבר תורה מעות קונות וחז"ל התקינו משיכה וכו' יש לומר ענייני ממון שאני דהפקר בית דין הפקר. [**הערת יורם בוגץ':** ועיין עוד קידושין כח: תוספות (ד"ה שמא יאמר) אמאי עקרו קנין מעות ושם בילקוט מפרשים בהגהות בית מאיר.]

49 **רביד הזהב, ריש פרשת צו:** הִוא הָעֹלָה... כָּל הַלַּיְלָה שנינו ריש מסכת ברכות הקטר חלבים ואיברים כו' ופירש רש"י דלא אמרו בהם עד חצות כו' עיין שם. פשוט דמזה יש ללמוד שלא עשו חכמים סייג לדבר שמפורש בתורה באר היטב כמו כאן שנאמר כל הלילה. ויש ללמוד מכאן למה שכתב בעל ט"ז ביורה דעה (סימן קי"ז סעיף קטן א) וכך כתבו תוספות וכתוב אצלינו (פרשת תצא) אצל לא תשיך... וכמו דלא עשו

חכמים סייג בחלב שלא לעשות בו סחורה... כמו שכתב הרמב"ם... וכן כתב רשב"ץ (חלק ג סימן רצ"ב) משום דחלב מפורש יֵעָשֶׂה לְכָל מְלָאכָה ולא קאי עלה שקץ יהיו. **מזה נראה טעם דבכמה דוכתין אמרו בתלמוד מילתא דאתיא בקל וחומר טרח וכתב לה קרא ובכמה דוכתי פריך למה לי קרא, לאו קל וחומר הוא. אלא היכי דדרשא מעליא טרח הכתוב דליהוי מפורש ללמדנו שלא יעשו סייג.**

50 **פרדס יוסף, פרשת בראשית עמוד קל"ג אות קטז:** עיין בתשובות אדני פז (סימן כ"ה ול"ד) והובא בפתחי תשובה (יורה דעה סימן קט"ז סק"ו) דיכול לקרות שני בניו בשם אחד בין מת אחד או שניהם חיים... ואף דבספר חסידים (סימן רמ"ד) נראה דיש איזה חשש איסור, מכל מקום אין להחמיר נגד המפורש בקרא דברי הימים, ורוח ה' דיבר בדוד המלך ע"ה עיין פסחים (פ"ו.). וכבר כתב הטורי זהב דאין כח ביד חז"ל נגד המפורש בתורה. וכן הביא האדני פז ראיה מרש"י כתובות [דף פט עמוד ב ד"ה מר] במר קשישא ומר ינוקי, דשני בנים היו לרב חסדא ושם שניהם שווין, אלא שהגדול קורין לו מר קשישא ולצעיר מר ינוקא עד כאן לשונו. הרי מפורש הדבר להיתר.

שאלות ותשובות אדני פז, סימן כ"ה: נשאלתי אם רשאים לקרות בן שני שם בן ראשון שמת. תשובה: כבר מצינו שעשה דוד המלך עליו השלום כן כדמצינו בדברי הימים סימן (ב) [ג] חשוב בני דוד שני בנים דנקראים אליפלט ופירש רש"י לאחר שמת בן ראשון שקרא אליפלט קרא הבן שנולד אחר כך עוד בשם אליפלט והוכיח עוד זה מקרא עיין שם. ויותר מזה נראה לי דרשאי לקרות לשני בניו בחייהם בשם אחד כמו שכתבתי לקמן בתשובה.

שאלות ותשובות אדני פז, סימן ל"ד: נשאלתי אם אדם רשאי לקרות לשני בניו בשמות שווים. נראה לי דמותר וראיה מריש פרק מי שהיה נשוי מר ינוקא ומר קשישא פירש רש"י שהיו בניו של רב חסדא ושמותיהם שווים שהיו נקראים מר וגדול היו קוראים מר קשישא והקטן קורא אותו מר ינוקא.

פתחי תשובה יורה דעה סימן קט"ז אות ו: ... ועיין בתשובת אדני פז סימן כ"ה וסימן ל"ד שכתב דיכול לקרות שני בנים בשם אחד בין מת אחד או שניהם חיים...

דברי הימים א פרק ג: וְאֵלֶּה הָיוּ בְּנֵי דָוִיד אֲשֶׁר נוֹלַד לוֹ בְּחֶבְרוֹן... וְאֵלֶּה נוּלְּדוּ לוֹ בִּירוּשָׁלָיִם... וְיִבְחָר וֶאֱלִישָׁמָע וֶאֱלִיפָלֶט... וֶאֱלִישָׁמָע וְאֶלְיָדָע וֶאֱלִיפֶלֶט תִּשְׁעָה.

51 **כל כתבי מהר"ץ חיות חלק א עמוד קס"ג:** וכן ניחא נמי לישב הא דלא מנו מוני המצות מה שאמרו חז"ל (מסכת כתובות דף קי"א עמוד א) העולה מבבל לארץ ישראל עובר בעשה שנאמר [ירמיהו כז, כב] בָּבֶלָה יוּבָאוּ וְשָׁמָּה יִהְיוּ עַד יוֹם פָּקְדִי אֹתָם, והיינו דמצוה זאת היא היפך ממצות התורה שנצטוינו בשעת מתן תורה לרשת את הארץ ולהאחז בה, ואם לא היינו חוטאים היתה עדיין ארץ ישראל מוחזקת אצלנו, ועל כרחנו מצוה זאת היא כשאר תקנות וגזירות שקבלו עליהם אחר גלות מהארץ... רק הוא כשאר גזירות שעשו ישראל בימי הגלות וקבלו עליהם הצומות וגזרו שלא לסוד ולכייר ביתו... כן גזרו שלא לעלות לארץ ישראל בלתי אם ישלח

ה' מלאכו לפנינו לפדות אותנו מן הגלות המר והנמהר, ואף דבתחילה היתה ירושת ארץ ישראל לחובה עלינו מכל מקום רשות ביד בית דין לאסור את הדבר שהיתה מצוה עלינו כמו לקיחת ריבית מעובדי כוכבים ומזלות לדעת רבינו [רמב"ם] בספר המצות מצות עשה קצ"ה הוא מצות עשה של תורה ומכל מקום אסרו חכמים עיין יורה דעה סימן קנ"ט. וכן לשיטת רבינו מצות עשה ז בשמו תשבע הוא מצות עשה של תורה לשבע אמת בשמו של הקב"ה, ומכל מקום אמרו בדורות אחרונים אם יש לך כל המידות הללו אז בשמו תשבע... **וכן מצות יבום היא מצוה העיקרית, וחליצה במקום יבום לאו כלום הוא... ומכל מקום אסרו בדורות אחרונים ליבם**, כן גזירות נביאים שלא לעלות מבבל לארץ ישראל היא כאחד מאלו דבתחילה היתה מצוה ואחר כך אסרוהו.

שאלות ותשובות שמן רוקח, חלק ב סימן פ"ה: ... ואשר תמה על הט"ז... שכתב דבדבר שהיתרו מפורש אין ביד חכמים לאסור איך החמיר רבינו גרשום מאור הגולה שלא לישא ב' נשים שהתירו מפורש כי יהיה לאיש שתי נשים. אהובי ידידי הנה לפי הבנתו טפי הווה ליה להקשות על התוספות בבבא מציעא דף ע' עמוד ב' דכתבו בד"ה תשיך דבמקום מצוה אין ביד חכמים לאסור, והא אמרו רז"ל ביבמות דבראשונה דהיו מכוונים לשם מצוה מצות היבום קודם ועכשיו כו' אמרו מצות חליצה קודמת למצות יבום. הרי דעל כל פנים מן התורה מצות יבום קודם והיתרו ומצותו מפורש ואפילו הכי עקרו. וההפרש בזה לדעתי בדבר שראו שנתחדש הענין לפי העת והזמן על זה נאמר אין לך אלא שופט שבימיך ובידם לגזור לפי צורך שעה וגם לעקור דבר מן התורה בשב ואל תעשה. ובמצות יבום דנשתנה הענין שראו שהדור פרוץ ואין כוונתם לשם מצוה גזרו לבטל היבום. ורבינו גרשום מאור הגולה שראה שעתה אינו יכול לעמוד בסיפוקייהו וירבו הקטטות גזר שלא לישא ב' נשים ובזה לא עקר דברי תורה כי התורה התירה בזמן שהיה אפשר למיקם בסיפוקייהו, וכמה ענינים דמצינו שהכתוב מסר(ה) לחכמים בענין איסור מלאכה בחול המועד ובעניני עדות... והט"ז לא דבר אלא בדבר אשר הטעם דשייך [מטושטש] זה היה שייך גם מאז ומקדם [מטושטש] דהכתוב התיר אין ביד חכמים לאסור אבל בדבר שהוא למגדר מילתא ולצורך שעה ודאי הכח בידם... ועיין בתוספות יום טוב פרק א' דסוטה משנה ה' בד"ה ר"י אומר דמשם נראה סתירה לדברי הט"ז...

52 **שלחן ערוך אורח חיים סימן של"ט סעיף ד:** אין דנין [בשבת]. **רמ"א:** ולכן היה אסור לתפוס ולהכניס לבית הסוהר מי שנתחייב איזה עונש כדי שלא יברח, וכל שכן שאסור להלקותו דהוי בכלל דין, ואם יברח אין עלינו כלום.

בית יוסף על טור אורח חיים סימן רס"ג בסוף: וכתוב עוד שם (בשבלי הלקט סימן ס) שאלה לרב שרירא גאון: מי שעבר עבירה בשבת או בחול ולא נזכר אלא בשבת ומתייראין שמא יברח למוצאי שבת יכניסוהו לבית הסוהר [עד מוצאי שבת וילקוהו] או ילקוהו בשבת. והשיב אין מלקין ואין מכניסין לבית הסוהר ביום טוב וכל שכן בשבת דהני מילי דינא אינון ואין דנין ביום טוב ושבת ואם ברח אין עלינו כלום.

53 **פרדס יוסף, פרשת שלח עמוד תר״י:** [במדבר טו, לג] וַיַּקְרִיבוּ אֹתוֹ הַמֹּצְאִים אֹתוֹ. הבית יוסף (אורח חיים סימן רס״ג) מביא מתשובת רב שרירא גאון ז״ל דאין מלקין ואין מכניסים לבית הסוהר בשבת וביום טוב ואם יברח יברח ואין עלינו כלום עד כאן לשונו וכן פוסק הרמ״א באורח חיים (סימן של״ט סעיף ד) עיין שם. ובשבות יעקב (חלק א סימן יד) הקשה עליו, דהרי בגמרא (מסכת סנהדרין דף מא עמוד א) נראה שבשבת גופא הקריבו אותו [את המקושש] אל משה וכתיב כאן וַיַּנִּיחוּ אֹתוֹ בַּמִּשְׁמָר ומוכח דלא כוותיה עד כאן... ובשו״ת הרד״ד להגאון מלאסק ז״ל (מהדורה תנינא אורח חיים סימן כד) האריך הרבה בענין זה ורצה ליישב קושית השבות יעקב דמדאורייתא באמת שרי ורק מדרבנן אסור עיין שם. אך ברביד הזהב כאן כתב דאי אפשר לומר כן על פי דברי הט״ז דדבר המפורש בתורה להיתר ל״ש [״לא שייך״ או ״לא שרי״] לגזור ואם כן לא היו יכולים חז״ל לאסור עיין שם.

שבות יעקב, חלק א סימן י״ד: ... ומהני טעמי שכתבתי הוריתי גם כן באחד שהיה רוצה לברוח ולעגן את אשתו לחבשו ביום השבת, אף שלא נעלם ממני מה שכתב הבית יוסף באורח חיים סוף סימן רס״ג וזו לשונו: שאלה לרב שרירא גאון מי שעבר עבירה בשבת... ומתיראין שלא יברח למוצאי שבת יכניסו לבית הסוהר או ילקוהו בשבת והשיב אין מלקין ואין מכניסין לבית הסוהר ביום טוב וכל שכן בשבת דהני מילי דינא אינן ואין דנין ביום טוב ושבת ואם ברח אין עלינו כלום עד כאן לשונו והובא גם כן בשלחן ערוך סימן של״ט סעיף ד לפסק הלכה. מכל מקום כיון שכבר כתבתי דמשום עגונא מותר לדון בשבת היכי דהוי כשעת הסכנה וזו גם כן כשעת הסכנה דמיא. מלבד שעיקר תשובה זו דרב שרירא לא ברירא כל כך, דאף שאין עונשין שום עונש בשבת ויום טוב מדאורייתא... מכל מקום הא מצינו להדיא בקרא פרשת שלח לך [במדבר טו, לג-לד] וַיַּקְרִיבוּ אֹתוֹ הַמֹּצְאִים אֹתוֹ מְקֹשֵׁשׁ עֵצִים... וַיַּנִּיחוּ אֹתוֹ בַּמִּשְׁמָר ודרשינן בגמרא דסנהדרין דף מא המוצאים אותו מקושש שהתרו בו ועדיין הוא מקושש משמע פשטא דקרא שהניחו אותו מיד במשמר אף ביום השבת כיון שעל כל פנים אין עונשין אותו רק לחבשו ולענשו לאחר השבת. ומה שכתב דהוי דינא ואין דנין ביום טוב ושבת, הא עיקר דינא דאסור בשבת ויום טוב הוא רק גזירת חכמים שמא יכתוב פסק דין ...

רביד הזהב, פרשת שלח ד״ה המוצאים אותו: ... ובהכי יתכנו דברי רב שרירא הכתובים בבית יוסף אורח חיים סימן של״ט דאסור לחבוש אדם בשבת ודקדק בתשובה שי״ע [נראה שהתכוון לשאלות ותשובות שבות יעקב חלק א סימן יד] על הגאון הא כתיב (ויניחוהו) וַיַּנִּיחוּ אֹתוֹ בַּמִּשְׁמָר [במדבר טו, לד] שמיד חבשוהו בשבת (בשגם שיש לדחות קושייתו דרב שרירא מדרבנן קאמר מכל מקום דבר מפורש להיתר אין לחכמים לגזור ככתוב ריש פרשת צו אצל היא העולה)...

54 **פרדס יוסף, פרשת ויקהל עמוד תשפ״ח:** ברם מה שכתבתי לעיל דלא קשה ממקושש מה שהניחוהו במשמר, דהוי רק מדרבנן מה שאין דנין בשבת ואז לא גזרו על זה, וקשה דאם מן התורה מוכח דשרי לאסור במשמר איך יכלו חכמים אחר כך לגזור שלא לאסור במשמר.

וכן הקשה ברביד הזהב [פרשת שלח ד"ה המוצאים אותו] והביא מפרשת צו (ו,ב) היא בעולה ובריש ברכות [ב.] הקטר חלבים כו' כתב רש"י [ד"ה כדי להרחיק] דלא אמרו בהם עד חצות כו' [עיין בשמים ראש וכסא דהרסנא סימן קכ"ה], מזה יש ללמוד שלא עשו חכמים סייג לדבר המפורש בתורה כמו כאן שנאמר כל הלילה, עיין שם היטב.

ומזה מקור לטורי זהב אורח חיים [סימן תקפח סעיף קטן ה] ויורה דעה [סימן קי"ז סעיף קטן א] וחושן משפט [סימן ב ד"ה ולא לעבור על דברי תורה] דכל שהתירה התורה בפירוש אין כח ביד חכמים לאסור כמו מילה בשבת, עיין שם. ובהגהות אמרי כהן (שם) כתב דהטורי זהב לא אמר רק בדבר שמצינו בתורה להיתר מדרשא, אבל לא היכי דבא ההיתר בדרך סיפור. ועיין רש"י תענית (ט"ו. ד"ה ובקבלה) ותוספות יבמות (ק"ג. ד"ה בין)...

55 **מסכת זבחים דף צ"ו עמוד ב הגהת מלא הרועים:** והתניא קדירה – הקשה בפליתי סימן צח דלמאן דאמר טעם כעיקר דרבנן מאי מקשה דהא דתני בנותן טעם הוא מדרבנן . ולא הבנתי נהי דלמאן דאמר טעם כעיקר דאורייתא מכל מקום כאן כיון דכתיב מעוט אותה למעט תרומה כל כרחנו מדאורייתא שרי, והדתניא במתניתא בנותן טעם יש לומר מדרבנן, ואם כן אף למאן דאמר טעם כעיקר דאורייתא מאי מקשה... ונראה לעניות דעתי על פי מה שכתב הט"ז ביורה דעה סימן קי"ז דכל דמפורש ההיתר בתורה אזי אין כח ביד חכמים לאסור ואם כן שפיר מקשה כיון דמפורש ההיתר אותה למעט תרומה אמאי תני בנותן טעם, דאף מדרבנן אין לאסור כיון דמפורש ההיתר.

מסכת חולין דף ה עמוד א הגהת מהרש"ם על תוספות (ד"ה על פי הדיבור) בשר שנתעלם מן העין אסור: אף דזהו רק דרבנן ויש לומר דלא נאסר אז כדאיתא לעיל ד: גבי יינם של נכרים, יש לומר על פי מה שכתב הט"ז...

מסכת כתובות דף ל"ד עמוד א: פליגי בה רב אחא ורבינא חד אמר מעשה שבת דאורייתא וחד אמר דרבנן... מאן דאמר דרבנן אמר קרא [שמות לא, יד] קֹדֶשׁ הִוא היא קודש ואין מעשיה קודש...

מעשה שבת is permitted מדאורייתא; but מדרבנן, it is forbidden.

56 **מנחת חינוך, מצוה ד כרך א עמוד כ"א ד"ה והנה:** והנה לפי פשוטו, דאם יחללו העדים את השבת יהיה ראש חדש ביום שבת דהיינו ביום שלשים, ואם לא יחללו יהיה ראש חודש ביום ראשון יום שלשים ואחד ויהיה החודש מעובר... קשה טובא. חדא, למה בכל ראש חודש אסרו רבנן לחלל את השבת, כיון דהתורה התירה ומצוה איכא לקדש על פי הראיה... ולמה אסרו חז"ל במקום מצוה, ולא מצינו בשום מקום שיהיו עוקרין דין תורה במקום מצוה אם לא משום סייג וגדר, וכאן למה עקרו? ולא הוי כמו מילה דהתורה התירה בשבת ולא גזרו חז"ל. **נהי דגם במקום דהתירה התורה יכולין לאסור**, מכל מקום במקום מצוה למה יאסרו, כמו דלא אסרו הקרבנות ודומיהן.

57 It is simplistic to characterize *Chavos Yair* as having rejected The Principle out of hand. Consider this:

> **מסכת שבת דף ע"ד עמוד א הגהת מהר"ץ חיות:** רש"י ד"ה וכי מותר לאפות פחות מכשיעור דקיימא לן חצי שיעור אסור מן התורה... ועיין שאלות ותשובות חות יאיר סימן ט"ו באמצע התשובה שכתב מאי טעמא לא אסרינן ללכת פחות מתחום בשבת וכן למה שרי להוציא פחות מד' אמות הרי חצי שיעור אסור מן התורה. והנה רצה לחדש דבתחומין כיון דשיעור נזכר בתורה וכן טלטול ד' אמות דילפינן (עירובין מח.) דכתיב (שמות טז, כט) שְׁבוּ אִישׁ תַּחְתָּיו... או אלפים אמה ממגרשי הערים או ג' פרסאות ממחנה ישראל וכל היכא דמפורש בתורה להיתר אין כח ביד חכמים לאסור כמו שמבואר בטורי זהב יורה דעה סימן קי"ז ואורח חיים תקפ"ח. ובאמת אין דבריו ברורים דהרי כאן לא באנו מטעם גזירת חז"ל דהרי לרבי יוחנן חצי שיעור אסור מן התורה.

For the sake of clarity, however, I reserved this for the endnotes and presented the position of *Chavos Yair* in the text as being wholly incompatible with The Principle.

58 **שאלות ותשובות חות יאיר, סימן קמ"ב:** ... [הט"ז כתב] דכל שהתירה תורה בפירוש אי אפשר לומר בו כלל שחכמים יאסרוהו משום גזירה בעולם, והא ודאי ליתא, דגדולה מזו אפילו מה שהוא לדעת קצת מצוה מן התורה מצינו שאסרו חכמים משום גזירה, והוא [דברים כג, כא] לַנָּכְרִי תַשִּׁיךְ שחז"ל אסרוהו שמא ילמד ממעשיו...

שאלות ותשובות שמן רוקח, חלק ב יורה דעה שאלה י"ח: ... הנה הט"ז ביורה דעה סימן קי"ז ובחושן משפט סימן א כתב בפשיטות דאין כח ביד חכמים לאסור דבר שמפורש בתורה להתיר ולעניות דעתי דבר זה במחלוקת שנוי בין הפוסקים... גם מהרמב"ם פרק ה' ממלוה הלכה א' מבואר דלא כהט"ז דכתב דמצוה להלוות לנכרי מדאורייתא משום דכתיב לנכרי תשיך. ובהלכה ב' כתב שאסרו חכמים להלוותו בריבית שמא ילמד ממעשיו. הרי להדיא אפילו היכא דההיתר מפורש וגם איכא מצוה יש כח ביד חכמים לאסור...

59 **שאלות ותשובות חתם סופר חלק יורה דעה תשובה ק"ט:** ... והנה נתעורר עליו הגאון בתשובות חות יאיר סימן קמ"ב והקשה מהא דכתיב [דברים כג, כא] לַנָּכְרִי תַשִּׁיךְ וחז"ל אסרו רבית נכרי שמא ילמד ממעשיו ומפני זה דחה דבריו [עיין בסימן פט]. ולפי עניות דעתי לא קשה מידי דודאי אי היו אוסרים ליקח רבית מהנכרי מטעם גדר וסייג של איסור רבית שלא יבוא ליקח מישראל היה נראה כעובר על דברי תורה שכתוב בהדיא במקומו לנכרי תשיך. אמנם חז"ל לא מטעם זה אסרוהו אלא עשו תוספת וגדר ללאו דלא תלמד לעשות כתועבות הגוים ההם עשו גדר לאוסרו כל משא ומתן המביא להתחבר עמהם וללמוד ממעשיהם. וראו חז"ל שאין שום משא ומתן מביא לזה כי אם הריבית הואיל ואי אפשר לעשות כן עם ישראל חברו יבוא למשוך אחר הגוים ההם ואסרוהו ובזה לא נקרא לעבור על דברי תורה. וגם דברי

תורה מתקיימין על כל פנים היכא דליכא למיחש למשוך אחריהם כגון בתלמיד חכם... ובכדי חייו ואי נמי בזמן הזה כמו שכתבו תוספות ופוסקים שם דלא אסרוהו משום לתא דרבית כלל...

תשובות חתם סופר חלק ו תשובה נ"ב: ... אבל כבר כתבתי במקום אחר מה שקשה אהט"ז דחז"ל בפרק איזהו נשך אסרו ריבית גוי שלא נלמוד ממעשיו וקשה הלא קרא כתיב [דברים כג, כא] לַנָּכְרִי תַשִּׁיךְ אי היו חז"ל אוסרים ריבית נכרי גזירה משום ריבית ישראל זה הוא נגד התורה דכתיב לנכרי תשיך אבל הם לא באו לגדור גדר אריבית אלא על לאו אחר דכתיב [דברים יח, ט] לֹא תִלְמַד לַעֲשׂוֹת כְּתוֹעֲבֹת הַגּוֹיִם הָהֵם וראו חז"ל כי הלוואות ריבית מביא ללמוד ממעשיו אסרו לגדור הלאו ההוא לא לעשות גדר לריבית וזה מותר. ואתי שפיר ולא קושיא מידי והכי נמי דכוותיה אלו אסרו לישא שתי נשים שלא ירבה במשגל ותאוה זה התורה התירה אבל הם ראו לעשות גדר ללאו [שמות כא, י] שְׁאֵרָהּ כְּסוּתָהּ וְעֹנָתָהּ לֹא יִגְרָע אפילו מצי השתא למיקם בסיפוקיה דלמא לעתיד לא מצי למיקם על כן אסור להך מאן דאמר ומכל מקום פליג רבא משום דאינו דומה ממש למה שכתבתי לעיל בלאו דלא תלמד לעשות הנ"ל דהכא הוא ממש אותו ענין עצמו שהתירה תורה.

60 **שאלות ותשובות פני מבין, אורח חיים סימן קס"ח:** ... ולכך נראה לעניות דעתי דתירוץ המובחר לקושית מר אביו... הוא מה שכתב החתם סופר... לתרץ קושית אחרונים על טורי זהב דאסרו חכמים ליקח ריבית מנכרי דאם היו אוסרין משום חשש ריבית שפיר יש לומר דלא חששה תורה הקדושה לזה גם לחכמים אין להם לחוש אבל אסרו משום לאו אחר [דברים יח, ט] לֹא תִלְמַד לַעֲשׂוֹת כְּתוֹעֲבֹת הַגּוֹיִם... ואם כן הפת עכו"ם אסרו משום לאו דחתנות ולא משום חשש איסור שפיר יש כח לחכמים לעשות סייג ללאו אחר.

61 **שאלות ותשובות חתם סופר חלק יורה דעה תשובה ק"ט:** ... תו היה נראה לי ליישב קושית החות יאיר הנ"ל על הט"ז ולומר שאין הדמיון מרבית עולה יפה דלא ציותה לנו התורה להלות לעכו"ם כדי ליקח ממנו ריבית אלא שאם נלוה אותו ניקח ממנו ריבית ולא נלוה לו בחינם להחזיק ידו כמו לישראל אחינו. אבל אם נרחיק עצמינו מלהלות לו כלום לא בשכר ולא בחנם מזה לא דברה התורה ובאו חז"ל לאסור ההלואה לו. ואין הכי נמי מי שמלוה לו על ידי איזה סיבה שיהיה מחויב הוא ליקח ממנו ריבית על פי דין תורה וסברא זו למדתי מדברי של"ה שם [דפוס פיורדא דף רס"ו] ואם כן אינו ענין להט"ז.

כמוצא שלל רב, פרשת תזריע עמוד קל"ה: ... עוד כתב החתם סופר ליישב שאין דמיון כלל בין מילה בשבת לריבית, שכן התורה לא ציותה להלוות לנכרי כדי לקחת ממנו ריבית אלא שאם נלוה לו, לא נלוה לו בחינם אלא ניקח ממנו ריבית. מכאן ברור שכאשר אין מלוים לו כלל, לא בשכר ולא בחינם, לא עוברים על דברי תורה, שהרי בכגון זה לא דיברה התורה כלל, ואין זה דומה למילה שציותה התורה שבכל מקרה יהיה ביום השמיני אף אם חל בשבת...

62 **נודע ביהודה, מהדורא תנינא יורה דעה סימן ס"ב:** ... ואמנם הט"ז... וכתב שאף שהוא מדבריהם מכל מקום שפיר יש ראיה שחז"ל לא אסרו שדבר שההיתר שלו מפורש בתורה אין כח ביד חכמים לאסרו עיין שם. והנה מעלתו הקשה על דברי הט"ז דהרי רבית לנכרי מפורש בתורה – לנכרי תשיך – ואפילו הכי אסרו חכמים. ואמנם אין זה קושיא דרבית לא אסרו בהחלט שהרי כדי חייו מותר ואם כן לא עקרו חכמים ההיתר לגמרי.

יד מלאכי, כללי הגמרא כלל רצ"ה: ... ואף על זה פקח עיני השגחתו לתרץ קושיית החוות יאיר ותשובה ניצחת השיב דלא אסרו חז"ל להלוות לנכרי בריבית מכל וכל רק ביותר מכדי חייו הוא דאסרו וגם זאת דוקא לעם הארץ אבל לצורבא מרבנן אפילו יותר מכדי חייו דליכא למיחש שילמוד ממעשיו. ומאחר שכן אזדא לה השגת החוות יאיר שהרי עד כאן לא אמר הט"ז דאין כח ביד חכמים לאסור דבר שהתירו מפורש בתורה אלא שאין כח בידם לאסרו מכל וכל, אבל לאסור מקצתו יכולים לעשות כן כמו שמתבאר מדברי עצמו שם שכתב דהקונה נבלות להרויח ולמכור אסור הגם דכתיב [דברים יד, כא] אוֹ מָכֹר לְנָכְרִי...

שאלות ותשובות קול אריה, סימן נ"ה: ... והנה מצאתי בספר יד מלאכי בכללי היו"ד סימן רצ"ה שהביא בשם מהר"י אירגאס ז"ל בספר דברי יוסף סימן מ"ח ליישב קושית הגאון חות יאיר על הטו"ז דעד כאן לא כתב הטו"ז דאין כח ביד חכמים לאסור דבר המפורש בתורה להיתר אלא שאין כח ביד חכמים לאסרו מכל וכל אבל לאסור מקצתו יכולין לעשות כן עיין שם שמביא ראיה לדבריו מדברי הטו"ז גופא לענין מכירת נבילות.

63 **מכתב מרבי בן ציון קואינקה, נדפס בספר גנזי יוסף סימן ע"ג:** ... ויותר יש ליישב לנכון על פי מה שכתבתי מאז להקשות לשיטת הטו"ז מהא דגזרו באכילת קדשים עד חצות, והרי מפורש היתרו בתורה – לא יניח ממנו עד בוקר. אלא דהטו"ז לא אמרה רק כשבאו חכמים לעקור כל ההיתר לגמרי , כמו אם היו גוזרים באכילת קדשים לגמרי. אבל בכאן דגזרו רק על חלק מהזמן מודה הטו"ז.

64 **שאלות ותשובות חות יאיר, סימן קמ"ב:** ... [הט"ז כתב] דכל שהתירה תורה בפירוש אי אפשר לומר בו כלל שחכמים יאסרוהו משום גזירה בעולם, והא ודאי ליתא... ועוד גדולה מזו דקרא אמר על עץ [ויקרא יט, כג] שָׁלֹשׁ שָׁנִים יִהְיֶה לָכֶם עֲרֵלִים... וּבַשָּׁנָה הָרְבִיעִת וגו', ובגמרא [ברכות לה.] אית תנא דתני כרם רבעי עיין תוספות יום טוב פאה פרק ז משנה ו אף על פי דבערלה לכולי עלמא אין חילוק ולההוא מאן דאמר גם מדרבנן שרי, וכן זכר רבי ברוב משניות כרם רבעי.

65 **שאלות ותשובות חתם סופר חלק יורה דעה תשובה ק"ט:** ... ובהשמטות כתב הגאון בחות יאיר יעוין שם דף רס"א שקשה על הט"ז ממה שאמרו כרם רבעי אף על גב דקרא משמע דנוהג בכל הנטיעות וכן אמרו מעשר דגן תירוש ויצהר מן התורה ובקרא משמע תבואת זרעך כל הזרעים בכלל זה טפי מאילנות גפן וזית. ודבריו

מאוד תמוהים וכי יכחיש הט"ז שחז"ל גורעים ומוסיפים ודורשים ומוציאים קרא ממשמעותיה כפי הקבלה שבידם ועדותם נאמנה לנו מאוד לומר כך היתה כוונת נותן התורה ית"ש ולא דבר הט"ז אלא במה שחכמים מודים שלא לכך נתכוין הפסוק אלא שהם מחדשים גדר זה – בזה התנה הט"ז שלא יהיה לעבור על דברי תורה במה שכתוב ההיתר מפורש ושום שכל וזה פשוט מאוד ונעלמה ממני כוונת הגאון בחות יאיר ז"ל.

66 **כל כתבי מהר"ץ חיות חלק א עמוד ק"מ:** ... ובחידושי הבאתי גם כן ראיה ברורה לזה מן ירושלמי ריש פיאה תני רבי יוסי קומי דרבי יוחנן ראיה קרבן של חג הוא כל שהוא וחכמים הם שאמרו מעה כסף שתי כסף אמר ליה ויש כעין זה אמר רבי יונה וכל השיעורין לא חכמים הם שאמרו כזית מן המת כזית מן הנבילה... לא אתא מישאול אלא כהדא דתני רבי הושיעא לֹא יֵרָאוּ פָנַי רֵיקָם אפילו כל שהוא וקשיא מן דו סמך לדבר תורה הוא והיינו דבתחילה אמר סתם שלא נזכר בתורה שיעור כמה יהיה שוה קרבן ראיה ושייך דחכמים תקנו שיעור מעה כסף שתי כסף אבל כיון דתני רבי הושיעא דמפורש בתורה דבכל שהוא סגי דכתיב לֹא יֵרָאוּ פָנַי רֵיקָם דוקא ריקם אסור אבל משהביא אתו כל שהוא יצא ידי חובתו ומקשה שפיר סמך לדבר תורה כיון דיש סמך בתורה אין כח ביד חכמים להחמיר...

67 **מסכת סנהדרין דף מ"ו עמוד א:** תניא רבי אליעזר בן יעקב אומר שמעתי [רש"י – מרבותי] שבית דין מכין ועונשין שלא מן התורה [רש"י – שבית דין מותרין להיות מכין מלקות ועונשין עונש של מיתה שלא מן התורה], ולא לעבור על דברי תורה [רש"י – ולא שיתכוונו לעבור על דברי תורה לבוד מלבם חיוב מיתה לשאינו חייב אלא מפני צורך השעה] אלא כדי לעשות סייג לתורה...

68 **שאלות ותשובות חתם סופר חלק יורה דעה תשובה ק"ט:** אשר עוררני על דברת הט"ז דבר זה כתב באורח חיים סוף סימן תקפ"ח דכל מה שהתירה התורה בפירוש לא אסרוהו חז"ל ועל זה אמרו חז"ל בית דין מכין ועונשין שלא מן הדין ולא לעבור על דברי תורה שהרצון שלא לעבור הדרך במה שכתוב בפירוש להתיר. ושמפני זה לא אסרו מילה בשבת משום שמא יעבירנו משום דכתיב להדיא ביום [השמיני] אפילו בשבת אלו דבריו שם. ושנוי ביורה דעה ריש סימן קי"ז לענין איסור סחורה דכתיב ההיתר להדיא [דברים יד, כא] אוֹ מָכֹר לְנָכְרִי. ומשולש בט"ז לחושן משפט סימן ב ושם נאמר דמשום הכי לא אסרו חלב בהנאה משום דכתיב להדיא [ויקרא ז, כד] יֵעָשֶׂה לְכָל מְלָאכָה.

69 **מבוא לחידושי ריטב"א למסכת בבא מציעא, מוסד הרב קוק, שילה רפאל, ירושלים, תשנ"ז, עמוד 8:** דבר זה, שחידושי רבינו למסכתין לא היו בידי המחברים, עובר כחוט השני בין כל מפרשי השלחן ערוך. הט"ז בחידושיו לשלחן ערוך [יורה דעה סימן קסב סעיף קטן ג] העלה שאיסור הלואה מדרבנן של סאה בסאה אינו אמור אלא בשהתנה עמו שכך מלוהו, אבל אם לא התנה עמו והלוהו סתם אינו עובר

בשעת הלואה. ראיה לכך הביא מדברי הגמרא [בבא מציעא מד:] שרב לוה מבתו של רבי חייא. אילו היו לפניו חידושי רבינו היה נוכח לדעת שהקדימו בכך הן בדין הן בראיה...

70 **מאירי מסכת מגילה דף ד עמוד א:** יש שואלין למה לא נאמר כן אף במילה שלא תדחה שבת מגזרה זו שמא יעביר את התינוק [ד' אמות ברשות הרבים]... ועוד נחוש שמא יעביר את האיזמל... ויש מתרצים שלולב ושופר ומגילה לא נאמר עליהם בפירוש שיהיו נעשים בשבת אלא שהותרו מן הדין מצד שאינן מלאכה ואחר שיש בהם חשש מלאכה דין הוא שידחו שלא יבואו לידי איסור תורה. אבל מילה להדיא הותרה בשבת מדכתיב וביום השמיני ימול ולא החמירו בקולא הכתובה להדיא...

שדי חמד, מערכת א כללים אות פ"ז (עמוד 263 בהוצאה הנפוצה): ... לפום כללא דכייל לן הרב ט"ז... דדבר שבא היתרו מפורש בתורה אין כח ביד חז"ל לאסרו וכתב מרן חיד"א בברכי יוסף סימן תרט"ן דרבינו המאירי בחידושיו למגילה כתב כדברי הרב ט"ז.

71 **נימוקי יוסף בבא מציעא פרק חמישי (דף לט בדפי הרי"ף) ד"ה רב כהנא:** ... הכא נמי לא שנא. דהא חזינן דהיכא דיורד לספק – ספק יהיו בה פירות, ספק לא יהיו – זביני ומפרקא בהכי ואפילו מדרבנן משמע דליכא איסורא כלל דודאי כל מאי דשרא רחמנא בהדיא ואמר דליעבדו הכין כדאמר בשדה אחוזה שמע מינא מילתא דהיתרא היא לגמרי.

הגהות רש"ש מסכת בבא מציעא דף ס"ז עמוד ב (ד"ה מידי דהוה אשדה אחוזה): ... אך לשון הנימוקי יוסף קצת קשה שכתב ואפילו מדרבנן משמע דליכא איסורא כלל דכל מאי דשרא רחמנא להדיא כו' ודע שדבריו אלה מכוונים ממש לדברי הט"ז יורה דעה ריש סימן קיז וכי האי גוונא כתבו גם התוספות לעיל (סד:) בד"ה ולא ישכור...

72 **חידושי ריטב"א מסכת בבא מציעא דף ע עמוד ב ד"ה אמר רב נחמן אמר לי הונא לא נצרכה אלא ארבית דגוי. איתיביה רבא לרב נחמן לנכרי תשיך מאי לאו תשוך.** כלומר להלוות להן. ואם תאמר מאי קושיא, דמודה רב נחמן דמדאוריתא שרי ולא קאמר אלא מדרבנן. ובתוספות תירצו דהכי פריך: הואיל והתירו הכתוב אין להם לחכמים לאסרו. והלשון הזה סתום, דהא איכא כמה מילי שהתורה התירה ואסרו חכמים לעשות סייג לתורה...

שאלות ותשובות שמן רוקח, חלק ב יורה דעה שאלה י"ח: ... הנה הט"ז ביורה דעה סימן קי"ז ובחושן משפט סימן א כתב בפשיטות דאין כח ביד חכמים לאסור דבר שמפורש בתורה להתיר ולעניות דעתי דבר זה במחלוקת שנוי בין הפוסקים... היוצא מדברינו בסייעתא דשמיא ודעת הרמב"ם והריטב"א דלא כהט"ז.

73 **שאלות ותשובות חתם סופר חלק יורה דעה תשובה ק"ט:** ... והנה לפי עניות דעתי נעלמו מהגאונים [כוונתו לט"ז ולחות יאיר] דברי רבינו תם שבתוספות פרק איזהו נשך ס"ד עמוד ב ד"ה ולא ישכור שכתב ולפירוש רבינו תם צריך לומר דהכי פירושו

ריבית גמורה מדרבנן ולפי שהתורה התירה בהדיא לא רצו שם חכמים להעמיד דבריהם עד כאן לשונם. הרי כדברי הט"ז... יהיה איך שיהיה מדשתקו הגאונים הנ"ל מדברי תוספות אלו נראה שנעלמו מהם והוא תמוה. והתוספות ריש פרק מקום שנהגו שכתבו ואספת דגנך בא להתיר מלאכה בכל יום דמשמע שאיסור מלאכה ביום הקרבן הוא מן התורה לית להו כט"ז הנ"ל וגם זה נעלם מהגאונים הנ"ל.

74 **חידושי ריטב"א למסכת בבא מציעא, מוסד הרב קוק, שילה רפאל, ירושלים, מסכת בבא מציעא דף ע עמוד ב ד"ה אמר רב נחמן אמר לי הונא לא נצרכה אלא ארבית דגוי. איתיביה רבא לרב נחמן לנכרי תשיך מאי לאו תשוך.** כלומר להלוות להן. ואם תאמר מאי קושיא, דמודה רב נחמן דמדאוריתא שרי ולא קאמר אלא מדרבנן. ובתוספות תירצו דהכי פריך: הואיל והתירו הכתוב אין להם לחכמים לאסרו. והלשון הזה סתום, דהא איכא כמה מילי שהתורה התירה ואסרו חכמים לעשות סייג לתורה...

הערת המהדיר 726: עיין בשער המלך הלכות יסודי התורה פרק ה הלכה ח ובשאלות ותשובות תורת חסד חלק א סימן יא וכן הוא במהר"ץ חיות בסוגיין ולעיל סד: דכתבו להוכיח מדברי התוספות כשיטת הט"ז. דהט"ז... העלה דכל דבר המפורש בתורה להיתר אין חכמים יכולים לאסרו... ותירצו דאין מכאן ראיה לדברי הט"ז, דהכא מצוה היא לנכרי תשיך ובכי האי גוונא ודאי חכמים לא יכולים לאסור. [ובתו"ח וכן במהר"ץ חיות העתיקו לשון התוספות: "כיון דאמר רחמנא דמצוה כו' לא היה להם לחכמים לאסור." ובתוספות שלפנינו אין הגירסא כך אלא: "כיון דאמר רחמנא לנכרי תשיך וכו'". אמנם כן הוא בתוספות הרא"ש וז"ל: "כיון דאמרה תורה שמצוה לחסרם לא היה להם לחכמים לאסור." ודבריהם תמוהים דאין כוונת התוספות הכא משום דמדאוריתא מצוה היא לכן אין חכמים יכולים לאסור, דהתוספות לעיל סד: ד"ה ולא, גבי מלוה על הבית ודר בו כתבו דברים דומים וז"ל: "... רבית גמורה היא מדרבנן ולפי שהתורה התירה בהדיא לא רצו להעמיד שם חכמים דבריהם." והתם הלא לא איירי במצוה... אמנם יש לומר דהתוספות לא כיוונו כלל לדברי הט"ז. דלשון התוספות בסוגיין – "לא היה להם לחכמים לאסור" – וכן לעיל סד: – "לא רצו להעמיד שם חכמים דבריהם" וכן לשון תוספות רבינו פרץ "אין לחכמים לאסרו". ועיין גם בתוספות הרא"ש לסנהדרין יט... וז"ל: "דכיון דהקב"ה ציוה להם בהדיא לדון לא היו חכמים גוזרין עליהם שלא לדון"... ומכל זה משמע שאין כוונתם כדברי הט"ז שאין בכוחם של חכמים לגזור במה שהתירה תורה, אלא שלא רצו לגזור, או אין נאה להם לגזור במה שמפורש בתורה להיתר. אבל אם רצו לגזור למיגדר מילתא רשאים. ואילו הט"ז חידש שאין בכוחם לגזור. ואולי משמע קצת מדברי הראשונים הנ"ל כנגד הט"ז, שאם לא כן היו כותבים במפורש שאסור להם לחכמים לגזור במה שמפורש בתורה להיתר. אמנם בתוספות רבינו פרץ לפסחים כג, א ד"ה אי הכי משמע מפורש כהט"ז שכתב וז"ל: "... אם כן אפילו לכתחילה נמי דהיכי אסרו רבנן מה שהתיר בכתוב בפירוש." ועיין בנודע ביהודה תנינא יורה דעה סימן סב וכן הוא בשו"ת אבני נזר יורה דעה סימן קמא שכתבו דאין סתירה לדברי הט"ז ממה שאסרו חכמים ריבית לגוי למרות דין תורה לנכרי תשיך,

שהרי התירו לקמן (עא.) בכדי חייו או בתלמידי חכמים ובכי האי גוונא שלא עקרו דין תורה לגמרי שרי להו למיגזר...

75 **שאלות ותשובות תורת חסד, סימן י״א אות א:** דבתוספות בבא מציעא (דף סד עמוד ב ד״ה ולא ישכור)... וכתבו התוספות וזו לשונם ולפירוש רבינו תם צריך לומר דהכי פירושו ריבית גמורה היא מדרבנן ולפי שהתורה התירה בהדיא לא רצו חכמים להעמיד שם דבריהם עד כאן לשונם. רק דמכל מקום עדיין אין מדברי התוספות אלו כל כך ראיה להט״ז דכייל זה לכללא...

76 **שם:** ... אך מדברי התוספות בבבא מציעא (דף ע עמוד ב ד״ה תשיך) שכתב וזו לשונו ואם תאמר ומאי פריך מהאי קרא הא לא אסור אלא מדרבנן כו׳ ויש לומר דהכי פריך מהאי קרא כיון דאמר רחמנא דמצוה כו׳ לא היה להם לחכמים לאסור עד כאן לשונו. משמע מדבריהם דלא כהט״ז הנ״ל דדוקא הכא כיון דמן התורה מצוה היא בזה לא היה להם לחכמים לאסור, אבל כשמפורש בתורה רק היתר יכולים חכמים שפיר לאוסרו... וכן במה שכתב הכסף משנה (פרק ג מהלכות מלכים הלכה ז) בהא דאמרינן בסנהדרין (דף יט עמוד א) במלכי בית דוד דדן ודנין אותו דכתיב בית דוד כו׳ דינו לבוקר משפט כו׳ אף על גב דבמלכי ישראל נמי הוי רק גזירה דרבנן משום מעשה שהיה כו׳. וכתב הכסף משנה בפירוש הגמרא דכיון שהזכיר הכתוב כן בבית דוד אף על פי שאירע תקלה על ידם מכל מקום לא היו גוזרים שהמלך לא דן שלא לחלוק על דברי הכתוב אבל במלכי ישראל יש רשות לחכמים לגזור כו׳ עד כאן דברי הכסף משנה. התם נמי משום דקרא כתיב למצוה דינו לבוקר משפט וכיון דכתיבא בקרא למצוה אין חכמים יכולים לאסרו...

77 **ירמיהו כא, יב:** בֵּית דָּוִד כֹּה אָמַר ה׳ דִּינוּ לַבֹּקֶר מִשְׁפָּט...

78 **פרדס יוסף, פרשת שופטים עמוד תש״ל אות ז:** בגמרא סנהדרין יט. מלך לא דן ולא דנין אותו וכו׳ ובגמרא מחלק רב יוסף בין מלכי ישראל למלכי בית דוד שהם דנים ודנים אותם, ומלכי ישראל אינם דנים משום מעשה שהיה בשמעון בן שטח וינאי המלך. ולכאורה תמוה מאד מאי מייתי בסנהדרין שם מקרא דדינו לבקר משפט דמלכי בית דוד דנין, הא מעיקר הדין גם מלכי ישראל דנים ורק בגלל המעשה שהיה בינאי התקינו חכמים דמלכי ישראל אינם דנים ואם כן מה שייך בזה קרא...

הגהות מהר״ץ חיות מסכת סנהדרין דף י״ט: לא שנו אלא מלכי ישראל אבל מלכי בית דוד דנין. קשה, דקודם המעשה דינאי מלכא גם מלכי ישראל דנין ואיך מייתי מהך דבית דוד דינו לבקר משפט? ותירץ הרא״ש דמלכי בית דוד כיון דמפורש במקרא שישפוטו שוב אין חז״ל יכולין לגזור.

79 **תוספות הרא״ש מסכת סנהדרין דף יט ד״ה ומלכי ישראל:** ומלכי ישראל מאי טעמא משום מעשה שהיה. הקשה רבינו מאיר מאי קא מפליג רב יוסף בין מלכי בית דוד למלכי ישראל מדכתיב דינו לבקר משפט והא בההיא שעתא שנאמר הפסוק היו מלכי ישראל דנין כמו כן דאכתי לא נעשה אותו מעשה דינאי המלך, ומינאי המלך

ואילך ליכא למימר דקאמר מלכי בית דוד דנין חדא דהיכי מייתי סייעתא מקרא דבית דוד דינו לבקר משפט דהא ההוא קרא הוה קודם מעשה דינאי. מיהו הא לא קשיא דילמא מסתמא כיון דהקב"ה צוה להם בהדיא לדון לא היו חכמים גוזרין עליהן שלא לדון, וכי האי גוונא בפרק איזהו נשך דאמרינן התם דמדרבנן גזרו שלא להלוות לנכרי בריבית יותר מכדי חייו ופריך והכתיב [דברים כג, כא] לַנָּכְרִי תַשִּׁיךְ ומאי פריך והא לא אסרינן אלא מדרבנן אלא צריך לומר כיון דכתיב לנכרי תשיך לא היה להם לחכמים לגזור...

פרדס יוסף, פרשת שופטים עמוד תש"ל אות ז: והגרצ"פ פראנק תירץ דהנה הט"ז חידש... ואם כן איך גזרו כאן חכמים שלא ידון ולא ידונו אותו בגלל המעשה דינאי, הרי בקרא מפורש דינו לבקר משפט, ולכן קאמר דקרא זה דדינו איירי במלכי בית דוד והם כן דנים , והגזירה הייתה במלכי ישראל... ויש להוסיף בזה עוד על פי מה שכתב בזה הט"ז (אורח חיים סימן תקפ"ח) דלכן לא גזרו חכמים שמא יתקן כלי שיר דאז נצטרך לגזור בכל יום טוב וזה אי אפשר לעשות לגזור ולעקור תקנת תקיעת שופר. וזה רצונו לומר כאן דכיון דיש לחלק בין מלכי בית דוד למלכי ישראל אם כן שפיר אין זה חשיב עקירה ויכולים לגזור...

מרגליות הים על מסכת סנהדרין דף י"ט עמוד א (דף מד אות יז): בשער המלך הלכות יסודי התורה פרק ה הלכה ח מביא משיטה מקובצת... בשם תוספות הרא"ש שהקשה מאי מייתי מדכתיב בנביאים [בית דוד כה אמר ה' דינו לבקר משפט] הא בהאי שעתא שנאמר פסוק זה היו גם מלכי ישראל דנין דאכתי לא הוי אותו מעשה דינאי מלכא. וליכא למימר דמינאי ואילך קאמר דמלכי בית דוד דנין דהיכי מייתי סייעתא מקרא שהיה קודם גזירה זו. מיהא הא לא קשיא דכיון שהקב"ה צוה בהדיא לדון לא היו חכמים גוזרים שלא לדון... וזה כעין דברי הט"ז... הנודעים שדבר אשר היתרו במפורש בתורה לא גזרו רבנן.

80 **תוספות מסכת בבא מציעא דף ע עמוד א (ד"ה תשיך):** דהכי פריך מהאי קרא כיון דאמר רחמנא דמצוה לחסרם לא היה להם לחכמים לאסור...

81 **תוספות מסכת בבא מציעא דף ס"ד עמוד ב (ד"ה ולא ישכור):** ... ולפי שהתורה התירה בהדיא לא רצו להעמיד שם חכמים דבריהם...

כל כתבי מהר"ץ חיות חלק א עמוד ק"מ: ... כמו שכתב הט"ז... דכל היכי דמפורש בתורה בפירוש להיתר אין כח ביד חכמים להחמיר... ועיין בשער המלך ובנודע ביהודא שהתעוררו דכבר קדמו בסברא זו רבינו תם בתוספות (בבא מציעא דף ס"ד עמוד ב) לענין פדיות בתי עיר חומה משך כל שנה ראשונה דאמרו בערכין... דריבית הוא והתורה התירה היינו כיון דכתיב בתורה בפירוש להיתר אין כח ביד חכמים לאסרו משום ריבית.

82 The position taken by *Tosafos* is vastly more complicated than presented here. Authorities like (שאלות ותשובות תורת חסד סימן יא) analyze dozens of comments made by *Tosafos* throughout the Talmud in an attempt

to ascertain their precise position. Here is one example (by another authority):

שאלות ותשובות רמ"ץ, חלק יורה דעה סימן י"ד: ... ובש"ס (סוטה דף כ:) מקרא [שמות יג, יט] (ויעל משם) [וַיִּקַּח מֹשֶׁה] אֶת עַצְמוֹת יוֹסֵף מקשה על מה דמת אסור במחנה לויה ובתוספות (זבחים דף לב.) הקשו דאי אינו אסור רק מדרבנן אין קושיא מקרא וזה דלא כסברת הט"ז.

If The Principle is accepted, the fact that the Talmud cites the verse in formulating its objection is understood as underlining the fact that this should be forbidden because if the Torah permitted bringing the remains into מחנה לויה, *Chazal* cannot forbid this. [See the section on Kings and Judgment.] Nonetheless, there were many who argued that *Tosafos* accepted The Principle:

שדי חמד, מערכת יו"ד כלל כא: ובחתם סופר אורח חיים סימן קנ"ט ולשון לימודים אורח חיים סימן קס"ב ובירך יצחק הובא בשערי צדק סימן תקע"ז דף קפ"ג וכסף נבחר כלל עט אות כ"א שכתבו כל הרבנים הנז"ל דמתוספות בבא מציעא דף ס"ד משמע כהרב טורי זהב...

Other authorities argued that *Tosafos* took a nuanced position vis-á-vis The Principle:

שאלות ותשובות שמן רוקח, **חלק ב יורה דעה שאלה י"ח:** ... הנה הט"ז ביורה דעה סימן קי"ז ובחושן משפט סימן א כתב בפשיטות דאין כח ביד חכמים לאסור דבר שמפורש בתורה להתיר ולעניות דעתי דבר זה במחלוקת שנוי בין הפוסקים... וגם מהתוספות בבבא מציעא דף ע עמוד ב בד"ה תשיך מוכח דלא כהט"ז דמקשה שם רבא על רב נחמן דאמר לא נצרכה אלא לרבית דנכרי מקרא דלנכרי תשיך והקשו בתוספות מאי פריך מקרא הא לא אסור אלא מדרבנן גזירה שמא ילמד ממעשיו. ותירצו דהכי פריך כיון דאמר רחמנא דמצוה לחסרם לא היה להם לחכמים לאסור ולפי דברי הט"ז למה להו משום מצוה הא תיפוק ליה דההיתר מפורש בתורה... היוצא מדברינו בסייעתא דשמיא דדעת התוספות והטור כשיטת הט"ז... וגם לדעת התוספות הנ"ל דוקא היכא דכתיב להדיא ההיתר אבל היכא דאתיא מדיוקא דקרא אז יש כח בידם לעקור...

83 **שאלות ותשובות רבי עקיבא איגר, סימן ע"ד:** אמנם התרומת הדשן סימן ר הביא בשם גליון תוספות דהוא דרבנן [איסור סחורה במאכלות אסורות], ודרשא דפסחים [כג.] אמר קרא יהיה הוא דרך אסמכתא... והנה לכאורה יש לומר דבעל גליון תוספות הנ"ל הוכיח שיטתו דממקום שבא להקשות עליו מתוספות סוכה, משם היה לו ראיה, והיינו דמה שכתב הט"ז דלא היה כח לחז"ל לאסור המפורש בקרא להתיר לא מצינו שורש ויסוד לזה, דממה שכתבו תוספות פרק איזהו נשך [בבא מציעא ע. ד"ה תשיך] דהכי פריך, כיון דאמר רחמנא מצוה לחסרם לא היה להם לחכמים לאסור, מזה אין

ראיה, דיש לומר במקום שעשאו הכתוב למצוה אין ראוי לחכמים לאסרו... וכן מה שכתב הכסף משנה [הלכות מלכים פרק ג הלכה ז] כיון דמצינו שהזהיר הכתוב דינו לבקר משפט לא היו גוזרים המלך לא דן. היינו כיון דעשאו הכתוב מצוה לדון לא רצו חכמים לאסרו...

שער המלך, הלכות יסודי התורה פרק ה הלכה ח: ... שכתב הרב בעל ט"ז... דבדבר המפורש התירו בתורה אין כח ביד חכמים לאסור, ועשה סמוכות לזה מדברי התוספות... אלא שדברי הרב בעל ט"ז בזה נראה שדחויים הן... האמנם מצאתי... דאמרינן התם [מסכת סנהדרין יט.] מלכי בית דוד דנים ודנין אותן שנאמר דינו לבקר משפט... וכי האי גוונא [בבא מציעא ע:] דאמרינן התם דמדרבנן גזרו שלא להלוות לנכרי יותר מכדי חייו... אלא רצונו לומר כיון דכתיב לנכרי תשיך לא היה להם לחכמים לגזור... האמנם נראה דהתם שאני דמדאורייתא מצוה נמי איכא ומשום הכי כתב ואין כח לחכמים לגזור דבר שמדאורייתא איכא מצווה בעשייתה.

שאלות ותשובות שיבת ציון, סימן ל"ג: אהובי ידידי, מדברי התוספות [בבא מציעא ע:] אין ראיה לדברי הט"ז דעד כאן לא כתבו התוספות כן אלא בדבר שהוא מצוה מפורש בתורה בזה שפיר כתבו התוספות דלא היה לחכמים לאסור דבר שהוא מצוה דלא היה לחכמים לבטל מצוה המפורשת בתורה. אבל בדבר שאינו נאמר בתורה למצוה רק שנאמר שהוא רשות כמו מכירת נבילות וטריפות שנאמר או מכור לנכרי דהיינו אם רוצה רשאי למכור זה לא שמענו מדברי התוספות כלל דלא יהיה ביד חכמים לאסור. ואדרבא מלשון התוספות משמע דאי לא היה מצוה היה כח ביד חכמים לאסור אף שההיתר מפורש בתורה דאם לא כן למה נקטו התוספות "מפני שהוא מצוה"? רק הט"ז חידש לנו דבר זה שגם בדבר שההיתר מפורש בתורה דרך רשות גם כן אין כח ביד חכמים לאסור.

שדי חמד, כללים מערכת יו"ד כלל יט (עמוד 137 בהוצאה הנפוצה): ... הרב יד מלאכי סימן רצ"ה הביא דברי הרב טורי זהב... וסיים... וכן נראה מתוספות בבא מציעא דף ע ד"ה תשיך... והלא מאז היה כתוב אצלי בחידושי לבבא מציעא דאדרבא, מתוספות הנ"ל מוכח דלא כהרב טורי זהב דמשמע מדבריהם דמשום דאיכא מצוה הוא דאין מבטלים חז"ל המצוה. הא אילו היה דבר הרשות היה כחם יפה לאסור היתר המפורש בתורה... וכזאת יש להעיר על הרב חתם סופר יורה דעה סימן ח"ק שהביא דברי הרב טורי זהב שביורה דעה וסייעו מתוספות דבבא מציעא הנ"ל והוא תמוה. והנה אמת דבקצת דפוסים ראיתי שהושמט תיבת "מצוה" מדברי התוספות וכתב "כיון דאמר רחמנא לאסרם..." ואפשר שכן היתה גירסת הגאון חתם סופר.

84 **שאלות ותשובות רמ"ץ, חלק יורה דעה סימן י"ד:** ... הנה מש"ס (ערכין דף לא) דקאמר ריבית גמורה היא והתורה התירה וכתבו בתוספות... דלפירוש רבינו תם אינו רק ריבית מדרבנן רק דחז"ל לא רצו לאסרו משום דהתורה התירה... ומדכתב דלא רצו משמע דהיו יכולים לאסור רק דלא רצו. ולסברת הט"ז הוה להו למימר דאין יכולים לאסור ויש לישב.

85 **שאלות ותשובות תורת חסד, סימן י"א:** ומיהו מצאתי כעין סברת הט"ז בשיטה מקובצת בכתובות דף לד עמוד א בהא דאמרינן התם מאי טעמא דרבי יוחנן הסנדלר כדדריש ר"י אפיתחא דבי נשיאה ושמרתם כו' וכתב שם בשיטה מקובצת וזו לשונו והילכך כיון שהיתר הנאה שמעינן מדכתיב לכם שלכם יהא לכך לא גזרו בה כיון שהתירה התורה להדיא עד כאן לשונו. ומכל מקום אין זה מוכח דסבירא ליה זה לכללא רק כמו שכתבתי לעיל מהתוספות דבבא מציעא דיש מקומות שלא רצו לגזור במקום שההיתר מפורש בתורה.

86 **מעשה חושב [על שער המלך הלכות יסודי התורה פרק ה הלכה ח]:** גם מוכח לכאורה שגם הרמב"ם ז"ל סבירא ליה סברת הט"ז הנ"ל מהא דסבירא ליה [הלכות אסורי ביאה פרק טו הלכה ד] דשפחה לישראל אינה אסורה אלא מדרבנן וקשה דאם כן מאי שנא דהתירו שפחה לעבד עברי הא ישראל גמור הוא?! אלא על כרחך משום דכיון שמפורש בקרא [שמות כא] דעבד עברי מותר בשפחה לא היה כח ביד חכמים לאסרו בה.

שאלות ותשובות שמן רוקח, חלק ב יורה דעה שאלה י"ח: ... הנה הט"ז ביורה דעה סימן קי"ז ובחושן משפט סימן א כתב בפשיטות דאין כח ביד חכמים לאסור דבר שמפורש בתורה להתיר ולעניות דעתי דבר זה במחלוקת שנוי בין הפוסקים... גם מהרמב"ם פרק ה' ממלוה הלכה א' מבואר דלא כהט"ז דכתב דמצוה להלוות לנכרי מדאורייתא משום דכתיב לנכרי תשיך. ובהלכה ב' כתב שאסרו חכמים להלוותו בריבית שמא ילמד ממעשיו. הרי להדיא אפילו היכא דההיתר מפורש וגם איכא מצוה יש כח ביד חכמים לאסור... היוצא מדברינו בסייעתא דשמיא... ודעת הרמב"ם והריטב"א דלא כהט"ז.

שדי חמד, כרך ה עמוד 312 כלל ל"ה: שפחה כנענית דאסורה לישראל כתב הרב משנה למלך בפרק שלישי מהלכות עבדים הלכה ג (ד"ה וכופהו) בשם הרב מוהרשד"ם לדעת הרמב"ם דהוא מדרבנן והקשה על דבריו דאמאי לא אסרוה גם לעבד עברי עיין שם. ואפשר לומר על פי שיטת הרב טורי זהב סימן תקפ"ח ויורה דעה סימן קי"ז דאין כח לחכמים לאסור מה שהתיר הכתוב בפירוש ולכן בעבד דכתיב [שמות כ"א, ד] אִם אֲדֹנָיו יִתֶּן לוֹ אִשָּׁה לא מצו חכמים לאסור אבל גבי אונס לא כתיב מפורש להתיר שניות וקרא כתיב [דברים כ"ב, כ"ט] וְלוֹ תִהְיֶה לְאִשָּׁה אשה הראויה לו ויש להביא גם כן שאינה ראויה לו מאיזה צד ואופן שיהיה...

שאלות ותשובות רמ"ץ, חלק יורה דעה סימן י"ד: ... ועיין ברמב"ם (פרק יג מהלכות פרה) דנאמנים עמי הארצות על פרת חטאת דכתיב [במדבר יט, ט] וְהָיְתָה לַעֲדַת בְּנֵי יִשְׂרָאֵל לְמִשְׁמֶרֶת [ודרשינן] כל ישראל ראוין לשמרה... ועיין בתוספות יום טוב [פרק ה דאהלות משנה ה] שהעיר דמאי מייתי הרמב"ם מקרא דהא כל טומאת עמי הארצות אינו רק מדרבנן ומזה ראיה לסברת הט"ז דאי אפשר לאסור מה שמפורש בתורה להתיר. אך אין ראיה גמורה דיש לומר כסברת התוספות (בבא מציעא סד ובערכין) הנ"ל דלא רצו לאסור משום דמפורש להתיר.

A strong argument can be made that *Rambam* did not uphold The Principle based on the following: In his enumeration of the Torah's commandments, he counts lending at interest to gentiles as a precept. Yet he rules that it is Rabbinically forbidden to do so:

שאלות ותשובות שיבת ציון, סימן ל"ג: ... הנה אני אומר דעדיין יסוב הקושיא לט"ז משיטת הרמב"ם ז"ל דמונה במנין המצוות מצוה קצ"ח למצות עשה להלוות לעכו"ם ברבית ואפילו הכי פסק בפרק ה מהלכות מלוה דאסרו חכמים להלוות להם ברבית ולדברי הט"ז הוא תרתי דסתרי דאם נאמר בתורה אפילו למצוה רבית מעכו"ם איך היה כח ביד חכמים לאסרו... והרמב"ם על כרחנו לא סבירא ליה סברא זו דהא חשיב רבית עכו"ם למצוה ואפילו הכי פסק דחכמים אסרו להלוותם ברבית כמו שהוכחתי לעיל.

87 **פרדס יוסף, פרשת משפטים עמוד ת"מ אות כד:** רש"י – מצוה ביעוד (כא, ח). וקשה מקידושין (מא.) דאסור לקדש בתו קטנה והיאך עשתה התורה מצוה מזה. ועיין רשב"א [חולין צח: ד"ה והתנן] דדבר שעתידים חכמים לאסרו לא עשאו התורה מזה מצוה... ויהיה ראיה לתוספות [קידושין מא. ד"ה אסור] דעכשיו נוהגין לקדש בנותינו בקטנותם דהגלות יתגבר ושמא אחר כך לא יהיה סיפק בידו... והדבר קשה שהעולם יעשו היתר מאיסור חז"ל בלי שום ראיה, ועל כרחך כט"ז... ויעוד מפורש...

88 **פני יהושע מסכת קידושין דף י עמוד ב (ד"ה גמרא זו שביאתה):** ונראה לעניות דעתי דרש"י ז"ל הבליע סברא זו בנעימות וצח לשונו בכתובות דף כח בד"ה קמייתא משנה ראשונה כו' שהתורה התירה כו' לא גזר משום סימפון כו' עד כאן לשונו.

89 **שאלות ותשובות חתם סופר יורה דעה תשובה ק"ח:** ... אבל השתא דכתיב להדיא לכם להיתרא כל צרכיכם לא מצי רבנן לאסור מה שהתורה התירה בהדיא כמו שכתב ט"ז סימן קי"ז וכבר קדמו כסף משנה פרק ג מהלכות מלכים...

שדי חמד, כללים מערכת יו"ד כלל כ (עמוד 138 בהוצאה הנפוצה): והנה מזמן רב היה כתוב אצלי דמדברי מרן כסף משנה פרק ג' מהלכות מלכים הלכה ז' יש ראיה לדברי טורי זהב... ועיין חתם סופר יורה דעה סימן ח"ק שכתב על דברי הרב טורי זהב שכבר קדמו הכסף משנה הנ"ל...

90 **כסף משנה הלכות מלכים פרק ג הלכה ז:** משנה פרק ב דסנהדרין (יח) המלך לא דן ולא דנין אותו לא מעיד ולא מעידין אותו. ובגמרא (יט) אמר רב יוסף לא שנו אלא מלכי ישראל אבל מלכי בית דוד דנין ודנין אותן שנאמר [ירמיה כא, יב] בֵּית דָּוִד כֹּה אָמַר ה' דִּינוּ לַבֹּקֶר מִשְׁפָּט ואי לא דיינינן להו אינהו היכי דייני והכתיב [צפניה ב, א] הִתְקוֹשְׁשׁוּ וָקוֹשּׁוּ ואמר ריש לקיש קשט עצמך ואחר כך קשט את אחרים. ומפרש התם דטעמא דמלכי ישראל לא, משום מעשה דינאי שאמר לו שמעון בן שטח עמוד על רגליך ויעידו בך ואמר לו ינאי לא כשתאמר אתה אלא כשיאמרו חביריך. נפנה שמעון בן שטח לחביריו וכבשו פניהם בקרקע לפי שהיו יראים ממנו ובא גבריאל

וחבטן בקרקע ומתו באותה שעה אמרו מלך לא דן ולא דנין אותו. וקשה דהא לא תליא מילתא בבית דוד או בבית ישראל אלא בצדיקי ורשיעי תליא מילתא דהא עד זמן ינאי דנין ודנין אותם, דאם לא כן היאך דנוהו לינאי... ועוד מאי האי דקאמר אבל מלכי בית דוד וכו' הא מזמן שמעון בן שטח לא מצינו מלך לבית דוד. לכך אני אומר שדברי רב יוסף שאמר לא שנו אלא מלכי ישראל וכו' כך פירושם: כיון שמצינו בבית דוד שהזכיר הכתוב שם דינו לבקר משפט, אף על פי שאירע תקלה על ידו לא היו גוזרים המלך לא דן ולא דנין אותו שלא לחלוק על דברי הכתוב. אבל במלכי ישראל כל שאירע תקלה על ידן יש לנו רשות לגזור שלא דן ולא דנין אותו. והכי קאמר: כשגזרו לא גזרו אלא על מלכים העומדים מבית ישראל, אבל אם יעמדו מלכים מבית דוד לא גזרו עליהם...

91 **שיטה מקובצת, מסכת כתובות דף ל"ד עמוד א ד"ה מאי טעמא דרבי יוחנן הסנדלר, הוצאת עוז והדר, ירושלים, תשנ"ו, חלק ב עמוד תע"א:** ... והכי קא בעי מאי טעמא דרבי יוחנן הסנדלר דאמר מעשה שבת אסורים באכילה ומותרים בהנאה, פירוש אמאי לא גזר הנאה אטו אכילה כי היכי דגזר שוגג אטו מזיד. והרי שניהם – שוגג וההנאה – הותרו מן התורה, לא נאסר אלא במזיד ובאכילה. ומשני... והילכך כיון שהיתר ההנאה שמעינן מדכתיב לכם משלכם והא לכך לא גזר בה כיון שהתורה התירה להדיא. אבל בשוגג לא שמעינן לה אלא מדאסמכיה למחלליה לומר במזיד אמרתי לך ולא בשוגג. וכיון שכן איכא למימר אי קרא לא אסרה יבואו חכמים כדרכם ויעשו משמרת למשמרתה של תורה והכי קאמר – אני לא אמרתי אלא במזיד אבל חכמים יעשו משמרת ויגזרו אף על השוגג וכדאמר רבי יוחנן הסנדלר. כן נראה לי.

92 **פני יהושע מסכת קידושין דף ע"ג עמוד א (ד"ה והתורה אמרה):** ... אלא איכא למימר דכיון שהתירה התורה ספק זה בפירוש לא שייך להחמיר אף מדרבנן כמו שכתבתי סברא זו בכמה דוכתי עיין בפרק קמא דקידושין בסוגיא דבן בג בג...

פני יהושע מסכת קידושין דף י עמוד ב (ד"ה גמרא זו שביאתה): ... ואמאי ניחוש להכי כיון שהתורה התירה בפירוש... ולא שייך לעשות משמרת למשמרת בדבר שנאמר בתורה בפירוש להיתר...

93 It seems to me that only one other example in the Rabbinic literature equals The Principle in its ability to have generated so much commentary from so many prominent Torah authorities. This is the question posed by *Beis Yosef* as to why we celebrate Chanukah for eight days, when in fact there was enough oil to last one night.

94 *Sdei Chemed* describes the positions of dozens of authorities who analyzed The Principle. Here is a partial list of scholars whose views were not examined in this chapter:

שדי חמד, כללים מערכת יו"ד כלל יז-כלל כז: אהל משה סימן ל"ט, ביכורי שלמה

אבן העזר סימן א, חקרי לב יורה דעה סימן נ"ג דף ע"ד, עושה שלום דף כ"ד ודף מ"ז, אור חדש לפסחים ריש פרק מקום שנהגו, צל"ח לביצה כ: ד"ה גזירה שמא ישהא, חיים וחסד סימן י"ט דף מ"ו, יעיר אזן מערכת ג אות ו ומערכת ה אות ס"ג, מחזיק ברכה סימן של"א, שיורי ברכה יורה דעה סימן קי"ז, קרבן אליצור דף קי"ב, לשון לימודים אורח חיים דף ק"ג, חיים ושלום דף ל"ו, פרי תאר סימן קי"ז, סמיכה לחיים דף פ"ט, חשק שלמה כללים אות כ"א, כפי אהרן דף מ"ח, כל החיים דף ו אות טו"ב, גנת ורדים כלל ע, בית יעקב סימן מ"ב, קהלת יעקב בתוספת דרבנן אות פ"ב, מנחה טהורה דף קל"ז, אהל יעקב מערכת הבי"ת אות ו, פרי חדש יורה דעה סימן קי"ז, מכתם לדוד יורה דעה סימן י"ד, מטה אהרן חלק ב דף ר"כ, כסף נבחר כלל ע"ט אות כ"א.

In his inimitable style, *Sdei Chemed* indicates that many, if not most, authorities accepted The Principle:

שדי חמד, כללים מערכת א אות פ"ז: ... לפום כללא דכייל לן הרב ט"ז... דדבר שבא היתרו מפורש בתורה אין כח ביד חז"ל לאסרו וכתב מרן חיד"א בברכי יוסף סימן תרט"ן דרבינו המאירי בחידושיו למגילה כתב כדברי הרב ט"ז. ובקונטרס שדי חמד במערכת היו"ד אות טו"ב (בחלק הכללים) הבאתי בס"ד שהרבה מרבנן בתראי נקטי ואזלי בשיפולי גלימיה דרבינו הט"ז...

Many authorities besides *Sdei Chemed* listed other luminaries who analyzed The Principle. Here is an example from *Chida*:

ברכי יוסף, אורח חיים סימן תקפ"ח אות ב: ... ובכלל זה דהט"ז האריכו האחרונים הרב חוות יאיר סימן קמ"ב והרב ראשון לציון דף מ"ב והרב דברי יוסף סימן מ"ח ובספר יד מלאכי סימן רצ"ה ועתה נדפס מחדש ספר באר יעקב וראיתי לו ביורה דעה סימן קי"ז שהרב המחבר וגברא רבא דכוותיה דרכו קסתם האריכו למעניתם הלא בספרתם ועיין בשו"ת הרשב"ץ חלק ב סימן קצ"ז וקצ"ח ועיין מה שכתב הרב שם סימן רי"ג ודוק.

95 **פתיחה כוללת לספר פרי מגדים, רבי יוסף תאומים, חלק ראשון אות טו:** ויש לעיין בדבר הבא ממדרש חז"ל או הלכה למשה מסיני וי"ג מידות [שהתורה נדרשת בהן] אי יש כח ביד חז"ל לאסור...

שדי חמד, כללים מערכת יו"ד כלל כ"ז (עמוד 141 בהוצאה הנפוצה): לדעת הרב טורי זהב... יש להסתפק בדבר הנלמד בגזרה שוה אם דינו כמפורש בתורה או דילמא דוקא כשמפורש בכתוב הוא דלא מצו חז"ל לאסור. והצד הראשון נראה יותר נכון דדבר הנלמד בגזרה שוה חשוב מפורש בתורה ומענישין מלקות ומיתה על ידי הגזרה שוה.

שדי חמד, כרך ב עמוד 287: ולפי פשט זה נראה לפי עניות דעתי לפשוט ספיקת הגאון בעל מלא הרועים חלק ב ערך גזירה שוה אות כ"ג שעלה ונסתפק לדעת הט"ז ביורה דעה סימן קי"ז דדבר המפורש בתורה להיתר אין כח ביד חכמים לאסור יש להסתפק אי הך דבר אינו מפורש רק דאתיא במידה מי"ג מידות אי אמרינן בכי האי

גוונא יש כח ביד חכמים לאסור או דילמא גזירה שוה כמפורש דמי. עיין שם שהראה פנים לכאן ולכאן ולא בא יישוב. ולפי מה שכתבתי בפשט הגמרא הרי הוא כמבואר דרנבי"ץ אמר דהך עקירה דגילוח מצורע אינו אלא מדרבנן ואף על פי כן יכולין לעקור דבר הנלמד מכלל ופרט וכלל. מבואר דפשיטא ליה דיכולין לאסור דבר הנלמד במדה מי"ג מידות להיתר ודו"ק.

Rabbi Akiva Eiger also argued for a modified form of The Principle:

שאלות ותשובות רבי עקיבא איגר, סימן ע"ד: ... אבל לעניות דעתי יש לקיים דברי הט"ז בדרך אחר, דנהי דיש כח ביד חכמים לאסור המפורש בתורה להתיר, מכל מקום היכי דאסמכוה חז"ל להאיסור אקרא, לא שייך להסמיך הקרא על מה דמפורש בקרא להתיר. וכעין זה כתבו תוספות להדיא בפרק אין דורשין [חגיגה יח. ד"ה חולו של מועד]...

96 **שמות כ, כ:** מִזְבַּח אֲדָמָה תַּעֲשֶׂה לִּי וְזָבַחְתָּ עָלָיו אֶת עֹלֹתֶיךָ וְאֶת שְׁלָמֶיךָ...

97 **מסכת זבחים פרק ו, משנה א:** קדשי קדשים ששחטן בראש המזבח רבי יוסי אומר כאלו נשחטו בצפון.

מסכת זבחים דף נח עמוד א תוספות (ד"ה קדשי קדשים ששחטן בראש המזבח): מדאורייתא שוחט לכתחילה כדדרשינן בגמרא מ[שמות כ, כ] וְזָבַחְתָּ עָלָיו ושמא הא דנקט דיעבד מדרבנן שלא תרביץ גללים.

פירוש תוספות יום טוב (ד"ה ששחטן): מדאורייתא שוחט לכתחילה וכדדרשינן מוזבחת עליו ושמא הא דנקט דיעבד מדרבנן שלא תרביץ גללים.

מסכת זבחים פרק ט, משנה ד: עולה שעלתה חיה לראש המזבח תרד. שחטה בראש המזבח יפשיט וינתח במקומה. **פירוש תפארת ישראל אות כה:** דאף על גב דמדאורייתא מותר לשחטה שם לכתחילה, מדרבנן אסור (כלעיל ריש פרק ו).

CHAPTER 6

The Mishaps of Tzaddikim

A NUMBER OF VERSES convey the notion that *tzaddikim* benefit from various forms of Divine protection.[1] Several Talmudic passages indicate that sometimes, this protection consists of the *tzaddik* being prevented from inadvertently transgressing halachah.[2]

In several cases, the Talmud conveys this notion in curious terms: If the animals of *tzaddikim* are prevented from becoming the agents of mishaps, then their owners are certainly not going to be the instruments of transgression.[3] What animals are being referred to? The Talmud relates an interesting anecdote about the donkey of the famous *Tanna,* Rabbi Pinchas ben Yair. He once lodged at an inn where his donkey was given fodder. The donkey refused to eat, even after the food was made more palatable and cleared of pebbles. Rabbi Pinchas ben Yair then asked his hosts whether tithes had been separated from the grain. It turned out that tithes had not been separated. Once this was rectified, the donkey ate.[4] This is the prototypical case of our adage: If God does not bring about mishaps through the donkey of a *tzaddik* like Rabbi Pinchas ben Yair, surely nothing would happen to the *tzaddik* himself which would constitute a transgression of halachah. [Interestingly, *Ohr HaChaim* writes that this donkey was a reincarnation of Bil'am.[5] There is a similarly talented — though less famous — donkey featured in the Talmud. *Chazal* relate that the donkey belonging to Rabbi Yosé of Yokrat possessed an unusual habit. When it was hired out for labor, it would work throughout the day and in the evening, the appropriate rental fee would be placed upon it, and it would then come back to its owner. But if too much or too little was placed on the donkey, it would not budge. Once, a pair of shoes was forgotten on its back and the donkey refused to move. Once the shoes were removed, the donkey proceeded to return to its master.[6] Explaining how these donkeys achieved the remarkable feats described by *Chazal* is beyond the scope of our discussion. Suffice it to say that some authorities *did* attempt to explain such phenomena.[7]]

This principle of Divine protection for *tzaddikim* is mentioned several times in the Talmud. It is invoked in cases where it appears that a distinguished personality committed a transgression, and conveys the idea that *tzaddikim* are shielded from inadvertently sinning.

A Few Examples

TITHING

Testimony was given about the *Tanna* Rabbi Meir to the effect that he had eaten some vegetables in Beit She'an without separating the appropriate tithes. On the basis of this testimony, a later court declared Beit She'an to be outside the Biblical boundaries of Israel (and therefore exempt from tithing). The Talmud then enquires as to the possibility that Rabbi Meir had simply forgotten to separate tithes from the vegetables he had eaten. This possibility is rejected on the basis that God does not allow mishaps to occur to *tzaddikim*.[8]

FORBIDDEN MEAT

Rabbi Chanina ben Gamliel imposed strict discipline in his home. Once, in an attempt to avoid his censure, his servants fed him meat that, the Talmud suggests, had been torn from a living animal. The Talmud then rejects this possibility on the basis that *tzaddikim* are protected from such mishaps.[9]

SAMARITAN SLAUGHTER

The court of Rabban Gamliel forbade the consumption of meat from animals that had been slaughtered by Samaritans. It was reported that in a later generation, Rabbi Yochanan and Rabbi Assi ate meat from an animal that had been slaughtered by a Samaritan. The Talmud concludes that the later generations did not accept the decision of Rabban Gamliel's court. Had they accepted it and simply been unaware that the meat they were eating came from an animal slaughtered by Samaritans, God would have prevented them from eating the meat and thereby transgressing halachah.[10]

DUBIOUS MIXTURE

Rabbi Zeira and Rav Assi were offered a certain dish which Rabbi Zeira considered to be forbidden by halachah. But Rav Assi *did* partake of the food. Rabbi Zeira concluded that since Rav Assi had eaten of the food that it must be permitted after all, since God would not allow a *tzaddik* to stumble. He promptly discovered a source that confirmed his conclusion.[11]

Counter-Examples

HOWEVER, SEVERAL COUNTER-EXAMPLES to the principle of Divine protection for *tzaddikim* exist. These are Talmudic incidents in which *tzaddikim* appear to have transgressed halachah, albeit inadvertently. In trying to resolve this apparent contradiction, the *Rishonim* debate the exact parameters of the principle. When does the Talmud invoke the principle? Did the principle apply only to some generations? Can the principle ever be relied on to clarify questions of halachah? Let us begin by examining some of the counter-examples to the principle of protection.

CONSPIRING WITNESSES

The Torah teaches that, broadly speaking, conspiring witnesses are to be punished in the same way as their intended victims would have been punished, had the testimony been accepted.[12] The Talmud rules that only if both witnesses are found to be conspiring do the relevant laws apply. An incident is related in which only one of a pair of witnesses was found to be lying. A court headed by Yehudah ben Tabbai nonetheless executed him. This was criticized by the leading scholar of that generation, Shimon ben Shetach, as the spilling of innocent blood. Furthermore, the Talmud relates that for the rest of his life, Yehudah ben Tabbai mourned the executed witness. It appears that, notwithstanding the fact that he was a great scholar and a *tzaddik,* Yehudah ben Tabbai was not prevented by Heaven from sentencing an innocent person to death.[13]

DAMAGE TO TORAH SCROLL

A heated argument in halachah took place between Rabbi Elazar and Rabbi Yosé, to the point where a Torah scroll was torn. A leading scholar who witnessed the scene predicted that the shul where this incident took place would one day be used for idolatry, and the prediction came true.[14] Here, too, the Talmud does not object on the basis that God protects *tzaddikim* from mishaps.

SHABBOS DESECRATION

Chazal instituted that one should not read on Shabbos by the light of an oil lamp, out of concern that the lamp would be tilted, which would constitute Shabbos desecration. Rabbi Yishmael ignored this ruling and inadvertently tilted the lamp on Shabbos.[15] We see that a prominent *Tanna* was not protected by Heaven from Shabbos desecration.

Rabbeinu Tam

FACED WITH THIS apparent contradiction in our sources, *Rabbeinu Tam* suggests the following resolution.[16] Heavenly protection is afforded to *tzaddikim* to prevent them from ingesting non-kosher food. In cases not involving food, the principle of protection does not apply. We note that in the examples above, this resolution seems to hold. The Talmud invoked Heavenly protection in cases in which *tzaddikim* seemed to be eating questionable foods. On the other hand, in the counter-examples we cited, food was not involved. Still, distinctions like this cannot be made arbitrarily. Even if the distinction seems to resolve a conundrum, there must be some logic behind it. In our case, *Rabbeinu Tam* posits that eating non-kosher food is exceedingly repugnant. This justifies Divine intervention which would not otherwise occur (if food were not involved).[17]

But even now problems remain. *Rabbeinu Tam* cited Talmudic passages in which *tzaddikim* appeared to have transgressed halachah even in cases involving food:

EATING BEFORE HAVDALAH

The Talmud relates that an *Amora* forgot to recite *havdalah* before eating at the conclusion of Shabbos.[18]

EATING ON YOM KIPPUR

The *Amora* Levi came to Bavel on the day that the locals considered to be the eleventh day of Tishrei, the day after Yom Kippur. He informed the locals that it was actually the tenth day of Tishrei, Yom Kippur. [The court in Israel had made the previous Elul a full month of thirty days, rather than the usual shorter month lasting twenty-nine days, but the Babylonians were unaware of this.] The Babylonians had thus violated the fast of Yom Kippur.[19]

Given that in these two cases the Talmud did not invoke the principle that *tzaddikim* are prevented from inadvertently erring, even though these incidents involved eating, *Rabbeinu Tam* refined his proposal. He pointed out that in these latter two cases, the people in question ate kosher food *at the wrong time,* i.e., before *havdalah* had been recited or on Yom Kippur. This, says *Rabbeinu Tam,* is not repugnant and is not comparable to eating forbidden food.

Rabbi Elchanan Wasserman (1874–1941) gave this notion a legal gloss. It is common, in Talmudic analysis, to differentiate between a personal prohibition (גברא) and a prohibition on an object (חפצא). The prohibition of eating on Yom Kippur devolves on people — *they* are forbidden to eat, but the food is not forbidden *per se.* In contrast, the prohibition of consuming pork, for example, devolves on the object, i.e., *it* may not be consumed. *Rabbeinu Tam,* according to Rabbi Wasserman, held that the principle of protection for *tzaddikim* applies to object-related food prohibitions, not to people-related food prohibitions or any other prohibitions.[20]

The distinction made by *Rabbeinu Tam* between non-kosher food on the one hand and kosher food eaten at inappropriate times on the other hand, is used not just to explain certain Talmudic incidents but also to cast light on obscure Biblical passages. For example, *Chida,* citing *Shach,* writes that the fruit forbidden to Adam in *Gan Eden* would have become permitted at nightfall, as Shabbos began. Thus, the fruit was not intrinsically forbidden; it was essentially permitted but Adam ate of it at the wrong time. This explains, according to *Chida,* why it was that Adam was not guarded by God from mishap and came to eat of the fruit.[21]

To summarize, *Rabbeinu Tam* contends that Divine protection for *tzaddikim* occurs in situations where, if not for such protection, the *tzaddik* would ingest non-kosher food. If the *tzaddik* would eat kosher food at a time when it is forbidden to do so, or commit some other transgression — even a very serious one — no Divine protection exists. At this point, several cases remain which constitute difficulties for *Rabbeinu Tam*'s approach:

TESTIMONY ABOUT STATUS

Rabbi Elazar bar Tzaddok related that he only testified once in his lifetime, with dire consequences. Based on an incident that he had observed, Rabbi Elazar bar Tzaddok testified that a certain person was a *Kohen*. In truth, the man was not a *Kohen*, and the testimony, if accepted, would have allowed the man's wife and children to consume *terumah*, which is forbidden to non-*Kohanim*. The Talmud objects that this is impossible, citing our principle: No such mishap could come about through a *tzaddik*. The Talmud then concludes that notwithstanding the testimony of Rabbi Elazar bar Tzaddok, the subject was not granted the status of *Kohen*.[22] We see, then, that a Talmudic passage that ostensibly has nothing to do with the consumption of food nonetheless invokes the principle of Divine protection for *tzaddikim*. *Rabbeinu Tam* responds to this challenge with a two-pronged argument. Firstly, most ancient manuscripts of the Talmud do not mention the principle of protection in this Talmudic passage. Secondly, granting a person the status of *Kohen* is linked, albeit indirectly, to issues of eating. Upon concluding that a certain person is a *Kohen*, his family will be permitted to eat *terumah*. Had Rabbi Elazar bar Tzadok's testimony been accepted, the wife and children of the person he testified about would have transgressed the serious prohibition of consuming *terumah*.[23]

BASKET OF FIGS

Chazal relate that Rabbi Yirmeyah sent Rabbi Zeira a basket of figs that was not tithed (it thus had the status of *tevel* and was forbidden to eat).[24] Rabbi Yirmeyah assumed that Rabbi Zeira would not eat the figs until such time as he had tithed them. Rabbi Zeira, in turn, assumed that Rabbi Yirmeyah would not give him something to eat that was forbidden. In the end, Rabbi Zeira ate the figs.[25] Here, then, is a case in which a *tzaddik* ate food that was forbidden (as opposed to eating something at the wrong time) and was not prevented from doing so by Heaven. *Rabbeinu Tam* explains, on the basis of a comment made by *Chazal* regarding this incident, that the principle of protection applied only to earlier generations. By the time of Rabbi Zeira and Rabbi Yirmeyah, the generations had declined in stature to the point that they no longer deserved the Divine protection that had shielded earlier Sages from error. Rabbi Zeira and Rabbi Yirmeyah were second-generation *Amora'im*; a clear corollary to *Rabbeinu Tam*'s approach is that he would not countenance the possibility of the principle of protection operating in later times, such as his own era.[26]

NAZIRISM

A further objection to *Rabbeinu Tam*'s approach comes from *Ramban* and later scholars (who presumably were unaware of *Ramban*'s comments). It is based on a Talmudic passage that deals with *Nazirism*. A *Nazir* is required to bring a number of offerings upon conclusion of the period of *Nazirism*, one of which is a sin offering. The Talmud relates that early pious men yearned to bring a sin offering, but could not do so because God would not allow a mishap to occur through them that would require them to do so. They therefore undertook a period of *Nazirism*, at the end of which they were able to bring a sin offering.[27] The Talmud here clearly implies that God prevented the early *tzaddikim* from committing *any* error which would incur a sin offering, not only transgressions that involved eating.[28]

Some commentators did not take this passage as a refutation

of *Rabbeinu Tam*'s position. They extend the position taken by *Rabbeinu Tam* that there is a difference between generations. These authorities made a distinction between earlier generations, where the protection afforded to *tzaddikim* was complete, and later generations, where the protection only went as far as preventing the *tzaddik* from ingesting non-kosher food.[29]

IN PRACTICE

At least one ramification that is relevant to halachah emerges from our discussion. *Sdei Chemed* asks whether the principle of Divine protection for *tzaddikim* can be relied on to ascertain the permissibility of questionable foods.[30] His scenario works as follows. If a mixture of foods contains two pieces of kosher food and one piece non-kosher food, the halachah is that if one piece is lost or inadvertently eaten, the other two are permissible.[31] If we have such a mixture and a person who is commonly considered to be a *tzaddik* eats one piece, what is the outcome? Had it been a regular person who ate the piece, we would apply the halachah as usual and assume that the forbidden piece was eaten; the two remaining pieces would then be permitted. But in the case of a *tzaddik*, can we assume that the piece he ate was *not* the forbidden piece, since Heaven protects *tzaddikim* from consuming non-kosher food? In this case, the remaining pieces would not be permitted. *Sdei Chemed* concluded that we cannot come to a conclusion in halachah on the basis of the principle of Divine protection. He argued that the halachah is that the piece of food eaten inadvertently must be assumed to be the forbidden piece, regardless of who ate it. Implicit in the analysis, however, is the assumption that the principle of Divine protection for *tzaddikim* still applies nowadays.[32]

Many *Acharonim* accepted the view of *Rabbeinu Tam*. This agreement is often expressed in a conviction that ingestion of non-kosher food is, in some sense at least, worse than any other transgression.

Mesilas Yesharim, for example, writes that consumption of non-kosher food is worse than all other prohibitions because the food enters the person's body and becomes integrated into it.[33]

Ramban

RAMBAN REJECTS *RABBEINU Tam*'s position in sharp terms.[34] His first objection is based on reasoning. How can we say that ingesting non-kosher food is more repugnant to a *tzaddik* than sentencing a man to death against halachah or causing a Torah scroll to be torn or desecrating Shabbos?! *Ramban*'s second objection is based on the Talmudic passage we cited above, in which the testimony of Rabbi Elazar bar Tzaddok would have resulted in a non-*Kohen* being granted the status of *Kohen.* According to *Ramban,* this is a straightforward case of the Talmud invoking the principle of Divine protection for *tzaddikim* in a situation that has nothing to do with food.

Having rejected *Rabbeinu Tam*'s approach, *Ramban* proceeds to offer his own resolution to the conundrum. Firstly, he cites his (un-named) teacher. His solution is that the principle of protection states that God does not bring a mishap *to others* through a *tzaddik.*[35] Looking through the classical sources we cited, *Ramban* demonstrates how, in each of these cases, the Talmud indeed invokes the principle when there is a danger that the *tzaddik*'s actions will cause others to stumble. Consider, as an example, the case of Rabbi Meir eating the vegetables without tithing. Had he really forgotten to tithe the vegetables, subsequent generations would have erroneously considered Beit She'an to be outside of Israel and failed to separate tithes there. To prevent this, Rabbi Meir was protected from eating the untithed vegetables. Later scholars also use this distinction; presumably, they were unaware of *Ramban*'s comments here.[36]

According to *Ramban's* teacher, then, *tzaddikim* themselves are not the beneficiaries of any special Divine protection in the realm of transgressions. To bolster this point, *Ramban* quotes a verse that emphasizes that no human being is so righteous that he does not err. But *Ramban* does acknowledge that the passage we mentioned above in connection with *Nazirism* constitutes a difficulty to this approach as it does to *Rabbeinu Tam's* approach. After all, the early Sages who yearned to bring a sin offering were not protected by God from sinning to prevent anyone else from suffering the consequences. They were protected because they were great people.

Ramban then suggests what appears to be his final answer to our question. He differentiates between cases in which there was some negligence on the part of the *tzaddik* and other cases. Where negligence played a part in the incident, there is no Divine protection. An example would be the incident, mentioned earlier, in which Rabbi Yishmael is reported to have read by the light of an oil lamp on Shabbos. This was done despite the fact that Rabbi Yishmael's colleagues had forbidden this practice. Here, says *Ramban*, Heaven does not protect a great man from transgressing halachah. Similar considerations apply to the case in which *Tanna'im* got into a heated argument that ended with a Torah scroll being torn.[37] So, too, in the case of the basket of figs sent by Rabbi Yirmeyah to Rabbi Zeira, it seems clear that there was negligence by both parties. In all other cases, however, *tzaddikim* are shielded by Heaven so that they will not inadvertently transgress the Torah. Several later commentators also employ this distinction (without mentioning *Ramban*).[38]

Ritva

BROADLY SPEAKING, *RITVA* concurs with *Rabbeinu Tam's* approach to our discussion: Heaven protects *tzaddikim* from ingesting forbidden food.[39] But in the case of Yehudah ben Tabbai, *Ritva* takes a different line. Recall that the court headed by Yehudah ben Tabbai executed a conspiring witness even though the Torah only mandates this punishment when *both* witnesses are found to be conspiring. *Ritva* investigates why the Talmud did not object on the basis that God protects *tzaddikim* from mishaps. His response is that the principle *was* operative in this case: the witness was deserving of a death penalty for some other offense, and Providence engineered his execution through the court of Yehudah ben Tabbai.[40] *Ritva* does not explain, however, why Yehudah ben Tabbai was distraught once he learned from Shimon ben Shetach that he had erred in applying the halachah. Later scholars analyze this episode in detail.[41]

Rashi

RASHI'S VIEW OF the principle of Divine protection for *tzaddikim* is not entirely clear. The Talmud relates that it was the habit of Reish Lakish to mark the old gravesites of scholars. *Rashi* explains that he did so so that *Kohanim* — who may not come into contact with graves — would not inadvertently walk over these graves and contract impurity. *Rashi* then adds, "So that no mishap should arise through *tzaddikim*."[42] The terminology used by *Rashi* is very similar to that of our principle, indicating that perhaps *Rashi* thought that the principle operates here. Later scholars disputed *Rashi*'s understanding of this entire episode.[43]

Mordechai

DID THE PRINCIPLE of Divine protection for *tzaddikim* extend beyond the Talmudic period? One early authority, *Mordechai,* believed that it applied at least until the era of the early *Rishonim*. He relates an incident about *Rashbam, Rashi*'s grandson and a pivotal figure among the *ba'alei Tosafos*. Once, *Rashbam* was about to climb into a wagon that was hitched to a horse and a mule. This is forbidden according to halachah. *Mordechai* says that *Rashbam*'s brother — none other than *Rabbeinu Tam* — happened to witness this just in time and called out to his brother, preventing him from inadvertently committing this transgression.[44] *Mordechai* explicitly mentions the principle of protection and attributes *Rashbam*'s salvation to the principle. It appears that *Mordechai* disagreed with *Rabbeinu Tam* on two fundamental points. Firstly, he maintained that the principle of protection was not limited to issues of eating. Secondly, he believed that the Divine protection did not cease at some point during Talmudic generations, but rather continued at least until the beginning of the era of the *Rishonim*.[45] A later authority, however, does not believe that *Mordechai* rejected *Rabbeinu Tam*'s position. He maintains that even according to *Rabbeinu Tam, tzaddikim* are protected from transgression not only in cases involving the ingestion of forbidden food but also in cases in which the episode is public. According to this authority, an event witnessed by the public in which a *tzaddik* commits a transgression must be prevented by God, even if it does not involve food.[46]

A Test Case

GIVEN ANY INCIDENT in which a *tzaddik* appears to have stumbled, the authorities whose views we have explored would apply their respective approaches to resolve the apparent difficulty. Let us examine one such example and describe, at least superficially, how this process would appear.

The *Tanna* Rabbi Yehoshua related that he was once bested in argument by a girl. He was traveling, and the path he was walking on continued through a field. Rabbi Yehoshua traversed the field, but was chastised by a girl who said, "Rabbi, you are walking through a field." He replied, "But is this not an established path?"

The girl retorted, "It is robbers like you who have trampled the field into an established path!"[47]

According to *Rabbeinu Tam, tzaddikim* are protected from inadvertently ingesting forbidden food. Since this incident did not involve eating, it is no different from other cases — Rabbi Yishmael tilting the oil lamp on Shabbos, for example — in which *tzaddikim* err, and no special protection was afforded to Rabbi Yehoshua. According to *Ramban, tzaddikim* do not benefit from special protection when their actions are tinged with negligence. It is reasonable to suggest that *Ramban* would ascribe an iota of negligence to Rabbi Yehoshua for walking through the field. After all, we have all seen how people walking through a park or meadow eventually trample the grass and create a path. Perhaps Rabbi Yehoshua's failure to ascertain whether the field was private property constituted negligence. *Ramban*'s teacher's position is more difficult to support. He maintained that *tzaddikim* are protected from actions which would bring about a mishap to others. In this incident, Rabbi Yehoshua was not prevented by Heaven from entering the field, and his actions *did* presumably cause some harm to others — hence, the scolding he received from the girl. *Ramban*'s teacher would perhaps maintain that the principle of protection applies when the *tzaddik*'s action would cause harm to the public, not to an individual.

Cases Not Mentioned by Rishonim

THE *RISHONIM* WHO dealt with our topic (*Rabbeinu Tam, Ramban, Mordechai* and others) did not bother to enumerate all the instances in which it appears that *tzaddikim* erred. They saw their task as outlining a general principle according to which all such episodes would be classifiable into a few categories. There therefore remain many cases that were not discussed directly. Some of these cases are not straightforward and warrant analysis.

KING DAVID AND RITZPAH

King David married Ritzpah, who had previously had relations with Avner, a commoner.[48] This is forbidden by halachah, according to some opinions. One commentator writes that King David was not aware of Ritzpah's relationship with Avner, but this is challenged on the basis that no mishaps arise through a *tzaddik*. To resolve this, some suggest that the marriage was sanctioned by a prophet.[49] We see, then, that the principle of Divine protection for *tzaddikim* is so powerful that some commentators appeal to no less than a Divine decree (expressed by a prophet) in order to circumvent it. Others suggest that when King David married Ritzpah he did not yet have the full status of a king, and the halachah that a king may not marry a woman who has had relations with a commoner did not apply to him.[50]

ACHIYAH HASHILONI

The Talmud describes the treachery of King Yerovoam who set up two golden calves in his kingdom and forbade his subjects from making the required three annual pilgrimage trips to Jerusalem. The Talmud relates that the leading Torah personality of the generation, the prophet Achiyah haShiloni, signed a document pledging loyalty to King Yerovoam. A superficial reading of the Talmudic passage suggests that Achiyah haShiloni gave license to the king to even practise idolatry. The Talmud calls this an error on the part of the prophet.[51] One of the *Rishonim* goes to pains to explain that the error was more subtle than it first appears: The prophet did not make it sufficiently clear that his support for the king was conditional on the king not transgressing the Torah. It is this vagueness which is referred to as an error on the part of the prophet.[52] At no point did Achiyah haShiloni contemplate supporting the king if the latter sinned. This, then, seems to be a case in which the Talmud concludes that a prominent *tzaddik* committed an error of judgment.

WORSHIPPING *MARKULIS*

Chazal refer to one of the prevalent forms of paganism in their time as *Markulis,* perhaps a reference to the Greco-Roman god Mercury. It was worshipped by the curious practice of throwing stones at a particular arrangement of other stones. The Talmud states that even if a person meant to denigrate the god by stoning it, one would still be transgressing the prohibition of idolatry. We are then told that the *Amora* Rav Menashe was once traveling when he was informed that a certain pile of stones was *Markulis.* He promptly threw a stone at it, intending to show his contempt. He was then informed of his error. Later, scholars confirmed that Rav Menashe had inadvertently performed an act of worship of a pagan idol.[53] The Talmud does not cite our principle of protection, even though this incident involved (inadvertent) idol worship.

REISH LAKISH

The *Yerushalmi* reports that Reish Lakish would become so engrossed in his Torah learning that he would absent-mindedly walk beyond the Shabbos boundary.[54] The *Yerushalmi* does not argue that Reish Lakish would not possibly have transgressed Shabbos in this manner, since God protects *tzaddikim* from erring. In fact, according to *Pnei Moshe,* this report is meant to portray Reish Lakish as a role model whose intense devotion to Torah study should be emulated.[55] A later scholar, however, does cite this incident as an example of a *tzaddik* erring.[56]

RABBAH AND THE DONKEY

The *Amora* Rabbah sold a donkey to a Jew who was suspected of selling such beasts to gentiles, which is forbidden. Rabbah's protégé, Abaye, challenged him on legal grounds. After a lengthy debate, Rabbah conceded defeat, having acknowledged that he had transgressed the halachah. The Talmud records that Rabbah then ran for a considerable distance (about ten kilometers) after the buyer, hoping to reverse the sale, but could not catch up to him.[57]

INCORRECT EXECUTION

The Talmud relates that an *Amora* had a person executed and in so doing erred in two ways. Firstly, this happened in a period of history when courts no longer had the authority to apply capital punishment. Secondly, the court executed the person in a manner inconsistent with the Torah's requirements. Later authorities investigate why it is that when *Rishonim* discuss our topic, they refer to the case of Yehudah ben Tabbai but not to this similar case.[58]

MAR ZUTRA AND THE KING'S BANQUET

The Talmud relates that three *Amora'im* — Ameymar, Mar Zutra and Rav Ashi — were sitting at the doorway of King Azgoor's banquet hall. The King's waiter walked past them. Rav Ashi noticed a pallor on Mar Zutra's face, indicating that he was faint and needed some food immediately. He took some of the food intended for the king with his hands and placed it in Mar Zutra's mouth. [This got Rav Ashi into hot water.][59] *Maharsha* points out a difficulty in this incident, in that it appears that Mar Zutra partook of non-kosher food. This would be a violation of the principle of Divine protection, at least according to *Rabbeinu Tam*. *Maharsha*, who appears to accept *Rabbeinu Tam*'s view, suggests that this is why the Talmud states that Rav Ashi "placed the food in Mar Zutra's mouth" — Mar Zutra did not actually *swallow* the food. Because of the sudden spell of weakness that overcame him, it was permitted to revive him by placing the food in his mouth, without him actually consuming the food.[60] [It seems that *Maharsha*'s approach to this incident constitutes a hybrid. On the one hand, he adopts *Rabbeinu Tam*'s view that the protection given to *tzaddikim* happens in cases involving the consumption of forbidden food. But he applies it to the last generation of *Amora'im,* long after this protection ceased, according to *Rabbeinu Tam*.]

SPEECH

The Talmud investigates the meaning of the term *Apikoros*. One of the explanations offered — by Rav Pappa — is that an *Apikoros* is a person who refers to Torah scholars using a disparaging phrase. The Talmud then reports that Rav Pappa himself forgot this and expressed himself in this precise way. He later fasted in order to atone for his error.[61]

An unusual application of our principle relates to speech rather than action. A later authority urges Torah figures to ensure that their words are clear and will not be misinterpreted or misconstrued. He cites the case of an *Amora* whose instructions to people were misunderstood and resulted in a mass violation of Yom Kippur when the *Amora*'s words were misconstrued as permission to drink a certain liquid.[62]

Later Scholars

A LATER AUTHORITY proposes a different approach to those we have already seen. His approach is certainly consistent with many of the cases we examined in the last section. He posits that God protects *tzaddikim* from mishaps *when their action is unintended*. In the case of Yehudah ben Tabbai, for example, this was not so. Yehudah ben Tabbai was fully aware of his actions and had a reason for them. Indeed, the Talmud stresses that his decision was motivated by the desire to disprove a certain position held by the

Sadducees.[63] Similarly, in the case of Rabbah and the donkey, the *Amora* had every intention of selling the animal. It was only later that he was convinced that he had erred. God only protects *tzaddikim* in cases in which they did not act intentionally.[64]

NOTES TO CHAPTER 6

1 **תהלים צז, י:** ... שֹׁמֵר נַפְשׁוֹת חֲסִידָיו
שמואל א פרק ב, ט: רַגְלֵי חֲסִידָו יִשְׁמֹר...

2 **מסכת חולין דף נ"ט עמוד א:** ההוא בר טביא דאתא לבי ריש גלותא דהוה מפסק כרען בתרייתא בדקיה רב בצומת הגידין ואכשריה סבר למיכל מיניה באומצא אמר ליה שמואל לא חייש מר לניקורי אמר ליה מאי תקנתא נותביה בתנורא דאיהו בדיק נפשיה אותביה נפל תילחי תילחי קרי שמואל עליה דרב [משלי יב, כא] **לֹא יְאֻנֶּה לַצַּדִּיק כָּל אָוֶן** קרי רב עליה דשמואל [דניאל ד, ו] וְכָל רָז לָא אָנֵס לָךְ.

3 **מסכת חולין דף ז עמוד א:** אמר ליה רבי ירמיה לרבי זירא והא רבי מאיר עלה בעלמא הוא דאכיל אמר ליה מאגודה אכליה ותנן ירק הנאגד משיאגד ודלמא לאו אדעתיה **השתא בהמתן של צדיקים אין הקב"ה מביא תקלה על ידן צדיקים עצמן לא כל שכן** ודלמא עישר עליהם ממקום אחר לא נחשדו חברים לתרום שלא מן המוקף ודלמא נתן עיניו בצד זה ואכל בצד אחר אמר ליה חזי מאן גברא רבה קמסהיד עליה.

Besides the standard phrase which appears several times in the Talmud and which we analyze in this chapter — השתא מה בהמתן של צדיקים... — *Chazal* also use the following expression to convey the same idea:

ספרי פרשת פנחס פיסקא קלה: ... רבי נתן אומר הרי הוא אומר (איוב לו, ה) הֶן אֵל כַּבִּיר וְלֹא יִמְאָס תם אין הקב"ה מואס תפלתם של רבים אבל כאן לא קיבל תפלתי ויאמר ה' אלי אמר לו למשה בדבר הזה רב לך **שאין מניחים את הצדיקים לבוא לידי עבירה חמורה...**

Classical commentaries who deal with our subject do not mention this statement of *Sifri,* as far as I can tell.

4 **מסכת חולין דף ז עמוד א ועמוד ב:** מאי בהמתן של צדיקים דרבי פנחס בן יאיר הוה קאזיל לפדיון שבויין... אקלע לההוא אושפיזא רמו ליה שערי לחמריה לא אכל חבטינהו לא אכל נקרינהו לא אכל אמר להו דלמא לא מעשרן עשרינהו ואכל אמר ענייה זו הולכת לעשות רצון קונה ואתם מאכילין אותה טבלים.

5 **פירוש אור החיים פרשת בלק (במדבר כג, י):** ... ומצינו בדברי המקובלים [ספר הגלגולים לאריז"ל וספר גלגולי נשמות לרמ"ע מפאנו סימן נד וסימן קנה – נר למאור] כי נפשו של בלעם באה בחמורו של רבי פנחס בן יאיר, וזה יורה שנתקן באחריתו, והגם שמת על ידי ישראל, היה הניצוץ משוקץ והוצרך להתלבן בגלגולים וליבונים ועמד עד שבא לאתונו של רבי פנחס בן יאיה, ומשם עלה למקומו הראשון.

6 **מסכת תענית דף כ"ד עמוד א:** הויא ליה [לרבי יוסי דמן יוקרת] ההוא חמרא כדהוו אגרי לה כל יומא לאורתא הוו משדרי לה אגרה אגבה ואתיא לבי מרה ואי טפו לה או בצרי לה לא אתיא יומא חד אינשו זוגא דסנדלי עלה ולא אזלה עד דשקלונהו מינה והדר אזלה.

אבות דרבי נתן פרק שמיני: כשם שהצדיקים הראשונים היו חסידים, כך בהמתן היו חסידות... מעשה בחמורו של רבי חנינא בן דוסא שגנבוהו לסטים וחבשו את החמור בחצר והניחו לו תבן ושעורים ומים, ולא היה אוכל ושותה. אמרו, למה אנו מניחין אותו שימות ויבאיש לנו את החצר? עמדו ופתחו לה את הדלת והוציאוה, והיתה מושכת והולכת עד שהגיעה אצל רבי חנינא בן דוסא. כיון שהגיעה אצלו שמע בנו קולה. אמר לו, אבא דומה קולה לקול בהמתנו. אמר לו, בני פתח לה את הדלת שכבר מתה ברעב. עמד ופתח לה הדלת והניח לה תבן ושעורים ומים והיתה אוכלת ושותה. לפיכך אמרו כשם שהצדיקים הראשונים היו חסידים כך בהמתן חסידות כמותן.

7 **דעת תורה, פרשת וארא שמות ח, טו (ד"ה אצבע אלהים היא):** ... אין כלום בבריאה, אלא הכל יוצא ובא כי אם למשימה אחת, משימה של עשיית רצון הקב"ה, כולם מסורים ועומדים לעשות רצון קונם, בעצם בריאתם ויצירתם נעשו בזה הכח והתכונה, כי "מריחים" הם במקום ובדבר שיש בהם רצון ה', ורצים הם ועפים למלאות אותו הרצון. אנחנו תמהים על החפץ, ולא משיגים בשום אופן מציאות כזאת, נתגשמנו כל כך, ובעינינו הגשמיות מביטים אנו על כל הבריאה כאלו הן עצים ואבנים פשוטים, בלי כל כח רוחניי בהם, והלא חז"ל כבר אמרו (בראשית רבה י, ז) אין כל עשב ועשב שאין לו מזל ברקיע שמכה אותו ואומר לו גדל (במקומות אחרים הגירסא "מלאך" או "ממונה" תחת "מזל" והן אחת). הלא כי מציאותם היא בעיקר רוחניי, המלאך והמציאות אחת הן, אינם כלל דברים נפרדים, כח של מעלה הנה בהם בכל מציאותם ותפקידם. חז"ל (חולין ז.) הביאו מעשה בחמורו של רבי פנחס בן יאיר דהרגיש בשעורין שהגישו לו לאכול כי לא נפרש ממנו דמאי, ועל כן לא אכלם, הרי כי גם בחמורים ישנם דרגות ומעלות, ועל כזה נאמר (תהלים קד, כד) מָה רַבּוּ מַעֲשֶׂיךָ ה' כֻּלָּם בְּחָכְמָה עָשִׂיתָ. הנה כי חכמת ה' מלאה כל הבריאה, ומה תמיהתנו אם כל הבריאה וכל צבאיה חשים ומרגישים בדברים שהם רצון ה', והם רצים ועפים לעשותם.

8 **מסכת חולין דף ו עמוד ב – דף ז עמוד א:** העיד רבי יהושע בן זרוז בן חמיו של רבי מאיר לפני רבי על רבי מאיר שאכל עלה של ירק בבית שאן והתיר רבי את בית שאן כולה על ידו... אמר ליה רבי ירמיה לרבי זירא והא רבי מאיר עלה בעלמא הוא דאכיל אמר ליה מאגודה אכליה ותנן ירק הנאגד משיאגד ודלמא לאו אדעתיה השתא בהמתן של צדיקים אין הקב"ה מביא תקלה על ידן צדיקים עצמן לא כל שכן ודלמא עישר עליהם ממקום אחר לא נחשדו חברים לתרום שלא מן המוקף ודלמא נתן עיניו בצד זה ואכל בצד אחר אמר ליה חזי מאן גברא רבה קמסהיד עליה.

9 **מסכת גיטין דף ז עמוד א:** אמר רבי אבהו לעולם אל יטיל אדם אימה יתירה בתוך ביתו שהרי אדם גדול הטיל אימה יתירה בתוך ביתו והאכילוהו דבר גדול ומנו רבי

חנינא בן גמליאל. האכילוהו סלקא דעתך **השתא בהמתן של צדיקים אין הקב"ה מביא תקלה על ידם צדיקים עצמן לא כל שכן** אלא בקשו להאכילו דבר גדול ומאי ניהו אבר מן החי.

10 **מסכת חולין דף ה עמוד ב:** אמר רב חנן אמר רבי יעקב בר אידי אמר רבי יהושע בן לוי משום בר קפרא רבן גמליאל ובית דינו נמנו על שחיטת כותי ואסרוה. אמר ליה רבי זירא לרבי יעקב בר אידי שמא לא שמע רבי אלא בשאין ישראל עומד על גביו אמר ליה דמי האי מרבנן כדלא גמירי אינשי שמעתא בשאין ישראל עומד על גביו למימרא בעי קבלה מיניה או לא קבלה מיניה? תא שמע דאמר רב נחמן בר יצחק אמר רב אסי אני ראיתי את רבי יוחנן שאכל משחיטת כותי אף רבי אסי אכל משחיטת כותי ותהי בה רבי זירא לא שמיעא להו דאי הוה שמיעא להו הוו מקבלי לה או דלמא שמיע להו ולא קבלוה הדר פשיט לנפשיה מסתברא דשמיע להו ולא קבלוה דאי סלקא דעתך לא שמיע להו ואי הוה שמיע להו הוו מקבלי לה היכי מסתייעא מילתא למיכל איסורא **השתא בהמתן של צדיקים אין הקב"ה מביא תקלה על ידן צדיקים עצמן לא כל שכן.**

11 **מסכת חולין דף ו עמוד א:** רבי זירא ורב אסי איקלעו לפונדקא דיאי אייתו לקמייהו ביצים המצומקות ביין רבי זירא לא אכל ורב אסי אכל אמר ליה רבי זירא לרב אסי ולא חייש מר לתערובת דמאי אמר ליה לאו אדעתאי אמר רבי זירא אפשר גזרו על התערובת דמאי ומסתייעא מילתא דרב אסי למיכל איסורא **השתא בהמתן של צדיקים אין הקב"ה מביא תקלה על ידן צדיקים עצמן לא כל שכן** נפק רבי זירא דק ואשכח דתנן הלוקח יין לתת לתוך המורייס או לתוך האלונתית כרשינין לעשות מהן טחינין עדשים לעשות מהן רסיסין חייב משום דמאי ואין צריך לומר משום ודאי והן עצמן מותרין מפני שהן תערובת.

12 דברים פרק יט.

13 **מסכת מכות דף ה עמוד ב:** תניא אמר רבי יהודה בן טבאי אראה בנחמה אם לא הרגתי עד זומם להוציא מלבן של צדוקים שהיו אומרים אין העדים זוממין נהרגין עד שיהרג הנדון אמר לו שמעון בן שטח אראה בנחמה אם לא שפכת דם נקי שהרי אמרו חכמים אין העדים זוממין נהרגין עד שיזומו שניהם ואין לוקין עד שיזומו שניהם מיד קבל עליו רבי יהודה בן טבאי שאינו מורה הוראה אלא לפני שמעון בן שטח וכל ימיו של רבי יהודה בן טבאי היה משתטח על קברו של אותו העד והיה קולו נשמע וכסבורין העם לומר קולו של הרוג אמר קולי שלי הוא תדעו למחר הוא מת אין קולו נשמע אמר ליה רב אחא בריה דרבא לרב אשי דלמא בדינא קם בהדיה אי נמי פיוסי פייסיה.

14 **מסכת יבמות דף צ"ו עמוד ב:** אזל רבי אלעזר אמר לשמעתא בי מדרשא ולא אמרה משמיה דרבי יוחנן שמע רבי יוחנן איקפד עול לגביה רבי אמי ורבי אסי אמרו ליה לא כך היה המעשה בבית הכנסת של טבריא בנגר שיש בראשו גלוסטרא

שנחלקו בו רבי אלעזר ורבי יוסי עד שקרעו ספר תורה בחמתן קרעו סלקא דעתך אלא אימא שנקרע ספר תורה בחמתן והיה שם רבי יוסי בן קיסמא אמר תמיה אני אם לא יהיה בית הכנסת זו עבודה זרה וכן הוה.

15 **מסכת שבת דף י"ב עמוד ב:** אמר רבי ישמעאל בן אלישע אני אקרא ולא אטה פעם אחת קרא ובקש להטות אמר כמה גדולים דברי חכמים שהיו אומרים לא יקרא לאור הנר רבי נתן אומר קרא והטה וכתב על פנקסו אני ישמעאל בן אלישע קריתי והטיתי נר בשבת לכשיבנה בית המקדש אביא חטאת שמנה.

16 *Tosafos* usually attribute this answer to *Rabbeinu Tam*, but it is sometimes attributed to *Ri*:

מסכת שבת דף י"ב עמוד ב תוספות ד"ה רבי נתן אומר קרא והטה: הכא ובמכות (דף ה עמוד ב) גבי יהודה בן טבאי שהרג עד זומם ובהאשה רבה (יבמות דף צו עמוד ב) גבי הא שנקרע ספר תורה בחמתן לא פריך ומה בהמתן של צדיקים אין הקב"ה מביא תקלה כו' **אומר רבינו תם** דלא פריך בשום מקום אלא גבי אכילת איסור שגנאי הוא לצדיק ביותר. וההוא דערבי פסחים (פסחים דף קו עמוד ב) דרבי ירמיה אישתלי וטעים קודם הבדלה וההיא דמסכת ראש השנה (דף כא עמוד א) דקאמר בסים תבשילא דבבלאי בצומא רבה דמערבא – התם לא הוה מאכל איסור אלא השעה אסורה. ובבראשית רבה אמרינן רבי ירמיה שלח לרבי זירא חד טרסקל דתאנים ומסיק בין דין לדין מתאכל תאנתא בטבלא – הא קאמר עלה רבי אבא בר זימנא בשם רבי אליעזר זעירא אם הראשונים מלאכים אנו בני אינש ואם הם בני אינש אנו כחמורים ולא כחמורו של רבי פנחס בן יאיר.

מסכת חולין דף ה עמוד ב תוספות (ד"ה צדיקים עצמן לא כל שכן): תימה דהא אשכחן יהודה בן טבאי שהרג עד זומם בפרק קמא דמכות (דף ה עמוד ב) ורבי ישמעאל שקרא והטה בפרק קמא דשבת (דף יב עמוד ב). **ואומר ר"י** דדוקא במידי דאכילה אין הקב"ה מביא תקלה על ידן שגנאי הוא לצדיק שאוכל דבר איסור. ולספרים דגרסי בפרק ב דכתובות (דף כח עמוד ב) גבי העלו עבד לכהונה על פיו השתא בהמתן של צדיקים כו' משום דאתי לידי אכילת איסור שמאכיל בת ישראל שנשאת לו בתרומה והוא עבד ואין לו בה קידושין. ומיהו ברוב ספרים לא גרסינן ליה והיינו משום דליכא למפרך אלא כשהצדיק עצמו אוכל האיסור. ובראש השנה (דף כא עמוד א) דאמר כמה בסים תבשילא דבבלאי בצומא רבא דמערבא ובערבי פסחים (דף קו עמוד ב) רבי ירמיה בר אבא איקלע לבי רב אסי ואשתלי וטעם קודם הבדלה אף על גב דמיתתו באסכרה התם אכילת היתר הוא אלא שאוכל בשעה האסורה. ובבראשית רבה [פרשה ס סימן ח] גרסינן גבי רבי ירמיה דשדר לרבי זירא כלכלה דפירי בין דין לדין אתאכיל פירי בטבלייהו ומיהו ההוא עובדא איתא במסכתא שקלים וקאמר עלה רבי זירא אם הראשונים כמלאכים אנו כבר אינש ואם הראשונים כבני אינש אנו כחמורים ולא כחמורו דרבי פנחס בן יאיר.

מסכת גיטין דף ז עמוד א תוספות (ד"ה השתא בהמתן של צדיקים כו'): אמר רבינו

תם דלא פריך אלא גבי מידי דאכילה דגנאי הוא לצדיק שאוכל דבר איסור, ולהכי לא פריך גבי רבי ישמעאל שקרא והטה בפרק קמא דשבת (דף יב עמוד ב) וגבי יהודה בן טבאי שהרג עד זומם (חגיגה דף טז עמוד ב). ובההיא דפרק ב דכתובות (דף כח עמוד ב) דהעלו עבד לכהונה על פיו לא גריס ליה רבינו תם אף על פי שיש שם אכילת איסור תרומה לאשתו ולבניו שהן אסורין בתרומה, מכל מקום כיון שחכם עצמו אין נכשל באכילת איסור אין סברא להקשות. ורב ירמיה בר אבא דאישתלי וטעים קודם הבדלה (פסחים דף קו עמוד ב) אף על גב דאמר התם (דף קה עמוד א) דמיתתו באסכרה ובראש השנה (דף כא עמוד א) בסים תבשילא דבבלאי בצומא רבא דמערבא אין דבר מגונה כל כך אכילה של היתרא בשעת האיסור

17 **מסכת שבת דף י״ב עמוד ב תוספות (ד״ה רבי נתן אומר קרא והטה):** הכא ובמכות (דף ה עמוד ב) גבי יהודה בן טבאי שהרג עד זומם ובהאשה רבה (יבמות דף צו עמוד ב) גבי הא שנקרע ספר תורה בחמתן לא פריך ומה בהמתן של צדיקים אין הקב״ה מביא תקלה כו׳ אומר רבינו תם דלא פריך בשום מקום אלא גבי אכילת איסור שגנאי הוא לצדיק ביותר...

מסכת חולין דף ה עמוד ב תוספות (ד״ה צדיקים עצמן לא כל שכן): תימה דהא אשכחן יהודה בן טבאי שהרג עד זומם בפרק קמא דמכות (דף ה עמוד ב) ורבי ישמעאל שקרא והטה בפרק קמא דשבת (דף יב עמוד ב). ואומר ר״י דדוקא במידי דאכילה אין הקב״ה מביא תקלה על ידן שגנאי הוא לצדיק שאוכל דבר איסור...

מסכת גיטין דף ז עמוד א תוספות (ד״ה השתא בהמתן של צדיקים כו׳): אמר רבינו תם דלא פריך אלא גבי מידי דאכילה דגנאי הוא לצדיק שאוכל דבר איסור, ולהכי לא פריך גבי רבי ישמעאל שקרא והטה בפרק קמא דשבת (דף יב עמוד ב) וגבי יהודה בן טבאי שהרג עד זומם (חגיגה דף טז עמוד ב)...

18 **מסכת פסחים דף ק״ו עמוד ב:** רב ירמיה בר אבא איקלע לבי רב אסי אישתלי וטעים מידי הבו ליה כסא ואבדיל אמרה ליה דביתהו והא מר לא עביד הכי אמר לה שבקיה כרביה סבירא ליה אמר רב יוסף אמר שמואל טעם אינו מקדש טעם אינו מבדיל ורבה אמר רב נחמן אמר שמואל טעם מקדש וטעם מבדיל.

תוספות שם (ד״ה אישתלי וטעים מידי): מה שמקשים השתא בהמתן של צדיקים אין הקב״ה מביא תקלה יש לומר דהכא שהמאכל מותר אלא שהשעה אסורה אין שייך להקשות...

19 **מסכת ראש השנה דף כ״א עמוד א:** לוי אקלע לבבל בחדסר בתשרי אמר בסים תבשילא דבבלאי ביומא רבה דמערבא. **רש״י (ד״ה בסים תבשילא דבבלאי):** אכלו לחם למעדנים ביום הכיפורים שבארץ ישראל שהרי בית דין עיברו את חדש אלול והיום מתענים.

20 **קובץ ביאורים, מסכת גיטין אות ו:** דף ז עמוד א תוספות ד״ה השתא בהמתן בסוף הדיבור. אין דבר מגונה כל כך אכילה של היתר בשעת האיסור. כונת דבריהם נראה,

דיום הכיפורים הוא איסור גברא, אבל תרומה או אבר מן החי הוי איסור חפצא... לפי מה שביארנו דבריהם לא פרכינן השתא בהמתן וכו' אלא באיסור חפצא...

21 **ראש דוד, פרשת בראשית:** ונקדים מה שאמרו ז"ל בכמה דוכתי אין הקב"ה מביא תקלה אפילו על ידי בהמתן של צדיקים וכתבו התוספות בשבת דף יב וריש חולין ושאר דוכתי דהיינו דוקא כשהמאכל אסור מצד עצמו אבל כשאין המאכל אסור מצד עצמו רק הזמן גורם משכחת לה דיבוא תקלה וכאותה שאמרו בסים תבשילא דבבלאי בצומא רבא. וכתב הרב יפה מראה פרק קמא דדמאי דכל זה שה' שֹׁמֵר נַפְשׁוֹת חֲסִידָיו [על פי תהלים צז, י] היינו מן השוגג אבל כשיש פשיעה איהו דאפסיד אנפשיה... ובזה נבוא להבין מאמרינו אמרו לאדם הראשון מי גזר עליך מיתה כלומר דכיון דאין הקב"ה מביא תקלה אפילו על ידי בהמתן של צדיקים היה לו להקב"ה לעזרו שלא יחטא... וכתבו הרבה מן המפרשים – ומכללן הרב שפתי כהן על התורה – דלא נאסר אדם הראשון אלא עד הלילה ואם היה ממתין עד הלילה היה מותר לאכול מעץ הדעת על ידי קדושת שבת. ולפי זה נמצא דהמאכל אינו אסור מצד עצמו רק הזמן גורם ובזה לא נאמר אין הקב"ה מביא תקלה כיון דהמאכל מותר... ועוד שהחולה אכל דבר שהוא רע לו במזיד דידע שהוא רע לו ואכלו. ובכיוצא בזה הוא עצמו בפשיעה אכלו ובזה לא נאמר אין הקב"ה מביא תקלה כי הוא דוקא לשוגגים ולא למזידים ונמצא הוא גרם לעצמו להגיד כי ישר ה'.

22 **מסכת יבמות דף צ"ט עמוד ב:** תניא אמר רבי אלעזר בר צדוק מימי לא העדתי אלא עדות אחד והעלו עבד לכהונה על פי העלו סלקא דעתך השתא בהמתן של צדיקים אין הקב"ה מביא תקלה על ידן צדיקים עצמן לא כל שכן אלא אימא בקשו להעלות עבד לכהונה על פי חזא באתריה דרבי יוסי ואזל ואסהיד באתריה דרבי יהודה.

23 **מסכת חולין דף ה עמוד ב תוספות (ד"ה צדיקים עצמן לא כל שכן):** ... ולספרים דגרסי בפרק ב דכתובות (דף כח עמוד ב) גבי העלו עבד לכהונה על פיו השתא בהמתן של צדיקים כו' משום דאתי לידי אכילת איסור שמאכיל בת ישראל שנשאת לו בתרומה והוא עבד ואין לו בה קידושין. ומיהו ברוב ספרים לא גרסינן ליה והיינו משום דליכא למפרך אלא כשהצדיק עצמו אוכל האיסור...

מסכת גיטין דף ז עמוד א תוספות (ד"ה השתא בהמתן של צדיקים כו'): ... ובההיא דפרק ב דכתובות (דף כח עמוד ב) דהעלו עבד לכהונה על פיו לא גריס ליה רבינו תם אף על פי שיש שם אכילת איסור תרומה לאשתו ולבניו שהן אסורין בתרומה, מכל מקום כיון שחכם עצמו אין נכשל באכילת איסור אין סברא להקשות...

חידושי ריטב"א מסכת כתובות דף כ"ח עמוד ב (ד"ה ומה בהמתן של צדיקים אין הקב"ה מביא תקלה על ידם וכו'): ואפילו למאי דמפרש בתוספות שאין אומרים כן אלא באיסור אכילה, הכא איסור אכילה איכא, שמאכילין תרומה לבניו שלא כדין.

24 It appears that Rabbi Yirmeyah violated the ruling that one is not

permitted to send untithed produce, as evidenced by this *mishnah*:

מסכת דמאי פרק ג משנה ג: ... וכל דבר שאין אדם רשאי למוכרו דמאי, כך לא ישלח לחברו דמאי; רבי יוסי מתיר בוודאי, ובלבד שיודיענו.

It is also not clear why Rabbi Yirmeyah did not observe the following principle:

מסכת פסחים דף ט עמוד א: דאמר רבי חנינא חוזאה חזקה על חבר שאין מוציא מתחת ידו דבר שאינו מתוקן.

25 **תלמוד ירושלמי מסכת דמאי פרק קמא הלכה ג:** רבי ירמיה שלח לרבי זעירא חדא מסאנא דתאנים דלא מתקנא והוה רבי ירמיה סבר מימר מה רבי זעירא מיכול דלא מתקנא והוה רבי זעירא סבר מימר מה אפשר דרבי ירמיה משלחה לי מילא דלא מתקנא בין דין לדין איתאכלת טבל למחר קם עימיה אמר ליה ההוא מסנאתא דשלחת לי אתמול מתקנא הוה אמר ליה אמרית מה רבי זעירא מיכל מילא דלא מתקנה אמר ליה אוף אנא אמרית כן הוה מה רבי ירמיה משלח לי מילא דלאו מתקנה רבי אבא בר זבינא בשם רבי זעירא אמר אין הוון קדמאי בני מלאכים אנן בני נש ואין הוון בני נש אנן חמרין אמר רבי מנא בההיא שעתא אמרין אפילו לחמרתיה דרבי פינחס בן יאיר לא אידמינן חמרתיה דרבי פינחס בן יאיר גנבונה לסטיי בליליא עבדת טמורה גבן תלתא יומין דלא טעמא כלום. בתר תלתא יומין איתמלכן מחזרתה למרה אמרין נישלחנה למרה דלא לימות לגבן ותיסרי מערתא. אפקונה אזלת וקמת על תרעת דמרה שוריית מנהקא אמר לון פתחין להדא עלובדא דאית לה תלתא יומין דלא טעימת כלום פתחין לה ועלת לה אמר לון יהבון לה כלום למיכל תיכל יהבין קומה שערין ולא בעית מיכל אמרו ליה רבי לא בעית מיכל. אמר לון מתקנין אינן אמרו ליה אין אמר לון וארימתון דמיין. אמרו ליה ולא כן אילפן רבי הלוקח לזרע לבהמה קמח לעורות שמן לנר שמן לסוך בו את הכלים פטור מן הדמאי. אמר לון מה נעביד להדא עלבדא דהיא מחמר על גרמה סגין וארימון דמיין ואכלת.

בראשית רבה פרשת חיי שרה ס, ח: רבי ירמיה שלח לרבי זעירא חד קרטיל דתאינין. רבי ירמיה אמר אפשר רבי זעירא אכילהון דלא מתקנן?! רבי זעירא אמר אפשר לרבי ירמיה דלא משלח להון מתקנן?! בין דין לדין איתאכלון תאנים בטיבלייהו. למחר קם רבי ירמיה עם רבי זעירא. אמר ליה תקנת אילין תאנייא? אמר ליה לא. אמר רבי אבא בר ימינא לרבי זעירא אין הוון קדמאין מלאכין אנן בני נש ואי הוון בני נשי אנן חמרין. ולית אנן כחמרתיה דרבי פנחס בן יאיר. חמרתיה דרבי פנחס בן יאיר יהבון לה שערי דטיבלא לא אכלת יתהון ואנן אכלינן תאנייא דטבילין.

26 **מסכת שבת דף י"ב עמוד ב תוספות (ד"ה רבי נתן אומר קרא והטה):** ... ובבראשית רבה אמרינן רבי ירמיה שלח לרבי זירא חד טרסקל דתאנים ומסיק בין דין לדין מתאכל תאנתא בטבלא – הא קאמר עלה רבי אבא בר זימנא בשם רבי אליעזר זעירא אם הראשונים מלאכים אנו בני אינש ואם הם בני אינש אנו כחמורים ולא כחמורו של רבי פנחס בן יאיר.

מסכת חולין דף ה עמוד ב תוספות (ד"ה צדיקים עצמן לא כל שכן): ... ובבראשית רבה [פרשה ס סימן ח] גרסינן גבי רבי ירמיה דשדר לרבי זירא כלכלה דפירי בין דין לדין אתאכיל פירי בטבלייהו ומיהו ההוא עובדא איתא במסכתא שקלים וקאמר עלה רבי זירא אם הראשונים כמלאכים אנו כבר אינש ואם הראשונים כבני אינש אנו כחמורים ולא כחמורו דרבי פנחס בן יאיר.

27 **מסכת נדרים דף י עמוד א:** דתניא רבי יהודה אומר חסידים הראשונים היו מתאוין להביא קרבן חטאת לפי שאין הקב"ה מביא תקלה על ידיהם מה היו עושין עומדין ומתנדבין נזירות למקום כדי שיתחייב קרבן חטאת למקום...

רש"י שם (ד"ה לפי שאין הקב"ה מביא תקלה על ידיהן): כלומר שהם מתייראים שלא יעשו שום חטא ורוצין להביא קרבן להתכפר עליהם לפי שאין הקב"ה מביא תקלה על ידיהם מה היו עושין כדי שיתחייבו קרבן שאין מביאין קרבן חטאת אלא על חטא ממש. ענין אחר לפי שאין הקב"ה מביא תקלה על ידיהם שאין באין לידי שום תקלה ושום חטא שיתחייבו קרבן חטאת.

28 **מזל שעה, הלכות מעשה הקרבנות פרק י"ד:** ... ורש"י ז"ל פירש לה ז"ל כלומר שהן מתייראין שלא יעשו שום חטא ורוצין להביא קרבן להתכפר וכו' עניין אחר לפי שאין הקב"ה מביא תקלה על ידיהם שאין באים לידי שום תקלה ושום חטא שיתחייבו קרבן חטאת יע"ש. הצד השווה לשני הפירושים שלא היו יכולין להביא קרבן חטאת לפי שלא באה בנדר ונדבה ואם כן היאך הוא אומר עלי חטאת... ומכאן קושיא לעניות דעתי עלה דכתבו התוספות עלה דאמרינן בחולין דף ה השתא בהמתן של צדיקים אין הקב"ה מביא תקלה על ידן צדיקים עצמן לא כל שכן ואומר ר"י דדוקא במידי דאכילה אין הקב"ה מביא תקלה על ידן שגנאי הוא לצדיק שאוכל דבר איסור יע"ש. והכא משמע שאין הקב"ה מביא תקלה על ידי הצדיקים בכל מילי דאיסור ולא דוקא באיסורי אכילה אלא כל איסורין שבתורה כגון חילול שבת... דלא הוו מידי דאכילה אין הקב"ה מביא תקלה על ידיהם ולהכי הוו מתאווים להביא קרבן חטאת ולא הוה מיתרמי להו שיתחייבו בו...

שדי חמד, כללים מערכת האל"ף כלל רמ"ב (כרך א עמוד 65): אין הקב"ה מביא תקלה על ידי הצדיקים. ידוע מה שכתבו התוספות בכמה דוכתי דדוקא במידי דאכילה ולא בשאר איסורין.... והרב מזל שעה בהלכות מעשה הקרבנות פרק י"ד הקשה על דברי התוספות מנדרים דף י עמוד א חסידים הראשונים וכו' לפי שאין מביא תקלה וכו' דשמע מינא דגם בשאר איסורים אמרינן הכי. וכן הקשה מרן חיד"א בספר ראש דוד הביא דבריו הרב דרכי שלום ב' ומה שכתב שם ליישב לעניות דעתי אינו נכון כמו שיראה הרואה. אולם עיין להרבנים נחמד למראה חלק א דף מ"ה עמוד א ופתח הדביר חלק א ס"ח עמוד א מה שכתבו ליישב בזה. ומש"ש בשם מרן חיד"א בפ"ע לחלק בין דורות הראשונים וכו' עיין להרב תרומת הדשן סימן רמ"ג ועיין מוהריק"ש יורה דעה סימן א בטעם החילוק שבין אכילה לדבר אחר.

29 **בני חיי, חידושי גיטין דף ז עמוד א:** תוספות ד"ה השתא בהמתן של צדיקים אין

הקב"ה מביא תקלה וכו' אומר רבינו תם דלא פריך אלא לגבי מידי דאכילה דגנאי הוא לצדיק וכו' שמעתי מקשים... חסידים הראשונים היו מתאוים להביא קרבן חטאת לפי שאין הקב"ה מביא תקלה על ידם מה היו עושין היו עומדין ומתנדבים נזירות כדי שבזה יתחייבו חטאת למקום עד כאן. ולפי חילוק רבינו תם בין מידי דאכילה לשאר דברים דאז אפשר שיבא תקלה על ידם הרי יהיה באפשרות להביא קרבן חטאת על מידי דלאו בר אכילה... ולעניות דעתי נראה דג' מדרגות יש דחסידים הראשונים שקודם זמן התנאים אין הקב"ה מביא תקלה על ידם אפילו במידי דלא בר אכילה, והאמצעים בזמן התנאים דוקא במידי דאכילה לא היו נתקלים והאחרונים בזמן האמוראים אפילו במידי דאכילה היו נכשלים...

טהרת המים, מערכת התי"ו אות ח: תקלה. הא דקיימא לן דאין הקב"ה מביא תקלה לצדיקים במידי דאכילת איסור דוקא [מילה מטושטשת] בדורות האחרונים אבל בדורות הראשונים כגון חסידים הראשונים אין הקב"ה מביא תקלה על ידם אף במידי דלאו אכילה...

30 **שדי חמד, כללים מערכת האל"ף כלל רמ"ג (כרך א עמוד 65):** אין הקב"ה מביא תקלה וכו' במידי דאכילה גופא חילקו התוספות בין אכילת איסור ממש לאכילת היתר בזמן איסור כיום הכיפורים וכיוצא. והרב אגדת אליהו מדמי אכילת פירות שאינם מתוקנים לאכילת היתר בזמן איסור והם דברים תמוהים. וכבר עמדו על דברי קדשו הרבנים בן פדה צור דף ד עמוד ב ונח"ל חלק א דף מ"ד עמוד א. ועיין שם לעניין גזל אי חשוב אכילת היתר בזמן איסור **וכן לענין אם אפשר לעשות מעשה על סמך דאין הקב"ה מביא תקלה וכו'** עיין שם בשם הרב ארעא דישראל והוא ז"ל השיב על דבריו דברים נכונים ועיין להרב תרומת הדשן סימן רמ"ג ודו"ק.

31 The mixture is permitted מדאוריתא because the majority is kosher. The Rabbinic prohibition lapses once one piece is eaten or removed because we assume — seeing that the mixture was only forbidden מדרבנן to start off — that it was the non-kosher piece that was eaten or removed.

32 **שדי חמד, פאת השדה מערכת האל"ף כלל צ"ג (כרך א עמוד 270):** אין הקב"ה מביא תקלה על ידי בהמתן של צדיקים. כתבתי בזה בנדפס אות רמ"ב ורמ"ג אם הוא דוקא במידי דאכילה ואם אפשר לסמוך על זה. ובענין זה כתב לי ידידי הרב המופלג מוהר"ר (אליאו) [אליהו] שמואל בהרה"ג ידידי מוהר"ר נתן לעווין אבד"ק ניקאפאל יצ"ו וז"ל אציע לפני כבוד תורתו אשר שאלתי בילדותי יען מצאתי כי גם כת"ר נגע בענין זה והוא **לפי מסקנת התוספות דבאכילה אין הקב"ה מביא תקלה על ידי הצדיקים אם נתערב יבש ביבש חד בתרי דאם נאבד או נאכל אחד מהם השאר מותר אם כן יש לשאול אם יזדמן תערובת כזה וראינו שאיש צדיק מוחזק בדורנו לצדיק ואכל אחת מהן כי לא ידע שיש בהתערובת איסור אם תולין שנאכל האיסור הא אין הקב"ה מביא תקלה באיסור אכילה** ואם נאמר שההיתר אכל קשה לחלק כדין בין

שאר אדם לצדיק ויש לחלק בין איסור דאורייתא לדרבנן דבדרבנן מצינו בתוספות חולין דף ז דשכיח שמביא תקלה בזה. ועיינתי בספרו שדי חמד סימן רמ״ג אם אפשר לסמוך לעשות מעשה על פי זה וכו׳ עד כאן דבריו יצ״ו. **ומסתברא דאין לחלק בזה ולא ישתנה הדין לעולם בין עובד אלהים לאשר לא עבדו [על פי מלאכי ג, יח] הדין אמת דנאכל אחת מהן השאר מותר** וכיון דעיקר מאי דבעינן נאכל אחד מהן להתיר השאר אינו מן הדין דמן הדין מותר לאכלן בבת אחת או אדם אחד בזה אחר זה בלא השלכת אחת מהן ורק מצד חומרא הוא עיין ביורה דעה סימן ק״ט נראה דאין להחמיר בזה וכיון שנאכלה אחת מן החתיכות אף שהאוכלה איש צדיק תמים היה [על פי בראשית ו, ט] אנו תולין שחתיכת האיסור אכל. ולפי שהיה לו לדקדק ולשאול אם יש בזה חשש תערובת חשיב כמו מזיד ולא אמרו שאין הקב״ה מביא תקלה וכו׳ אלא בשוגג גמור וכמו שכתב הרב טירת כסף בדרוש ראשון לפרשת תולדות בשם הרב יפה מראה אעובדא דבירושלמי פרק קמא דדמאי דרבי זירא אכל תאנים ונמצאו שאינם מעושרים והוקשה לו איך נכשל בזה רבי זירא והא אין הקב״ה מביא תקלה וכו׳ וניחא ליה דשמא מן השמים אין שומרים את הצדיקים אלא כשהוא שוגג גמור אבל רבי זירא היה לו לשאול אם הם מעושרים וכו׳ עיין שם. והכי נמי יש לומר דלא חשיב שוגג גמור, ועם שיש לחלק בנושאים, מסתברא דאין להחמיר בדבר זה כן נראה לפום ריהטא והמעיין יכריע. וכבר רמזתי באות רמ״ב מה שכתב הרב פתח הדביר בשם מרן חיד״א לחלק בין דורות ראשונים וכו׳ ודבריו הם בפתח עינים למסכת נדרים בסוף פרק קמא... וזו לשונו חסידים הראשונים היו מתאוים להביא קרבן חטאת לפי שאין הקב״ה מביא תקלה על ידיהן וכו׳ מהכא מקשו למה שכתבו התוספות פרק קמא דשבת ופרק קמא דחולין ושאר דוכתי דהא דאין הקב״ה מביא תקלה היינו דוקא במידי דאכילה אמנם בשאר מילי משכחת לה דתבוא תקלה ומהכא משמע דא׳ין הקב״ה מביא תקלה כלל והתאוו תאוה [על פי במדבר יא, ד] להביא קרבן חטאת ולא מצו להביא לא באיסורי מאכלות ולא בשאר איסורים כלל. ושמעתי דאפשר דלימים הראשונים קדישי עליונים היו נשמרים מכל איסור ואין הקב״ה מביא תקלה כל עיקר על ידיהם ובתר דנא ירדו לשערים ולא זכו למדריגה עליונה כזו זולת דבמידי דאכילה הוי להו סיעתא דשמיא דאין תקלה באה על ידיהם. והוא הדבר אשר דברו בירושלמי אהא אם הראשונים מלאכים אנו בני אנוש וכו׳ כלומר דמדריגות מדריגות יש. דייקא נמי דנקט הכא חסידים הראשונים כלומר דהם היה להם מעלה זו דאין הקב״ה מביא תקלה על ידיהם כל עיקר. אחר זמן ראיתי שכן כתב הרב בני חיי בחידושי גיטין דף ג עמוד א עד כאן לשונו. ובעיקר כללין עיין להרב טהרת המים במערכת התי״ו אות ח ובקונטריס שיורי טהרה במערכת הדל״ת אות ד המצויין שם. והגאון חקרי לב בזכרונותיו שבסוף ספר ישרי לב דף צ״ו אות ע ציין גיטין דף ז חגיגה דף ט״ז ד״ה אם.

33 **מסילת ישרים, רבי משה חיים לוצאטו, פרק יא:** ... והיינו כי המאכלות האסורות מכניסים טומאה ממש בלבו ובנפשו של אדם... **והמאכלות האסורות יתרות בזה על**

כל האיסורין, כיון שהם נכנסים בגופו של האדם ממש ונעשים בשר מבשרו.

This source is also relevant:

גליון הש"ס (רבי עקיבא אייגר) מסכת גיטין דף ז עמוד א על תוספות ד"ה השתא בהמתן וכו' דגנאי הוא לצדיק. עיין מהריק"ש בהגהותיו ריש טור יורה דעה.

34 **חידושי רמב"ן מסכת חולין דף ז עמוד א:** הא דאמרינן בהמתן של צדיקים אין הקב"ה מביא תקלה על ידן, יש ששואלין עליה, והרי רבי ישמעאל מגדולי ישראל היה וקרא והטה כדאיתא בפרק קמא דשבת (דף יב עמוד ב). ובמסכת מכות (דף ה עמוד ב) גבי יהודה בן טבאי איכא אמר ליה שמעון בן שטח אראה בנחמה אם לא שפכת דם נקי שהרי אמרו חכמים אין העדים זוממין נהרגין עד שיזומו שניהם והודה לדבריו שטעה בהלכה ושפך דם נקי. ועוד דאמרינן ביבמות (דף צו עמוד ב) גבי רבי אליעזר וקרעו את התורה בחמתן – קרעו סלקא דעתך?! אלא נקרעה ספר תורה בחמתן, והיה שם זקן אחד ואמר להם תמה אני אם לא יהיה בית הכנסת עבודה זרה והיה זו תקלה גדולה.

ורבינו תם ז"ל היה אומר שאין אומרין אין הקב"ה מביא תקלה על ידן אלא בדבר אכילה, שגנאי הדבר כמו שאמרו בגיטין (דף ז עמוד א) שהרי אדם גדול הטיל אימה יתירה בתוך ביתו והאכילוהו דבר גדול האכילוהו סלקא דעתך השתא בהמתן של צדיקים וכו', אבל באיסורין לא. **ואין בטעם הזה לא טעם ולא ריח.** ועוד דאמרינן בפרק האשה שנתארמלה (מסכת כתובות דף כח עמוד ב) והעלו עבד לכהונה על פיו העלו סלקא דעתך השתא בהמתן של צדיקים וכו'.

35 **שם:** ... ורבינו נ"ר פירש, בהמתן של צדיקים אין הקב"ה מביא תקלה לאחרים על ידם, כחמורו של רבי פנחס בן יאיר, שהרי לא היתה מצווה בכך אבל שלא להכשיל הנותנין לא רצתה לאכול. ורבי מאיר נמי, כיון שבפני אחרים אכל, אילו היה איסור בדבר, תקלה לאחרים היא, שהרי התיר [רבי] את בית שאן על ידו. וכן שחיטת כותי שאכל רבי אמי, הרי באו להתירה על ידו. אבל בדבר עצמו אין אדם צדיק בָּאָרֶץ אֲשֶׁר יַעֲשֶׂה טּוֹב וְלֹא יֶחֱטָא [קהלת ז, כ]. ויפה פירש.

36 **חמדת בנימין:** ... ולא עוד דנראה דגם יש לומר דרק תקלה אינו מביא על ידן, ואולי הכוונה בזה מה שיכול להיות תקלה כגון שבמעשיו שעושה יכשלו אחרים, זאת אין הקב"ה מביא על ידן, ובנידון דידן באמת מה שיכול להיות תקלה בזה שאמרו דגם אם עד אחד הוזמו יעשו בו דין הזמה, הגם דצד התקנה ש[מילה מטושטשת] להוציא מלבן של צדוקים יהיה מתוקן אבל התקלה בזה שיסברו שאין צריך שיוזמו שניהם, זה תיכף ומיד נתקן דהכריז שמעון בן שטח אראה בנחמה אם לא שפכת דם נקי, ובכל יום ויום היה נשמע קולי קולות על קברו ונתפרסם הדין זה גם כן דאין נעשין זוממין עד שיוזמו שניהם. והנה בגדר זה דאמרינן דאין הקב"ה מביא תקלה על ידן...

37 **חידושי רמב"ן מסכת חולין דף ז עמוד א:** ... אלא שהוקשה לי הא דאמרינן פרק קמא דנדרים [דף ט עמוד א] כנדרי כשרים נדר בנזיר ובקרבן, לפי שאין הקב"ה מביא

תקלה על ידן ולא היו מביאין קרבן למקום, לפיכך היו נודרים בנזירות כו'. אלמא שום תקלה נמי במשמע. ויש לתרץ שאין הקב"ה מביא תקלה לצדיקים כלל בשוגג, שהבא ליטהר מסייעין אותו. אבל רבי ישמעאל פשיעה היתה לו בדבר שלא חשש לדברי חביריו להחמיר. ורבי אליעזר וחביריו שנקרעה ספר תורה על ידן, מתוך שבאו לכלל כעס באו לכלל חטא שכל הכועס כל מיני גיהנם שולטין בו (מסכת נדרים דף כב עמוד א). ודרבי יהודה בן טבאי שהרג עד זומם, שמא מחוייב לשמים היה אותו האיש וזימנו הקב"ה לרבי יהודה בן טבאי לפגוע בו, כי ההוא מעשה דרבי אלעזר ברבי שמעון (מסכת בבא מציעא דף פ"ג עמוד ב) שהרג אותו האיש ונשתטח על קברו ויצא קול ואמר לו אל ירע לך – הוא ובנו באו על נערה המאורסה ביום הכיפורים, ואמר שישו בני מעי שישו.

וקשה לי הא דאמרינן בבראשית רבה פרשת חיי שרה (פרשה ס) רבי ירמיה שלח לרבי זעירא חד קרסטל דתאנים. רבי ירמיה אמר אפשר רבי זעירא אכיל להון דלא מתקנן?! בין דין לדין מתאכל תאניא בטיבלן. למחר קם רבי ירמיה עם רבי זעירא, אמר ליה תקנת אילין תאניא אמר ליה לא אמר רבי אבא וכו' אמר רבי חנינא אפילו חמרי לית אנן, חמריה דרבי פנחס בן יאיר אי יהיבי ליה שערי טבילן לא טעמתון אנן אכלינן תאניא בטבלא. והא הכא שבאה תקלה לרבי זעירא על ידי רבי ירמיה. ויש לומר שלשניהם פשיעה היה להם בדבר. אבל מכל מקום זו קושיא מפורשת לפירוש רבינו תם ז"ל.

38 **שם:** ... ויש לתרץ שאין הקב"ה מביא תקלה לצדיקים כלל בשוגג, שהבא ליטהר מסייעין אותו. אבל רבי ישמעאל פשיעה היתה לו בדבר שלא חשש לדברי חביריו להחמיר. ורבי אליעזר וחביריו שנקרעה ספר תורה על ידן, מתוך שבאו לכלל כעס באו לכלל חטא שכל הכועס כל מיני גיהנם שולטין בו (מסכת נדרים דף כב עמוד א)... וקשה לי הא דאמרינן בבראשית רבה פרשת חיי שרה (פרשה ס) רבי ירמיה שלח לרבי זעירא חד קרסטל דתאנים. רבי ירמיה אמר אפשר רבי זעירא אכיל להון דלא מתקנן?! בין דין לדין מתאכל תאניא בטיבלן. למחר קם רבי ירמיה עם רבי זעירא, אמר ליה תקנת אילין תאניא אמר ליה לא אמר רבי אבא וכו' אמר רבי חנינא אפילו חמרי לית אנן, חמריה דרבי פנחס בן יאיר אי יהיבי ליה שערי טבילן לא טעמתון אנן אכלינן תאניא בטבלא. והא הכא שבאה תקלה לרבי זעירא על ידי רבי ירמיה. ויש לומר שלשניהם פשיעה היה להם בדבר.

יד מלאכי, כללי הדינים קל"ז: בהמתן של צדיקים אין הקב"ה מביא תקלה על ידם, לא אמרינן אלא כשאין פושעים בדבר אבל כשיש פושעים בדבר כגון רבי ישמעאל שקרא והטה בשבת ורבי אליעזר וחביריו שנקרע ספר תורה בחמתן ורבי יהודה בן טבאי שהרג עד זומם אז לא אמרינן בהמתן וכו' ועיין שם. והר"ן בחידושיו לחולין דף צ"ה ד' אך התוספות שם דף ה עמוד ב תירצו דלא אמרינן הכי אלא במידי דאכילה וכו' עיין שם.

שדי חמד, פאת השדה מערכת האל"ף כלל צ"ג (כרך א עמוד 270): אין הקב"ה

מביא תקלה על ידי בהמתן של צדיקים... ולפי שהיה לו לדקדק ולשאול אם יש בזה חשש תערובת חשיב כמו מזיד ולא אמרו שאין הקב"ה מביא תקלה וכו' אלא בשוגג גמור **וכמו שכתב הרב טירת כסף בדרוש ראשון לפרשת תולדות בשם הרב יפה מראה אעובדא דבירושלמי פרק קמא דדמאי דרבי זירא אכל תאנים ונמצאו שאינם מעושרים והוקשה לו איך נכשל בזה רבי זירא והא אין הקב"ה מביא תקלה וכו' וניחא ליה דשמא מן השמים אין שומרים את הצדיקים אלא כשהוא שוגג גמור אבל רבי זירא היה לו לשאול אם הם מעושרים** וכו' עיין שם. והכי נמי יש לומר דלא חשיב שוגג גמור, ועם שיש לחלק בנושאים, מסתברא דאין להחמיר בדבר זה כן נראה לפום ריהטא וה

נחמד למראה: בין דין לדין איתאכלת טבל [מטושטש] הויא להרב יפ"מ [אולי יפה מראה] שהקשה דבגמרא פריך בכיוצא בזה ומה בהמתן של צדיקים אין הקב"ה מביא תקלה על ידן צדיקים עצמם לא כל שכן כדאיתא בחולין ובגיטין דף ז עמוד א ואם כן קשה היאך בא תקלה זו על ידי רבי זירא ובפרט שהוא בדבר אכילה. **ותירץ דמן השוגג הוא דהקב"ה שומר את חסידיו אבל הלא קרוב לפשיעה הוה דהוה ליה לשיולי ולא למסמך אדעתיה ואיהו הוא דאפסיד אנפשיה** עד כאן. [מטושטש] הרואה יראה דזה שכתב דמן השוגג דוקא הוא דאין הקב"ה מביא תקלה לצדיקים דבר ה' בפיהו אמת שכן מבואר בדברי רש"י ז"ל דחולין דף ה סוף עמוד ב עלה דאמר רנב"י אמר ר"א אני ראיתי את ר"י שאכל משחיטת כותי כו' פריך היכי מסתיעא מילתא למיכל איסורא השתא בהמתן של צדיקים כו' כתב בד"ה היכי מסתייעא וז"ל היאך יגרום שום שטן לפני צדיקים על ידי שוגג שום דבר עון יעויין שם הרי דקדק לומר על ידי שוגג לאשמועינן דדוקא בשוגג הוא דאין הקב"ה מביא תקלה מה שאין כן על ידי פשיעה.

ואת זה ראיתי להרב אישי כהן גדול שם בספר אגדת אליהו שהקשה עליו וזו לשונו דאין צורך לתירוץ זה שהרי הדבר מתורץ הוא דרבי זירא עיין מה שכתבו בגיטין בעלי התוספות ז"ל [מטושטש] השתא בהמתן של צדיקים כו' בסים תבשילא דבבלאי בצומא רבא דמערבא אין דבר [מטושטש] כל כך שהרי היא אכילה של היתרא בשעת האיסור עד כאן גם הא דרבי זירא היא אכילה של היתרא בשעת האיסור שעדיין לא היו מתוקנים. ואבר מן החי הן אמת שהבשר טהור אבל אינו אכילה של היתרא בשעת האיסור משום דלית ליה תקנה לעולם כדי לאוכלו. ועל כן אמרו בגמרא בקשו להאכילו אבל לא האכילוהו דבזה אין הקב"ה מביא תקלה כו' אבל הא דרבי זירא הוה כההיא דבסים תבשילא כו' עד כאן.

39 **חידושי ריטב"א מסכת כתובות דף כ"ח עמוד ב ד"ה ומה בהמתן של צדיקים אין הקב"ה מביא תקלה על ידם וכו':** ואפילו למאי דמפרש בתוספות שאין אומרים כן אלא באיסור אכילה, הכא איסור אכילה איכא, שמאכילין תרומה לבניו שלא כדין.

40 **חידושי ריטב"א מסכת מכות דף ה עמוד ב (ד"ה אם לא שפכת דם נקי):** אם תאמר והיאך באת תקלה על ידן[י] צדיק זה, דהא בהמתן של צדיקים אין הקב"ה מביא תקלה על ידן. ויש לומר שהעד ההוא היה חייב מיתה מעבירות אחרות, וכאותה

שאמרו בפרק השוכר (דף פג עמוד ב) על רבי אלעזר ברבי שמעון הוא ובנו בעלו נערה המאורסה ביום הכיפורים.

41 **ספר המצות, מצות לא תעשה פ"ה, עמוד 214:** ... ועוד נראה להביא ראיה לדעת הגאונים ז"ל מדאמרינן (בפרק קמא דמכות דף ה עמוד ב) תניא אמר רבי יהודה בן טבאי אראה בנחמה אם לא הרגתי עד זומם וכו'. אמר ליה שמעון בן שטח אראה בנחמה אם לא שפכת דם נקי וכו'. וכתבו שם הרמב"ן והריטב"א ז"ל דאף על גב דאפילו בהמתן של צדיקים אין הקב"ה מביא תקלה על ידן יש לומר שהעד ההוא חייב היה מיתה מעבירות אחרות, וכאותה שאמרו בפרק השוכר עיין שם. והדבר תמוה טובא לכאורה דאכתי מאי הועילו בזה?! דהרי על כרחנו צריך לומר דעל כל פנים לא נגמר דינו של אותו עד זומם משום עבירות אחרות, דאם לא כן היכי אפשר שלא יתפרסם הדבר מיהת אחר כך והרי התם אמרינן דכל ימיו של רבי יהודה בן טבאי היה משתטח על קברו של אותו עד עיין שם. דמשמע ודאי מזה שהאריך ימים וכל ימיו היה אותו צדיק מצטער על כך. והרי כל מעשה בית דין נעשה בפירסום ובפרט דיני נפשות, ואי אפשר שלא יתודע הדבר מיהת ברבות הימים. ועל כרחנו צריך לומר דמיירי שעבר עבירה חמורה שחייבין עליה מיתת בית דין בינו לבין עצמו ולא נודע הדבר לאיש ולא נדון על זה בבית דין כלל. ואם כן אכתי איכא בהכי עבירת שפיכות דמים שלא כדין. ונמצא דעל כל פנים נכשל רבי יהודה בן טבאי בעבירת לאו דאורייתא דלא ימות הרוצח עד עמדו לפני העדה למשפט. וקושית הראשונים במקומה עומדת...

42 **מסכת בבא מציעא דף פ"ה עמוד ב רש"י (ד"ה מציין מערתא דרבנן):** שלא יכשלו כהנים לעבור עליהן ולהאהיל שלא תארע תקלה על ידי צדיקים.

43 **הגהות יעב"ץ שם:** כי היכי דלידעו אינשי ואתו לתלויי על קברייהו ומודעי להו כל צרה שלא תבוא על הציבור. והיינו נמי דרב בנאה דהוה מציין מערתא דפרק חזקת [הבתים] (מסכת בבא בתרא דף נ"ח עמוד א) דקברי צדיקים כאבות ודאי לא מטמאין (עיין תוספות לקמן דף קי"ד עמוד ב ד"ה מהו, וביבמות דף ס"א עמוד א ד"ה ממגע). אלא נפקא מינה כדאמרן וכדאשכחן גבי כלב (מסכת סוטה דף ל"ד עמוד ב) שהלך ונשתטח על קבר דאבות ודכותה באגדות טובא וכן בס"ה [בספרי הקודש].

הגהות רש"ש שם (ד"ה שלא יכשלו כהנים כו'): לפי זה מאי איריא דרבנן דכולי עלמא נמי, כדאשכחן ברבי בנאה בבבא בתרא נח. ומה שסיים שלא תארע תקלה על ידי צדיקים הוא דוחק. ויש לפרש בכדי שיוכרו להתפלל על קבריהם כדמצינו בכלב בסוטה (ל"ד:) ובשאר מקומות.

This comment is also relevant:

מר קשישא, ערך טעות: בחולין דף קטז עמוד ב כתב רש"י שהיה נוהג היתר בחלב הנמצא בקיבה וטעה בזה יע"ש. וצריך עיון היאך בא תקלה לצדיק. ומכל מקום מגמרא דאין הקב"ה מביא תקלה וכו' [חולין דף ל עמוד א ועוד] לא קושיא, עיין מה שכתבתי קונטרסים בזה.

44 **הגהות מרדכי מסכת עירובין סוף פרק ראשון [בחלק עוד הגהות]:** ... וב' דברים עלה על דעת רשב"ם ולא איסתייעא מילתא דאין הקב"ה מביא תקלה על ידי צדיקים... ועוד רצה רשב"ם לעשות אחרת כי שפל עינים היה ורצה לעלות בקרון אשר סוס ופרד מושכין בו ולא הרגיש. איתרחיש ליה ניסא נזדמן אחיו רבינו תם שם אמר ליה אַל תְּהִי צַדִּיק הַרְבֵּה [קהלת ז, טז] שא מרום עיניך [על פי ישעיהו מ, כו] והנה סוס ופרד לקראתך ואמרינן בתוספתא פרק ד דמסכת כלאים לא יקשור סוס לפרד ופרד לחמור ונמנע ולא עלה...

45 **פרדס יוסף, פרשת כי תצא עמוד תתקל"ו:** בהגהות מרדכי (סוף פרק קמא דעירובין) איתא... והיינו שניצל מאיסור רכיבה על כלאים. וראה בסדר הדורות (אלף חמישי, ד"א תתקכ"ז) שכתב וזו לשונו: בהגהות מרדכי פרק קמא דעירובין במעשה דהליכה על הקרונות נראה שהיה הרשב"ם קצר הראיה מאוד עד כאן לשונו. ודבריו פלא, הרי מפורש במרדכי שהיה שפל עינים והיינו כפירוש הבגדי ישע שם: רצונו לומר תמיד העצים עיניו מראות ברע [על פי ישעיהו לג, טו] עד כאן. ואם כן אין זה ענין כלל לכך שהיה קצר ראיה וכמובן וצריך עיון. והנה מדברי המרדכי נראה לכאורה דלא כיסוד התוספות בכמה דוכתי [גיטין ז. ועוד] דהא דבהמתן של צדיקים אין הקב"ה מביא תקלה וכו' הוא רק בענינים של אכילת איסור עיין שם בתוספות. דהרי כאן חזינן דהמרדכי נוקט דבר זה על איסור שאינו אכילה וכמובן. אך ראה בספר חמדת בנימין להגאון רבי אברהם בנימין זילברברג ז"ל מפיטסבורג על מכות [ה:] מה שכתב לבאר דברי המרדכי דדבריו מתאימים ליסוד התוספות הנ"ל ועיין עוד במגלה עמוקות [פרשת ויצא] ואין כאן מקום להאריך.

Rashbam's own view of the principle of Divine protection for *tzaddikim* is not clear, although one may perhaps assume that he shared the view of his brother, *Rabbeinu Tam*. A hint to his view may perhaps be discerned from this passage:

מסכת בבא בתרא דף קל"ג עמוד ב: ההוא דאמר ליה לחבריה נכסי לך ואחריך לפלוני וראשון ראוי ליורשו הוה שכיב ראשון אתא שני קא תבע סבר רב עיליש קמיה דרבא למימר שני נמי שקיל אמר ליה דייני דחצצתא הכי דייני [**רשב"ם:** דייני פשרה שאין בקיאין בדין וחוצצין מחצה לזה ומחצה לזה כדין ממון המוטל בספק. ורבינו חננאל פירש חצצתא בית הקברות.] לאו היינו דשלח רב אחא בר רב עויא אכסיף [**רשב"ם:** רב עיליש מרבא פן יאמר רבא בלבו אילו לא הייתי בכאן היה דן דין שקר וכן כל דינין שהוא דן שלא בפני.] קרי עליה [ישעיהו ס, כב] אֲנִי ה' בְּעִתָּהּ אֲחִישֶׁנָּה [**רשב"ם:** רבא לנחמו אני ה' בעתה אחישנה בעת שהצדיקים צריכין לישועה הקב"ה ממציאה להם אף אתה יודע אני בך שמעולם לא באת תקלה על ידך שהרי עכשיו זימנני לי הקב"ה קודם שהגעת להוראה ולא נכשלת.]

46 **חמדת בנימין:** ואביא בכאן דברי המרדכי שכתב בסוף פרק ראשון דמסכת עירובין... וכנראה לכאורה דלאו דוקא בענייני מאכלות אסורות אין הקב"ה מביא

תקלה על ידן אלא גם בענין שבת ובענין כלאים. ואמרתי דבשבת יש לומר דכיון דשקולה כנגד כל התורה על כן אפילו לאו במידי דאכילה אין הקב"ה מביא תקלה על ידן. וגבי כלאים אמרתי דהתוספות כתבו רק באם התקלה הוא בסתר ובצינעא אזי מחלק תוספות בין מידי דאכילה לשאר איסורים, אבל מידי דהוא לפני הרואים ורבים יראו איך הצדיק נכשל בעבירה אזי אין חילוק בין מידי דאיסורא אכילה ושאר איסורים...

הערת יורם בוגץ': לא זכיתי לראות היכן כתבו תוספות את החילוק בין תקלות בסתר ותקלות בפומבי.

47 **מסכת עירובין דף נ"ג עמוד ב**: אמר רבי יהושע בן חנניה מימי לא נצחני אדם חוץ מאשה תינוק ותינוקת... **תינוקת מאי היא פעם אחת הייתי מהלך בדרך והיתה דרך עוברת בשדה והייתי מהלך בה אמרה לי תינוקת אחת רבי לא שדה היא זו אמרתי לה לא דרך כבושה היא אמרה לי ליסטים כמותך כבשוה**...

48 שמואל ב פרק ג.

49 **פרדס יוסף, פרשת שופטים עמוד תשכ"ט**: והביא בפרשת דרכים (בדרוש י"ג) בשם מהר"ש יפה להקשות איך לקח דוד את רצפה בת איה, הרי אבנר בא עליה והוי כלי הדיוט שנשתמש בו הדיוט. ותירץ דלא ידע דוד בדבר עד כאן. אך צריך עיון איך בא תקלה על ידו ואמרו חז"ל [גיטין ז.] דאין הקב"ה מביא תקלה על ידי צדיקים עיין שם ואפילו חטא בשוגג חשיב תקלה עיין באתוון דאוריתא (כלל י) ואין כאן מקום... וראה בספר אור זרוע לצדיק להרב הקדוש רבי צדוק מלובלין זצ"ל (עמוד 93) שהביא בשם ספר כבוד חכמים (פרק ב דסנהדרין) דדוד נשא את רצפה על פי נביא עיין שם. ועיין עוד בפרשת דרכים שהקשה מהא דדוד נשא את אביגיל דגם כן הוה כלי הדיוט שנשתמש בהם הדיוט ועיין שם באור זרוע לצדיק מה שכתב ליישב בזה.

50 **אור זרוע לצדיק, עמוד 93**: ועל כל פנים קושית מהר"ש יפה במקומה עומדת. ומצאתי להרב כבוד חכמים [פרק ב דסנהדרין] שהביא דברי מהר"ש יפה ותירץ על קושייתו דיש לומר שאני רצפה דכבר נזמנה לו על ידי נביא שאמר [שמואל ב יב, ח] (וגם) וְאֶת נְשֵׁי אֲדֹנֶיךָ בְּחֵיקֶךָ ושוב לא נאסרה במה שנשתמשה להדיוט. ואני תמה על דבריו, דהרי אף כשכבר נשאה למלך אמרי רבנן דקסרין דכלי מלך שנשתמש בו הדיוט לא כל שכן שתהיה אסורה למלך ואם כן זה שנזדמנה רק למלך שישאנה ועדיין לא נשאה פשיטא דאסורה למלך... והנראה דהנה הרב פרשת דרכים שם הקשה עוד מאביגיל איך נשאה דוד הא הוה לה כלי הדיוט שנשתמש בהם הדיוט. וכתב דאם נאמר דלא היה לדוד דין מלך כל זמן ששאול היה קיים אף שהוא משוח כל שאין כל ישראל רוצים אותו אתי שפיר דכיון דנשא לאביגיל בעוד שלא היה מלך ואחר כך נעשה מלך אין צריך לגרשה כמו בכהן שנשא אלמנה ונעשה כהן גדול שאין צריך לגרשה. והנה בירושלמי [פרק א דראש השנה] ורות רבה [פסוק ויאמר לה בעז לעת אוכל גשי הלום] דכל אותם ו' חודשים שברח דוד מפני אבשלום לא עלו למנין

שני מלכותו והיה מתכפר בשעירה כהדיוט. הרי מדברי הירושלמי דאף דהיה משוח מכל מקום כיון שלא רצו אותו כל ישראל אין לו דין מלך הכא נמי כיון שלא היה מרוצה לכל ישראל לא היה לו דין מלך...

51 **מסכת סנהדרין דף ק"א עמוד ב- ק"ב עמוד א:** אמר רב נחמן גסות הרוח שהיה בו בירבעם טרדתו מן העולם שנאמר [מלכים א פרק יב, כו-כז] וַיֹּאמֶר יָרָבְעָם בְּלִבּוֹ עַתָּה תָּשׁוּב הַמַּמְלָכָה לְבֵית דָּוִד אִם יַעֲלֶה הָעָם הַזֶּה לַעֲשׂוֹת זְבָחִים בְּבֵית ה' בִּירוּשָׁלַםִ וְשָׁב לֵב הָעָם הַזֶּה אֶל אֲדֹנֵיהֶם אֶל רְחַבְעָם מֶלֶךְ יְהוּדָה וַהֲרָגֻנִי וְשָׁבוּ אֶל רְחַבְעָם מֶלֶךְ יְהוּדָה. אמר גמירי דאין ישיבה בעזרה אלא למלכי בית יהודה בלבד כיון דחזו ליה לרחבעם דיתיב ואנא קאימנא סברי הא מלכא והא עבדא ואי יתיבנא מורד במלכות הואי וקטלין לי ואזלו בתריה מיד [שם כח-כט] וַיִּוָּעַץ הַמֶּלֶךְ וַיַּעַשׂ שְׁנֵי עֶגְלֵי זָהָב וַיֹּאמֶר אֲלֵהֶם רַב לָכֶם מֵעֲלוֹת יְרוּשָׁלַםִ הִנֵּה אֱלֹהֶיךָ יִשְׂרָאֵל אֲשֶׁר הֶעֱלוּךָ מֵאֶרֶץ מִצְרָיִם וַיָּשֶׂם אֶת הָאֶחָד בְּבֵית אֵל וְאֶת הָאֶחָד נָתַן בְּדָן. מאי ויועץ אמר רבי יהודה שהושיב רשע אצל צדיק אמר להו חתמיתו על כל דעבידנא אמרו ליה הין אמר להו מלכא בעינא למיהוי אמרו ליה הין כל דאמינא לכו עבידתו אמרו ליה הין אפילו למפלח לעבודה זרה אמר ליה צדיק חס ושלום אמר ליה רשע לצדיק סלקא דעתך דגברא כירבעם פלח לעבודה זרה אלא למינסינהו הוא דקא בעי אי קבליתו למימריה. **ואף אחיה השילוני טעה וחתם** דהא יהוא צדיקא רבה הוה שנאמר [מלכים ב פרק י, ל] וַיֹּאמֶר ה' אֶל יֵהוּא יַעַן אֲשֶׁר הֱטִיבֹתָ לַעֲשׂוֹת הַיָּשָׁר בְּעֵינַי כְּכֹל אֲשֶׁר בִּלְבָבִי עָשִׂיתָ לְבֵית אַחְאָב בְּנֵי רְבִעִים יֵשְׁבוּ לְךָ עַל כִּסֵּא יִשְׂרָאֵל וכתיב [שם לא] וְיֵהוּא לֹא שָׁמַר לָלֶכֶת בְּתוֹרַת ה' אֱלֹהֵי יִשְׂרָאֵל בְּכָל לְבָבוֹ לֹא סָר מֵעַל חַטֹּאות יָרָבְעָם אֲשֶׁר הֶחֱטִיא אֶת יִשְׂרָאֵל.

52 **מרגליות הים, מסכת סנהדרין דף ק"ב עמוד א אות א (ד"ה ואף אחיה השילוני טעה וחתם):** ביד רמה כתב דברים הללו האמורים על אחיה השילוני עליו השלום לא נאמרו על פשטן לומר שחתם לשמוע לו אפילו לעבוד עבודה זרה שהרי לא אמרו אלא טעה וחתם ולא אמרו על מה חתם. ויש לומר שחתם סתם לשמוע לו לכל מה שיהיה רוצה לעשות. ומה טעה? שהוה ליה לפרושי לבר מעבירה, כדאמרו ליה ליהושע [יהושע א, יח] כָּל אִישׁ אֲשֶׁר יַמְרֶה אֶת פִּיךָ וְלֹא יִשְׁמַע אֶת דְּבָרֶיךָ לְכֹל אֲשֶׁר תְּצַוֶּנּוּ יוּמָת רַק חֲזַק וֶאֱמָץ, ומפרשי בסוף פרק נגמר הדין דהאי **רק** למעוטי ביטול תורה קאתי כלומר רק חזק ואמץ לקיים את התורה ואין צריך לומר שלא לעבור עליה שאם אתה עושה כן אין אנו שומעין. וכיון דחזא יהוא חותמו של אחיה השילוני שחתם לקיים כל מצותו של ירבעם וכל דבר סבר דאפילו לעבודה זרה נמי קיבל עליו. והמפרש זולתי זה הפירוש עתיד ליתן את הדין.

מרגליות הים, מסכת סנהדרין דף ק"ב עמוד א אות ב: ובעין אליהו פירש דסבר שבאמרו אפילו למפלח עבודה זרה היינו לצאת לחוץ לארץ כדאמרו לקמן ביקש דוד לעבוד עבודה זרה ובמהרש"א שם דזהו כמו שכתוב בסוף כתובות על הפסוק [שמואל א כו, יט] כִּי גֵרְשׁוּנִי הַיּוֹם מֵהִסְתַּפֵּחַ בְּנַחֲלַת ה' לֵאמֹר לֵךְ עֲבֹד אֱלֹהִים אֲחֵרִים כו', או שכוונתו אפילו למפלח עבודה זרה לו כדאמרו בבבא בתרא ק"י ע"א וכסגנון מטבעת

כתובת אשה אנא אפלח ואוקיה, ועיין ירושלמי יבמות פרק ט"ז הלכה ג, וראה בזוהר חדש סוף פרשת בראשית (כ' ע"א) ירבעם כד הוה רביא הוה זכאי וטוב דתנן מאי דכתיב (מלכים א יא) וּשְׁנֵיהֶם לְבַדָּם בַּשָּׂדֶה מלמד ששקולים הם בצדקתם ובזכותם מכל ישראל כו'.

53 **מסכת סנהדרין דף ס"ד עמוד א:** הזורק אבן למרקוליס זו היא עבודתו אף על גב דמיכוין למירגמיה רב מנשה הוה קאזיל לבי תורתא [**רש"י:** מקום] אמרו לו עבודה זרה היא דקאי הכא שקל פיסא שדא ביה אמרו לו מרקוליס היא אמר להו הזורק אבן למרקוליס תנן אתא שאל בי מדרשא אמרו ליה הזורק אבן במרקוליס תנן אף על גב דמיכוין למירגמיה אמר להו איזיל אישקלה אמרו ליה אחד נוטלה ואחד הנותנה חייב כל חדא וחדא רווחא לחבירתה שביק.

54 **תלמוד ירושלמי מסכת ברכות פרק חמישי הלכה א (עמוד 75):** ריש לקיש מנהגו באוריתא סגין הוה נפיק ליה לבר מתחומא דשבתא והוא לא ידע לקיים מה שנאמר (משלי ה, יט) בְּאַהֲבָתָהּ תִּשְׁגֶּה תָמִיד.

55 **פני משה שם (ד"ה מנהגו באוריתא סגין):** מחמת שהיה נוהג ומהרהר הרבה בתורה ומתוך המחשבה הלך בשבת חוץ לתחום ולא ידע מזה לקיים וכו' תשגה תמיד אף שתבוא לידי שוגג.

56 **הגהות מהר"ץ חיות על מסכת חגיגה דף ט"ז עמוד ב תוספות ד"ה אם לא הרגתי וכו' ורבי ירמיה דאכיל קודם הבדלה.** ... וכן בירושלמי ברכות פרק אין עומדין דריש לקיש נפיק לבר מתחומא בשבתא.

57 **מסכת עבודה זרה דף ט"ו עמוד ב:** רבה זבין ההוא חמרא לישראל החשיד למכור לגוי אמר ליה אביי מאי טעמא עבד מר הכי אמר ליה אנא לישראל זביני אמר ליה והא אזיל ומזבין ליה לגוי לגוי קא מזבין לישראל לא קא מזבין איתיביה מקום שנהגו למכור בהמה דקה לכותים מוכרין שלא למכור אין מוכרין מאי טעמא אילימא משום דחשידי ארביעה ומי חשידי והתניא אין מעמידין בהמה בפונדקאות של גוים זכרים אצל זכרים ונקבות אצל נקבות ואין צריך לומר נקבות אצל זכרים וזכרים אצל נקבות ואין מוסרין בהמה לרועה שלהן ואין מייחדין עמהם ואין מוסרין להם תינוק ללמדו ספר וללמדו אומנות אבל מעמידין בהמה בפונדקאות של כותים זכרים אצל נקבות ונקבות אצל זכרים ואין צריך לומר זכרים אצל זכרים ונקבות אצל נקבות ומוסרין בהמה לרועה שלהן ומייחדין עמהם ומוסרין להם תינוק ללמדו ספר וללמדו אומנות אלמא לא חשידי ועוד תניא אין מוכרין להם לא זיין ולא כלי זיין ואין משחיזין להן את הזיין ואין מוכרין להן לא סדן ולא קולרין ולא כבלים ולא שלשלאות של ברזל אחד גוי ואחד כותי מאי טעמא אי נימא דחשידי אשפיכות דמים ומי חשידי האמרת ומייחדין עמהן אלא משום דאתי לזבונה לגוי וכי תימא כותי לא עביד תשובה ישראל עביד תשובה והאמר רב נחמן אמר רבה בר אבוה כדרך שאמרו אסור למכור לגוי כך

אסור למכור לישראל החשוד למכור לגוי רהיט בתריה תלתא פרסי ואיכא דאמרי פרסא בחלא ולא אדרכיה.

58 **מסכת סנהדרין דף נ"ב:** מאי פתילה אמר רב מתנה פתילה של אבר מנא לן אתיא שריפה שריפה מעדת קרח מה להלן שריפת נשמה וגוף קיים אף כאן שריפת נשמה וגוף קיים... אימרתא בת טלי בת כהן שזינתה הואי אקפה רב חמא בר טוביה חבילי זמורות ושרפה אמר רב יוסף טעה בתרתי טעה בדרב מתנה וטעה בדתניא (דברים יז, ט) וּבָאתָ אֶל הַכֹּהֲנִים הַלְוִיִּם וְאֶל הַשֹּׁפֵט אֲשֶׁר יִהְיֶה בַּיָּמִים הָהֵם בזמן שיש כהן יש משפט בזמן שאין כהן אין משפט.

ספר המצות, מצות לא תעשה פ"ד, עמוד 214: ... אלא דמכל מקום נראה דגם לרבינו תם והתוספות צריך לומר דסבירא להו כדעת הגאונים ז"ל דליכא הכא אזהרת לאו. דאם לא כן קשה מה שהקשו בכל דוכתי קושיא זו רק על ההיא דרבי יהודה בן טבאי, ואמאי לא הקשו כן גם בההיא דרב חמא בר טוביא (בפרק ארבע מיתות נ"ב ע"ב) דאקפה לבת כהן שזינתה חבילי זמורות ושרפה ואמרינן דטעה בתרתי עיין שם ובראשונים שם...

59 **מסכת כתובות דף ס"א עמוד א:** אמימר ומר זוטרא ורב אשי הוו קא יתבי אפיתחא דבי אזגור מלכא חליף ואזיל אטורנגא דמלכא חזייה רב אשי למר זוטרא דחוור אפיה שקל באצבעתיה אנח ליה בפומיה אמר ליה אפסדת לסעודתא דמלכא אמרו ליה אמאי תיעביד הכי אמר להו מאן דעביד הכי פסיל למאכל דמלכא אמרו ליה אמאי אמר להו דבר אחר חזאי ביה בדקו ולא אשכחו שקל אצבעתיה אנח עליה אמר להו הכא מי בדקיתו בדקו אשכחו אמרו ליה רבנן מאי טעמא סמכת אניסא אמר להו חזאי רוח צרעת דקא פרחה עילויה.

60 **מהרש"א על מסכת כתובות דף ס"א עמוד ב (ד"ה שקל באצבעתיה אנח ליה בפומיה כו'):** הלשון בפומיה דהוי סגי ליה להשיב נפשו בטעימא בעלמא ולא בא לתוך מעיו דאם לא כן תקשי השתא בהמתן של צדיקים אין הקב"ה מביא תקלה על ידן צדיקים עצמן לא כל שכן כדפרכינן בכמה דוכתי ומשום סכנה התיר מיהת הטעימה...

61 **מסכת סנהדרין דף צ"ט עמוד ב-דף ק עמוד א:** אפיקורוס כגון מאן אמר רב יוסף כגון הני דאמרי מאי אהנו לן רבנן לדידהו קרו לדידהו תנו ... רב פפא אמר כגון דאמר הני רבנן רב פפא אישתלי ואמר כגון הני רבנן ואיתיב בתעניתא.

רש"י (ד"ה כגון דאמר הנהו רבנן): כאדם שאומר אותו תלמיד חכם דלשון בזוי הוא זה שהיה לו לומר רבותינו שבמקום פלוני. לישנא אחרינא כגון דאמר הני רבנן דכשהוא מספר שום דבר מרבנן אומר הני ולשון גנאי הוא הני אבל הנהו רבנן אינו גנאי.

62 **טהרת המים, קונטרס שיורי טהרה מערכת ד אות ד:** דורש ברבים נראה לעניות דעתי דידקדק לבאר דבריו עד שאין בהם כדי לטעות ולא יסתום דנפיק מינה כמה תקלות... ומצינו גם כן לאמורא רב גידל ביומא דף פ"א דדרש סתם ועברו כולי עלמא על איסור כרת... וגם להתנא יהודה בן טבאי במכות דף ה עמוד ב דטעה בהוראתו

ועל פיו הרגו את הנפש ועשה כמה סיגופים. ובתוספות חגיגה דף ט"ז עמוד ב הביא כמה תקלות דאירעו לכמה צדיקים. ודוקא במידי דאכילה הוא דאין הקב"ה מביא תקלה... וגם בסוף דבריהם יצאו לחלק בין דורות הראשונים לדורות האחרונים...

מסכת יומא דף פ"א עמוד ב: שתה ציר או מורייס פטור: הא חומץ חייב מתניתין מני רבי היא דתניא רבי אומר חומץ משיב את הנפש דרש רב גידל בר מנשה מבירי דנרש אין הלכה כרבי לשנה נפקי כולי עלמא מזגו ושתו חלא שמע רב גידל ואיקפד אמר אימר דאמרי אנא דיעבד לכתחלה מי אמרי אימר דאמרי אנא פורתא טובא מי אמרי אימר דאמרי אנא חי מזוג מי אמרי.

רש"י שם (ד"ה מזגו): נתנו בו מים להתיש כחו.

63 **מסכת מכות דף ה עמוד ב:** תניא אמר רבי יהודה בן טבאי אראה בנחמה אם לא הרגתי עד זומם **להוציא מלבן של צדוקים** שהיו אומרים אין העדים זוממין נהרגין עד שיהרג הנדון...

64 **חמדת בנימין:** תניא אמר רבי יהודה בן טבאי אראה בנחמה אם לא הרגתי עד זומם להוציא מלבן של צדוקים שהיו אומרים אין העדים זוממין נהרגין עד שיהרג הנדון וכתב רש"י שלא הוזם אלא אחד מהם והרגתיו, אמר לו שמעון בן שטח אראה בנחמה אם לא שפכת דם נקי עיין שם. ועיין ריטב"א שכתב ואם תאמר והאיך באת תקלה על ידי צדיק זה דהא בהמתן של צדיקים אין הקב"ה מביא תקלה על ידן, ויש לומר שהעד ההוא היה חייב מיתה מעבירות אחרות וכאותה שאמרו בפרק השוכר על רבי אלעזר ברבי שמעון הוא ובנו בעלו נערה המאורסה ביום הכיפורים עיין שם. והיא קושית תוספות חולין [דף ה עמוד ב] ד"ה צדיקים עצמן לא כל שכן תימה דהא אשכחן יהודה בן טבאי שהרג עד זומם כו' ואומר ר"י דוקא במידי דאכילה אין הקב"ה מביא תקלה על ידן שגנאי הוא לצדיק שאוכל דבר איסור עיין שם. ולעניות דעתי לולי דמסתפינא הייתי אומר דאין הקב"ה מביא תקלה על ידן היינו באם הוא עושה דבר בשוגג אמרינן דאין הקב"ה מביא שוגג על ידן, אבל הלא גבי יהודה בן טבאי הלא הוא ידע מה שעושה, וכוון במעשיו ובדרכיו לעשות מה שעשה, והיה לו דרך במה שעשה כמבואר בגמרא בכדי להוציא מלבן של צדוקים, ואם כן נהי דהאמת שלא כדין עשה אבל לדרכו היה נחוץ לעשות זאת, ואין להקשות דאין הקב"ה מביא תקלה על ידן, הכי נלקח בחירה להצדיקים ושלא יוכלו לעשות מה שהם רוצים לעשות?! ואם לפי שיטתו של רבי יהודה בן טבאי היה כן הוראת שעה לפסוק גם אם הוא היפך הדין, והא ראיה שהוא התחרט על זה והלך על הקבר לבכות ולבקש מחילה וצעק בקולי קולות אבל ידע גם קודם לכן כל זה, והוראת שעה היה לפניו להראות לכל העולם נגד דעת הצדוקין. על כן לעניות דעתי אין קושיא דהקב"ה מביא תקלה על ידן, ואם שגיתי יסלח לי ה', וכוונתי בזה רק לומר ולגלות האמת בזה. והגם שידעתי כי רבים בני גילי ירצו להשיב על זה, וגם אנכי יודע מה שיש להשיב, עם כל זאת האמת כן הוא דהצדיקים יש להם בחירה חפשית.

ולא עוד דנראה דגם יש לומר דרק תקלה אינו מביא על ידן, ואולי הכוונה בזה

מה שיכול להיות תקלה כגון שבמעשיו שעושה יכשלו אחרים, זאת אין הקב"ה מביא על ידן, ובנידון דידן באמת מה שיכול להיות תקלה בזה שאמרו דגם אם עד אחד הוזמו יעשו בו דין הזמה, הגם דצד התקנה ש[מטושטש] להוציא מלבן של צדוקים יהיה מתוקן אבל התקלה בזה שיסברו שאין צריך שיוזמו שניהם, זה תיכף ומיד נתקן דהכריז שמעון בן שטח אראה בנחמה אם לא שפכת דם נקי, ובכל יום ויום היה נשמע קולי קולות על קברו ונתפרסם הדין זה גם כן דאין נעשין זוממין עד שיזומו שניהם. והנה בגדר זה דאמרינן דאין הקב"ה מביא תקלה על ידן... ואביא בכאן דברי המרדכי שכתב בסוף פרק ראשון דמסכת עירובין... וכנראה לכאורה דלאו דוקא בעניני מאכלות אסורות אין הקב"ה מביא תקלה על ידן אלא גם בענין שבת ובענין כלאים. ואמרתי דבשבת יש לומר דכיון דשקולה כנגד כל התורה על כן אפילו לאו במידי דאכילה אין הקב"ה מביא תקלה על ידן. וגבי כלאים אמרתי דהתוספות כתבו רק באם התקלה הוא בסתר ובצינעא אזי מחלק תוספות בין מידי דאכילה לשאר איסורים, אבל מידי דהוא לפני הרואים ורבים יראו איך הצדיק נכשל בעבירה אזי אין חילוק בין מידי דאיסורא אכילה ושאר איסורים...

CHAPTER 7
The Write Stuff

IT IS A BASIC belief of Torah Jews that the Oral Law is indispensable for the understanding of the Written Torah. Trying to understand the Biblical text without supplementary material is a little like trying to fathom a patient's personality from his X-ray picture — that flimsy plastic sheet is too insubstantial for the task at hand.

But are the Written Torah and the Oral Law equal in status? Does the fact that the Oral Law is *essential* to the understanding of the Written Torah place it on an equal footing with the actual text of the Torah? The answer given by many classical authorities to this question is *No*. The notion that the Written Torah is first among equals — that there is a difference between laws stated in the Written Torah and other laws, even when those other laws have the status of Biblical laws (דאורייתא) — is supported by many statements of *Rishonim*[1] and *Acharonim*,[2] although it is not unanimous.[3] Presumably, the notion that laws mentioned explicitly in the Written Torah are somehow superior to laws derived exegetically is linked to profound philosophical and existential differences between the Written Torah and the Oral Law.[4]

Before we proceed, however, it must be pointed out that several other statements of *Chazal* and later authorities indicate that the Oral Law is more beloved, in some sense, than the Written

Torah. The *Yerushalmi*, for example, clearly states that the Oral Law is more "precious" or more "stringent" than the Written Torah.[5] Furthermore, the Talmud occasionally explains certain choices made by *Tanna'im* regarding the formulation of *mishnayos* as motivated by a greater love of laws derived exegetically.[6]

In this chapter, we look at some sources that support the conclusion that the Written Torah is supreme, without attempting to reconcile this notion with classical sources that indicate that the Oral Law is more beloved. [In passing, we also note that a similar discussion exists regarding the relative weight of verses in the Torah, in contrast to verses from the Prophets and laws which are *halachah l'Moshe MiSinai*.[7]]

Introductory Examples

A NOTABLE FEATURE of *Parashas Chayei Sarah* is the lengthy account of Eliezer's experiences in finding a suitable wife for Yitzchak. The Torah first describes these experiences, and then records Eliezer's relating of these events to Rivkah's family.[8] The apparent redundancy did not go unnoticed by *Chazal*. They declared, "The forefathers' servants' conversation is more beautiful than their descendants' Torah, given the space that the Torah devotes to the former." Rabbi Elchanan Wasserman considered this to be a hint to our principle — the more important a concept is, the more space does the Written Torah devote to it. By extension, the Oral Law is less important than the Written Torah, notwithstanding its being essential.[9] Rabbi Wasserman took this point to be obvious: Anything recorded in the Written Torah is more important than something contained in the Oral Law. He went as far as to say that not only Rabbinic ordinances, but also *drashos* (Torah laws that are derived through hermeneutic methods) — that are not stated explicitly in the Written Torah — are less important. The laws thus derived are more lenient.[10]

A good example of our principle comes from the familiar injunction not to destroy things of value. When commenting on this prohibition, *Sefer HaChinuch* makes a fascinating point which is relevant to our discussion. The Torah prohibits destroying or damaging *any* item of value. But since the Written Torah mentions only fruit trees when spelling out this prohibition, an individual would only be subject to lashes — the Biblically mandated punishment — if he cuts down fruit trees. The wanton destruction of any other item would incur only a Rabbinic consequence, because such items are not mentioned explicitly in the Torah.[11]

Our principle — that information contained in the Written Torah is qualitatively different from information contained in the Oral Law — is used by scholars to elucidate difficult passages in the Torah. For example, Rabbi Gedaliah Schorr applied it to the realm of exegesis. *Chazal* tell us that only Yaakov is considered to be Yitzchak's progeny, not Esav. This is based on a peculiar turn of phrase in the verse in which Avraham is told about his offspring. The Torah states that כִּי בְיִצְחָק יִקָּרֵא לְךָ זָרַע.[12] The preposition ב is understood by *Chazal* to indicate that only one of Yitzchak's sons — Yaakov — would inherit his spiritual mission.

Rabbi Schorr writes that one should resist the temptation to treat this nifty bit of hermeneutics as a Divine decree which could not possibly be averted. On the contrary, Esav could also have become great. But if so, what are we to do with the *derashah*? Rabbi Schorr argues — and he takes this to be a general rule — that anything which is derived exegetically and is not mentioned explicitly in the Written Torah is not an absolute. A *derashah* describes a potentiality — something which *could* occur — perhaps even something with a *tendency* to occur, but not an ineluctable eventuality. Rabbi Schorr even goes as far as to demonstrate how

Chazal would have explicated the verse differently, had Esav lived up to his potential.[13] What emerges is a stark contrast between the Written and the Oral: the former is absolute, the latter is latent.[14]

In a similar vein, we find that injunctions that are more clearly expressed in the Written Torah take precedence over less clearly-written instructions. Consider, for example, the principle that we do not pass over one *mitzvah* in order to fulfill another. Some authorities maintain that this is a Torah principle. Now consider the case of *tefillin*. According to some authorities, if a person first comes across the head *tefillin,* he should not don them; he should first don the hand *tefillin,* which are mentioned first in the verse. So in a case in which an individual comes across the head *tefillin* first, a conflict exists between two Torah principles: the first principle urges one to don the head *tefillin,* since one is forbidden to pass over *mitzvos*. The second principle tells us to ensure that the hand *tefillin* be donned first. What to do? One authority suggests that even though both of these principles are found in the Written Torah, the verse that gives hand *tefillin* precedence over head *tefillin* is stated more clearly than the verse from which we derive the principle that we do not neglect one *mitzvah* in order to fulfill another. Consequently, one would set down the head *tefillin* and don the hand *tefillin*.[15]

Our principle also influences the choice made by *Tanna'im* as to what information should be contained in the Mishnah and what should be left out. As is well known, the Torah describes four categories of custodians. These are people in temporary possession of others' property, functioning either as paid custodians, unpaid custodians, borrowers or renters. A *mishnah* describes a certain law which pertains to all four categories, but mentions only one of the categories. The Talmud explains why only that category was mentioned in the *mishnah*: The relevant halachah is recorded in the Written Torah in the paragraph that mentions *that* custodian. In the case of the other types of custodians, it is derived by means of exegesis, and the *Tanna* therefore did not see fit to include it in the *mishnah*.[16]

Our principle also sheds light on otherwise difficult Talmudic statements. For example, the Talmud sometimes concludes that a law stated in a verse could really have been deduced logically and need not have been written. If so, why *was* it written? The answer given by the Talmud is tautological: the Torah goes to the trouble of writing something which could have been derived otherwise. To explain this odd answer, one authority suggests that had the law been deduced, it would have been subject to certain leniencies associated with derived laws. By insisting on writing the law, the Torah ensures that it will not be subject to such leniencies. Once recorded in the Written Torah, laws carry additional weight.[17]

Even Rabbinic laws are graded in accordance with their association with verses. Those Rabbinic laws that *Chazal* linked to verses are more stringent than pure Rabbinic laws.[18]

Halachah

THE NOTION THAT whatever the Written Torah records has primacy over the Oral tradition has legal ramifications, too.

Questions in halachah sometimes revolve around priorities. When two commandments clash, which one takes precedence? In the context of the Temple, one such clash occurs when two offerings — a sin offering and a guilt offering — both need to be brought. A *mishnah* rules that we carry out the sin offering procedure first. Why? Because in the case of sin offerings, after their blood is sprinkled on the corners of the Altar, the leftovers are poured on the Altar's base. The *mishnah* implies that this is not so in the case of guilt offerings, pushing them down one notch with respect to sin offerings. But classical commentators tell us that in the case of guilt offerings also, the leftover blood is poured on the Altar's base. Why then give priority to a sin offering? Because, say the commentators, the instruction to pour the leftover blood on the base of the Altar is stated in the Written Torah explicitly with respect to sin offerings. The fact that we do so also in the case of guilt offerings is learned through a *derashah,* and a guilt offering is therefore less important.[19]

Ritva argues on the basis of our principle that we differentiate between the *esrog* and the other three species. The Torah stipulates that the *esrog* be splendid; therefore, an *esrog* which is not splendid is invalid. Not so for the *lulav* and other species, according to *Ritva.* Since the requirement that they be splendid is deduced exegetically from the *esrog,* as opposed to being stated clearly in the Written Torah, the requirement of beauty is less stringent. In certain circumstances, using dry *lulavim, hadassim* or *aravos* would be permissible.[20]

As is familiar from the Pesach Hagaddah, the requirement of mentioning the Exodus at night is deduced from a redundancy ("*all* the days of your life" — where *all* is understood by *Chazal* to allude to nights). But because this requirement is derived from an apparent redundancy, as opposed to being stated explicitly in the Torah, some *Rishonim* argue that the relevant passage may be recited even before it is night proper.[21]

A familiar Talmudic rule is that precepts supersede prohibitions. This principle is exceedingly intricate but it applies — *when* it applies — to cases in which the respective precept and prohibition are recorded in the Written Torah. Later authorities investigate whether this rule also applies to precepts which are *not* found in the Written Torah. For example, is a *mitzvah* that is a *halachah l'Moshe MiSinai* equivalent in this respect to a written precept, so that it supersedes a prohibition?[22] Furthermore, is a precept that is learned through one of Rabbi Yishmael's thirteen hermeneutic rules equivalent to recorded precepts, so that it supersedes a prohibition? Not surprisingly, we find authorities who take such *mitzvos* to be inferior to written *mitzvos*. Consequently, they do not have the necessary force to override a prohibition.[23]

Our next example comes from the realm of oaths. A basic principle in this area is that every Jew is considered to have taken an oath at Mount Sinai to fulfill the laws of the Torah.[24] An additional point is that, in general, an oath cannot take effect when another oath is already in place. These points have legal consequences. Consider, for example, a person who takes an oath not to consume non-kosher food, and then violates his oath by eating *treif* food. Seemingly, two transgressions are involved: firstly, the consumption of *treif* food; secondly, the violation of the oath. It turns out, however, that the person would *not* be liable for the violation of the oath he made. Since he already took an oath at Mount Sinai not to violate the Torah's laws, his second oath did not take effect.

Things are different, however, when it comes to Rabbinic commandments. Here, one *would* be liable if one violated his oath. For example, if one swore to perform a Rabbinic *mitzvah,* such as reading the *megillah* on Purim and then failed to do so, one's oath *would* be binding. Thus, besides not having fulfilled the commandment to read the *megillah,* the person would also be held liable for violation of his oath. This is indicative of the lower status of Rabbinic commandments in contrast to Biblical commandments. We do not apply to Rabbinic commandments the rule that every Jew is considered to have sworn at Mount Sinai not to violate them.

Between Torah laws proper and Rabbinic enactments exists an intermediate case: Torah laws that are derived through a *derashah.* Interestingly, we treat them like Rabbinic laws. For example, if a person swears to physically harm himself — even though doing so is forbidden — the oath *will* take effect, and he will violate it if he does not harm himself. A leading authority explains that even though the prohibition to harm oneself is Biblical, it is not stated explicitly in the Torah and is thus treated like a Rabbinic law.[25]

Radbaz uses our principle to elucidate one of the most complex prohibitions: not to add to the commandments of the Torah. *Radbaz* maintains that any *mitzvah* in which a key parameter is not mentioned explicitly in the Written Torah is not subject to the prohibition of adding to the Torah. For example, even though *Chazal* derive from a verse that one should use three *hadassim* for the *mitzvah* of four species, since this number is not stated explicitly in the Torah, one would not transgress the prohibition of adding to the Torah if one used more than three stems.[26]

Rambam

IN A NUMBER of places, *Rambam*'s rulings indicate that he agreed that laws not stated in the Written Torah are less stringent than laws that are. Let us look at some examples.

There are a number of physiological conditions that render an animal *treif*. These conditions appear to be halachically equivalent, but *Rambam* singles out one of them as being more serious than the others. He explains that this particular condition — *d'rusah* — is mentioned explicitly in the Torah and is therefore treated more stringently.[27]

The Torah mandates that when calves, lambs and kids are born, one in ten of these newborn animals must be given by the owner to a *Kohen*. For the purposes of this *mitzvah*, we treat livestock born each year separately. Thus, if ten calves were born in year one and ten calves were born in year two, the owner must take one calf from each group and present them to a *Kohen*. He may not take two calves from one group and present them to a *Kohen*. *Rambam* discusses the case in which the owner of the animals treats the two groups of animals as one, rather than removing one animal from each group. *Rambam* rules that even though the owner erred, the animals thus separated do attain the sanctity of *ma'aser*. The reason? "The Torah did not explicitly indicate that each year's flock be treated separately. [Rather, *Chazal* derived this through a *derashah*.]"[28]

Rambam also seems to make the same point in the context of oaths. A key concept in halachah is a doubtful warning (התראת ספק), a situation in which a definite warning to a person about to transgress the Torah cannot be given for some reason. Generally, if a person took a certain type of oath for which a valid warning could not be given, he is not subject to lashes. The exception occurs — according to *Rambam* — if the oath involves something mentioned explicitly in the Torah.[29]

Tosafos

THERE ARE MANY indications that *Tosafos* subscribes to our principle, i.e., that whatever is learned from verses is more important or takes precedence over other laws — even those from the Written Torah — derived exegetically. Let us examine several examples.

The Continual Offering consisted of a lamb, a flour offering and libations — offerings of wine — that were poured on the Altar in the Temple. This procedure happened twice daily, and both services are mandated Biblically. A debate in the Talmud revolves around whether the libations that are mentioned in the Torah refer to the morning service or to the evening service (the other libations being derived from these). *Tosafos* suggest a reason for this debate: Consider a situation in which the community possesses enough libations for only one service. Should the wine be used for the morning service or for the evening service? According to *Tosafos,* if the verse which explicitly mentions libations refers to the evening service, we would use the wine in the evening service; if the verse refers to the morning service, we would use the wine in the morning service. Thus, even though both services are Biblically required, there is still a difference between them: the one mentioned explicitly in the verse is more important than the one which is derived from that verse.[30]

Chazal require that when the *Kohen Gadol* enters the Holy of Holies on Yom Kippur with incense, everyone should vacate not only the Temple, as the Torah requires, but also the area between the building and the external Altar. *Tosafos* query why this requirement applies only during the incense service and not when the *Kohen Gadol* sprinkles blood on the *Paroches.* The question becomes more acute when *Tosafos* point out that both services — the incense and the sprinkling of the blood — are learned from the same verse. The answer is revealing: the incense is mentioned "more clearly" in the verse; the requirement of sprinkling is derived from a redundant word.[31] The latter service is thus not as important as the former, and does not warrant vacating the area between the Temple and the Altar.

The Torah mandates that a person who injures his servant's eyes or teeth must free him. *Chazal* understand that the same law applies to certain other physical injuries. According to *Tosafos,* however, there is a difference between injuries to eyes and teeth, on the one hand, and other injuries. The former are mentioned specifically in the Torah. Thus, if the servant loses an eye or a tooth, he is released without the need for a formal document. If some other injury occurs, however, the servant is released only upon signing such a document.[32] Numerous other statements of *Tosafos* follow the same trend, in which laws recorded in the Written Torah take precedence over other laws.[33]

Conclusion

THE RELATIONSHIP BETWEEN the Written Torah and the Oral Law is complex and intricate. They are inextricably bound to each other, and both are indispensable for understanding God's will. And yet, it appears that the Written Torah is the senior partner. Its laws are more stringent; its words carry more weight; it is more important.

NOTES TO CHAPTER 7

1 **פירוש ר"ן למסכת נדרים דף ח עמוד א (ד"ה הא קמ"ל דכיון דאי בעי פטר נפשיה וכו'):** מסתברא לי דלאו דוקא דבהכי מיפטר, שהרי חייב כל אדם ללמוד תמיד יום ולילה כפי כחו. ואמרינן בפרק קמא דקידושין (דף ל עמוד א) תנו רבנן וְשִׁנַּנְתָּם שיהו דברי תורה מחודדין בפיך שאם ישאלך אדם דבר שלא תגמגם ותאמר לו וכו', וקריאת שמע שחרית וערבית לא סגי להכי. אלא מכאן נראה לי ראיה למה שכתבתי בפרק שבועות שתים בתרא, **דכל מידי דאתא מדרשא, אף על פי שהוא מן התורה, כיון דליתיה מפורש בקרא בהדיא שבועה חלה עליו.** והכא הכי קאמרינן, כיון דאי בעי פטר נפשיה ממאי דכתיב בקרא בהדיא דהיינו בְשָׁכְבְּךָ וּבְקוּמֶךָ בקרית שמע שחרית וערבית, משום הכי חלה שבועה עליה לגמרי אפילו לקרבן...

חידושי הר"ן מסכת שבועות פרק שלישי דף כג עמוד ב (הוצאת ר"ן פרנקל, מכון הראשונים והשו"ת, ירושלים, תשנ"ה, עמוד נ-נא): ... ונראה לי שאין אנו צריכים לכל זה דאפילו לרבי יוחנן דאמר חצי שיעור אסור מן התורה, שבועה חלה עליו, **דכל דליתיה מפורש מן התורה בעשה או בלא תעשה לא מקרי מושבע ועומד לענין שלא תחול שבועה עליו.** ויש לי ראיה לדברי... אלמא אף על גב דאסור מן התורה לחבול בעצמו, כיון שלאו עשה ולא תעשה הוא בהדיא אלא מדרשא אתי חילא שבועה עליה...

דרשות הר"ן, דרוש חמישי נוסח האחר (הוצאת ספרי קדש מישור, ישראל, תשנ"ו, עמוד כד): ... ואמנם מצות עשה חמורה מדבריהם מפני שהוזכר עיקר הדבר בספר תורה מפי אלהים. וצוה עליהם השם יתברך בפרט...

תוספות מסכת יבמות דף ז עמוד ב (ד"ה ואמר עולא מה טעם): פירוש כיון דביאה במקצת שמה ביאה מה טעם התירו חכמים להכניס ידיו לבהונות... ויש לומר דלא ניחא שידחה ביאת כולו דכתיב בהדיא וְאֶל הַמִּקְדָּשׁ לֹא תָבֹא, אבל ביאה במקצת לא כתיב בהדיא אלא מהיקשא גמר לה עולא התם...

תוספות מסכת קידושין דף ט"ו עמוד ב (ד"ה אמר קרא יגאלנו): ... ומהר"י תירץ דאי לא יגאלנו הוה אמינא דנמכר לישראל נמי נגאל באלה והכי פירושו – ומה מי שאינו נגאל באלה פירוש דלא כתיב בקרא בהדיא שיגאל באלה נגאל בשש, נמכר לעובד כוכבים דכתיב בהדיא בקרא שנגאל באלה אינו דין שיגאל בשש...

טל תורה, על מסכת יומא דף ל"ד עמוד ב: ... ומוכח מזה דיש מעליותא דכתיב בהדיא יוֹתר ממה דילפינן מדרשה אף דדרשה גם כן מן התורה... ועיין תוספות קידושין ט"ו ד"ה אמר קרא דמוכח שם דדבר הלמד מקל וחומר אינו לענין זה ככתוב בפירוש.

גליון הש"ס, על מסכת קידושין דף ט"ו: וכיוצא בזה [במסכת] ברכות כא עמוד א ברש"י שם.

רש"י מסכת ברכות דף כ"א עמוד א (ד"ה שאינו טעון לפניו): כלומר שלא מצינו לו מקרא מפורש לברך לפניו.

תוספות הרא"ש מסכת סוטה דף כ"ט עמוד ב (ד"ה דכתיב): וְהַבָּשָׂר אֲשֶׁר יִגַּע בְּכָל טָמֵא לֹא יֵאָכֵל [ויקרא ז, יט] מי לא עסקינן דנגע בשני. תמיה לי אמאי לא אמרינן דילמא דנגע במחוסר כיפורים דאיקרי טמא דכתיב [ויקרא יב, ח] וְכִפֶּר עָלֶיהָ הַכֹּהֵן וְטָהֵרָה, מכלל דעד השתא הואי טמאה כדדרשינן ביבמות מהאי קרא דמחוסר כיפורים פסול בקדש, ונימא דמחוסר כיפורים פוסל בקדש. **ויש לומר דבְּכָל טָמֵא משמע מה שנקרא בפירוש טמא ולאו דאתי מדיוקא.**

הערת יורם בוגץ': ויש לעיין בכוונת רש"י בדבריו במסכת מכות:

מסכת מכות דף י"ג עמוד א רש"י (ד"ה אלו הן הלוקין): אלו לאו דוקא דתנא ושייר לוקין טובא... ותנא טבל ומעשר ראשון שלא נטלה תרומתו דלא מפרש לאו דידהו בהדיא... **שם רש"י (ד"ה גרושה וחלוצה):** גרושה והיא חלוצה אינו חייב עליה אלא משום גרושה, שהחלוצה אינה כתובה אלא מריבויא מייתינן לה דתניא בקידושין (דף עח עמוד א) גְּרוּשָׁה אין לי אלא גרושה חלוצה מנין תלמוד לומר וְאִשָּׁה.

The following source indicates that had the Written Torah stipulated that animal slaughter must be accomplished with a knife, slaughter with a knife would have been preferable to slaughter by any other means, even methods derived through exegesis:

מסכת בבא קמא דף מ"א עמוד ב: היכא דבדק צור ושחט בו דעבדיה כעין סקילה אבל היכא דשחטיה בסכין לא אמרי אטו סכין כתיבא באורייתא...

רש"י שם (ד"ה אטו סכין כתיבא באוריתא): שתהא שחיטתו חשיבא להתיר יותר משחיטת צור.

תוספות שם (ד"ה היכא דבדק צור כו'): אף על גב דשחיטה בצור כשירה, מכל מקום כיון דהך שחיטה כעין סקילה אסרה תורה. ומשני, אטו סכין כתיב בהדיא ולא אתיא צור אלא מריבויא כך הוא עיקר שחיטה בצור אפילו לשחוט לכתחילה כמו בסכין ולפיכך אין לחלק כלל בין צור לסכין...

2 **משנה למלך סוף הלכות טומאת אוכלין:** ... מפשטן של דברים הללו נראה דסבירא ליה דאיכא איסור תורה במי שמטמא את עצמו ברגל, אלא שאינו לוקה. ואין זה מן התימה אי סבירא ליה דאיכא איסור תורה למה אינו לוקה שהרי מצינו לו דומה לזה... שמעת מינה דאינו לוקה ואף שאיסורו דבר תורה. והטעם נראה אצלי דכיון דפשטא דקרא לא מיירי בהכי, אף דמכח יתורא דרשינן איזו דרשא אף שהיא דבר תורה אינו לוקה עליה דומיא דנהנה מבשר בחלב דאף דאיכא חד לא תבשל לאיסור הנאה אינו לוקה על ההנאה...

יד מלאכי, כללי הדינים אות קכ"ב: איסור שהוא מפורש בקרא להדיא חמיר טפי מאיסור שלא בא מפורש להדיא בקרא, אף שהוא יוצא מדרשא והיא מוחזקת אצלנו לדרשא גמורה – קנאת סופרים כתב יד בשורש ב' לדעת הרמב"ם. ועיין תרומת הדשן סימן פג ובא"ח סימן תרח ס"ב בהגה.

קונטרס דברי סופרים, נדפס בקובץ שיעורים, עמוד צ אות יט: ויותר מזה מצינו

שאפילו הדברים הנלמדין במדות שהתורה נדרשת בהן שהן דאורייתא ממש מכל מקום הן קלין מדברים המפורשין בתורה. ודבר זה מבואר בתוספות פרק קמא דיבמות דף ז [עמוד ב ד"ה ואמר עולא]... וכן כתב הר"ן פרק קמא דנדרים דף ח... ועוד הוא מפורש במשנה ריש פרק כל התדיר דף פ"ט... וכן הוא בתוספות פרק קמא דקידושין דף ט"ו ד"ה אמר קרא יגאלנו... והכי נמי אמרינן בפרק השוכר את הפועלים וכו' עיין שם.

כל כתבי מהר"ץ חיות, חלק א עמודים קכג-קכד: ... ואולם בקצת דברים מצינו שחז"ל בעצמם הקילו בדברים אלו אשר יוצאים דרך הדרשות וכן אמרו (מסכת קידושין דף כ"ד עמוד ב) נראין דברי רבי עקיבא בשאר אברים הואיל ומדרש חכמים הוא ומפני זה צריך גט שחרור...

כל כתבי מהר"ץ חיות, חלק א עמוד קלג טור שמאלי: ... ועיין רש"י שפירש נמי דפלוגתתם הוא רק בענין הדרשות יש מפלוגתתם גם כן נפקא מינא לדינא דהנה כבר כתבתי דעניינים הנלמדים דרך הדרשות מצינו כי מקילין בקצת פעמים, מה שאין כן הלכה למשה מסיני שוה ממש לכל דבר תורה...

שדי חמד, כרך ב עמוד 213 (ד"ה ודע): והרב מטה אהרן בחלק א דף יט (בד"ה ונלע"ד) הביא מאי דשקלו וטרו שני המאורות הגדולים ארעא דרבנן ועפרא דארעא בדין אין תורמין שלא מן המוקף, דבארעא דרבנן הוכיח דהוא מדרבנן מדכתב הרמב"ם דאם תרם שלא מן המוקף הוי תרומה ואי מדאורייתא אין חילוק בין לכתחילה לדיעבד. ובעפרא דארעא דחה דשאני הכא דאינו מפורש בתורה ורק מדרשה דממנו אתי... ודע שכתב הרב עפרא דארעא על דברי הרב ארעא דרבנן באות ז' דלא נאמר כלל זה אלא בדבר המפורש בתורה, אבל בדבר הבא מדרשה אף שהוא דין תורה ממש, מכל מקום אפשר לחלק בו בין לכתחילה לדיעבד...

3 **מנחת חינוך מצוה תצ"ו:** ... והנה אף לדעת הרמב"ן הרבה דיני תורה שנלמדו מי"ג מידות ומפי השמועה חוץ מה שעוברים בלאוים ועשין המיוחדים עוד עוברים בעשה ולאו דכאן, וחומר מדבר המפורש בתורה דאינו עובר רק בלאו המיוחד, ובאינו מפורש רק מפי השמועה או מי"ג מידות עוברים בלאו דכאן גם כן... אם כן נפקא מינה לפי מה דקיימא לן דחולה שיש בו סכנה דמאכילים אותו הקל הקל [מסכת יומא דף פג עמוד א], אם כן אם יש איסור מפורש בתורה דהוא בלאו, ואיסור שהוא מפי השמועה... אם כן מאכילין אותו איסור המפורש בתורה דהוא קל מאיסור זה שהוא מפי השמועה... אם כן לענין חולה להאכיל אותו הקל הקל או לענין פסולי עדות יש הרבה דינים מאד וצריך לחקור בכל זה והוא הערה נפלאה. בעזרת השי"ת אשנה פרק זה לברר כל הדברים אשר הם מפי השמועה או בי"ג מידות דהם חמורים ממפורש בתורה...

קונטרס דברי סופרים, נדפס בקובץ שיעורים, אות ל"ד: ועיין במנחת חינוך במצות לא תסור שכתב דדברים הנלמדין במדות שהתורה נדרשת בהן חמורין יותר מאיסור המפורש בתורה דבהו איכא גם לאו דלא תסור ועשה דועשית ככל אשר יורוך. ועל כן בחולה שיש בו סכנה דמאכילין אותו הקל הקל צריך להאכילו את האיסור המפורש

בתורה עד כאן דבריו. וכבר נתבאר למעלה [אות יט] בראיות גמורות ההיפך מדבריו דאיסור המפורש בתורה חמור יותר...

טל תורה, על מסכת יומא דף ל"ד עמוד ב: ... ומוכח מזה דיש מעליותא דכתיב בהדיא יותר ממה דילפינן מדרשה אף דדרשה גם כן מן התורה... ועיין מנחת חינוך מצות עשה תצ"ו דכתב דדבר הנלמד מדרש חכמים חמיר טפי מדבר המפורש בתורה דבזה איכא לאו דלא תסור ובדבר המפורש ליכא לאו דלא תסור יעוין שם. ולעניות דעתי מכל הנ"ל מפורש להיפוך.

חידושי הר"ן מסכת שבועות פרק שלישי דף כ"ג עמוד ב (הוצאת ר"ן פרנקל, מכון הראשונים והשו"ת, ירושלים, תשנ"ה, עמוד נ-נא): ... ונראה לי שאין אנו צריכים לכל זה דאפילו לרבי יוחנן דאמר חצי שיעור אסור מן התורה, שבועה חלה עליו, דכל דליתיה מפורש מן התורה בעשה או בלא תעשה לא מקרי מושבע ועומד לענין שלא תחול שבועה עליו. ויש לי ראיה לדברי... אלמא אף על גב דאסור מן התורה לחבול בעצמו, כיון שלאו עשה ולא תעשה הוא בהדיא אלא מדרשא אתי חילא שבועה עליה...

הגהת המהדיר שם: יסוד זה כתב רבינו גם בפירושו לרי"ף (יא, א). ובפירושו לנדרים ח,א... ועיין מהדורתי שם הערה 47 מה שהבאתי מדברי כמה אחרונים שהוכיחו מדברי ראשונים אחרים שחולקים על יסוד זה.

4 See, for example, this statement by *Maharal* regarding the differences between the Written Torah and the Oral Law:

תפארת ישראל, פרק סח [עמוד רי"ב בהוצאה הנפוצה]: ובמדרש (תנחומא פרשת כי תשא) וַיְהִי שָׁם... והלא כתיב [דניאל ב, כב] וּנְהוֹרָא עִמֵּהּ שְׁרֵא והיכן הוה ידע אימתי לילה? אלא כשהיה מלמדו מקרא היה יודע שהוא יום וכשהיה מלמדו משנה היה יודע שהוא לילה. וביאור זה כמו שאמרנו כי התורה שבכתב המורה על עצם המצוה שהיא שכלית והשכל דומה לאור ולפיכך היה שונה עצם המצוה שהיא תורה שבכתב ביום. אבל תורה שבעל פה שאינו רק איך יעשה המקבל הוא האדם המצוה דבר זה הוא שייך אל המקבל ואם לא היה תורה שבעל פה שהיא פירוש אל התורה לא היינו יודעים לעשות שום מצוה. הרי התורה שבעל פה הוא בשביל המקבל הוא האדם. ועוד הרי התורה שבעל פה במה שהיא על פה האדם הרי התורה הזאת מתיחסת אל האדם שהוא גשמי ולכך מתיחס אל זה הלילה בפרט. אבל תורה שבכתב אינה נקראת תורת האדם כאשר אינה על פה של אדם הגשמיי כמו שכתבתי בסמוך, ולכך בתורה שבכתב היה עוסק ביום ובתורה שבעל פה היה עוסק עמו בלילה כי הלילה מתיחס לאדם שאינו שכלי גמור...

And here is another intriguing statement about the fundamentally different natures of the Written Torah and the Oral Law:

הרב יקותיאל יהודה הלברשטאם (אדמו"ר מקלויזנבורג) בקובץ מוריה שנה יד גליון א-ב עמודים מז-מח: ואולי יש לחלק שתורה שבעל פה דייקא בדיבור ושבכתב נמי במחשבה כיון שהכתב לפניו ואסור לאמרה בעל פה...

פרדס יוסף, פרשת עקב עמוד תל"ו: ועיין בקובץ מוריה שנה יד גליון א-ב עמודים מז-מח מש"כ אדמו"ר מקלויזנבורג לחלק לגבי לימוד התורה בין תורה שבכתב דיוצאים במחשבה לתורה שבעל פה דבעי דיבור.

5 **מסכת גיטין דף ס עמוד ב:** אמר רבי יוחנן לא כרת הקב"ה ברית עם ישראל אלא בשביל דברים שבעל פה שנאמר (שמות לד, כז) כִּי עַל פִּי הַדְּבָרִים הָאֵלֶּה כָּרַתִּי אִתְּךָ בְּרִית וְאֶת יִשְׂרָאֵל.

הגהות מהר"ץ חיות על מסכת גיטין דף ס עמוד ב (ד"ה לא כרת הקב"ה ברית עם ישראל אלא בשביל דברים שבעל פה): עיין ירושלמי פרק ב דפאה וסוף פרק א דחגיגה ופרק ד דמגילה וזו לשונו – נאמרו דברים בעל פה ונאמרו דברים בכתב ואין יודע איזהו מהן חביב, מן מה דכתיב (שמות לד, כז) עַל פִּי הַדְּבָרִים הָאֵלֶּה כָּרַתִּי אִתְּךָ בְּרִית וְאֶת יִשְׂרָאֵל הדא אמרת שבעל פה חביבין.

פירוש רבינו חננאל למסכת ברכות דף י"א עמוד א: ירושלמי – רבי בא בר כהן בשם רבי יהודה בן פזי תדע לך שדברי סופרין חמורין מדברי תורה, שהרי רבי טרפון אלו לא קרא [קריאת שמע] כלל היה עובר בלאו, ומשום שעבר על דברי בית הלל נתחייב מיתה. שכך אמרו לו כדאי היית לחוב בעצמך שעברת על דברי בית הלל...

כל כתבי מהר"ץ חיות, חלק א עמוד רצ"ב (מבוא התלמוד פרק חמישי): ... וביותר ראינו (מסכת ברכות דף מח עמוד א) רבי נתן אומר אין צריך, הרי הוא אומר כי הוא יברך את הזבח. ראינו דחביב לתנא לימוד מדברי נביאים יותר מלימוד קרא מפורש מקודם מתן תורה...

6 **מסכת נזיר דף ב עמוד ב:** גבי יש נוחלין נמי מפרש עיקר נחלה ברישא אלא [הכא] לפרוש כינויי ברישא אלא היינו טעם ידות **הואיל ואתיין ליה מדרשא חביבין ליה** וליפתח בהון ברישא תנא כי מתחיל מתחיל בעיקר קרבן ולענין פירושי מפרש ידות ברישא.

מר קשישא, ערך קדימת מה דאתא מדרשה, עמוד קצ"ב: ריש יבמות (דף ב עמוד ב), בבא קמא ריש פרק ב, ריש נדרים (דף ג עמוד א) עיין שם באריכות, וריש נזיר (דף ב עמוד ב), בבא בתרא דף קח עמוד ב. ועיין עוד ערך סדר. בשל"ה דף שיט ע"ד [תורה שבעל פה כלל רבי] דזה דווקא באם זכר כלל כמו ריש פרק יש נוחלין או מספר כמו ריש יבמות, דאם לא כן אמרינן כי פתח פתח בדאורייתא. וקשה להבין ריש פרק ב דבבא קמא דלא הוי לא כלל ולא מספר. ועיין ריש נדרים דף ג עמוד א דשם מבואר דדרך התנא להקדים בדאורייתא בפתח דבריו, ובביאור הדברים מקדים דרבנן. וכי האי גוונא ריש נזיר.

7 **מסכת סנהדרין דף פ"ד עמוד א רש"י (ד"ה לא יבוא):** והיינו אזהרה מדברי קבלה בעלמא ולא לקי עלה. **מרגליות הים, שם אות א:** ברש"י דהיינו אזהרה מדברי קבלה בעלמא ולא לקי עלה. ובערוך לנר מביא מרמב"ם פרק ו מהלכות ביאת מקדש שכתב דלקי משום דהוי כזר והכסף משנה שם כתב דלוקין אקבלה. אולם בבכורות ט עמוד

א אמרינן דמכח הלכתא איסורא איכא לאו ליכא, וכן כתב הר"ן בפרק כלל גדול דאין לוקין אהלכה למשה מסיני כו' עיין שם.

Here is an example from the realm of *tum'ah*. Entering the Temple in a state of impurity can result in excision. Still, says *Rambam*, if the situation that resulted in the person's impurity is not stated explicitly in the Torah, he would be exempt from the usual penalties involved in this:

משנה תורה הלכות ביאת מקדש פרק ג: וכן הנוגע בכלים שנגעו באדם שנגע במת, או שנגע באדם שנגע בכלים הנוגעים במת – אף על פי שהוא טמא ראשון לעניין תרומה, ולטמא בשר הקודשים – הרי זה פטור על ביאת המקדש, שדברים אלו הלכה מפי הקבלה. ואף על פי שהוא פטור, מכין אותו מכת מרדות.

כל כתבי מהר"ץ חיות, חלק א עמוד קכ"ה בהגהה: ... אכן ראינו דיש גם כן חילוק לענין הדין בין דבר הנלמד דרך הדרשות ובין דבר המפורש בתורה... ועוד לו [לרמב"ם] בפרק ג מהלכות ביאת מקדש הלכה ט"ו דהנוגע בכלים שנגעו באדם שנגע במת אף על פי שהוא טמא ראשון מכל מקום אינו לוקה על ביאת מקדש שדברים אלו הלכה מפי הקבלה.

8 בראשית כד.

9 **קונטרס דברי סופרים, נדפס בקובץ שיעורים, עמוד צ אות כ:** וטעמו של דבר זה פשוט מסברא דכיון שאנו רואין שהתורה האריכה בדבר זה יותר מחבירו מסתמא הוא חשוב יותר. ועיין בפירוש רש"י פרשת חיי שרה אמר רבי אחא יפה שיחתן של עבדי אבות לפני המקום יותר מתורתן של בנים שהרי פרשתו של אליעזר עבד אברהם נכפלה שתי פעמים והרבה מגופי תורה לא ניתנו אלא ברמיזה. הרי שרז"ל העירונו בזה דבדבר שהוא יותר חשוב לפני המקום בו האריכו הכתובים יותר. ואם כן כל האיסורין של דבריהן שלא נאמרו כלל אפילו ברמיזה אלא שאנו יודעין מדברי חכמים שכך הוא רצונו ית"ש הן קלין עוד יותר מדברים הנלמדין בדרש בתורה שבעל פה.

10 **שם אות יח:** ומהאי טעמא אנו חייבין לעשות כדבריהן שהרי אנו מקיימין בזה רצון השי"ת שהסכימה דעתן לדעתו **ומכל מקום כיון שלא בא עליהן צווי מפורש בתורה הן קלין מדברי תורה המפורשין.**

שם אות יט: ויותר מזה מצינו שאפילו הדברים הנלמדין במדות שהתורה נדרשת בהן שהן דאורייתא ממש מכל מקום הן קלין מדברים המפורשין בתורה.

11 **ספר החינוך מצוה תקכט – שלא להשחית אילני מאכל...:** שנמנענו מלכרות האילנות כשנצור על עיר... וכמו כן נכנס תחת זה הלאו שלא לעשות שום הפסד, כגון לשרוף או לקרוע בגד או לשבר כלי לבטלה. ובכל עניינים אלו ובכל כיוצא בם שיהיה בהם השחתה יאמרו ז"ל תמיד בגמרא [כגון מסכת שבת דף קכט עמוד א] והא קא עבר משום בל תשחית. **ומכל מקום אין מלקין אלא בקוצץ אילני מאכל שהוא**

מפורש בכתוב, אבל בשאר ההשחתות מכין אותו מכת מרדות... ועובר על זה והשחית אילני מאכל עבר על לאו זה וחייב מלקות. ועל שאר השחתה בכל שאר דברים שאינן מפורשין מכין אותו מכת מרדות.

כל כתבי מהר"ץ חיות, חלק א עמוד קס"ט: ועיין ספר המצוות להרמב"ם מצות לא תעשה קע"ט דהאריך בזה וכתב בסוף דאוכל שרץ המים לוקה משום בל תשקצו אבל בשותה בקרני דאומנא וכדומה אינו לוקה מן התורה משום דפשטא דקרא לא קאי רק על שרץ המים בלבד.

12 **בראשית כא, יב:** וַיֹּאמֶר אֱלֹהִים אֶל אַבְרָהָם אַל יֵרַע בְּעֵינֶיךָ עַל הַנַּעַר וְעַל אֲמָתֶךָ כֹּל אֲשֶׁר תֹּאמַר אֵלֶיךָ שָׂרָה שְׁמַע בְּקֹלָהּ כִּי בְיִצְחָק יִקָּרֵא לְךָ זָרַע.

More material on whether Esav is considered to be the progeny of Yitzchak is available here:

פרדס יוסף, פרשת דברים עמוד ע"ב: והנה בשלחן ערוך אורח חיים (סימן תקצ"א סעיף ז) איתא ועקידת יצחק היום לזרעו תזכור כך היא הנוסחא המפורסמת. והמדקדקים לומר לזרע יעקב תזכור משנה ממטבע שטבעו חכמים בברכות ואינו אלא טועה עד כאן. ויסוד הב' דעות הנ"ל היא דדעה א' ס"ל דעשו אינו בכלל זרע יצחק ואם כן סגי כשאומר לזרעו והכוונה רק לבני ישראל. אך דעה ב' ס"ל דגם כן עשו בכלל זרע יצחק ואם כן כשיאמר "לזרעו" בסתמא גם עשו בכלל ולכן צריך לפרש "לזרעו של יעקב" עד כאן. ובמגן אברהם הביא הירושלמי דנדרים (פרק ג הלכה ח) דעשו אינו בכלל זרע יצחק וביאר בזה טעם הדעה הא'. והקשה המגן אברהם: וקשה, דהא נתן לעשו קיני, קניזי וקדמוני כמו שכתב רש"י פרשת דברים, ויש לומר דאין זה ירושה ממש כמו בבני לוט עיין שם עד כאן דבריו. ועיין בלבושי שרד שם מה שכתב לבאר דברי המגן אברהם בזה. ובהגהות חתם סופר בשלחן ערוך שם. וראה בשו"ת הריב"ש (סימן ל"ח) באריכות בב' הדעות הנ"ל ובשו"ת המבי"ט (חלק א סימן רע"ו) בזה אריכות. ובשאילת יעב"ץ (חלק א סימן קמ"ד) מה שכתב בזה עיין שם.

13 **אור גדליהו, פרשת תולדות עמוד 82 (ד"ה ואלה):** ... מצינו בגמרא נדרים (דף לא עמוד א) דעל מה דכתוב כִּי בְיִצְחָק יִקָּרֵא לְךָ זָרַע דרשו ביצחק ולא בכל יצחק, פירוש שרק יעקב נקרא זרע יצחק ולא עשו. ודבר זה יש לפרשו בתור גזירה שכן מוכרח להיות, שרק יעקב הוא זרע יצחק ועשו לא היה לו שייכות כלל לזה. אך זה אינו, **דכל דבר שהוא רק דרשה ואינו מפורש בקרא** אינו בבחינת גזירה ואינו מוכרח שכן צריך להיות, אלא הוא בבחינת ידיעה ובחירה, שהדרשה הוא בבחינת ידיעה שכן הוא האמת ואחר כך נתברר שכן הוא המציאות, אבל יש בחירה שיהיה באופן אחר. וכן כאן, עשו היה לו הבחירה שגם הוא יהיה זרע יצחק. כי אילו היה עשו ממלא את תפקידו אשר היה מוטל עליו, היה זוכה להיות גם כן זרע יצחק, ואז היה הפסוק כִּי בְיִצְחָק יִקָּרֵא לְךָ זָרַע מתפרש באופן אחר, פירוש כי בב' כוחות של יצחק יקרא לך זרע (ב' יצחק)...

14 Our principle is also sometimes used to elucidate Talmudic passages. The Written Torah describes the death of Aharon's sons, Nadav and Avihu:

ויקרא פרק י, א-ב: וַיִּקְחוּ בְנֵי אַהֲרֹן נָדָב וַאֲבִיהוּא אִישׁ מַחְתָּתוֹ וַיִּתְּנוּ בָהֵן אֵשׁ וַיָּשִׂימוּ עָלֶיהָ קְטֹרֶת וַיַּקְרִיבוּ לִפְנֵי ה' אֵשׁ זָרָה אֲשֶׁר לֹא צִוָּה אֹתָם. וַתֵּצֵא אֵשׁ מִלִּפְנֵי ה' וַתֹּאכַל אוֹתָם וַיָּמֻתוּ לִפְנֵי ה'.

Chazal elaborate on this incident, suggesting a number of reasons for these exalted leaders' death. *Sfas Emes* relies on the fact that the Torah explicitly states the reason for Aharon's sons' death to explain a particular passage:

מסכת יומא דף נ"ג עמוד א: תניא ר"א אומר וְלֹא יָמוּת עונש כִּי בֶּעָנָן אֵרָאֶה אזהרה יכול יהיו שניהם אמורין קודם מיתת בני אהרן תלמוד לומר אַחֲרֵי מוֹת שְׁנֵי בְּנֵי אַהֲרֹן יכול יהיו שניהם אמורים אחר מיתת שני בני אהרן תלמוד לומר כִּי בֶּעָנָן אֵרָאֶה עַל הַכַּפֹּרֶת הא כיצד אזהרה קודם מיתה ועונש אחר מיתה מאי תלמודא אמר רבא אמר קרא כי בענן אראה ועדיין לא נראה ואלא מאי טעמא איענוש כדתניא ר"א אומר לא מתו בני אהרן אלא על שהורו הלכה בפני משה רבן מאי דרוש וְנָתְנוּ בְּנֵי אַהֲרֹן הַכֹּהֵן אֵשׁ עַל הַמִּזְבֵּחַ אף על פי שהאש יורדת מן השמים מצוה להביא מן ההדיוט.

שפת אמת על הש"ס, מסכת יומא דף נ"ג עמוד א: ואלא מאי טעמא איענש כדתניא כו' לכאורה קשה הא מטעם ביאה ריקנית נתחייבו דלזה לא צריך קרא דוכסה כדאמרינן לעיל דהאי קרא לא אצטריך אלא לחייב אפילו אם היה שוגג בשעת כניסה. והיה משמע מכאן דגם עונש דביאה ריקנית לא נאמר אלא אחר מיתת נדב ואביהו דלא כמ"ש לעיל דכל הפסוק דאל יבוא בכל עת נאמר מקודם. מיהו יש לומר דכיון דכתיב הטעם בתורה (בפרשת פנחס) בְּהַקְרִיבָם אֵשׁ זָרָה אם כן משמע דאינו מטעם ביאה ריקנית [אף על גב דבמדרש פרשת אחרי איכא מאן דאמר דעל הקריבה נמי מתו יש לומר דהגמרא לא סבירא לה הכי מטעם הנזכר לעיל]...

פרדס יוסף, פרשת פנחס עמוד א'עח אות קב: בְּהַקְרִיבָם אֵשׁ זָרָה (במדבר כ"ו, ס"א). ראה בשפת אמת על יומא (נג.) שכתב דמזה דכתיב בפסוק להדיא בְּהַקְרִיבָם אֵשׁ זָרָה אם כן מבואר דזה היה סיבת מיתתם ועיין שם היטב מה שכתב עוד בזה.

15 **פרדס יוסף, פרשת ואתחנן עמוד רס"ב:** והנה בפרי מגדים (אורח חיים סימן כה) הקשה לדעת הלבוש דהא דאין מעבירין על המצוות הוא דאורייתא. אם כן מדוע אם פוגע בשל ראש קודם לא יניחם, הרי אף על פי דכתיב קודם כאן יד ואחר כך ראש והוא דאורייתא, הרי גם הא דאין מעבירין הוא דאורייתא. ותירץ דקרא דבין עיניך דכתיב אחרי על ידך מפורש טפי מהא דאין מעבירין...

פרי מגדים (משבצות זהב) אורח חיים סימן כ"ה: ... והנה אין מעבירין על המצות דין תורה הוא כמו שכתב הלבוש כאן ושמרתם המצות יעוין שם, ואם כן תדיר דין תורה, ומה חזית דנדחה תדיר המפורש בקרא מלבד עולת הבקר מפני אין מעבירין כו' לזה אמר שאף טעם זה הוה רק אסמכתא דתפילין מקודשין יותר (זה מצוה וזה קדושה)...

16 **מסכת בבא מציעא דף צ"ה:** אלא תנא מילתא דכתיבא בהדיא קתני, דאתיא מדרשא לא קתני. **רש"י שם (ד"ה דכתיבא בהדיא):** שואל דכתיב ביה פטור בבעלים בהדיא. **רש"י שם (ד"ה קתני):** מתניתין בבעלים פטור. **רש"י שם (ד"ה דאתיא מדרשא):** שאר שומרים דאית בהו פטור מדרשא לא קתני.

17 **יד מלאכי, כללי מ אות תיח:** מילתא דאתיא בקל וחומר טרח וכתב לה קרא: וכן גזירה שוה והקישא לדעת הר"ן בריש נדרים היינו לומר דיש ללמוד מאותה טירחא לאחמורי ביה טפי ממה שאינו כתוב להדיא דודאי לאו לאטרוחי בכדי הוא – קנאת סופרים כתב יד שורש ב'.

18 **יד מלאכי, כללי מ אות תיח:** ... ודע דאף באיסורין דרבנן אי אסמכינהו אקראי חמירי טפי כמו שתמצא להתוספות ז"ל בפרק בכל מערבין דף לא ב' ד"ה כאן וכן כתב מוהר"י מינץ סימן ד.

תוספות מסכת עירובין דף ל"א עמוד ב (ד"ה כאן בעירובי תחומין): ... לכן נראה לפרש דעירובי תחומין הואיל ואסמכוה אקרא חמירי ולא הימנוהו רבנן ולא הוי עירוב אם לא בעומד ורואהו...

19 **מסכת זבחים פרק י משנה ב:** כל המקודש מחברו קודם את חברו... חטאת קודמת לאשם מפני שדמה ניתן על ארבע קרנות ועל היסוד. **רש"י מסכת זבחים דף פ"ט עמוד א (ד"ה ועל היסוד):** שפיכת שירים ובאשם לא מצינו שנאמר בו יסוד. **פירוש רבי עובדיה מברטנורא שם (ד"ה ועל היסוד):** שפיכת שיריים. ובאשם לא מצינו שנאמר בו. **פירוש תפארת ישראל שם אות י:** ... וגם אף שגם כן צריך שפיכת שיריים ליסוד [בקרבן אשם], על כל פנים לא מפורש בתורה.

קונטרס דברי סופרים, נדפס בקובץ שיעורים, עמוד צ אות יט: ויותר מזה מצינו שאפילו הדברים הנלמדין במדות שהתורה נדרשת בהן שהן דאורייתא ממש מכל מקום הן קלין מדברים המפורשין בתורה... ועוד הוא מפורש במשנה ריש פרק כל התדיר דף פ"ט. וכל המקודש מחבירו קודם לחבירו חטאת קודמת לאשם מפני שדמה ניתן על ארבע קרנות ועל היסוד. ועיין שם בתוספות יום טוב פירושו דהא גם באשם צריך יסוד **אלא שבחטאת היסוד מפורש בקרא ובאשם אינו מפורש ובזה הויא חטאת מקודש לגבי אשם.**

It must be pointed out, however, that not all authorities agree on this point:

פירוש המשניות מלאכת שלמה שם (ד"ה ועל היסוד): שפיכת שירים ובאשם לא מצינו שנאמר רש"י ז"ל. וכתב עליו ה"ר פרץ ז"ל ואין נראה למורי שיחיה דלעיל בפרק איזהו מקומן בגמרא מרבינן כל דמים לשפיכת שירים כמו בחטאת אף על גב דלא כתיב בהו בהדיא מה בכך. לכך נראה למורי שיחיה דהכי פירושו...

It appears that *Tosafos Yom Tov* also considered *Rashi*'s answer to be wanting:

פירוש תוספות יום טוב שם (ד"ה ועל היסוד): לשון הר"ב ובאשם לא מצינו שנאמר

בו. וכן כתב רש״י... וכן כתב הרמב״ם בפרק ה מהלכות מעשה הקרבנות. לכך צריך **לדחוק** דתנא קחשיב צד ריבוי מה שנאמר בפירוש ממה שנלמד בלימוד בעלמא.

20 **חידושי ריטב״א על מסכת סוכה דף ל״א עמוד ב:** אמרו לו משם ראיה אין שעת הדחק ראיה. מכאן סמכו הגאונים ז״ל לומר דיבש ונקטם ראשו וכל הפסולים יוצאים בהם בשעת הדחק, ואפילו ביום ראשון. ונראה לי דוקא דכל שפסול שלהם לפי שאינו הדר, דבשעת הדחק לא קפדינן ביה, אבל כל שפסולו מגופו מפני מיעוט שיעורו שאין שמו עליו, או שיש בו משום מצוה הבאה בעבירה לא. וביבש נמי דוקא בלולב והדס וערבה דלא כתיב בהו הדר בפירוש אלא דגמרי (ליה) להו מאתרוג, אבל באתרוג דכתיב ביה הדר בפירוש הא קפיד ביה קרא וכל שאינו הדר אין יוצאין בו אפילו בשעת הדחק.

21 **תלמידי רבינו יונה על מסכת ברכות (עמוד 2 מדפי הרי״ף בתחילתו):** ... וברכת גאל ישראל נמי, אף על פי שהתקינו לאומרה בלילה כנגד יציאת מצרים שהיתה בלילה, אפילו הכי כיון שלא למדנו זכירת יציאת מצרים בלילה (מסכת ברכות דף יב עמוד ב) אלא מריבוי דכֹל יְמֵי חַיֶּיךָ [דברים טז, ג] ואין כתיב שם לילה בפירוש אלא מייתור כֹל בלבד דרשינן ליה, לא חיישינן אם אין אנו אומרים אותה בלילה ממש, דכיון שלילה הוא לענין תפילת ערבית, לילה הוי להזכיר יציאת מצרים...

22 **שדי חמד, כרך ה עמוד 227 כלל כו – עשה דוחה לא תעשה:** דבר שהוא הלכה למשה מסיני חשיב עשה ודוחה לא תעשה – הרב מגילת אסתר לאוין ס״ח...

23 **שם:** ... ועשה שאינו מפורש בתורה רק נלמד באחת מי״ג מידות שהתורה נדרשת דעת רב אחד הובא בשאלות ותשובות מים רבים סימן מ״ג דלא אלים לדחות לא תעשה והרב המחבר בסימן מ״ד השיב על דבריו עיין שם באורך ובסימן מ״ה ומ״ו.

שאלות ותשובות מים רבים, סימן מג: שאלה מג – מי שהיה במקום שלא היה מצוי בו מצה בליל ראשון של פסח אלא מן החדש היכי ליעביד... ואף על גב דקיימא לן כל מקום שאתה מוצא עשה ולא תעשה אם אתה יכול לקיים את שניהם מוטב ואם לאו יבא עשה וידחה לא תעשה, שמא לא אמרו כן אלא היכא שהעשה מפורש בתורה כגון מילה בצרעת אבל היכא שאין העשה מפורש בתורה כי הכא (דהא רז״ל הוציאוהו מי״ג מידות שהתורה נדרשת בהן...) לא או דילמא לא שנא. **תשובה** – ... מהיכן יצא חיוב אכילת מצה בליל א׳ של פסח... ... באופן דחזינן מכל הני מילי מעליותא **דאין עשה זה מפורש בתורה אלא שחכמים דרשוהו מכח י״ג מידות שהתורה נדרשת בהן והילכך לא אלים כשאר עשין שבתורה** וראיה לזה שרב אחא בר יעקב פליג ארבא ואמר שמצה בזמן הזה דרבנן ואם איתא איך יהיה כח בידו לעקור מצות עשה שבתורה... אלא ודאי דסבירא ליה לרב אחא שאין עשה זה כשאר עשין שבתורה וכדכתיבנא. ומעתה חל עלינו חובת ביאור הכלל שבידינו כל מקום שאתה מוצא וכו׳ אם אמרו זה אפילו היכא דאין העשה מפורש בתורה או לא... נפקא מינא לענין דינא מכל הני שמעתתא שלא יאכל מצה בלילה הראשונה של פסח אלא שיעבור על אותה מצוה. ואף על גב

דקיימא לן דאתי עשה וידחה לא תעשה זה יצא מן הכלל הן מטעם שאינו מפורש בתורה בהדיא כדהוכחנא... ומכל אלו הטעמים נראה לי שאין בו כח לעקור לא תעשה שמפורש בתורה בהדיא...

The prior responsum was penned by בנימין דיאש בראנדון ס"ט. The next responsum disagrees:

שאלות ותשובות מים רבים, סימן מ"ד: ... דהרי אפילו תימא דנפיק חיוב זה [של אכילת מצה בליל ראשון של פסח] מכח מדה אחת (מה שאין כן לפי האמת) ומה בכך, סוף סוף נכנס גם הוא במנין שאר המצוות ולא גרע כחו משאר עשין שבתורה, לא מבעיא לפי הכללים דקיילו לן סמ"ג והרמב"ן ז"ל במנין המצוות, אלא אפילו לדעת הרמב"ם ז"ל אשר יסד בשורש השני שאין ראוי למנות כל מה שלמדין בא' מי"ג מידות שהתורה נדרשת בהן או מריבוי, אפילו הכי אשכחן שהוא עצמו ז"ל חילק וכתב שם וזו לשונו: הראוי בזה, שכל מה שלא תמצאהו כתוב בתורה ותמצאהו בתלמוד שלמדוהו בא' מי"ג מידות אם ביארו הם בעצמם ואמרו שזה גוף תורה או שזה דאורייתא הנה ראוי למנותו אחר שהמקובלים ממנו אמרו שהוא דאורייתא ואם לא יבארו זה ולא דברו בו הנה הוא דרבנן עד כאן. ועיין בפירוש הר"ש בעל זוהר הרקיע ובפירוש מהר"י ליאון בעל מגילת אסתר שפירשו כוונת הדברים שרצונו לומר שכל דבר הנלמד בי"ג מידות הוא מן התורה ודינו כדין הדברים המפורשים בתורה רק שלא יבוא במנין תרי"ג מצוות, ולא קראם מדרבנן על היותו סובר כי יש להקל בהם כדברי תקנותיהם וגזירותיהם, אבל קראם מדרבנן מפני שהם [כלומר, רבנן] פירשוהו לנו ולא בא בפירוש בתורה... וכיון שכן לא נפיק לן מידי השתא לחקור אם החיוב דנ"ד [דנידון דידן] נפיק מכח מידה או מכח קרא... דלא גרע כחו משאר מצוות של תורה... הצעיר רפאל... מילדולה...

24 This is often expressed by use of the phrase מושבע ועומד מהר סיני. See, for example, these passages:

מסכת נדרים דף ח עמוד א: ואמר רב גידל אמר רב האומר אשכים ואשנה פרק זה אשנה מסכתא זו נדר גדול נדר לאלהי ישראל **והלא מושבע ועומד הוא** ואין שבועה חלה על שבועה מאי קא משמע לן דאפילו זרוזי בעלמא...

מסכת יומא דף ע"ג עמוד ב: תנן שבועה שלא אוכל ואכל נבילות וטריפות שקצים ורמשים חייב ורבי שמעון פוטר והוינן בה אמאי חייב **מושבע ועומד מהר סיני הוא...**

25 **פתיחה כוללת לספר פרי מגדים, רבי יוסף תאומים, הוצא לאור על ידי רבי אשר אנשיל אייזנברגר, 1996:** כתב המחבר ביורה דעה סימן רל"ח סעיף ד – אמר שבועה שלא אוכל נבילות וטרפות ואכל אינו חייב משום שבועה שהרי מושבע ועומד מהר סיני הוא. ואם אמר שבועה שלא אוכל כל שהוא מנבילות וטריפות ואכל פחות מכזית חייב על השבועה שהרי אינו מושבע מהר סיני על חצי שיעור. והמחבר שם סימן רל"ט סעיף ו כתב – הנשבע על דבר מצוה דרבנן כגון שלא להדליק נר של חנוכה או שלא לקרוא המגילה השבועה חלה. וכן אם נשבע לקיים מצוה דרבנן חייב

משום שבועה אם מבטלה **והוא הדין לדבר שהוא מדרש חכמים שאינו מפורש בתורה.** וכן הרמ"א שם סימן רל"ו סעיף ב הביא אם נשבע להכות עצמו אף על פי שאינו רשאי חיילא שבועה ופירש הש"ך בסעיף קטן ג **אף על גב שהוא מן התורה כיון שאינו מפורש בתורה אלא דאתיא מדרשה הוי כדבר שהוא מדרבנן** ושבועה חלה עליו.

26 **שאלות ותשובות רדב"ז, סימן תתקט"ז (חלק ג תעח):** שאלת ממני אפרש לך מצות בל תוסיף במה שייך ובמה לא שייך. תשובה – דע שכל מצוה שעשה אותה וכופלה אין בה משום בל תוסיף כגון נטילת לולב נוטל כמה פעמים שירצה... אבל המוסיף מגוף המצוה כגון חמש ציצית... כיון שהוא מוסיף דבר חדש במצוה הרי זה בבל תוסיף... ומכאן תבין כי כל מצוה שאין מניינה מפורש בתורה אין עובר משום בל תוסיף כגון ערבה והדס ואפילו לולב נמי יש לומר דכפת כתיב חסר וא"ו ואין כאן אלא אחד. ואף על גב דדרשינן וַעֲנַף עֵץ עָבֹת לשלשה הדסים אין מנין זה מבואר ממש. ושמור זה הכלל שאם מוסיף במצוה עצמה ממה שכתוב בתורה בהדיא הרי זה בבל תוסיף... והנכון אצלי מה שכתבתי למעלה דכל ענין שהוא מפורש בתורה עובר משום בל תוסיף כגון כפת תמרים פרי עץ הדר...

27 **משנה תורה הלכות שחיטה פרק ה:** אף על פי שכולן הלכה למשה מסיני, הואיל ואין לך בפירוש בתורה אלא דרוסה, החמירו בה. וכל ספק שיסתפק בדרוסה, אסור, ושאר שבעה מיני טריפות, יש בהן ספקות מותרין כמו שיתבאר.

כל כתבי מהר"ץ חיות, חלק א עמודים קכג-קכד: ... ואולם במה שהמציא רבינו דין חדש בפרק (ד) [ה] מהלכות שחיטה דהואיל ואין בפירוש בתורה אלא דרוסה החמירו וכל ספק שנסתפק בדרוסה ספיקו לחומרא אבל בשאר טריפות יש ספיקות אשר מותרים... והיינו כיון דשאר טריפות נלמד דרך המדרשות הקילו בקצת ענינים.

This source is also relevant:

גליון מהרש"א מסכת גיטין דף מב עמוד ב (ד"ה הואיל בשן ועין לא חיישינן): ובספק הוא להיפך דמדרש חכמים דלאו לכל מסורה וישאל לחכם על כן יש להקל בספיקו יותר ממפורש דאם תיקל גם העם יוסיפו מדעתם. וזהו טעם שנתן רמב"ם לחלק בין ספק דרוסה לשאר ספק טריפות. ת"ש ריש סימן כט סוף ד"ה עוד הקשה.

28 **רמב"ם הלכות בכורות פרק ז:** אין מעשרים מן הנולדים בשנה זו על הנולדים בשנה אחרת כשם שאין מעשרין בזרע הארץ מן החדש על הישן ולא מן הישן על החדש שנאמר (דברים יד, כב) הַיֹּצֵא הַשָּׂדֶה שָׁנָה שָׁנָה. ויראה לי שאם עישר בהמה משנה על שנה הרי זה מעשר מפני חומרת הקודשים, שהרי לא הקפידה תורה על מעשר בהמה בפירוש שיהיה שנה שנה.

29 **משנה תורה הלכות שבועות פרק ה הלכה ב:** ולמה אינו לוקה משום שבועת שוא? שהרי אפשר לאותן אחרים שישמעו ממנו ותתקיים שבועתו, ונמצא כשמתרין בו בעת שנשבע התראת ספק, שאין לוקין עליה אלא אם היה לאו שבה מפורש, כמו שיתבאר בהלכות סנהדרין.

כל כתבי מהר"ץ חיות, חלק א עמוד קכד-קכה: ... וכן דברי הרמב"ם פרק ה מהלכות שבועות הלכה ב שכתב מי שנשבע שיזרוק אחד צרור לים או לא יזרוק אינו לוקה משום שבועת שוא משום דיש ביד חבירו שיזרוק ואם כן בעת שמתרין אותו הוה התראת ספק שאין לוקין בו אלא בלאו המפורש בתורה...

כל כתבי מהר"ץ חיות, חלק א עמוד קכה בהגהה: ... ומה שחילק רבינו בפרק ה מהלכות שבועות לענין התראת ספק בין לאו המפורש בתורה ובין נלמד דרך הדרשות הנה מצאתי לו ראיה ברורה מן הירושלמי ריש ברכות וזו לשונו שם: שני כוכבים ספק, שלשה ודאי לילה. ראה שני כוכבים בערב שבת והתרו בו ועשה מלאכה, ראה שני כוכבים במוצאי שבת והתרו בו ועשה מלאכה חייב ממה נפשך – אם הראשונים יום אף האחרונים יום וחייב על מוצאי שבת, ואם האחרונים לילה אף הראשונים לילה וחייב על ערב שבת. עוד שם: ראה שני כוכבים בערב שבת וקצר כחצי גרוגרת בשחרית וקצר כחצי גרוגרת במוצאי שבת ראה שני כוכבים וקצר כחצי גרוגרת חייב ממה נפשך – אם שני כוכבים לילה מצטרף של ערב שבת עם שחרית ואם שני כוכבים יום מצטרף של מוצאי שבת עם שחרית. והנה קשה קושיה חמורה מאד דלמה בעשה מלאכה בשני בין השמשות נקט "והתרה בו" וגבי קצר כחצי גרוגרת לא נקט "והתרה בו". אולם לשיטת רבינו ניחא דהנה בלאו הכי הקשו בתוספות איך אפשר להתחייב בעשה מלאכה בשני בין השמשות הרי הוה התראת ספק, מידי דהוה בהכה את זה וחזר והכה את זה. והנה בש"ס בבלי לא נזכר אלא חייב חטאת דלא בעינן התראה, מה שאין כן בירושלמי נזכר "והתרה בו". וכבר התעורר הרב מהר"א פולדא ותירץ דהירושלמי סבירא ליה התראת ספק התראה הוא. והנה בעשה מלאכה שלימה בשבת בודאי הוא לאו המפורש בתורה, ומפני זה לקי נמי וחייב כרת ומיתה בהתרה בו, מה שאין כן בסיפא דמיירי רק בעשה חצי מלאכה בשני בין השמשות ורק מיירי לענין צירוף של ערב שבת או של מוצאי שבת עם של שחרית. והנה צירוף זה לא ידענו כלל מן התורה היכא דעשה מלאכה בתחילת השבת וחצי מלאכה ביציאת השבת שיהיה היום מצרפו למלאכה אחת. זאת לא נתפרש בתורה, רק נודע לחז"ל זאת בשבת פרק כלל גדול אי יש ידיעה לחצי שיעור והוא פלוגתא בין רבן גמליאל ורבנן דרך הדרשות, ובכי האי גוונא שוב התראת ספק לא שמיה התראה כיון שאינו מפורש בתורה. ומפני זה לא נקט הירושלמי גבי צירוף השיעורים "והתרו בו" דלא משכחת התראה מפני שהוא התראת ספק ונקט סתם רק לענין חטאת וזה ברור.

הערת יורם בוגץ': ויש לעיין בכוונתו של רמב"ם בפירוש המשניות:

רמב"ם פירוש המשניות סנהדרין פרק ז, משנה ו: ... ואלה העבודות שאמר שהוא עובר עליהם בלא תעשה כמו כן נכלל בזה שאמר וְלֹא תָעָבְדֵם אבל אינו לוקה עליו לפי שאין איסורו איסור מבואר אבל חייב מלקות...

30 **מסכת יומא דף ל"ד עמוד ב תוספות (ד"ה רבי אומר של ערבית משל שחרית):** נראה לי דאיכא בינייהו ציבור שלא היו להם נסכים אלא לאחד מהן – למאן דאמר

דגמר של ערבית משל שחרית אם כן שחרית עיקר ויקריבום שחרית ולמאן דאמר גמר שחרית מערבית יקריבום ערבית.

טל תורה, על מסכת יומא דף ל"ד עמוד ב: רבי אומר ערבית משל שחרית. עיין תוספות דאם לא היו נסכים רק לאחד מהם לרבי שחרית עיקר כיון דערבית למד משחרית. ומוכח מזה דיש מעליותא דכתיב בהדיא יותר ממה דילפינן מדרשה אף דדרשה גם כן מן התורה.

31 **מסכת יומא דף מ"ד עמוד א תוספות (ד"ה מאי לאו בשעת הקטרה דלפני ולפנים):** תימה לי מאי שנא דגזרו לפרוש מבין האולם ולמזבח בשעת הקטרה דלפני ולפנים ולא בשעת הזאה והא בין הקטרה בין הזאה מחד קרא נפקא לעיל. ויש לומר בהקטרה דכתב בקרא בהדיא טפי גזרו בה רבנן ולא בהזאה דמייתורא דלכפר נפקא.

טל תורה, על מסכת יומא דף ל"ד עמוד ב: ... ומוכח מזה דיש מעליותא דכתיב בהדיא יותר ממה דילפינן מדרשה אף דדרשה גם כן מן התורה... ועיין תוספות לקמן מד ד"ה מאי דהחמירו חכמים דכתיב בהדיא כָל אָדָם לֹא יִהְיֶה בְּאֹהֶל מוֹעֵד, ובהזאה דנפקא מן יתורא לא החמירו חכמים כל כך להוסיף הרחקה יעוין שם.

32 **מסכת קידושין דף כ"ד עמוד ב:** תנו רבנן בכולם עבד יוצא בהם לחירות וצריך גט שחרור דברי רבי שמעון רבי מאיר אומר אינו צריך רבי אליעזר אומר צריך רבי טרפון אומר אינו צריך רבי עקיבא אומר צריך המכריעים לפני חכמים אומרים נראין דברי רבי טרפון בשן ועין שהתורה זכתה לו [רש"י: דכתיב בהדיא] ודברי רבי עקיבא בשאר אברים הואיל וקנס חכמים הוא קנס הוא קראי קא דרשינן אלא הואיל ומדרש חכמים הוא.

תוספות שם (ד"ה הואיל ומדרש חכמים הוא): פירוש, משום הכי אמר דבשאר דברים צריך גט שחרור. ואם תאמר ומה בכך הואיל ומדרש חכמים הוא והלא כמה גופי תורה תלויין שאינם באין אלא מכח דרשה... וריב"א פירש דוודאי שן ועין דכתיב בהדיא בקרא ועלייהו כתיב לַחָפְשִׁי יְשַׁלְּחֶנּוּ... ולכן אין צריך גט שחרור אבל שאר אברים דלא נפקי אלא מיתורא דישלחנו... ולכך צריך להו גט שחרור.

גליוני הש"ס על מסכת קידושין דף כ"ד עמוד ב (ד"ה הואיל ומדרש חכמים הוא): עיין שאלות ותשובות הרשב"א המיוחסות סימן קכ"ה מה שכתב שם בשם שאלות ותשובות הרי"ף על דברי רב אחאי גאון דהכי נמי קרא דלֹא יוּמְתוּ אָבוֹת עַל בָּנִים וגו' [דברים כד, טז] נמי אין פשוטו של פסוק אלא דלא יומתו אבות בעוון בנים וכו'. ומקרא מלא (מלכים ב פרק יד) וְאֶת בְּנֵי הַמַּכִּים לֹא הֵמִית כַּכָּתוּב בְּסֵפֶר תּוֹרַת מֹשֶׁה... לֹא יוּמְתוּ וגו'. ולא באו פסולן של קרובים אלא ממדרש חכמים וה"ל כשאר איברים דכאן, ואם כן המקדש בעדות קרובים תצטרך האשה גט עיין שם. ומה שכתב שם הרשב"א על זה דכאן הטעם דכיון דאין מפורש בתורה חששו שמא (ימצאנה) [ימצאנו] בשוק ויאמר לו עבדי אתה וכמו שכתבו התוספות כאן לכאורה אין זה מספיק דאם כן הכא נמי במקדש בעדות קרובים תצטרך גט מחשש שמא (ימצאנו) [ימצאנה] בשוק ויאמר לה אשתי את. וצריך לומר דחכמים ידעו בפרטיות כאן שאין דין זה נודע לעולם ועם כל

זאת תלי ליה בהיותו מדרש דאלו היה כתוב בתורה אי אפשר שלא יהיה נודע, ואין הכי נמי דאילו היה כזה בדין המפורש בתורה שלא היה נודע היה גם כן הדין כן.

טל תורה, על מסכת יומא דף ל"ד עמוד ב: ... ומוכח מזה דיש מעליותא דכתיב בהדיא יותר ממה דילפינן מדרשה אף דדרשה גם כן מן התורה... ועיין גיטין נראין דברי רבי טרפון בשן ועין ודברי רבי עקיבא בשאר איברים הואיל ומדרש חכמים הוא.

33 **מסכת מכות דף י"ד עמוד א תוספות (ד"ה ההוא מיבעי ליה לחייבו על אחותו שהיא בת אביו ובת אמו):** ואם תאמר למה לי מקרא דבקדושים תיפוק ליה דגבי אזהרה כתיב אחותך היא יתירא לאחותו בת אביו ובת אמו וכתיב (ויקרא יח, כט) וְנִכְרְתוּ הַנְּפָשׁוֹת הָעֹשֹׂת. ויש לומר דונכרתו לא קאי אלא אעריות המפורשות בהדיא ונהי דבקרא כתיב ערות בת אשת אביך מולדת אביך אחותך היא מכל מקום מיירי טפי מאחותו שהיא מאשת אביו ובת אביו אבל בת אביו ובת אמו לא ידעינן אלא מיתורא דקרא אחותך היא.

מסכת פסחים דף ל"ח עמוד א תוספות (ד"ה חלות תודה ורקיקי נזיר): ... והא דפריך ותיפוק ליה שאין נאכלין באנינות ושאין נאכלין בכל מושבות הכי פירושו שאין נעשה לאכול בכל מושבותיכם ולאכול באנינות. והא דלא פריך שאין נעשה להיות מצתכם אלא לגבוה כיון דלא כתב בהדיא פסול דמצתכם לא שייך למפרך הכי.

חידושי הר"ן על מסכת פסחים דף ל"ח עמוד ב: ... ובדין הוא דהוה ליה למפרך נמי תיפוק לי שאין נעשות להיות מצתכם אלא למהוי מצת ממון גבוה, אלא דכיון דפסול מצתכם לא כתוב בהדיא לא פרכינן מיניה...

מסכת חגיגה דף ו עמוד ב תוספות (ד"ה מי איכא מידי דמעיקרא לא בעי הפשט): דוקא מעולת תמיד קא מבעיא ליה משום דעיקר הפשט כתיב בגופיה אבל מעולת ראייה אף על גב דאמת הוא דטעונה הפשט לא קשה ליה מידי כיון דלאו בגופיה כתיב.

Glossary

The explanations of various terms listed here are by no means comprehensive and should not be considered authoritative.

AGGADAH: A matter not involving Jewish law.

AKEIDAH: The binding of Yitzchak (*Bereishis* 22).

AM HA'ARETZ: A person who is not scrupulous about the observance of certain commandments.

AMIDAH: The central component of prayer, consisting of nineteen blessings.

AMORA: A Sage of the Talmud.

AVRAHAM: Our forefather Abraham.

BA'ALEI TESHUVAH: People who have repented and returned to the Torah.

BEIS MIDRASH: A study hall in which Torah is learned.

BENTCHING (Y.): Reciting *Birkas HaMazon* (Grace after Meals).

BEREISHIS: Genesis.

BRIS MILAH: Circumcision.

CHALITZAH: A procedure that allows a childless widow to remarry.

CHAMETZ: Leavened bread.

CHAZAL: The sages of the Mishnah and Talmud.

CHILLUL HASHEM: Desecration of God's name.

ELIYAHU HANAVI: Elijah the Prophet.

EMUNAH: Faithfulness to God.

EREV PESACH: The day before Passover.

GAN EDEN: The Garden of Eden.

GEMATRIA: The numerical value of a letter or word.

GEONIM: Authorities who flourished ca. 500 C.E.–1000 C.E.

GET: A bill of divorce.

HALACHAH: Jewish law.

HAVDALAH: A ritual that marks the end of Shabbos.

KASHRUS: Jewish dietary laws.

KIDDUSH: A ritual that marks the beginning of Shabbos.

KIDDUSH HASHEM: Sanctification of God's name.

KIDDUSHIN: Betrothal; the first step towards full marriage.

KOHEN: Priest; descendant of Aharon (brother of Moshe).

KOHANIM: Plural of *Kohen.*

KOHEN GADOL: The High Priest.

LECHEM HAPANIM: Loaves of bread placed on the Table in the Temple.

MELACHAH: A form of activity forbidden on Shabbos.

MENORAH: The Lamp lit in the Temple.

MIDRASH: A homiletic commentary on the Torah.

MIDRASHIM: Plural of Midrash.

MIKVEH: A pool of water used to effect ritual purity.

MISHKAN: The Tabernacle.

MISHLEI: The Book of Proverbs.

MITZVAH: Commandment; good deed.

MITZVOS: Plural of *mitzvah.*

MOSHE: Moses.

NIDDAH: A menstruating woman.

NOAHIDE: A descendant of Noach.

PAROCHES: A curtain separating various areas of the Temple.

PESACH: Passover.

RAMBAN: Nachmanides.

RAMBAM: Maimonides.

REBBE: A Chassidic leader.

S'CHACH: Plant material used to cover the *sukkah.*

SHABBOS: The Sabbath.

SHACHARIS: The morning prayer.

SIDDUR: A prayer book.

SUKKAH: A hut in which Jews dwell during the festival of Sukkos.

TALLIS: A prayer shawl.

TANNA: A sage of the Mishnah.

TEFILLIN: Phylacteries.

TEHILLIM: Psalms.

TESHUVAH: Return to God and to the ways of Torah.

TZADDIK: A righteous person.

TZITZ: A golden head-plate.

TZITZIS: A four-cornered garment adorned with fringes.

TZEDAKAH: Charity.

YOM TOV: Jewish holy day; religious festival.

YAAKOV: Our forefather Jacob.

YITZCHAK: Our forefather Isaac.

YECHEZKEL: The prophet Ezekiel.

YEHUDAH: Judah (son of the patriarch Jacob).

YIBUM: Levirate marriage.

ZEMIROS: Songs of praise to God.

Bibliography

Books that were downloaded from the site HebrewBooks.org are marked with an asterisk (*).

- **אגרות וכתבים ממרן רבינו המשגיח זללה"ה**, רבי שלמה וולבה (1914–2005), חלק ראשון, תשס"ו.
- **אגרת בקורת***, רבי יעקב עמדין (יעב"ץ) (1698–1776), הוצאת מיכאל בן אלכסנדר פרומקין, זיטאמיר, 1868.
- **אהל דוד***, רבי דוד דייטש, אב בית דין עיר חדש, פרעסבורג, 1836.
- **אהל יצחק***, דברי תורה וסיפורים מהאדמו"ר רבי יצחק מוואורקי (נפטר 1848).
- **אור גדליהו**, רבי גדליהו הלוי שארר (1910–1979), ירושלים, התשס"א.
- **אור זרוע לצדיק***, רבי צדוק הכהן מלובלין (1823–1900), הוצאת יהדות, בני ברק, תשל"ג.
- **ארי במסתרים***, רבי יהודה אריה אלתר (נכד בעל אמרי אמת מגור).
- **ארץ חמדה***, מלבי"ם (1809–1879), וילנא, תרע"ג.
- **באר הגולה**, מהר"ל, לונדון, הוצאת חי"ל האניג ובניו, תשכ"ד.
- **באר מים חיים***, רבי חיים מצ'רנוביץ (תלמיד רבי מיכאל מיכל מזלוטשוב, מתלמידי הבעל שם טוב) (1740–1817).
- **באר שבע***, רבי ישכר בער איילינבורג (תלמידם של בעל הלבושים והסמ"ע).
- **בית האוצר***, רבי יוסף ענגיל (1858–1920).
- **בית מאיר***, רבי מאיר פוזנער, אב בית דין שאטלאנד, ווארשא, 1884.
- **בני אהובה***, רבי יהונתן איבשיץ (1690–1764).
- **בני חיי***, רבי חיים אלגאזי, איזמיר.
- **בני ישכר***, רבי צבי אלימלך שפירא (1783–1841).

- **בנין יהושע***, רבי יהושע פלק (מצאצאיו של מחבר סמ"ע), דיהרנפורט, תקמ"ח.
- **ברכי יוסף**, רבי חיים יוסף דוד אזולאי (חיד"א) (1724–1806), מהדורת צילום על ידי הוצאת ח. וגשל, ירושלים, תשמ"ט.
- **גבורת ארי**, רבי אריה ליב (בעל שאגת אריה וטורי אבן), ירושלים, תשל"ה.
- **גור אריה**, פירוש מהר"ל מפראג על התורה, בתוך מקראות גדולות המאורות הגדולים – אחד עשר מפרשי רש"י, מפעל תורה מפורשת, תשנ"ב.
- **שאלות ותשובות גנזי יוסף***, רבי יוסף ענגיל (1858–1920).
- **דברי דוד***, רבי דוד בן שמואל (1586–1667) (בעל הט"ז), דיהרנפורט, תמ"ט.
- **דברי שאול***, רבי יוסף שאול הלוי נתנזון מלבוב (1810–1875) (בעל שאלות ותשובות שואל ומשיב).
- **דבש לפי***, רבי חיים יוסף דוד אזולאי (חיד"א).
- **דרך חיים**, פירוש מהר"ל על פרקי אבות, ספרי מהר"ל, לונדון, תשכ"א, נדפס 1980.
- **דעת תורה**, רבי ירוחם ליבוביץ (1873–1936) Daas Torah Publications, ירושלים, תשל"ו.
- **דרשות הר"ן**, יוצא לאור על ידי אריה ל. פלדמן, הוצאת מכון שלם, ירושלים, תשל"ז.
- **הלכות קטנות***, רבי יעקב חאגיז (1620–1674), ירושלים, תשמ"א.
- **העמק דבר**, רבי נפתלי צבי יהודה ברלין (נצי"ב) (1816–1893) הוצאת ישיבת וולאזין, ירושלים, תשנ"ט, 5 כרכים.
- **העמק שאלה**, רבי נפתלי צבי יהודה ברלין. מוסד הרב קוק, ירושלים, 1999, 3 כרכים.
- **ויש לומר**, אגודת ודברת בם, ירושלים, תשס"ז.
- **זית רענן***, רבי אברהם גומבינר (בעל מגן אברהם), ויניציאה.
- **זכרון נפלאות***, רבי אלעזר הכהן מסאכאטשוב (חתן רבי יעקב מליסא), וורשא, תר"מ.
- **זקני מחנה יהודה***, רבי יהודה אריה ליב בלאכעראוויטש, תרצ"ט.
- **חדות יעקב***, הרב צבי אריה יהודה מייזלש, אב בית דין לאסק.
- **חומת אנך***, רבי חיים יוסף דוד אזולאי (חיד"א).

- **חיים שאל***, רבי חיים יוסף דוד אזולאי (חיד"א), לעמבערג, תרמ"ו.
- **חמדת בנימין***, רבי אברהם בנימין זילברברג (נפטר 1962), ניו יורק, תשי"ג.
- **חנוכת התורה***, הרבי רב העשיל מקראקא (1595–1663).
- **חק יעקב**,
- **טהרת המים***, רבי אברהם הכהן, סלוניקי, תרכ"ט.
- **טל תורה***, רבי מאיר אריק (1855–1926), וינה, תרפ"א.
- **טעמא דקרא***, רבי חיים קנייבסקי (נולד 1928).
- **יד אפרים***, רבי אפרים ביליצר (דיין ומורה צדק דקהילת קודש בטלאן, טרנסילבניה, עלה על המוקד עם כל בני קהילתו ז' סיון תש"ד, הי"ד).
- **יד מלאכי**, רבי מלאכי הכהן, ספרי קודש מישור, בני ברק, תשס"א.
- **ילקוט הגרשוני***, רבי גרשון ה"ק שטערן, מונקאטש, תרס"א.
- **יעיר אזן***, רבי חיים יוסף דוד אזולאי (חיד"א).
- **יערות דבש**, רבי יהונתן אייבשיץ (1690–1764), מכון משנת דוד, ירושלים, תש"ס.
- **יפה ללב***, רבי רחמים נסים יצחק פאלאג'י (1813–1907), אזמיר.
- **ישועות יעקב על התורה***, רבי יעקב אורנשטיין מלבוב (נפטר 1839), ווראשא, תרע"ב.
- **כל כתבי מהר"ץ חיות**, רבי צבי הירש חיות (1805–1855), הוצאת ספרים דברי חכמים, ירושלים, תשי"ח.
- **כלי חמדה***, רבי מאיר דן רפאל פלוצקי (1867–1928).
- **כמוצא שלל רב**, רבי אברהם ישראל רוזנטל, מכון הרב פראנק, מפעל גנזי קדם, ירושלים, תשנ"ח.
- **כף החיים***, רבי יעקב חיים סופר (1870–1939), ירושלים, תשכ"ו.
- **כרתי ופלתי**, רבי יהונתן אייבשיץ, הוצאת כלילת יופי פאבלישינג, ניו יורק, תש"מ.
- **כתב סופר***, רבי אברהם שמואל בנימין סופר (1815–1872), הוצאת סיני, תל אביב, 1980.
- **להורות נתן**, רבי נתן גשטטנר (1932–2010), בני ברק, תשנ"ה, נדפס בסוף ספר מאור התורה.
- **לחם שמים***, פירוש יעב"ץ על פרקי אבות.

- **לרעך כמוך**, רבי דוד אריאב, ירושלים, תשס"ד, ארבעה כרכים.
- **מאיר עיני חכמים***, רבי מאיר יחיאל האדמו"ר מאוסטרובצה (1851–1928), מהדורה תליתאי.
- **מגיד מישרים***, רבי יוסף קארו (1488–1575), וילנא, תר"מ.
- **מגן אבות***, פירוש תשב"ץ על פרקי אבות.
- **מזל שעה***, רבי שלמה הכהן, שאלוניקי, תקע"ב.
- **מלבי"ם**, רבי מאיר ליבוש בן יחיאל מיכל (1809–1879). יצא לאור על ידי מכון שעל ידי מוסדות חסידי אלכסנדר, בני ברק, התש"ס, 5 כרכים.
- **מנורת המאור***, רבי יצחק אבוהב הספרדי, 1845.
- **מנות הלוי***, רבי שלמה הלוי אלקבץ (מחבר זמר לכה דודי) (בערך 1505–1584), תשי"ד.
- **מנחת חינוך**, רבי יוסף באב"ד (1801–1874), מכון ירושלים, תשמ"ח, 3 כרכים.
- **מסילת ישרים**, רבי משה חיים לוצאטו (1707–1746).
- **מעין בית השואבה**, רבי שמעון שוואב (1908–1995), Mesorah Publications.
- **מעשה רב***, וילנא, תרמ"ט.
- **מקנה אברהם***, רבי אברהם שיראנו, שאלוניקי.
- **מראה הגדול***, רבי רפאל אשכנזי, שאלוניקי.
- **מרגליות הים**, ר' ראובן מרגליות (1889–1971), מוסד הרב קוק, ירושלים, הדפסה שישית, תש"ן.
- **מר קשישא**, רבי יאיר חיים בכרך (1638–1701). יצא לאור על ידי רבי אליהו דב פינס, מכון ירושלים, תשנ"ג.
- **משך חכמה**, רבי מאיר שמחה הכהן מדווינסק (בעל אור שמח) (1843–1926), הוצא לאור על ידי יהודה קופרמן, ירושלים, תשנ"ז, מהדורה שלישית, 5 כרכים.
- **נועם מגדים וכבוד התורה***, רבי אליעזר הלוי איש הורוויץ (נפטר 1806), לעמברג.
- **נחמד למראה***, רבי נסים אברהם אשכנזי, שאלוניקי.
- **נפש חיה***, ר' ראובן מרגליות, הוצאת ספרים זוהר, תל אביב, תשי"ד.
- **ספר המצוות**, רבי סעדיה גאון עם פירוש רבי יהודה ירוחם פישל פערלא, הוצאת קרן ספרים תורניים, ירושלים.

- **ספר חסידים***, רבי יהודה החסיד, הוצאת ישראל, 1953.
- **ספר סמיכת חכמים***, רבי נפתלי כהן צדק, נדפס מחדש ברוקלין תשל"ט.
- הגהות **עיני שמואל**, רבי שמואל אהרון ראבין אבד"ק קראטשין.
- **עמק הלכה***, רבי יהושע בוימעל, נדפס לראשונה בניו יורק בשנת תרצ"ד, ירושלים תשל"ו.
- **עמר נקא***, רבי עובדיה ברטנורא (1440 בערך), וילנא, תרע"ב.
- **ערוך השולחן**, רבי יחיאל מיכל הלוי אפשטיין (1908–1829), הוצאת יצוא ספרי קדש בע"מ.
- **פלא יועץ**, רבי אליעזר פאפו (1827–1786), הוצאת תורה וחיים, ירושלים, התש"ס.
- **פני דוד***, רבי חיים יוסף דוד אזולאי (חיד"א).
- **פנים יפות***, רבי פנחס הלוי הורוויץ (בעל הפלאה) (1805–1731).
- **פרדס יוסף**, רבי יוסף פאצאנאווסקי, מכון לעריכת ספרים וכתבי יד מגנזי קדמונים, בני ברק, תשנ"ג.
- The original work, covering בראשית, שמות, and ויקרא, was completed by Rabbi Potzonovsky (died in about 1942 in Lodz, Poland). A new edition, incorporating work on במדבר and דברים, was published in the 1990s by Rabbi David Avraham Mandelbaum (born 1956). I used this edition (ten volumes).
- **פרפראות***, מהדורא תנינא, רבי אשר זעליג קרעמער, בילגורי, תרפ"ט.
- **פרקי דרבי אליעזר**, תשס"ה.
- **פתיחה כוללת לספר פרי מגדים**, רבי אשר אנשיל אייזנברגר, 1996, 2 כרכים.
- **פתח עינים***, רבי חיים יוסף דוד אזולאי (חיד"א).
- **ציון לנפש חיה** (צל"ח), רבי יחזקאל לנדאו (בעל נודע ביהודה) (1793–1713), הוצאת ח. וגשל, מכון ירושלים, תשנ"ה, 4 כרכים.
- **קדושת לוי**, רבי לוי יצחק מברדיצ'וב, מכון קדושת לוי, ברוקלין, תשנ"ו.
- **קהלות ישורון***, רבי ישראל דיין מקהילת מעזריטש, נדפס בקהילת פיורדא.
- **קובץ ביאורים**, רבי אלחנן וסרמן (1941–1874), בתוך קובץ שיעורים חלק ב, הוצאת רבי אלעזר שמחה וסרמן, תל אביב, תשמ"ט.
- **קול יהודה***, רבי יהודא אריה פערלאוו, Moinester Publishing Company, תש"ו, ניו יורק.

• **ראש דוד***, רבי חיים יוסף דוד אזולאי (חיד"א).

• **רביד הזהב***, רבי ישראל יצחק הלוי מ"ץ, וורשא, תרנ"ה.

• **שאילת יעב"ץ***, רבי יעקב עמדין, E. Grossman's Publishing House.

• **שאילת יעקב*** (הרב יעקב סג"ל פראגער, רב באדא ופעטראוואסעללא, הוצאה חדשה ניו יורק, תשל"ח).

• **שאלות ותשובות אבני נזר**, רבי אברהם מסוכטשוב (1839–1910).

• **שאלות ותשובות אגרות משה**, רבי משה פיינשטיין (1895–1986), ניו יורק, תשי"ט, 7 כרכים.

• **שאלות ותשובות אדני פז***, רבי אפרים הקעשיר, אלטונא, תק"ג.

• **שאלות ותשובות אחיעזר**, רבי חיים עוזר גראדזענסקי (1863–1940), מכון כלילת יופי, ירושלים, תשנ"ו 2 כרכים.

• **שאלות ותשובות בית אפרים***, רבי אפרים זלמן מרגליות (1762–1828), לעמבערג, 1818.

• **שאלות ותשובות בכורי שלמה***, רבי שלמה אברהם רזעכטע, פיעטרקוב, 1894.

• **שאלות ותשובות זכרון יעקב**, רבי יעקב מבויסק, וילנא, 1874.

• **שאלות ותשובות חוות יאיר**, רבי יאיר חיים בכרך (1638–1701), מכון עקד ספרים, תשנ"ז, 2 כרכים. הוצא לאור על ידי שמעון בן-ציון הכהן קוטס.

• **שאלות ותשובות חתם סופר**, רבי משה סופר (1762–1839), הוצאת ברוכמן ברוק, 3 כרכים.

• **שאלות ותשובות טוב טעם ודעת***, רבי שלמה קלוגר מבראדי (1785–1869).

• **שאלות ותשובות מים רבים***, רבי רפאל מילדולה, אמשטרדם, תצ"ז.

• **שאלות ותשובות מנחת אלעזר***, רבי חיים אלעזר שפירא ממונקאטש (1871–1937), ירושלים, תשנ"ו.

• **שאלות ותשובות נודע ביהודה**, רבי יחזקאל לנדאו, ירושלים, תשנ"ח, הוצאת א. בלום ספרים, 4 כרכים.

• **שאלות ותשובות פני מבין***, רבי נתנאל הכהן פריעד, אב בית דין באלמאז-אויוואראש, יצא לאור בראשונה תרע"ג-תרע"ד, ברוקלין תשל"א.

• **שאלות ותשובות ציץ אליעזר**, רבי אליעזר יהודה וולדינברג (1915–2006), ירושלים, תשמ"ה, הוצאה שניה, 9 כרכים.

- **שאלות ותשובות קול אריה***, רבי אברהם יהודא הכהן אב בית דין בערעגסאז, תרס"ד.
- **שאלות ותשובות רמ"ץ***, רבי מאיר צבי וויטמאיר רב דסאמבור, תרל"ב.
- **שאלות ותשובות שבות יעקב**, רבי יעקב רישא בק (1661–1733), ירושלים, תשס"ד, שני כרכים.
- **שאלות ותשובות שואל ומשיב**, רבי יוסף שאול הלוי נאטנזאהן (1810–1875), ירושלים, מכון אב"י, 5 כרכים.
- **שאלות ותשובות שיבת ציון**, רבי שמואל סג"ל לנדא, בנו של בעל נודע ביהודה.
- **שאלות ותשובות שמן רוקח***, רבי אלעזר לעוו (1758–1837).
- **שאלות ותשובות תורת חסד***, רבי שניאור זלמן פרדקין מלובלין (1830–1902), ורשא, תרמ"ג.
- **שאלות ותשובות רבי עקיבא איגר**, הוצאת מכון המאור, ירושלים, תשנ"ח, 3 כרכים.
- **שאלות ותשובות רבי שמעון בן צמח** (תשב"ץ), מכון שלמה אומן, מכון ירושלים, תשנ"ח, 3 כרכים.
- שאלות ותשובות רדב"ז, הוצאת המוסד לעידוד לימוד התורה.
- **שבט יהודה***, שלמה בן וירגא (1460–1554), הנובר, תרט"ו.
- **שדי חמד**, רבי חזקיהו חיים מדיני (1833–1905), הוצאת בית הסופר.
- **שארית מנחם***, רבי שמואל יעקב רובינשטיין, פריס, 1954.
- **של"ה (שני לוחות הברית)**, רבי ישעיהו הלוי הורביץ (1558–1630).
- **שם משמואל**, רבי שמואל בורנשטיין מסוכטשוב (1855–1926) מהדורה תשיעית, ירושלים, תשנ"ב, 5 כרכים.
- **שנות אליהו**, רבי אליהו הגאון מוילנא (1720–1797).
- **שעורי דעת***, רבי יוסף יהודה לייב בלאך (1860–1929), הוצאת נצח, תל אביב, תש"ט.
- **שער המלך**, רבי יצחק נוניש בילמונטי, מכון אור המזרח, מכון ירושלים, תשנ"ד, 2 כרכים. יוצא לאור על ידי רבי יהודה חטאב עם הגהות **מעשה חושב**, רבי חיים שמואל הלוי בירנבוים (חתן רבי עקיבא אייגר).
- **תולדות אדם***, רבי זלמן מוילנא (אחי רבי חיים מוולוז'ין), וילנא, תרמ"ד.
- **תורה לשמה***, רבי יוסף חיים (בן איש חי) (1834–1909), ירושלים, תשל"ו.

- **תורה תמימה**, רבי ברוך הלוי עפשטיין (1942–1860) וילנא, האלמנה והאחים ראם, תרס"ד.

- **תורת משה**, פירוש רבי משה אלשיך (1593–1508) על התורה.

- **תפארת ישראל**, מהר"ל, לונדון, תשט"ו, נדפס בישראל 1980.

- **תפארת ישראל על המשניות**, רבי ישראל ליפשיץ (1861–1782).